上市公司证券事务实用手册

梁丽 编

SPM 南方传媒 | 广东经济出版社
·广州·

图书在版编目（CIP）数据

上市公司证券事务实用手册 / 梁丽编．—广州：广东经济出版社，2024.3

ISBN 978-7-5454-8997-2

Ⅰ.①上… Ⅱ.①梁… Ⅲ.①上市公司—证券投资—中国—手册 Ⅳ.① F279.246-62

中国国家版本馆 CIP 数据核字（2023）第 213979 号

责任编辑：赵　娜
责任校对：李嘉琪
责任技编：陆俊帆

上市公司证券事务实用手册
SHANGSHI GONGSI ZHENGQUAN SHIWU SHIYONG SHOUCE

出版发行：广东经济出版社（广州市水荫路 11 号 11 ～ 12 楼）
印　　刷：广州市东盛彩印有限公司
（广州市增城区新塘镇太平洋工业区十路 2 号　邮政编码：510700）

开　　本：730 毫米 ×1020 毫米　1/16　　印　　张：38
版　　次：2024 年 3 月第 1 版　　印　　次：2024 年 3 月第 1 次
书　　号：ISBN 978-7-5454-8997-2　　字　　数：579 千字
定　　价：128.00 元

发行电话：（020）87393830
广东经济出版社常年法律顾问：胡志海律师

序 言

北京有家著名的打印店，24小时营业，被称作“券商之家”，店子很牛，还曾冲刺IPO。该店终日灯火通明，来往的客户络绎不绝，是申报IPO的券商人员和企业证券部人员必驻之处。为了方便客户通宵达旦赶材料，打印店还配备了会议室供客户休息。“券商之家”的不眠夜，可能是券商收获丰硕成果的前夜，更像是企业赴赶考之路的前夜。

国家鼓励“万众创新，大众创业”，民营企业迎来重大发展机遇；多层次化资本市场格局的形成和不断成熟，吸引越来越多民营企业申请上市。截至2022年末，全国上市公司数量已超过5000家，其中民营上市公司超3000家。

公司证券部作为上市公司和拟上市公司必备的信息披露部门，在公司上市融资、公司治理、信息披露、投资者关系管理中发挥着不可或缺的作用。与其他同类题材的作品相比，本书有以下特点：

1. 本书有序地将企业上市全周期的证券知识点贯穿在一起，既涵盖了境内企业从IPO到股票交易、再融资、并购重组、停复牌、退市、重新上市的全过程，也包括了红筹企业境内上市、存托凭证、境内企业境外投融资等跨境证券事务。

2. 本书没有引入案例分析，而是侧重将国内三大证券交易所五大证券板块制订的规则进行比较，从而分析规则的异同、归纳总结业务流程。

3. 为增强内容对企业证券从业者的实用性，本书采用概念解释、流程归纳、规则比较、问答等形式对证券事务要点进行了逐一详解；同时，书中还侧重强调证券规则对上市主体及相关责任人的信息披露义务及信息披露文件要求。本书涵括了25个主体、200+个实务要点、70+项工作流程、50+个对比项目。

读者可将本书视为科普读物，通过本书对证券市场和上市公司证券业务有所了解；同时本书也可作为专业书籍，帮助读者解决工作中遇到的实际问题。

书中不当之处，欢迎指正。

梁丽

2023年9月

目　录

引　子　走进上市公司证券部　1

一、董事会秘书　1

二、证券部　4

第一篇　助攻上市

第一章　公司上市概述　8

一、我国多层次资本市场格局　8

二、发行审核的全面注册制　10

三、市场定位的选择　11

四、境内企业IPO条件　12

五、北交所股票公开发行上市条件　18

六、红筹企业国内上市条件　20

七、企业改制上市流程　21

第二章　IPO核查及信息披露　23

一、主体资格　24

二、独立性　45

三、持续经营能力　48

四、公司治理与合规经营 51
五、财务会计 59
六、税务 70
七、主要财产 72
八、行业与业务 75
九、豁免披露 79

第三章 上市辅导 81
一、中介机构 81
二、辅导期 83
三、保荐期限 86
四、上市费用 87

第四章 制作申请文件 88
一、申请文件 88
二、招股说明书 91
三、财务信息 94
四、募集资金 95
五、声明及承诺 97

第五章 发行审核与注册 101
一、首发股票内部审议 101
二、首发股票发行审核与注册程序 101
三、现场检查 104

第六章 发行与承销 106
一、发行上市前准备工作 107
二、发行与承销方案 107
三、承销方式 108

四、发行方式 109
五、询价、定价 111
六、配售机制 119
七、投资者申购 129
八、回拨机制 134
九、老股转让 135
十、路演 135
十一、IPO股东限售及减持政策 137
十二、中止发行与终止发行 141
十三、上市公司证券欺诈的法律责任 145

第七章 股票上市 147
一、新股上市流程 147
二、上市仪式流程 147

第二篇 上市合规

第一章 信息披露 150
一、信息披露概况 151
二、定期报告 155
三、临时报告 172
四、应当披露的交易或重大交易 177
五、应当披露的其他重大事项 194
六、募集资金 209
七、利润分配和资本公积金转增股本 216
八、社会责任暨ESG报告 227
九、信息披露工作评价/工作考核 230
十、重大事项进程备忘录 232

第二章 公司治理及规范运作 235
一、公司治理与内部控制 236
二、股东大会 243
三、董事会 257
四、监事会 262
五、股东、控股股东和实际控制人 264
六、董监高及内幕信息知情人 267
七、表决权差异安排（同股不同权） 291

第三章 证券交易及股份变动管理 296
一、股票交易 296
二、股票限售及解除限售 303
三、股份变动规范 308
四、股权分置改革 336

第四章 股权类再融资 340
一、再融资概述 340
二、发行新股 340
三、可转换公司债券 356
四、优先股 376

第五章 停复牌、退市及重新上市 389
一、停复牌 389
二、风险警示与强制退市 396
三、退市整理期 415
四、主动退市 417
五、主板重新上市 419

第六章　转板　422
一、转板条件　422
二、转板审核注册程序　424
三、转板股份限售安排　426

第七章　股权激励与员工持股计划　427
一、员工持股计划vs股权激励　428
二、股权激励　430
三、员工持股计划　443

第八章　投资者关系管理　445
一、上市前的投资者关系及媒体沟通　446
二、上市后的投资者关系管理　448

第三篇　并购重组

第一章　重大资产重组　456
一、重大资产重组概述　457
二、重大资产重组涉及发行股份购买资产　471

第二章　收购　478
一、收购概述　478
二、收购方式　481
三、收购的其他注意事项　491

第三章 合并与分立 496
一、企业合并 497
二、企业分立 500

第四章 分拆上市 502
一、分拆条件 502
二、禁止上市公司分拆的情形 503
三、分拆上市程序 504

第五章 回购股份 505
一、回购股份的概况 505
二、回购方式 507
三、上市公司回购股票敏感期规定 510

第六章 现金选择权 512

第四篇 跨境投融资

第一章 红筹企业境内上市 518
一、红筹架构模式 519
二、红筹企业境内上市方式 521
三、其他规定 523

第二章 境内企业境外上市 525
一、境内企业境外上市概述 525
二、境内企业香港上市 532

第三章 存托凭证 542
一、互联互通存托凭证业务 543
二、中国存托凭证 543
三、全球存托凭证 556

第四章 境外直接投资及返程投资 558
一、境外直接投资 559
二、返程投资 561

附 录 564

引　子　走进上市公司证券部

公司要壮大，单靠自有资金远远不够，公司上市是一条解决公司融资问题的重要途径。公司上市可以引进战略资本，帮助公司扩大规模，从而更容易获取投资银行的支持和投资者的青睐；可以降低债务融资成本；还可以通过股权再融资募集新资金开展新项目；等等。

上市给公司带来资金和更高知名度的同时，也意味着公司经营必然受到证券监管部门的监管，公司相关信息须公开、公正、及时、准确地向投资者披露。

监管和披露要求促使上市公司亟须设置专门岗位、安排专门部门人员负责处理公司信息披露事务、投资者关系管理、投融资等上市公司证券事务，董事会秘书、证券事务代表等岗位以及证券部应运而生。《上海证券交易所股票上市规则》中明确规定，上市公司“应当设立由董事会秘书负责管理的信息披露事务部门”。这里的上市公司必备的部门，我们通常称为“证券部”或“董秘办”。

一、董事会秘书

要了解上市公司证券部的运作，就要从证券部的灵魂人物——董事会秘书，以及董事会秘书制度的前世今生说起。

（一）董事会秘书的法律地位

董事会秘书是上市公司法定的高级管理人员。《上海证券交易所股票上市规则（2023年8月修订）》中规定，上市公司应当设立董事会秘书，作为公司与证券交易所之间的指定联络人；董事会秘书对上市公司和董事会负责；董事会秘书主要肩负公司信息披露事务，投资者关系管理，筹备和组织股东大会和董事会会议以及保管股东大会、董事会、监事会（简称“三会”）会议文件，与监管机构沟通联络，督促上市公司规范运作，股权事务管理等重要职能。

由此可见，董事会秘书不仅是由董事会聘任并对董事会负责、参与公司重要决策并履行法定义务的上市公司法定的高级管理人员，更是公司与证券交易所之间的指定联络人，在公司上市融资、公司治理、信息披露、投资者关系管理中发挥着不可或缺的作用。

（二）我国董事会秘书制度的起源及发展

我国董事会秘书制度最初是境内公司境外上市的产物，是一种“法律移植”，即国际资本市场准入制度的基本要求。

董事会秘书在英美法系中对应的英文单词“company secretary”，直译为“公司秘书”。英国是最早设立公司秘书的国家，可追溯到19世纪40年代，当时的公司秘书只是负责处理公司文书类业务的普通职员，随着公司治理的发展，公司秘书的地位逐渐提高，最终成为公司法定机关的高级管理人员，并在英美法系中以法律的形式得到确认。英国的公司法将董事会秘书作为公司的法定机关，并对董事会秘书的任职资格、职权与责任作了详尽的设定，以法律的形式确立了董事会秘书在公司治理中的重要地位。这一制度模式得到了英美法系其他国家的普遍认同。

1974年我国香港地区《公司条例》增补高级人员的定义为“就法人团体

而言，包括董事、经理或秘书”，明确了董事会秘书在公司中的地位。2003年起《公司条例》第154条规定，“每间公司均须有秘书一名”。此外，《公司条例》还对秘书的任职条件、出任限制、授权、披露责任、登记、辞职等作了明确的规定。

中国内地法律法规对董事会秘书制度的设置最早可追溯到1993年，当时内地的国有企业到香港地区上市时需要按照香港《公司条例》的规定设置董事会秘书。为顺应国际资本市场准入制度的要求，1993年深圳市人民代表大会制定的《深圳经济特区股份有限公司条例》规定，公司“董事会设秘书。秘书负责董事会的日常事务，受董事会聘任，对董事会负责”；“董事会会议应作记录，并由出席会议的董事和董事会秘书签字”。这一条例揭开了我国内地董事会秘书制度的序幕。

1994年，《国务院关于股份有限公司境外募集股份及上市的特别规定》将董事会秘书列为与财务负责人同等的“其他高级管理人员”。《到境外上市公司章程必备条款》中要求赴境外上市的公司应将“公司董事会秘书”列为公司章程的单独章节，并对公司董事会秘书的地位、主要职责、任职限制等作了规定。

此后，证监会等监管机构以及各证券交易所先后发布《关于B股上市公司设立董事会秘书的暂行规定》《上海证券交易所上市公司董事会秘书管理办法（试行）》《关于建立上市公司董事会秘书例会制度并进一步发挥董秘作用的通知》《上市公司章程指引》等，为确立我国上市公司董事会秘书制度的框架，董事会秘书的地位、任职资格、职责等做了详尽的规定，大大促进了我国董事会秘书制度的发展。

目前，我国涉及董事会秘书的现行法律法规多达数十部，具有最高法律效力的是《中华人民共和国公司法》（以下简称《公司法》）。另外，《首次公开发行股票注册管理办法》《上市公司治理准则》，以及各证券交易所《股票上市规则》等相关规定，为上市公司规范本公司董事会秘书制度提供了重要参考依据。

二、证券部

（一）证券部岗位设置

上海证券交易所和深圳证券交易所在《股票上市规则》中均明确规定，“上市公司应当聘任董事会秘书和证券事务代表”。

在实务中，上市公司还可以根据公司的投融资规模以及股东数量，在证券部配备除董事会秘书和证券事务代表以外的证券部人员。通常在以证券事务代表为首的合规团队的基础上，增添投资者关系管理（IRM）团队和投资团队。每一团队内按“董秘—经理—主管—专员”的组织架构，形成“3×4”的管理矩阵。

（二）证券部工作职责

证券部人员各有分工，各司其职。

1. 董事会秘书及证券事务代表工作职责

董事会秘书对上市公司和董事会负责，职责主要包括：

（1）负责公司信息披露事务，协调公司信息披露工作，组织制订公司信息披露事务管理制度，督促公司及相关信息披露义务人遵守信息披露相关规定；

（2）负责投资者关系管理，协调公司与证券监管机构、投资者及实际控制人、中介机构、媒体等之间的信息沟通；

（3）筹备组织董事会会议和股东大会会议，参加“三会”会议及高级管理人员相关会议，负责董事会会议记录工作并签字；

（4）负责公司信息披露的保密工作，发生未公开重大信息泄露时，立即向证券交易所报告并披露；

（5）关注媒体报道并主动求证真实情况，督促公司等相关主体及时回复证券交易所问询；

（6）组织公司董事、监事和高级管理人员就相关法律法规、证券交易所相关规定进行培训，协助前述人员了解各自在信息披露中的职责；

（7）督促董事、监事和高级管理人员遵守法律法规、证券交易所相关规定和公司章程，切实履行其所作出的承诺；在知悉公司、董事、监事和高级管理人员作出或者可能作出违反有关规定的决议时，应当予以提醒并立即如实向证券交易所报告；

（8）负责公司股票及其衍生品种变动管理事务；

（9）法律法规和证券交易所要求履行的其他职责。

上市公司在聘任董事会秘书的同时，还应当聘任证券事务代表，协助董事会秘书履行职责。在董事会秘书不能履行职责时，由证券事务代表行使其权利并履行其职责。

2. 证券部内部团队的主要职责

若上市公司的证券事务复杂且繁多，证券部可以划分为不同的专业团队：

（1）合规团队。以证券事务代表为首，主要负责信息披露事务及保密工作；协调公司与证券监管机构、投资者及实际控制人、中介机构、媒体等之间的信息沟通；筹备组织董事会会议和股东大会会议，以及准备及保管重要会议文件；组织董事、监事和高级管理人员内部培训及合规管理等。

（2）IRM团队。主要负责投资者关系管理及维护；负责资本市场的对接；配合公关（PR）部门做好舆情公关及危机公关工作等。

（3）投资团队。主要负责寻找投资项目，制订并实施投资计划；对拟投资项目进行尽职调查，撰写研究报告及行业调研报告；负责公司投资项目的投后管理等。

第一篇

助攻上市

完成公司上市目标，是大部分以董事会秘书和证券事务代表为首的拟上市公司证券部的主要KPI（关键绩效指标）。

上市前证券部的工作职责包括但不限于：配合证券服务机构尽职调查工作并收集提供公司相关申报材料；参与编制公司上市申报材料；负责股东（大）会和董事会的筹备及召开以及“三会”文件的记录与存档保管工作；现有及新增股东的股东资格审核及股权事务；在证券服务机构辅助下梳理并督促改进公司治理及内部控制漏洞等证券事务。

第一章　公司上市概述

一、我国多层次资本市场格局

经过数十年的改革发展，我国证券市场从“摸着石头过河”到如今的多元化、多层次发展，取得的成就举世瞩目。

1990年12月1日，深圳证券交易所（以下简称“深交所”）开始营业，同月19日，上海证券交易所（以下简称“上交所”）正式开业，标志着新中国证券市场正式起步。随后三十多年的发展使沪深主板市场逐渐成为大型蓝筹企业的主战场。

2004年5月27日，中小企业板块（以下简称“中小板”）在深交所正式启动，中国多层次资本市场格局初见端倪。

2009年10月23日，创业板在深交所正式启动。创业板主要服务成长型创新创业企业，支持传统产业与新技术、新产业、新业态、新模式深度融合。

2019年6月13日，科创板在上交所正式开市。科创板优先支持符合国家战略，拥有关键核心技术，科技创新能力突出，主要依靠核心技术开展生产经营，具有稳定的商业模式，市场认可度高，社会形象良好，具有较强成长性的企业。重点支持新一代信息技术、高端装备、新材料、新能源、节能环保以及生物医药等高新技术产业和战略性新兴产业，推动互联网、大数据、云计算、人工智能和制造业深度融合，引领中高端消费，推动质量变革、效率变革、动力变革。

2021年4月6日，深交所主板（以下简称“深市主板”）与中小板合并正式实施。“两板合并”开启了深市“主板+创业板”新格局。

2021年9月3日，北京证券交易所（以下简称“北交所”）正式成立。北交所建立之初的核心是为“专精特新”的中小企业服务。“专精特新”中小企业是指具有专业化、精细化、特色化、新颖化等四大特征的中小企业，即专注于产业链上某个环节的中小企业。随着北交所业务的扩大，其主要服务对象扩展为创新型中小企业，重点支持先进制造业和现代服务业等领域的企业，推动传统产业转型升级，培育经济发展新动能，促进经济高质量发展。

全国中小企业股份转让系统（以下简称“全国股转系统”，俗称“新三板”）是经国务院批准的继深交所、上交所之后第三家全国性证券交易场所，也是我国第一家公司制运营的证券交易场所，于2013年1月16日正式揭牌运营。新三板的战略定位是服务于创新型、创业型、成长型的中小企业。按服务对象的成长阶段和规模，新三板挂牌企业分为基础层和创新层两大类。

经过三十多年的改革发展，我国证券交易所市场由单一板块逐步向多层次拓展，错位发展、功能互补的市场格局基本形成。主板、科创板、创业板、北交所、新三板及区域股权市场等板块各具特色和优势，逐步形成围绕企业生命周期、促进企业可持续健康发展的功能互补的融资生态圈。图1-1-1展示了我国多层次资本市场格局。

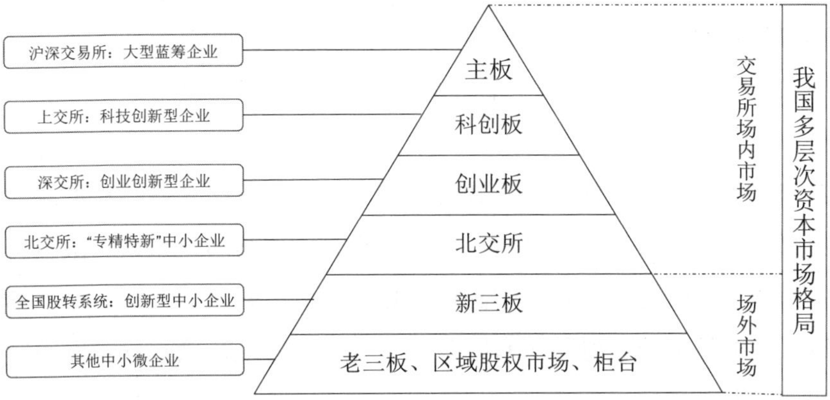

图1-1-1　我国多层次资本市场格局

二、发行审核的全面注册制

（一）我国新股发行审核制度的发展与改革

我国新股发行审核制度经历了告别审批制，从核准制走向注册制的过程。

2001年3月，根据《中华人民共和国证券法》（以下简称《证券法》）的规定并经国务院批准，我国新股发行正式实施核准制，将政府推荐企业发行上市改为由证券公司选择、推荐企业发行上市，发行审核体制从审批制过渡到核准制。中国证监会实施证券发行上市核准制后，改变了过往审批制下行政额度分配、指标管理和政府推荐企业的做法，由担任主承销商的证券公司负责选择、推荐企业，中国证监会依法核准。

2018年11月5日，习近平总书记在首届中国国际进口博览会开幕式上宣布，在上交所设立科创板并试点注册制，标志着注册制改革进入启动实施阶段。

2019年7月22日，科创板首批25家企业在上交所上市交易，意味着我国资本市场新股发行上市从核准制向注册制的转变从此拉开序幕。

2020年8月24日，深交所创业板改革并试点注册制正式落地。

2021年11月15日，北交所揭牌开市，同步试点注册制。

经过4年的试点，股票发行注册制改革已具备了向全市场推广的条件。2023年2月17日，为落实党中央、国务院批准的《全面实行股票发行注册制总体实施方案》，中国证监会正式发布实施全面实行股票发行注册制的相关制度规则。同日，各证券交易所、全国中小企业股份转让系统有限责任公司（以下简称全国股转公司）、中国证券登记结算有限责任公司（以下简称中国结算）、中国证券金融股份有限公司、中国证券业协会也同步发布实施相关配套制度规则。

全面实行股票发行注册制改革，体现了管理层进一步把选择权交给市场的决心，强化了市场约束和发展约束，是把资本市场推进市场化法治化建设的重要着力点。

（二）注册制

注册制和核准制的核心区别在于：注册制的证券发行审核机关只对注册文件进行形式审查，不做实质判断；而核准制是证券管理机关对发行人是否符合发行条件进行实质审核。

在注册制下，由拟上市板块的证券交易所受理拟上市公司的首发申请文件。证券交易所主要通过向发行人提出审核问询、发行人回答问题的方式开展审核工作。证券交易所设立上市委员会，负责对审核部门出具的审核报告和发行人的申请文件提出审议意见。上市委员会召开审议会议后，证券交易所同意发行人股票公开发行并上市的，由证券交易所将审核意见、发行人注册申请文件及相关审核资料报送中国证监会履行发行注册程序。中国证监会对发行人的注册申请作出同意注册或者不予注册的决定。中国证监会同意注册的，发行人可按相关规定刊登招股说明书，并向证券交易所申请股票上市。

三、市场定位的选择

经过注册制改革后，多层次资本市场的板块架构更加清晰，特点更加鲜明。发行人申请首次公开发行股票并上市前，应当慎重考虑企业自身是否符合相关板块的定位要求。

表1-1-1为目前我国证券市场各板块的市场定位规划。

表1-1-1　证券板块的市场定位

板　块	定　位
主板	突出“大盘蓝筹”特色，重点支持业务模式成熟、经营业绩稳定、规模较大、具有行业代表性的优质企业
科创板	面向世界科技前沿、面向经济主战场、面向国家重大需求。优先支持符合国家战略，拥有关键核心技术，科技创新能力突出，主要依靠核心技术开展生产经营，具有稳定的商业模式，市场认可度高，社会形象良好，具有较强成长性的企业
创业板	深入贯彻创新驱动发展战略，适应发展更多依靠创新、创造、创意的大趋势，主要服务成长型创新创业企业，支持传统产业与新技术、新产业、新业态、新模式深度融合
北交所	充分发挥对全国股转系统的示范引领作用，深入贯彻创新驱动发展战略，聚焦实体经济，主要服务创新型中小企业，重点支持先进制造业和现代服务业等领域的企业，推动传统产业转型升级，培育经济发展新动能，促进经济高质量发展
新三板	主要服务创新型中小企业

四、境内企业IPO条件

IPO，英文全称initial public offering，是指公司股票首次公开发行并在证券交易所上市。本文所指的首次公开发行股票并上市（以下简称IPO），指在中华人民共和国境内首次公开发行并在上交所、深交所上市的股票的发行注册。

本节法规导航

<table>
<tr><th>板　块</th><th>发行条件</th><th>上市条件</th></tr>
<tr><td>沪主板</td><td rowspan="4">《首次公开发行股票注册管理办法》</td><td>《上海证券交易所股票上市规则（2023年8月修订）》</td></tr>
<tr><td>科创板</td><td>《上海证券交易所科创板股票上市规则（2023年8月修订）》</td></tr>
<tr><td>深主板</td><td>《深圳证券交易所股票上市规则（2023年8月修订）》</td></tr>
<tr><td>创业板</td><td>《深圳证券交易所创业板股票上市规则（2023年8月修订）》</td></tr>
</table>

（一）证券发行与上市的关系

证券发行，是指符合条件的发行人按照法定的程序，向发售对象出售证券、募集资金的过程。证券发行，包括向不特定对象的公开发行，也包括向特定对象的非公开发行。

上市，是指已经发行的证券经证券交易所批准后在交易所公开挂牌交易的法律行为。

IPO股票发行条件的法律依据是中国证监会制定的《首次公开发行股票注册管理办法》，而股票上市条件的法律依据是证券交易所的《股票上市规则》。

发行人的股票要在证券交易所上市交易，有两个先决条件：其一，主体必须是股份有限公司。目前在我国，只有股份有限公司才能成为上市公司。其二，发行人的股票应当符合中国证监会规定的发行条件。因此，股票发行是股票上市的前提条件。

对于非上市公众公司，根据《非上市公众公司监督管理办法》规定，“公众公司申请在证券交易所上市的，应当遵守中国证监会和证券交易所的相关规定”。

（二）股票发行类型

股票发行按发行方式，分为公开发行和非公开发行。

1. 公开发行

根据《证券法》第9条的规定，“有下列情形之一的，为公开发行：①向不特定对象发行证券；②向特定对象发行证券累计超过200人，但依法实施员工持股计划的员工人数不计算在内；③法律、行政法规规定的其他发行行为”。

发行人在证券交易所首次公开发行股票并上市的行为，又称“首发”或“IPO”；已经上市的发行人增发新股的行为，又称“增发”。

2. 非公开发行

非公开发行股票，是指上市公司或非上市公众公司采用非公开方式，向特定对象发行股票的行为。

（三）股票首次公开发行条件

股票发行是股票上市的先决条件，表1-1-2汇总了各板块关于股票首次公开发行的主要发行条件，并进行了板块间的规则比对。

表1–1–2　首次公开发行股票发行条件对照表

<table>
<tr><th>项　目</th><th>主　板</th><th>科创板</th><th>创业板</th></tr>
<tr><td>主体资格</td><td colspan="3">依法设立且持续经营3年以上的股份有限公司</td></tr>
<tr><td>组织机构</td><td colspan="3">具备健全且运行良好的组织机构，相关机构和人员能够依法履行职责</td></tr>
<tr><td>财务规范</td><td colspan="3">发行人会计基础工作规范，财务报表的编制和披露符合《企业会计准则》和相关信息披露规则的规定，在所有重大方面公允地反映了发行人的财务状况、经营成果和现金流量，最近3年财务会计报告由注册会计师出具无保留意见的审计报告</td></tr>
<tr><td>内部控制</td><td colspan="3">发行人内部控制制度健全且被有效执行，能够合理保证公司运行效率、合法合规和财务报告的可靠性，并由注册会计师出具无保留结论的内部控制鉴证报告</td></tr>
<tr><td rowspan="8">持续经营能力</td><td colspan="3">发行人业务完整，具有直接面向市场独立持续经营的能力</td></tr>
<tr><td colspan="3">① 资产完整，业务及人员、财务、机构独立，与控股股东、实际控制人及其控制的其他企业间不存在对发行人构成重大不利影响的同业竞争，不存在严重影响独立性或者显失公平的关联交易</td></tr>
<tr><td colspan="3">② 主营业务、控制权和管理团队稳定</td></tr>
<tr><td>最近3年内主营业务和董事、高级管理人员均没有发生重大不利变化</td><td>最近2年内主营业务和董事、高级管理人员、核心技术人员均没有发生重大不利变化</td><td>最近2年内主营业务和董事、高级管理人员均没有发生重大不利变化</td></tr>
<tr><td colspan="3">③ 发行人的股份权属清晰，不存在导致控制权可能变更的重大权属纠纷</td></tr>
<tr><td>最近3年内实际控制人没有发生变更</td><td colspan="2">最近2年内实际控制人没有发生变更</td></tr>
<tr><td colspan="3">④ 不存在涉及主要资产、核心技术、商标等的重大权属纠纷，重大偿债风险，重大担保、诉讼、仲裁等或有事项，经营环境已经或者将要发生重大变化等对持续经营有重大不利影响的事项</td></tr>
<tr><td>生产经营</td><td colspan="3">符合法律、行政法规的规定，符合国家产业政策</td></tr>
</table>

（续表）

项　目	主　板	科创板	创业板
发行人及其控股股东、实际控制人行为规范	最近3年内，发行人及其控股股东、实际控制人不存在贪污、贿赂、侵占财产、挪用财产或者破坏社会主义市场经济秩序的刑事犯罪，不存在欺诈发行、重大信息披露违法或者其他涉及国家安全、公共安全、生态安全、生产安全、公众健康安全等领域的重大违法行为		
董监高行为规范	董事、监事和高级管理人员（以下简称董监高）不存在最近3年内受到中国证监会行政处罚，或者因涉嫌犯罪正在被司法机关立案侦查或者涉嫌违法违规正在被中国证监会立案调查且尚未有明确结论意见等情形		

（四）股票在证券交易所上市条件

公司股票在证券交易所上市，除了需要符合《证券法》、中国证监会规定的发行条件外，还需要符合证券交易所关于发行后股本总额、股权分布、市值及财务指标等方面的相关规定。上交所和深交所还允许符合条件的红筹企业在中国境内上市。

1. 境内企业股票主板上市条件

表1-1-3罗列了境内企业在上交所、深交所主板上市的主要上市条件。

表1-1-3　境内企业主板上市条件一览表

项　目	条　件
前提要求	符合《证券法》、中国证监会规定的发行条件
股本	发行后的股本总额≥5000万元
发行比例	公开发行股份的比例＞25%； 公司股本总额＞4亿元的，公开发行股份的比例＞10%
市值及财务指标（三选一）	①　最近3年净利润[1]均为正，且最近3年净利润累计≥1.5亿元，最近一年净利润≥6000万元，最近3年经营活动产生的现金流量净额累计≥1亿元或营业收入累计≥10亿元； ②　预计市值[2]≥50亿元，且最近一年净利润为正，最近一年营业收入≥6亿元，最近3年经营活动产生的现金流量净额累计≥1.5亿元； ③　预计市值≥80亿元，且最近一年净利润为正，最近一年营业收入≥8亿元

注：

1.净利润以扣除非经常性损益前后的孰低者为准，净利润、营业收入、经营活动产生的现金流量净额均指经审计的数值。

2.预计市值，是指股票公开发行后按照总股本乘发行价格计算出来的发行人股票名义总价值。

2. 境内企业科创板上市条件

表1-1-4罗列了境内企业在上交所科创板上市的主要上市条件。

表1-1-4　境内企业科创板（上交所）上市条件一览表

项　目	条　件
前提条件	符合中国证监会规定的发行条件
股本	发行后股本总额≥3000万元
发行比例	公开发行的股份比例＞25%； 公司股本总额＞4亿元的，公开发行股份的比例＞10%
市值及财务条件（五选一）	① 预计市值≥10亿元，最近两年净利润均为正且累计净利润≥5000万元，或者预计市值≥10亿元，最近一年净利润为正且营业收入≥1亿元； ② 预计市值≥15亿元，最近一年营业收入≥2亿元，且最近3年累计研发投入占最近3年累计营业收入的比例≥15%； ③ 预计市值≥20亿元，最近一年营业收入≥3亿元，且最近3年经营活动产生的现金流量净额累计≥1亿元； ④ 预计市值≥30亿元，且最近一年营业收入≥3亿元； ⑤ 预计市值≥40亿元，主要业务或产品需经国家有关部门批准，市场空间大，目前已取得阶段性成果。医药行业企业需至少有一项核心产品获准开展二期临床试验，其他符合科创板定位的企业需具备明显的技术优势并满足相应条件
科创属性指标（同时满足）	支持和鼓励科创板定位规定的相关行业领域中，同时符合下列4项指标的企业申报科创板上市： ① 最近3年研发投入占营业收入比例＞5%，或最近3年研发投入金额累计＞6000万元； ② 研发人员占当年员工总数的比例≥10%； ③ 应用于公司主营业务的发明专利＞5项（软件企业可不适用该规定，研发投入占比应＞10%）； ④ 最近3年营业收入复合增长率≥20%，或最近一年营业收入金额≥3亿元（申报科创板的已境外上市红筹企业可不适用）
创新能力（五选一）	支持和鼓励科创板定位规定的相关行业领域中，虽未达到前述指标，但符合下列情形之一的企业申报科创板上市： ① 发行人拥有的核心技术经国家主管部门认定具有国际领先、引领作用或者对于国家战略具有重大意义； ② 发行人作为主要参与单位或者发行人的核心技术人员作为主要参与人员，获得国家科技进步奖、国家自然科学奖、国家技术发明奖，并将相关技术运用于主营业务； ③ 发行人独立或者牵头承担与主营业务和核心技术相关的国家重大科技专项项目； ④ 发行人依靠核心技术形成的主要产品（服务），属于国家鼓励、支持和推动的关键设备、关键产品、关键零部件、关键材料等，并实现了进口替代； ⑤ 形成核心技术和主营业务收入相关的发明专利（含国防专利）合计＞50项

(续表)

项　目	条　件
消极条件	限制金融科技、模式创新企业在科创板上市。 禁止房地产和主要从事金融、投资类业务的企业在科创板上市

3. 境内企业创业板上市条件

表1-1-5罗列了境内企业在深交所创业板上市的主要上市条件。

表1-1-5　境内企业创业板（深交所）上市条件一览表

项　目	条　件
前提条件	符合中国证监会规定的创业板发行条件
股本	发行后股本总额≥3000万元
发行比例	公开发行的股份比例＞25%； 公司股本总额＞4亿元的，公开发行股份的比例＞10%
市值及财务条件（三选一）	① 最近2年净利润均为正，且累计净利润≥5000万元； ② 预计市值≥10亿元，最近一年净利润为正且营业收入≥1亿元； ③ 预计市值≥50亿元，且最近一年营业收入≥3亿元

（五）上市标准的选择、变更

由上述境内企业股票在各证券交易所上市条件列表中可以看出，除了发行后股本总额和股权分布要求外，证券交易所主要在市场和财务条件方面引入市值指标，与营业收入、现金流、净利润和研发投入等财务指标进行组合，设置了多套差异化上市指标，满足各类企业的上市需求。因此，发行人申请在证券交易所首次公开发行股票并上市，应当在申请文件中明确说明所选择的一项具体的上市标准。在证券交易所上市委员会召开审议会议前，发行人因更新财务报告等情况导致不再符合申报时选定的上市标准，需要变更为其他标准的，应当及时向证券交易所提出变更申请、说明原因并更新相关文件；不再符合任何一套上市标准的，可以撤回发行上市申请。

五、北交所股票公开发行上市条件

本节法规导航

板 块	发行条件	上市条件
北交所	《北京证券交易所向不特定合格投资者公开发行股票注册管理办法》	《北京证券交易所股票上市规则（试行）》

（一）股票发行条件

表1-1-6罗列了在北交所公开发行股票的主要发行条件。

表1-1-6 北交所公开发行股票的发行条件一览表

项 目	条 件
主体资格	在全国股转系统连续挂牌满12个月的创新层挂牌公司
规范运行	① 具备健全且运行良好的组织机构； ② 具有持续经营能力，财务状况良好； ③ 最近3年财务会计报告无虚假记载，被出具无保留意见审计报告； ④ 依法规范经营
发行人及其控股股东、实际控制人行为规范	发行人及其控股股东、实际控制人不存在以下情形： ① 最近3年内存在贪污、贿赂、侵占财产、挪用财产或者破坏社会主义市场经济秩序的刑事犯罪； ② 最近3年内存在欺诈发行、重大信息披露违法或者其他涉及国家安全、公共安全、生态安全、生产安全、公众健康安全等领域的重大违法行为； ③ 最近一年内受到中国证监会行政处罚

（二）北交所上市的条件

表1-1-7罗列了公司在北交所上市的主要上市条件。

表1-1-7 北交所上市条件一览表

项 目	条 件
主体资格	在全国股转系统连续挂牌满12个月的创新层挂牌公司
前提条件	符合中国证监会规定的发行条件

（续表）

项　目	条　件
资产条件	最近一年期末净资产≥5000万元
股本及发行比例	公开发行的股份≥100万股，发行对象≥100人； 公开发行后股本总额≥3000万元，公司股东人数≥200人，公众股东持股比例≥公司股本总额的25%； 公司股本总额＞4亿元的，公众股东持股比例≥公司股本总额的10%
市值及财务条件（四选一）	① 预计市值≥2亿元，最近两年净利润均≥1500万元且加权平均净资产收益率平均≥8%，或者最近一年净利润≥2500万元且加权平均净资产收益率≥8%； ② 预计市值≥4亿元，最近两年营业收入平均≥1亿元，且最近一年营业收入增长率≥30%，最近一年经营活动产生的现金流量净额为正； ③ 预计市值≥8亿元，最近一年营业收入≥2亿元，最近两年研发投入合计占最近两年营业收入合计比例≥8%； ④ 预计市值≥15亿元，最近两年研发投入合计≥5000万元
发行人及其控股股东、实际控制人、董事、监事、高级管理人员行为规范	发行人申请公开发行并上市，不得存在下列情形： ① 最近36个月内，发行人及其控股股东、实际控制人，存在贪污、贿赂、侵占财产、挪用财产或者破坏社会主义市场经济秩序的刑事犯罪，存在欺诈发行、重大信息披露违法或者其他涉及国家安全、公共安全、生态安全、生产安全、公众健康安全等领域的重大违法行为； ② 最近12个月内，发行人及其控股股东、实际控制人、董事、监事、高级管理人员受到中国证监会及其派出机构行政处罚，或因证券市场违法违规行为受到全国股转公司、证券交易所等自律监管机构公开谴责； ③ 发行人及其控股股东、实际控制人、董事、监事、高级管理人员因涉嫌犯罪正被司法机关立案侦查或涉嫌违法违规正被中国证监会及其派出机构立案调查，尚未有明确结论意见； ④ 发行人及其控股股东、实际控制人被列入失信被执行人名单且情形尚未消除； ⑤ 最近36个月内，未按照《证券法》和中国证监会的相关规定在每个会计年度结束之日起4个月内编制并披露年度报告，或者未在每个会计年度的上半年结束之日起2个月内编制并披露中期报告； ⑥ 中国证监会和证券交易所规定的，对发行人经营稳定性、直接面向市场独立持续经营的能力具有重大不利影响，或者存在发行人利益受到损害等其他情形
表决权差异安排	发行人具有表决权差异安排的，该安排应当平稳运行至少一个完整会计年度，且相关信息披露和公司治理应当符合中国证监会及全国股转公司相关规定

六、红筹企业国内上市条件

红筹企业，指注册地在境外，主要经营活动在境内的企业。

符合《国务院办公厅转发证监会关于开展创新企业境内发行股票或存托凭证试点若干意见的通知》等相关规定的红筹企业，可以申请发行股票或者存托凭证并在沪深交易所上市。

全面注册制改革的实施，完善了红筹企业在沪市主板和深市主板的上市规定。

（一）红筹企业在主板上市条件

表1-1-8罗列了红筹企业在沪市主板、深市主板上市的主要上市条件。

表1-1-8　红筹企业国内主板上市条件一览表

<table>
<tr><th>项　目</th><th colspan="2">条　件</th></tr>
<tr><td>前提条件</td><td colspan="2">符合《证券法》、中国证监会规定的发行条件</td></tr>
<tr><td>发行数量</td><td colspan="2">① 发行股票的，发行后股份总数≥5000万股；
② 发行存托凭证的，发行后存托凭证总份数≥5000万份</td></tr>
<tr><td>公众持股量</td><td colspan="2">① 发行股票的，公开发行的股份比例＞25%；公司股份总数＞4亿股的，公开发行的股份比例＞10%；
② 发行存托凭证的，公开发行的存托凭证对应基础股份比例＞25%；发行后存托凭证总份数＞4亿份的，公开发行比例＞10%</td></tr>
<tr><td rowspan="3">市值及财务指标</td><td>已在境外上市的红筹企业</td><td>应当至少符合下列标准中的一项（二选一）：
① 市值≥2000亿元；
② 市值＞200亿元，且拥有自主研发、国际领先技术，科技创新能力较强，在同行业竞争中处于相对优势地位</td></tr>
<tr><td>未在境外上市的红筹企业</td><td>应当至少符合下列标准中的一项（三选一）：
① 预计市值≥200亿元，且最近一年营业收入≥30亿元；
② 营业收入快速增长[1]，拥有自主研发、国际领先技术，在同行业竞争中处于相对优势地位，且预计市值≥100亿元；
③ 营业收入快速增长，拥有自主研发、国际领先技术，在同行业竞争中处于相对优势地位，且预计市值≥50亿元，最近一年营业收入≥5亿元</td></tr>
<tr><td>发行人具有表决权差异安排的企业</td><td>市值及财务指标（二选一）：
① 预计市值≥200亿元，且最近一年净利润为正；
② 预计市值≥100亿元，且最近一年净利润为正，最近一年营业收入≥10亿元</td></tr>
</table>

注：

1."营业收入快速增长"，应当符合下列标准之一：

① 最近一年营业收入不低于5亿元的，最近3年营业收入复合增长率10%；

② 最近一年营业收入低于5亿元的，最近3年营业收入复合增长率20%；

③ 受行业周期性波动等因素影响，行业整体处于下行周期的，发行人最近3年营业收入复合增长率高于同行业可比公司同期平均增长水平。

处于研发阶段的红筹企业和对国家创新驱动发展战略有重要意义的红筹企业，不适用"营业收入快速增长"的上述要求。

（二）红筹企业在科创板/创业板上市条件

表1-1-9罗列了红筹企业在科创板/创业板上市的主要上市条件。

表1-1-9　红筹企业国内科创板/创业板上市条件一览表

项　目	条　件
前提条件	符合中国证监会规定的发行条件
发行数量	① 发行股票的，发行后的股份总数≥3000万股； ② 发行存托凭证的，发行后的存托凭证总份数≥3000万份
公众持股量	① 发行股票的，公开发行股份的比例须＞25%；公司股份总数＞4亿股的，公开发行的比例＞10%； ② 发行存托凭证的，公开发行的存托凭证对应基础股份的比例＞25%；发行后存托凭证总份数＞4亿份的，公开发行比例＞10%
红筹企业、表决权差异企业指标	市值及财务指标（二选一）： ① 预计市值≥100亿元； ② 预计市值≥50亿元，且最近一年营业收入≥5亿元

七、企业改制上市流程

一般情况下，企业自筹划改制到完成发行上市，主要经历重组改制与设立股份公司，尽职调查与辅导，企业内部审议、申请文件的制作与申报，审核与注册，路演、询价与定价，发行与上市等阶段。企业改制上市的主要操作流程见表1-1-10。

表1-1-10　企业改制上市操作流程表

环　节	内　容
改制、重组与设立股份公司	① 企业拟定改制方案，聘请证券中介机构论证可行性； ② 对拟改制的资产进行审计、评估，签署发起人协议，起草公司章程等文件； ③ 设置公司内部组织机构，设立股份有限公司
尽职调查与辅导	① 保荐机构和其他中介对公司进行尽职调查、问题诊断、专业培训和业务指导； ② 完善组织机构和内部管理，规范企业行为，明确业务发展目标和募集资金投向； ③ 整改存在的问题，准备首次公开发行申请文件
企业内部审议	① 董事会就本次发行股票相关事项作出决议，并提请股东大会批准； ② 股东大会就本次发行股票作出决议
制作文件	企业和证券中介按照证监会有关规定制作首发申请文件
申报交易所审核	① 保荐人保荐并向交易所申报首发申请文件； ② 交易所受理并核对申请文件； ③ 交易所主要通过向发行人提出审核问询、发行人回答问题的方式开展审核工作； ④ 交易所进行发行上市审核，认为发行人符合发行条件、上市条件和信息披露要求的，报送证监会履行注册程序；认为不符合要求的，交易所作出终止发行上市审核决定
证监会注册	中国证监会收到交易所审核意见及相关资料后，依法履行发行注册程序，并作出予以注册或者不予注册的决定
路演、询价与定价	① 发行人在指定网站和媒体披露招股说明书等文件； ② 主承销商与发行人组织路演，向投资者推介，并通过直接定价或询价定价的方式确定发行价格
发行与上市	① 向证券交易所提交上市申请相关材料； ② 根据证监会规定的发行方式公开发行股票或根据发行方案备案的发行方式公开发行股票； ③ 在登记结算公司办理股份的托管与登记； ④ 挂牌上市； ⑤ 完成股票过户

第二章　IPO核查及信息披露

协助以主办券商为首的证券服务机构（以下简称中介机构）开展IPO尽职调查、收集核查和申报材料、纠补内控漏洞等事务，是拟上市公司证券部的IPO尽职调查期间的主要工作。

IPO尽职调查主要是对发行人主体资格、独立性、持续经营能力、公司治理及合规经营、财务及税务、主要财产、业务等方面的核查。

本章主要从发行人证券部的角度关注监管机构核查重点和要点、发行人自身应当注意的问题、发行人须披露的事项等方面，并不代表监管机构对发行人、中介机构的全部核查要求。

本章法规导航

（1）《公司法》；

（2）《首次公开发行股票注册管理办法》；

（3）《监管规则适用指引——关于申请首发上市企业股东信息披露》；

（4）《监管规则适用指引——发行类第2号》；

（5）《监管规则适用指引——发行类第4号》；

（6）《监管规则适用指引——发行类第5号》；

（7）《〈首次公开发行股票注册管理办法〉第十二条、第十三条、第三十一条、第四十四条、第四十五条和〈公开发行证券的公司信息披露内容与格式准则第57号——招股说明书〉第七条有关规定的适用意见——证券期货法律适用意见第17号》（以下简称《证券期货法律适用意见第17号》）；

（8）《北京证券交易所向不特定合格投资者公开发行股票并上市业务规则适用指引第1号》。

一、主体资格

主体资格核查包括对发行人股权变化的历史沿革、投资人资格与出资情况、实际控制人情况，以及可能发生影响发行人股权结构变动的股权质押、冻结、诉讼或对赌协议等情况进行核查及信息披露。

（一）历史沿革

发行人的历史沿革，是指发行人设立和历次股权变化的发展过程。历史沿革包括发行人的设立、增资、减资、股权转让等一系列与股权变化有关的事项。

1. 上市前重组

不是所有公司上市都需要重组，是否要重组视拟上市公司具体情况而定。如果公司架构复杂，存在主营业务不突出、同业竞争和关联交易的情形，或者拟上市主体的资产、业务完整性差，财务、机构和人员独立性差，可能会被建议重组。

对于需要重组的拟上市公司，应当在尽职调查的基础上，与中介机构一同制订重组方案，考虑突出主营业务、避免同业竞争和不必要的关联交易，并且尽量降低税负成本和对公司经营活动的影响。

2. 改制和设立股份有限公司

通常所说的与上市相关的“改制”，是指从其他组织形式变更为股份有限公司的过程。

根据《首次公开发行股票注册管理办法》，发行人应当是股份有限公司。因此发行人还不是股份有限公司的，须改制或整体变更为股份有限公司。

根据《公司法》规定，设立股份有限公司，应当具备下列条件：① 股份有限公司发起人符合法定人数（2～200人），且半数以上发起人在中国境内有住所；② 有符合公司章程规定的全体发起人认购的股本总额或者募集的实收股本总额；③ 股份发行、筹办事项符合法律规定；④ 发起人制订公司章程，采用募集方式设立的经创立大会通过；⑤ 有公司名称，建立符合股份有限公司要求的组织机构；⑥ 有公司住所。

股份有限公司的设立，可以采取发起设立或者募集设立的方式。股份有限公司采取发起设立方式设立的，注册资本为在公司登记机关登记的全体发起人认购的股本总额。在发起人认购的股份缴足前，不得向他人募集股份。发起设立主要有两种情况：一是新设设立，即两个或以上发起人出资新设一个新公司；二是变更设立，即有限责任公司按原账面价值折股整体变更为股份有限公司。

实践中，多数企业会选择发起设立中的变更设立，即由有限责任公司整体变更为股份有限公司，变更成股份有限公司后再申请公开发行股票。

3. “整体变更”与“改制”的区别

上市的“整体变更”特指有限责任公司整体变更为股份有限公司，是改制的特殊形式。《首次公开发行股票注册管理办法》规定，“有限责任公司按原账面净资产值折股整体变更为股份有限公司的，持续经营时间可以从有限责任公司成立之日起计算”。

有限责任公司变更为股份有限公司可以采取“整体变更”方式或“改制”方式，表1-2-1对前述两种方式进行了对比。

表1-2-1 "整体变更"与"改制"对比

项目	整体变更	改制
折股依据	按原账面净资产值折股	可以按评估值验资折股
业绩计算时间	持续经营时间可以从有限责任公司成立之日起计算	不能连续计算原有业绩
之前的企业形式	有限责任公司	可以是有限责任公司国有企业、事业单位或集体企业
债权债务	债权债务由变更后的股份有限公司自然承继	债务承继需向债权人发出通知和公告，并获得债权人的同意
资产	原有的有限责任公司的所有资产纳入股份有限公司的范围	可能剥离非经营性资产

有限责任公司按原账面净资产折股整体变更为股份有限公司的，持续经营时间可以从有限责任公司成立之日起计算。如有限公司以经评估的净资产折股设立股份公司，则视同新设股份公司，业绩不可连续计算。

由上述可见，若需将有限责任公司业绩纳入股份有限公司连续计算的，在变更为股份有限公司时应当采取"整体变更"的方式；不需要计算业绩，折股采取评估价的，应当采取"改制"的方式。

有限责任公司整体变更为股份有限公司时，应以有证券从业资格的审计机构出具的审计报告作为验资依据，以母公司会计报表净资产为折股依据，折合的实收股本总额不得高于公司净资产额。

4. 有限责任公司整体变更为股份有限公司的流程

有限责任公司整体变更为股份有限公司，至少需要召开两次董事会和两次股东（大）会，具体工作流程及注意事项见表1-2-2。

表1-2-2 有限责任公司整体变更为股份有限公司工作流程

步骤	流程	注意事项
1	董事会拟定公司整体变更方案[1]	—
2	确定审计和评估基准日，进行审计和评估	需要由具备证券从业资格的审计机构出具审计报告

（续表）

步　骤	流　程	注意事项
3	召开董事会会议[2]	—
4	召开股东会会议[2]	—
5	签署发起人协议	—
6	企业名称预先核准	企业名称预先核准批准后，有效期为6个月
7	办理国有股权设置、外资主管部门批准事项	（如有）
8	股份公司验资	—
9	召开职工代表大会	选举职工监事
10	召开创立大会[3]	公司应在创立大会召开15日前将会议日期通知
11	召开股份公司第一届董事会会议[4]	—
12	召开股份公司第一届监事会会议	选举监事会主席
13	办理工商变更登记	在召开创立大会结束后30日内，公司董事会应向公司登记机关申请公司变更登记

注：

1．整体变更方案主要包括：

①整体变更后公司的名称和经营范围；

②整体变更的规定和条件；

③折股依据；

④整体变更后的公司章程；

⑤其他说明事项。

2. 有限责任公司时期的董事会和股东会会议议案包括但不限于：

①《关于公司形式由有限责任公司整体变更为股份有限公司的议案》（议案内容包括但不限于：变更后的公司形式、股份有限公司名称、债权债务承继主体）；

②《关于公司以审计基准日经审计的原账面净资产值为基础折为股份有限公司股份的议案》（议案内容包括但不限于：经审计的公司净资产值、公司的净资产评估值、折股、注册资本）；

③《关于股份有限公司股本的议案》（议案内容包括但不限于：股本总额、每股面值、发起人基本情况、持股比例及出资情况）；

④《关于授权董事会办理公司改制事宜的议案》；

⑤《关于召开公司股东会的议案》。

3. 创立大会议案包括但不限于：

①《关于股份有限公司公司筹办情况的报告》；

②《关于股份有限公司公司章程的议案》；

③《关于选举股份有限公司第一届董事会成员的议案》；

④《关于选举股份有限公司第一届监事会成员（非职工代表监事）的议案》；

⑤《关于股份有限公司设立费用情况的报告》；

⑥《关于股份有限公司相关制度的议案》（相关制度包括但不限于：股东大会议事规则、董事会议事规则、监事会议事规则）；

⑦《关于授权董事会向工商行政管理部门办理工商登记手续的议案》。

创立大会对前款所列事项作出决议，必须经出席会议的认股人所持表决权过半数通过。

4. 第一届董事会审议相关议案包括但不限于：

①《选举第一届董事会董事长的提案》；

②《聘任总经理的提案》；

③《聘任董事会秘书的提案》；

④《聘任副总经理及财务负责人的提案》；

⑤《关于设立董事会专门委员会的提案》；

⑥《总经理工作细则》；

⑦《董事会秘书工作制度》；

⑧《审计委员会工作细则》；

⑨《内部审计管理制度的提案》。

（二）出资

股份有限公司的股东可以用货币出资，也可以用实物、知识产权、土地使用权等可以用货币估价并可以依法转让的非货币财产作价出资；但是，法律、行政法规规定不得作为出资的财产除外。

1. 股东出资应注意的事项

股东出资应注意的有关事项见表1-2-3。

表1-2-3　股东出资应注意的事项列表

出资方式		应注意的事项
货币		公司的发起人不得虚假出资或抽逃资本
非货币财产作价	总体要求	① 发起人、股东可以用实物、知识产权、土地使用权等可以用货币估价并可以依法转让的非货币财产作价出资，但劳务、自然人姓名等法律法规规定不得用于向公司出资的除外。 ② 发起人、股东用作出资资产的财产权转移手续已办理完毕。 ③ 公司设立时用于出资的非货币性资产应当聘请有资格的资产评估机构进行评估
	股权	① 用于出资的股权应当权属清晰、权能完整、依法可以转让。 ② 用于出资的股权应当经依法设立的评估机构评估，评估增值部分应按有关税收规定缴纳个人或企业所得税。 ③ 投资人以股权出资的，应当及时足额缴纳
	债权	① 债权人与债务人自愿达成债权转股权协议，且不违反法律和行政法规强制性规定的，应当确认债权转股权协议有效。 ② 政策性债权转股权，按照国务院有关部门的规定处理
	无形资产	① 无形资产出资必须进行资产评估作价，由具有证券从业资格的中介机构进行资产评估和验资。 ② 出资标的必须是可以用货币估价和可以依法转让的，如专利权、商标权、著作权、专有技术和土地使用权等，同时，出资的无形资产应与公司的业务范围具有一定相关性

2. 历史出资瑕疵的处理

《监管规则适用指引——发行类第4号》对于发行人历史出资瑕疵的处理有以下相关规定：

（1）历史上存在出资瑕疵的，应当在申报前依法采取补救措施。发行人应当充分披露存在的出资瑕疵事项、采取的补救措施，以及中介机构的核查意见。

（2）对于发行人是国有企业或集体企业改制而来，或发行人主要资产来自国有或集体企业，或历史上存在挂靠集体组织经营的企业，若改制过程中法律依据不明确、相关程序存在瑕疵或与有关法律法规存在明显冲突，原则上发行人应在招股说明书中披露有权部门关于改制程序的合法性、是否造成国有或集体资产流失的意见。改制过程不存在上述情况的国有企业、集体企业，发行人应在招股说明书中披露相关中介机构的核查意见。

3. 虚假出资和抽逃出资的处罚

根据《公司法》《中华人民共和国市场主体登记管理条例》《关于公安机关管辖的刑事案件立案追诉标准的规定（二）》（2022年修订）等相关规定，对于实行注册资本实缴登记制的公司，其发起人、股东虚假出资或抽逃出资的，公司会被登记机关责令改正和处以罚款；情节严重的，还会被吊销营业执照和追究刑事责任。

（三）股东

1. 股东适格性

（1）股东适格性的披露要求。

发行人在提交申报材料时应当出具专项承诺，说明发行人股东是否存在以下情形，并将该承诺对外披露：① 直接或间接持有发行人股份的主体是否具备法律法规规定的股东资格；② 本次发行中介机构及其负责人、高级管理人员、经办人员是否存在亲属关系、关联关系、委托持股、信托持股或其他利益输送安排，是否直接或间接持有发行人的股份；③ 发行人股东是否以发行人股权进行不当利益输送。

如存在《监管规则适用指引——发行类第2号》中规定的证监会系统离职人员[①]入股的情形，发行人及中介机构在提交发行申请文件时，应当提交专项说明。

私募投资基金等金融产品持有发行人股份的，发行人应当披露金融产品纳入监管情况。

---

① 离职人员，是指发行人申报时相关股东为离开证监会系统未满十年的工作人员，具体包括从证监会机关、派出机构、沪深证券交易所、全国股转公司离职的工作人员，从证监会系统其他会管单位离职的会管干部，在发行部或公众公司部借调累计满12个月并在借调结束后3年内离职的证监会系统其他会管单位的非会管干部，从会机关、派出机构、沪深证券交易所、全国股转公司调动到证监会系统其他会管单位并在调动后3年内离职的非会管干部。入股禁止期，是指副处级（中层）及以上离职人员离职后3年内、其他离职人员离职后2年内。

（2）股东资格。

某些特定自然人、法人或其他组织因现行法律和政策的规定，不具备股东资格或其股东资格受到限制。表1-2-4和表1-2-5分别汇总了自然人、法人或其他组织关于投资上市公司受限的相关法律法规和政策规定。

① 自然人。

表1-2-4　自然人投资限制的法律法规参考

<table>
<tr><th>限制主体</th><th>持股限制</th><th>参考文件</th></tr>
<tr><td>在职公务员</td><td rowspan="4">不得经商办企业、不得从事营利性活动</td><td>《中华人民共和国公务员法》</td></tr>
<tr><td>党政机关在职干部、职工（包括退居二线的干部）</td><td>《中共中央办公厅、国务院办公厅关于党政机关兴办经济实体和党政机关干部从事经营活动问题的通知》（中办发〔1992〕5号）</td></tr>
<tr><td>党和国家机关退（离）休干部，县以上工会、妇联、共青团、文联以及各种协会、学会等群众组织的退休干部</td><td>《中共中央办公厅、国务院办公厅关于县以上党和国家机关退（离）休干部经商办企业问题的若干规定》（中办发〔1988〕11号）</td></tr>
<tr><td>现役军人</td><td>《中国人民解放军内务条令（试行）》</td></tr>
<tr><td>离职公务员（公务员辞去公职或者退休的，原系领导成员的公务员在离职3年内，其他公务员在离职2年内）</td><td>不得从事与原工作业务直接相关的营利性活动</td><td>《中华人民共和国公务员法》</td></tr>
<tr><td>国有企业领导人</td><td>个人不得从事营利性经营活动和有偿中介活动，或者在本企业的同类经营企业、关联企业和与本企业有业务关系的企业投资入股</td><td>《国有企业领导人员廉洁从业若干规定》</td></tr>
<tr><td>国有企业领导人员的配偶、子女及其他特定关系人</td><td>不得在本企业的关联企业、与本企业有业务关系的企业投资入股</td><td>《国有企业领导人廉洁从业若干规定》</td></tr>
</table>

（续表）

限制主体	持股限制	参考文件
离职或退休的国有企业领导人员（离职或者退休后3年内）	不得在与原任职企业有业务关系的私营企业、外资企业和中介机构担任职务、投资入股，或者在上述企业或者机构从事、代理与原任职企业经营业务相关的经营活动	《国有企业领导人廉洁从业若干规定》
国有企业职工	职工入股原则限于持有本企业股权的职工。国有企业集团公司及其各级子企业改制，经国资监管机构或集团公司批准，职工可投资参与本企业改制，确有必要的，也可持有上一级改制企业股权，但不得直接或间接持有本企业所出资各级子企业、参股企业及本集团公司所出资其他企业股权。 严格限制职工投资关联关系企业；禁止职工投资为本企业提供燃料、原材料、辅料、设备及配件和提供设计、施工、维修、产品销售、中介服务或与本企业有其他业务关联的企业；禁止职工投资与本企业经营同类业务的企业	《关于规范国有企业职工持股、投资的意见》（国资发改革〔2008〕139号）
银行工作人员	不得利用内幕信息买卖资本市场产品；不得挪用本单位资金和客户资金或利用本人消费贷款买卖资本市场产品	《银行业金融机构从业人员职业操守指引》（银监发〔2011〕6号）
证券从业人员、证券监管机构工作人员（证券交易所、证券公司和证券登记结算机构的从业人员、证券监督管理机构的工作人员以及法律、行政法规禁止参与股票交易的其他人员）	在任期或者法定限期内，不得直接或者以化名、借他人名义持有、买卖股票或者其他具有股权性质的证券，也不得收受他人赠送的股票或者其他具有股权性质的证券。 实施股权激励计划或者员工持股计划的证券公司的从业人员，可以按照国务院证券监督管理机构的规定持有、卖出本公司股票或者其他具有股权性质的证券	《证券法》
证监会系统离职人员	禁止：① 利用原职务影响谋取投资机会；② 入股过程存在利益输送；③ 在入股禁止期内入股；④ 作为不适格股东入股；⑤ 入股资金来源违法违规	《监管规则适用指引——发行类第2号》

② 法人或其他组织。

表1-2-5　法人或其他组织投资限制的法律法规参考

主　体	相关规定	参考文件
分公司	分公司不具有法人资格，其民事责任由公司承担	《公司法》
一人公司	一个自然人只能投资设立一个一人有限责任公司。该一人有限责任公司不能投资设立新的一人有限公司	《公司法》
职工持股会、工会	职工持股会将不再具有法人资格。在此种情况改变之前，职工持股会不能成为公司的股东	《中国证监会关于职工持股会及工会能否作为上市公司股东的复函》（证监会法律部〔2000〕24号）
党政机关	党政机关，包括各级党委机关和国家权力机关、行政机关、审判机关、检察机关以及隶属这些机关编制序列的事业单位，一律不准经商、办企业	《中共中央办公厅、国务院办公厅关于进一步制止党政机关和党政干部经商、办企业的规定》（中发〔1986〕6号）
	县及县以上党政机关（包括党委机关、国家权力机关、行政机关、审判机关、检察机关），要坚决执行中共中央、国务院历来的规定，不准经商、办企业	《中共中央办公厅、国务院办公厅关于党政机关兴办经济实体和党政机关干部从事经营活动问题的通知》（中办发〔1992〕5号）
事业单位	各部门行政单位和参照公务员法管理的单位，不得将国有资产用于对外投资。其他事业单位应当严格控制对外投资，不得利用国家财政拨款、上级补助资金和维持事业正常发展的资产对外投资	《国务院机关事务管理局关于印发〈中央行政事业单位国有资产管理暂行办法〉的通知》（国管资〔2009〕167号）
	党政机关，包括各级党委机关和国家权力机关、行政机关、审判机关、检察机关以及隶属这些机关编制序列的事业单位，一律不准经商、办企业	《中共中央办公厅、国务院办公厅关于进一步制止党政机关和党政干部经商、办企业的规定》（中发〔1986〕6号）
	科研、教育等事业单位，可以从事与本单位业务、技术有关的技术转让、技术咨询、技术服务、技术承包等经营活动；不得从事与本单位业务、技术无关的经营活动	《中共中央办公厅、国务院办公厅关于贯彻执行〈中共中央、国务院关于进一步制止党政机关和党政干部经商、办企业的规定〉几个问题的说明》
社会团体	社会团体不得从事营利性经营活动	《社会团体登记管理条例》（2016年修订）

（续表）

主　体	相关规定	参考文件
军队	军队和武警部队全面停止有偿服务	《关于军队和武警部队全面停止有偿服务活动的通知》《最高人民法院关于做好为军队和武警部队全面停止有偿服务提供司法保障工作的通知》
外商投资企业	外商投资企业应符合下列条件，方可投资：① 开始盈利；② 依法经营，无违法经营记录	《关于外商投资企业境内投资的暂行规定》（对外贸易经济合作部、国家工商行政管理局令〔2000〕第6号）（2015年修订）
商业银行	商业银行在中华人民共和国境内不得从事信托投资和证券经营业务，不得向非自用不动产投资或者向非银行金融机构和企业投资，但国家另有规定的除外	《中华人民共和国商业银行法》

2. 股份代持

存在股份代持情况时，发行人应在提交申请前依法解除，并在招股说明书中披露形成原因、演变情况、解除过程、是否存在纠纷或潜在纠纷等。

3. 股权质押、冻结或发生诉讼仲裁

对于控股股东、实际控制人支配的发行人股权出现质押、冻结或诉讼仲裁的，发行人应当按照招股说明书准则要求予以充分披露。

对于发行人的董事、监事及高级管理人员所持股份发生被质押、冻结或发生诉讼纠纷等情形的，发行人应当按照招股说明书准则的要求予以充分披露，并向投资者揭示风险。

4. 增资和股权转让

增资和股权转让（老股转让）是IPO上市前企业常见的两种股权变动形式。发行人可以将历史沿革按照IPO申报前、申报后两个时间段进行梳理，关注历次增资和股权转让事项。

（1）申报前新增股东（重点关注申报前12个月内新增的股东）。

① 增资和股权转让的关注要点。

增资关注增资行为是否真实且合法合规，是否履行了相应的股东会程序，企业是否已经收到增资款，是否已办理工商变更手续，新股东是否具备相应法律、法规规定的股东资格等。

股权转让关注股权转让行为是否真实且合法合规，是否签订了合法的转让合同，有关股权转让是否已完成转让款的支付，是否已办理工商变更手续，是否存在纠纷或潜在纠纷，是否存在代持或信托代持，新股东与公司或原股东及保荐人是否存在关联关系，负有纳税义务或代扣代缴义务的转让方或受让方是否已到主管税务机关办理纳税（扣缴）申报、缴纳个人所得税或免税申报等手续。

涉及国有股权转让的，关注是否已履行国有资产管理部门要求的批准程序和出让程序（公开挂牌拍卖）。存在未履行程序的，是否能取得省级国资部门的确认文件。

② 新增股东的披露要求。

发行人在招股说明书信息披露时，除满足招股说明书信息披露准则的要求外，如新增股东为法人，应披露其股权结构及实际控制人；如为自然人，应披露其基本信息；如为合伙企业，应披露合伙企业的普通合伙人及其实际控制人、有限合伙人的基本信息。最近一年末资产负债表日后增资扩股引入新股东的，申报前须增加一期审计。

③ 突击入股的披露要求。

A. 发行人提交申请前12个月内新增股东的，应当在招股说明书中充分披露新增股东的基本情况、入股原因、入股价格及定价依据，新股东与发行人其他股东、董事、监事、高级管理人员是否存在关联关系，新股东与本次发行的中介机构及其负责人、高级管理人员、经办人员是否存在关联关系，新增股东是否存在股份代持情形；发行人提交申请前12个月内新增的股东应当承诺所持新增股份自取得之日起36个月内不得转让。

B. 发行人提交申报前6个月内进行增资扩股的，新增股份的持有人应当承诺：新增股份自发行人完成增资扩股工商变更登记手续之日起锁定3年。在申报前6个月内从控股股东或实际控制人处受让的股份，应比照控股股东或实际控制人所持股份进行锁定。

④ 价格异常的披露要求。

发行人的自然人股东入股交易价格明显异常的，中介机构应当核查该股东基本情况、入股背景等信息，说明是否存在股份代持或突击入股的情形，发行人应当说明该自然人股东基本情况。

发行人股东的股权架构为两层以上且为无实际经营业务的公司或有限合伙企业的，如该股东入股交易价格明显异常，中介机构应当对该股东层层穿透核查到最终持有人，说明是否存在股份代持或突击入股的情形。最终持有人为自然人的，发行人应当说明自然人基本情况。

⑤ 不视为新股东的特殊情形。

红筹企业拆除红筹架构并以境内企业为主体申请上市的，如该境内企业直接股东原持有红筹企业股权、持有境内企业股权比例为根据红筹企业持股比例转换而来，且该股东自持有红筹企业股权之日至IPO申报时点满12个月，原则上不视为新股东。

发行人直接股东如以持有的发行人重要子公司（置换时资产、营业收入或利润占比超过50%）股权置换为发行人股权的，如该股东自持有子公司股权之日至IPO申报时点满12个月，原则上不视为新股东。

（2）申报后新增股东。

申报后，通过增资或股权转让产生新股东的，原则上发行人应当撤回发行申请，重新申报。但股权变动未造成实际控制人变更，未对发行人股权结构的稳定性和持续盈利能力造成不利影响，且符合下列情形的除外：新股东产生系因继承、离婚、执行法院判决或仲裁裁决、执行国家法规政策要求或由省级及以上人民政府主导，且新股东承诺其所持股份上市后36个月之内不转让、不上市交易（继承、离婚原因除外）。

5. 期权激励计划

发行人存在申报前制定、上市后实施的期权激励计划的，应当符合中国证监会和交易所的规定，并充分披露有关信息。

（1）发行人制定、实施期权激励计划应当符合的要求。

首发申报前制定、上市后实施的期权激励计划，原则上应当符合下列要求：

① 激励对象应当符合相关上市板块的规定；

② 激励计划的必备内容与基本要求，激励工具的定义与权利限制，行权安排，回购或终止行权，实施程序等内容，应参考《上市公司股权激励管理办法》（2018年修订）的相关规定予以执行；

③ 期权的行权价格由股东自行商定确定，但原则上不应低于最近一年经审计的净资产或评估值；

④ 发行人全部在有效期内的期权激励计划所对应股票数量占上市前总股本的比例原则上不得超过15%，且不得设置预留权益；

⑤ 在审期间，发行人不应新增期权激励计划，相关激励对象不得行权；最近一期末资产负债表日后行权的，申报前须增加一期审计；

⑥ 在制定期权激励计划时应充分考虑实际控制人稳定，避免上市后期权行权导致实际控制人发生变化；

⑦ 激励对象在发行人上市后行权认购的股票，应承诺自行权日起36个月内不减持，同时承诺上述期限届满后比照董事、监事及高级管理人员的相关减持规定执行。

（2）发行人信息披露要求。

发行人应在招股说明书中充分披露期权激励计划的有关信息：

① 期权激励计划的基本内容、制定计划履行的决策程序、目前的执行情况；

② 期权行权价格的确定原则，以及和最近一年经审计的净资产或评估值的差异与原因；

③ 期权激励计划对公司经营状况、财务状况、控制权变化等方面的影响；

④ 涉及股份支付费用的会计处理等。

6. 员工持股计划

发行人应在招股说明书中充分披露员工持股计划的人员构成、人员离职后的股份处理、股份锁定期等内容。

（1）发行人实施员工持股计划应当符合的要求。

发行人首发申报前实施员工持股计划的，员工持股计划原则上应当全部由公司员工构成，应当符合下列要求：

① 发行人应当严格按照法律、法规、规章及规范性文件的要求履行决策程序，并遵循公司自主决定、员工自愿参加的原则，不得以摊派、强行分配等方式强制实施员工持股计划。

② 参与持股计划的员工，与其他投资者权益平等，盈亏自负，风险自担，不得利用知悉公司相关信息的优势，侵害其他投资者合法权益。

员工入股应主要以货币出资，并按约定及时足额缴纳。按照国家有关法律法规，员工以科技成果出资入股的，应当提供所有权属证明并依法评估作价，及时办理财产权转移手续。

③ 发行人实施员工持股计划，可以通过公司制企业、合伙制企业、资产管理计划等持股平台间接持股，并建立健全持股在平台内部的流转、退出机制，以及所持发行人股权的管理机制。

参与持股计划的员工因离职、退休、死亡等原因离开公司的，其所持股份权益应当按照员工持股计划章程或协议约定的方式处置。

（2）员工持股计划计算股东人数的原则。

① 依法以公司制企业、合伙制企业、资产管理计划等持股平台实施的员工持股计划，在计算公司股东人数时，员工人数不计算在内。

② 参与员工持股计划时为公司员工，离职后按照员工持股计划章程或协

议约定等仍持有员工持股计划权益的人员，可不视为外部人员。

③ 新《证券法》（2020年修订）施行之前（即2020年3月1日之前）设立的员工持股计划，参与人包括少量外部人员的，可不做清理，在计算公司股东人数时，公司员工人数不计算在内，外部人员按实际人数穿透计算。

7. 工会、职工持股会持股

根据《中国证监会关于职工持股会及工会能否作为上市公司股东的复函》（证监会法律部〔2000〕24号）的解释，职工持股会不再具有法人资格，职工持股会不能成为公司的股东。

考虑到发行条件对发行人股权清晰、控制权稳定的要求，发行人控股股东或实际控制人存在职工持股会或工会持股情形的，应当予以清理。

对于间接股东存在职工持股会或工会持股情形的，如不涉及发行人、实际控制人控制的各级主体，发行人不需要清理，但应予以充分披露。

对于工会或职工持股会持有发行人子公司股份，经保荐机构、发行人律师核查后认为不构成发行人重大违法违规的，发行人不需要清理，但应予以充分披露。

8. 资产管理产品、契约型私募投资基金

（1）由“三类股东”变成资产管理产品、契约型私募投资基金。

资产管理产品、契约型私募投资基金，是契约型基金、资产管理计划、信托计划这三种股东类型的统称，原本合称为“三类股东”。

由于“三类股东”的设立及运行均存在委托关系，不具有独立法人资格，“三类股东”的特性可能会引申股份代持、利益输送或不适格主体间接持股问题，导致拟上市企业股权稳定性存疑。《首发业务若干问题解答（2020年6月修订）》（问题6）及《深圳证券交易所创业板股票首次公开发行上市审核问答》均对存在“三类股东”的发行人提出了核查和披露要求。

2023年2月17日中国证监会发布的《监管规则适用指引——发行类第4

号》第4-4条中，将资产管理计划和信托计划纳入“资产管理产品”，并赋予资产管理产品确切定义：

资产管理产品，指“银行非保本理财产品，资金信托，证券公司、证券公司子公司、基金管理公司、基金管理子公司、期货公司、期货公司子公司、保险资产管理机构、金融资产投资公司发行的资产管理产品等《关于规范金融机构资产管理业务的指导意见》规定的产品”。

（2）资产管理产品、契约型私募投资基金的核查及披露要求。

公司控股股东、实际控制人、第一大股东不应当属于资产管理产品、契约型私募投资基金。

资产管理产品、契约型私募投资基金为发行人股东的，该股东应当依法设立并有效存续，已纳入国家金融监管部门有效监管，并已按照规定履行审批、备案或报告程序，其管理人也已依法注册登记。

发行人应当按照首发信息披露准则的要求对资产管理产品、契约型私募投资基金股东进行信息披露。

通过协议转让、特定事项协议转让和大宗交易方式形成的资产管理产品、契约型私募投资基金股东，中介机构应对控股股东、实际控制人、董事、监事、高级管理人员及其近亲属，本次发行的中介机构及其负责人、高级管理人员、经办人员是否直接或间接在该等资产管理产品、契约型私募投资基金中持有权益进行核查并发表明确意见。中介机构应核查确认资产管理产品、契约型私募投资基金已作出合理安排，可确保符合现行锁定期和减持规则要求。

9. 对赌协议

对赌协议[①]（valuation adjustment mechanism），又称估值调整协议，是指投资方与融资方在达成股权性融资协议时，为解决交易双方对目标公司未来发展的不确定性、信息不对称以及代理成本而设计的包含了股权回

① 引自《全国法院民商事审判工作会议纪要》（法〔2019〕254号），简称《九民纪要》。

购、金钱补偿等对未来目标公司的估值进行调整的协议。

（1）对赌协议的核查及披露。

如存在下列情形之一的，保荐机构、发行人律师、申报会计师应当审慎论证是否符合股权清晰稳定、会计处理规范等方面的要求，不符合相关要求的对赌协议原则上应在申报前清理。发行人应当在招股说明书中披露对赌协议的具体内容、对发行人可能存在的影响等，并进行风险提示。

① 发行人是否为对赌协议当事人；

② 对赌协议是否存在可能导致公司控制权变化的约定；

③ 对赌协议是否与市值挂钩；

④ 对赌协议是否存在严重影响发行人持续经营能力或者其他严重影响投资者权益的情形。

（2）解除对赌协议应注意的方面。

① 约定"自始无效"，对回售责任"自始无效"相关协议的签订日在财务报告出具日之前的，可视为发行人在报告期内对该笔对赌协议不存在股份回购义务，发行人收到的相关投资款在报告期内可确认为权益工具；对回售责任"自始无效"相关协议的签订日在财务报告出具日之后的，需补充提供协议签订后最新一期经审计的财务报告。

② 未约定"自始无效"的，发行人收到的相关投资款在对赌安排终止前应作为金融工具核算。

10. 境外控制架构

实际控制人实现控制的条线存在境外控制架构的，保荐机构和发行人律师应当对发行人设置此类架构的原因、合法性及合理性、持股的真实性、是否存在委托持股、信托持股、是否有各种影响控股权的约定、股东的出资来源等问题进行核查；说明发行人控股股东和受控股股东、实际控制人支配的股东所持发行人的股份权属是否清晰，以及发行人如何确保其公司治理和内控的有效性，并发表明确意见。

（四）实际控制人、控股股东

1. 实际控制人

实际控制人是指拥有公司控制权、能够实际支配公司行为的主体。

发行人应当在招股说明书中披露公司控制权的归属、公司的股权及控制结构，并真实、准确、完整地披露公司控制权或者股权及控制结构可能存在的不稳定性及其对公司的持续经营能力的潜在影响和风险。

（1）公司控制权归属的确认。

在确定公司控制权归属时，应当本着实事求是的原则，尊重企业的实际情况，以发行人自身的认定为主，并由发行人股东予以确认。

发行人股权较为分散但存在单一股东控制比例达到30%情形的，若无相反的证据，原则上应当将该股东认定为控股股东或实际控制人。

（2）控制权发生变更的认定标准。

发行人及中介机构通常不应以股东间存在代持关系、表决权让与协议、一致行动协议等为由，认定公司控制权未发生变动。

实际控制人为单名自然人或有亲属关系的多名自然人，实际控制人去世导致股权变动，股份受让人为继承人的，通常不视为公司控制权发生变更。其他多名自然人为实际控制人，实际控制人之一去世的，保荐机构及发行人律师应结合股权结构、去世自然人在股东大会或董事会决策中的作用、去世自然人对发行人持续经营的影响等因素综合判断公司控制权是否发生变动。

2. 共同实际控制人

发行人主张多人共同拥有公司控制权的，应当符合以下条件：

① 每人都必须直接持有公司股份或者间接支配公司股份的表决权。

② 发行人公司治理结构健全、运行良好，多人共同拥有公司控制权的情况不影响发行人的规范运作。

③ 多人共同拥有公司控制权的情况，一般应当通过公司章程、协议或者其他安排予以明确。公司章程、协议或者其他安排必须合法有效、权利义务清晰、责任明确，并对发生意见分歧或者纠纷时的解决机制作出安排。

④ 根据发行人的具体情况认为发行人应当符合的其他条件。

法定或者约定形成的一致行动关系并不必然导致多人共同拥有公司控制权，发行人及中介机构不应为扩大履行实际控制人义务的主体范围或者满足发行条件而作出违背事实的认定。主张通过一致行动协议共同拥有公司控制权但无第一大股东为纯财务投资人等合理理由的，一般不能排除第一大股东为共同实际控制人。共同实际控制人签署一致行动协议的，应当在协议中明确发生意见分歧或者纠纷时的解决机制。

实际控制人的配偶、直系亲属，如持有公司股份达到5%及以上或者虽未达到5%但是担任公司董事、高级管理人员并在公司经营决策中发挥重要作用的，保荐机构、发行人律师应当说明上述主体是否为共同实际控制人。

如果发行人最近36个月（主板）或者24个月（科创板、创业板、北交所）内持有、实际支配公司股份表决权比例最高的主体发生变化，且变化前后的主体不属于同一实际控制人，视为公司控制权发生变更。发行人最近36个月（主板）或者24个月（科创板、创业板、北交所）内持有、实际支配公司股份表决权比例最高的主体存在重大不确定性的，比照前述规定执行。

3. 无实际控制人

发行人不存在拥有公司控制权的主体或者公司控制权的归属难以判断，如果符合以下情形，可视为公司控制权没有发生变更：

（1）发行人的股权及控制结构、经营管理层和主营业务在首发前36个月（主板）或者24个月（科创板、创业板、北交所）内未发生重大变化；

（2）发行人的股权及控制结构不影响公司治理有效性；

（3）发行人及其保荐机构和律师能够提供证据充分证明公司控制权没有发生变更。

相关股东采取股份锁定等有利于公司股权及控制结构稳定措施的，可将该等情形作为判断公司控制权没有发生变更的重要因素。

4. 国有股权无偿划转或重组等导致发行人控股股东发生变更

因国有资产监督管理需要，国务院或者省级人民政府国有资产监督管理机构无偿划转直属国有控股企业的国有股权或者对该等企业进行重组等导致发行人控股股东发生变更的，如果符合以下情形，可视为公司控制权没有发生变更：

（1）有关国有股权无偿划转或者重组等属于国有资产监督管理的整体性调整，经国务院国有资产监督管理机构或者省级人民政府按照相关程序决策通过，且发行人能够提供相关决策或者批复文件；

（2）发行人与原控股股东不存在构成重大不利影响的同业竞争或者大量的关联交易，没有故意规避《首次公开发行股票注册管理办法》规定的其他发行条件；

（3）有关国有股权无偿划转或者重组等对发行人的经营管理层、主营业务和独立性没有重大不利影响。

按照国有资产监督管理的整体性调整，国务院国有资产监督管理机构直属国有企业与地方国有企业之间无偿划转国有股权或者重组等导致发行人控股股东发生变更的，比照前款规定执行，但是应当经国务院国有资产监督管理机构批准并提交相关批复文件。

不属于前两款规定情形的国有股权无偿划转或者重组等导致发行人控股股东发生变更的，视为公司控制权发生变更。

二、独立性

（一）独立性的五要素

发行人不得存在对直接面向市场独立持续经营的能力有重大不利影响的情形。

关于“直接面向市场独立持续经营的能力”，发行人应满足下列要求：

（1）发行人业务、资产、人员、财务、机构独立，与控股股东、实际控制人及其控制的其他企业间不存在对发行人构成重大不利影响的同业竞争，不存在严重影响发行人独立性或者显失公平的关联交易。

（2）发行人或其控股股东、实际控制人、对发行人主营业务收入或净利润占比超过 10%的重要子公司在申报受理后至上市前不存在被列入失信被执行人名单且尚未消除的情形。

（3）不存在其他对发行人持续经营能力构成重大不利影响的情形。

表1-2-6展示了发行人独立性五要素的要求。

表1-2-6　发行人独立性五要素一览表

独立性	要　求
资产完整	生产型企业具备与生产经营有关的主要生产系统、辅助生产系统和配套设施，合法拥有与生产经营有关的主要土地、厂房、机器设备以及商标、专利、非专利技术的所有权或者使用权，具有独立的原料采购和产品销售系统；非生产型企业具备与经营有关的业务体系及主要相关资产
人员独立	发行人总经理、副总经理、财务负责人和董事会秘书等高级管理人员应独立于发行人的控股股东、实际控制人及其控制的其他企业，不得在控股股东、实际控制人及其控制的其他企业中担任除董事、监事以外的其他行政职务，不得在控股股东、实际控制人及其控制的其他企业领薪，发行人的财务人员不得在控股股东、实际控制人及其控制的其他企业中兼职
财务独立	发行人建立独立的财务核算体系，能够独立作出财务决策，具有规范的财务会计制度和对分公司、子公司的财务管理制度；发行人未与控股股东、实际控制人及其控制的其他企业共用银行账户

（续表）

独立性	要 求
机构独立	发行人建立了健全的内部经营管理机构、独立行使经营管理职权，与控股股东、实际控制人及其控制的其他企业不存在机构混同的情形；发行人的董事会、监事会及其他内部机构应当独立运作；控股股东、实际控制人及其内部机构与上市公司及其内部机构之间没有上下级关系
业务独立	发行人的业务独立于控股股东、实际控制人及其控制的其他企业，与控股股东、实际控制人及其控制的其他企业间不存在对发行人构成重大不利影响的同业竞争，以及严重影响独立性或者显失公平的关联交易

（二）同业竞争

同业，是指竞争方从事与发行人主营业务相同或相似的业务。

同业竞争，是指控股股东、实际控制人及其控制的其他单位从事与发行人相同或者相近的业务。

1. 同业竞争的判断原则

认定相同或相似的业务是否与发行人构成“竞争”时，应按照实质重于形式的原则，结合相关企业历史沿革、资产、人员、主营业务（包括但不限于产品服务的具体特点、技术、商标商号、客户、供应商等）等方面与发行人的关系，以及业务是否有替代性、竞争性，是否有利益冲突，是否在同一市场范围内销售等论证是否与发行人构成竞争；不能简单以产品销售地域的不同、产品的档次不同等认定不构成同业竞争。竞争方的同类收入或者毛利润占发行人主营业务收入或者毛利润的比例达30%以上的，如无充分相反证据，原则上应当认定为构成重大不利影响的同业竞争。

2. 同业竞争的信息披露

对于控股股东、实际控制人控制的与发行人从事相同或者相似业务的企业，发行人应当结合目前自身业务和关联方业务的经营情况、未来发展战略等，在招股说明书中披露未来对于相关资产、业务的安排，以及避免上市后出现构成重大不利影响的同业竞争的措施。

（三）竞业禁止与竞业限制

竞业禁止是《公司法》对董事、高级管理人员规定应承担的忠实义务，属于法定义务。

竞业限制是用人单位在劳动合同或者保密协议中与负有保密义务的人员约定竞业限制条款，并约定在解除或者终止劳动合同后，在竞业限制期限内按月给予劳动者经济补偿。劳动者违反竞业限制约定的，应当按照约定向用人单位支付违约金。前述负有保密义务的人员包括用人单位的高级管理人员、高级技术人员和其他负有保密义务的人员。

竞业禁止与竞业限制的主要区别，详见表1-2-7。

表1-2-7　竞业禁止与竞业限制对比

项　目	竞业禁止	竞业限制
义务类型	法定义务	约定义务
适用对象	公司董事、高级管理人员	负有保密义务的人员，包括用人单位的高级管理人员、高级技术人员和其他负有保密义务的人员
适用期限	在职期间持续适用	离职之日起2年内
补偿金	不需要支付补偿金	以单位支付补偿金为生效条件

（续表）

项　目	竞业禁止	竞业限制
法律依据	《公司法》： 董事、高级管理人员不得未经股东会或者股东大会同意，利用职务便利为自己或他人谋取属于公司的商业机会，自营或者为他人经营与任职公司同类的业务。 董事、高级管理人员违反前款规定所得的收入应当归公司所有	《中华人民共和国劳动合同法》： 第二十三条【保密义务和竞业限制】用人单位与劳动者可以在劳动合同中约定保守用人单位的商业秘密和与知识产权相关的保密事项。 对负有保密义务的劳动者，用人单位可以在劳动合同或者保密协议中与劳动者约定竞业限制条款，并约定在解除或者终止劳动合同后，在竞业限制期限内按月给予劳动者经济补偿。劳动者违反竞业限制约定的，应当按照约定向用人单位支付违约金。 第二十四条【竞业限制的范围和期限】竞业限制的人员限于用人单位的高级管理人员、高级技术人员和其他负有保密义务的人员。竞业限制的范围、地域、期限由用人单位与劳动者约定，竞业限制的约定不得违反法律、法规的规定。 在解除或者终止劳动合同后，前款规定的人员到与本单位生产或者经营同类产品、从事同类业务的有竞争关系的其他用人单位，或者自己开业生产或者经营同类产品、从事同类业务的竞业限制期限，不得超过2年
	各证券交易所制定的《股票上市规则》对公司董事应当履行的忠实义务和勤勉义务作出规定： 未经股东大会同意，不得为本人及其关系密切的家庭成员谋取属于公司的商业机会，不得自营、委托他人经营公司同类业务； 保守商业秘密，不得泄露公司尚未披露的重大信息，不得利用内幕信息获取不当利益，离职后应当履行与公司约定的竞业禁止义务	

三、持续经营能力

当发行人因宏观环境因素、行业因素和自身因素影响存在重大不利变化风险而可能对发行人持续经营能力造成影响时，发行人应当充分披露可能影响持续经营的风险因素。

（一）影响持续经营能力的主要因素

发行人存在以下情形的，视为可能影响发行人持续经营能力：

（1）发行人因宏观环境因素影响存在重大不利变化风险，如法律法规、汇率税收、国际贸易条件、不可抗力事件等。

（2）发行人因行业因素影响存在重大不利变化风险，如：

① 发行人所处行业被列为行业监管政策中的限制类、淘汰类范围，或行业监管政策发生重大变化，导致发行人不满足监管要求；

② 发行人所处行业出现周期性衰退、产能过剩、市场容量骤减、增长停滞等情况；

③ 发行人所处行业准入门槛低、竞争激烈，导致市场占有率下滑；

④ 发行人所处行业上下游供求关系发生重大变化，导致原材料采购价格或产品售价出现重大不利变化。

（3）发行人因自身因素影响存在重大不利变化风险，如：

① 发行人重要客户或供应商发生重大不利变化，进而对发行人业务稳定性和持续性产生重大不利影响；

② 发行人由于工艺过时、产品落后、技术更迭、研发失败等原因导致产品的市场占有率持续下降，主要资产价值大幅下跌、主要业务大幅萎缩；

③ 发行人多项业务数据和财务指标呈现恶化趋势，由盈利转为重大亏损，且短期内没有好转迹象；

④ 发行人营运资金不能覆盖持续经营期间，或营运资金不能够满足日常经营、偿还借款等需要；

⑤ 对发行人业务经营或收入实现有重大影响的商标、专利、专有技术以及特许经营权等重要资产或技术存在重大纠纷或诉讼，已经或者将对发行人财务状况或经营成果产生重大不利影响。

（4）其他明显影响发行人持续经营能力的情形。

（二）董事、高级管理人员是否发生重大变化的认定

发行人应当按照要求披露董事、高级管理人员的变动情况。

如果最近3年（或2年）内发行人的董事、高级管理人员变动人数比例较

大，或董事、高级管理人员中的核心人员发生变化，对发行人的生产经营产生重大不利影响的，应视为发生重大变化。

变动后新增的董事、高级管理人员来自原股东委派或发行人内部培养产生的，原则上不构成人员的重大变化。发行人管理层因退休、调任等原因发生岗位变化的，不轻易认定为重大变化，但发行人应当披露相关人员变动对公司生产经营的影响。

发行人申请在科创板上市的，还应当按照上述要求披露核心技术人员的变动情况。

（三）申报期内经营业绩下滑

发行人最近一年（期）经营业绩指标较上一年（期）下滑幅度超过50%的，如无充分相反证据或其他特殊原因，一般应认定对发行人持续经营能力构成重大不利影响。

北交所规定，保荐机构及申报会计师应就经营业绩下滑是否对发行人持续经营能力构成重大不利影响发表明确意见。

（四）客户集中

发行人来自单一客户主营业务收入或毛利润贡献占比超过50%的，一般认为发行人对该客户存在重大依赖。

对于非因行业特殊性、行业普遍性导致客户集中度偏高的，发行人应当披露大客户是否为关联方或者是否存在重大不确定客户，该集中是否可能导致发行人未来持续经营能力存在重大不确定性。

对于由于下游客户的行业分布集中而导致的客户集中具备合理性的特殊行业（如电力、电网、电信、石油、银行、军工等行业），发行人应与同行业可比公众公司进行比较，充分说明客户集中是否符合行业特性，发行人与客户的合作关系是否具有一定的历史基础，是否有充分的证据表明发行人采用公开、公平的手段或方式独立获取业务，相关的业务是否具有稳定性以及可持续性，并予以充分的信息披露。

发行人应在招股说明书中充分揭示客户集中度较高可能带来的风险。

四、公司治理与合规经营

公司治理是关于公司各利益主体之间责、权、利关系的制度安排。公司治理防止董事、经理等代理人损害股东的利益，同时也规范控股股东、实际控制人及利益相关者的行为，避免“隧道挖掘”现象损害中小股东利益。

内部控制是管理当局为实现经营效果和提高效率而建立的一系列制度规则和实施程序。内部控制更侧重于防范财务风险，合理保证企业经营管理合法合规，保护资产的安全和完整，保证财务报告及相关信息真实完整。

无论公司治理还是内部控制，都是为了保证企业的规范运行。

（一）公司治理

1. 中介机构核查要点

根据《监管规则适用指引——法律类第2号：律师事务所从事首次公开发行股票并上市法律业务执业细则》，对于发行人公司治理的核查，核查要点如下：

（1）公司章程。发行人的公司章程以及制定、修改过程是否符合法律法规的规定。

（2）治理结构及运作。发行人的公司治理结构及运作是否符合法律法规和公司章程的规定。

（3）董、监、高任职资格。发行人的董事、监事和高级管理人员是否符合法律法规规定的任职资格。

（4）独立董事。发行人是否按照有关法律法规的要求设立独立董事，其任职资格是否符合法律法规和公司章程的有关规定，独立董事是否依法履行职责。

（5）董事、高级管理人员重大变化。发行人的董事和高级管理人员是否发生变化。如存在，应当确认这种变化是否符合法律法规的规定，是否履行了相应的法律程序，并判断上述变化是否构成董事和高级管理人员的重大变化，是否对发行人经营决策产生重大影响，是否会构成发行人首发的法律障碍。

2. 公司治理信息披露要点

发行人进行公司治理事项的披露时应注意以下要点：

（1）发行人申报时提交的公司章程（草案）内容应当符合各证券交易所《股票上市规则》等相关规定，对利润分配、投资者关系管理、独立董事、累积投票等内容在公司章程（草案）中予以明确或者单独制定规则。

（2）发行人申报时的董事（独立董事除外）、监事、高级管理人员（包括董事会秘书和财务负责人）应当符合各证券交易所《股票上市规则》等规则规定的任职要求，并符合证券交易所上市公司董事兼任高级管理人员的人数比例、董事或高级管理人员的亲属不得担任监事的相关要求。

（3）在上市委员会审议之前，发行人独立董事的设置应当符合中国证监会、证券交易所对上市公司独立董事的相关规定。

（二）重大违法行为

发行人及其控股股东、实际控制人最近3年内不得存在重大违法行为。

最近 36 个月内，发行人及其控股股东、实际控制人在国家安全、公共安全、生态安全、生产安全、公众健康安全等领域，存在以下违法行为之一的，原则上视为重大违法行为：被处以罚款等处罚且情节严重；导致严重环境污染、重大人员伤亡、社会影响恶劣等。

1. 不认定为重大违法的行为

有以下情形之一且保荐机构及发行人律师出具明确核查结论的，可以不认定为重大违法：违法行为显著轻微、罚款数额较小；相关规定或处罚决定未认定该行为属于情节严重；有权机关证明该行为不属于重大违法。

违法行为导致严重环境污染、重大人员伤亡、社会影响恶劣等并被处以大额罚款等处罚的，不适用上述情形。

发行人合并报表范围内的各级子公司，如对发行人主营业务收入或者净利润不具有重要影响（占比不超过5%），其违法行为可不视为发行人本身存在重大违法行为，但相关违法行为导致严重环境污染、重大人员伤亡或者社会影响恶劣等的除外。

2. 无违法违规证明/信用报告

为证明发行人不存在重大违法行为，在尽职调查期间，中介机构通常需要发行人出具有关主管部门开具的无违法违规证明。

随着国务院“放管服”的深化改革，各地政府部门将无违规证明开具事宜从线下盖章转为线上审批，并在各地陆续推行用企业信用报告代替企业无违法违规证明的改革方案。2021年8月，广东省人民政府办公厅发布《信用报告代替企业无违法违规证明改革实施方案》，明确以企业在“信用广东”网自主打印的信用报告（无违法违规证明版），代替赴相关部门办理的无违法违规证明。出具无违法违规证明范围包括：基本建设投资领域、人力资源社会保障领域、建筑市场监管领域、住房公积金领域、文化执法领域、安全生产领域、市场监管领域、税务（含社保缴纳）领域、消防安全领域、药品监管领域、医疗保障领域。

2014年10月20日，环境保护部发布《关于改革调整上市环保核查工作制度的通知》，明确表示环境保护部门停止受理及开展上市环保核查，并停止印发关于上市环保核查的相关文件（包括无违法违规证明）。为此，发行人可以通过提供其项目的环保批复、环保验收、排污许可证等文件，作为环保无违法违规证明的依据。

3. 无犯罪记录证明

《首次公开发行股票注册管理办法》规定，“最近三年内，发行人及其控股股东、实际控制人不存在贪污、贿赂、侵占财产、挪用财产或者破坏社会主义市场经济秩序的刑事犯罪，不存在欺诈发行、重大信息披露违法或者其他涉及国家安全、公共安全、生态安全、生产安全、公众健康安全等领域的重大违法行为”，“董事、监事和高级管理人员不存在最近三年内受到中国证监会行政处罚，或者因涉嫌犯罪正在被司法机关立案侦查或者涉嫌违法违规正在被中国证监会立案调查且尚未有明确结论意见等情形”。

为证明发行人上述人员不存在上述违法违规行为，在尽职调查期间，中介机构通常需要发行人的控股股东、实际控制人、董监高出具其《无犯罪记录证明》。

2021年12月3日，公安部印发《公安机关办理犯罪记录查询工作规定》，明确规定了“除人民法院生效判决文书确认有罪外，其他情况均应当视为无罪”，“人民法院尚未作出生效判决、裁定，或者人民检察院作出不起诉决定，或者办案单位撤销案件、撤回起诉、对其终止侦查的，属于无犯罪记录人员”。

对于个人查询个人犯罪记录的，未发现申请人有犯罪记录的，公安机关出具《无犯罪记录证明》；发现申请人有犯罪记录的，公安机关出具《不予出具无犯罪记录证明通知书》。

对于单位查询个人犯罪记录的，公安机关以《查询告知函》形式将查询结果告知查询单位。

（三）共同投资

发行人如存在与其控股股东、实际控制人、董事、监事、高级管理人员及其亲属直接或者间接共同设立公司情形，发行人应主要披露以下事项：

（1）发行人应当披露相关公司的基本情况，包括但不限于公司名称、成立时间、注册资本、住所、经营范围、股权结构、最近一年又一期主要财务数据及简要历史沿革。

（2）如发行人与共同设立的公司存在业务或资金往来的，还应当披露相关交易的交易内容、交易金额、交易背景以及相关交易与发行人主营业务之间的关系。

（3）如公司共同投资方为董事、高级管理人员及其近亲属，董事、高级管理人员未经股东会或者股东大会同意，不得利用职务便利为自己或者他人谋取属于公司的商业机会，自营或者为他人经营与所任职公司同类的业务。

（四）上市公司直接或间接控制

发行人为上市公司直接或间接控制的公司，应当独立于上市公司并在信息披露方面与上市公司一致、同步。

发行人不应当存在上市公司为发行人承担成本费用、利益输送或其他利益安排等情形。

发行人及上市公司关于发行人公开发行股票并上市的决策程序、审批程序与信息披露等应当符合中国证监会、证券交易所的相关规定，上市公司在境外上市的还应当符合境外监管的相关规定。

（五）重大事项报告

发行人应当按照发行上市审核相关规定，对下列重大事项进行报告：

（1）发行人及其实际控制人、控股股东等发生重大媒体质疑、涉及重大违法行为的突发事件或被列入失信被执行人名单；

（2）发生涉及公司主要资产、核心技术等诉讼仲裁，或者公司主要资产被查封、扣押等；

（3）发行人控股股东和受控股股东、实际控制人支配的股东所持发行人股份被质押、冻结、拍卖、托管、设定信托或者被依法限制表决权，或发生其他可能导致控制权变更的权属纠纷；

（4）发行人发生重大资产置换、债务重组等公司架构变化的情形；

（5）发生影响公司经营的法律、政策、市场等方面的重大变化；

（6）发生违规对外担保、资金占用或其他权益被控股股东、实际控制人严重损害的情形，或者损害投资者合法权益和社会公共利益的其他情形；

（7）披露审计报告、重大事项临时公告或者调整盈利预测；

（8）发生可能导致中止或终止审核的情形；

（9）存在其他可能影响发行人符合发行条件、上市条件和相应信息披露要求，或者影响投资者判断的重大事项。

（六）人力资源与社会保险

1. 在册员工统计

拟上市公司IPO申报，以及上市后统计披露的在册员工人员，与公司内部人力资源部统计的在岗员工人数有所不同。在册员工指与用人单位签署正式劳动合同，受用人单位管理，持续从事用人单位安排的工作，由用人单位直接支付劳动薪酬并承担社保责任的用人单位成员。

在册员工通常包括用人单位的正式员工（含试用期员工、返聘人员），兼职高管的董事、职工董事、职工监事，不含劳务派遣人员、劳务外包人员、在校实习生、临时工、借调挂靠人员等，也不含仅在公司担任董事职务或监事职务的外部董事、独立董事、外部监事。

2. 应缴未缴社会保险和住房公积金

《社会保险费征缴暂行条例》和《住房公积金管理条例》对社会保险和住房公积金的征缴范围、缴纳时间和缴费比例作出了规定，各省、自治区、直辖市政府对社会保险和住房公积金制定了具体的征缴政策。按照上述两个条例及相关政策依法缴纳社会保险和住房公积金是企业规范经营的基本要求。

用工单位未能如期为部分员工缴纳社会保险和住房公积金，可能因为存在以下客观或主观原因：① 退休返聘；② 当月入职离职员工未办理手续；③ 外籍员工；④ 员工缴纳城乡居民保险；⑤ 职工原单位原因；⑥ 已由第三方缴纳。

发行人报告期内存在应缴未缴社会保险和住房公积金情形的，应当在招股说明书中披露应缴未缴的具体情况及形成原因，如补缴对发行人的持续经营可能造成的影响，揭示相关风险，并披露应对方案。

（七）重大诉讼、仲裁

发行人不应当存在重大偿债风险、影响持续经营的担保或诉讼以及仲裁等重大或有事项。

发行人应当在招股说明书中披露对股权结构、生产经营、财务状况、未来发展等可能产生较大影响的诉讼或仲裁事项，包括案件受理情况和基本案情，诉讼或仲裁请求，判决、裁决结果及执行情况，诉讼或仲裁事项对发行人的影响等。如诉讼或仲裁事项可能对发行人产生重大影响，应当充分披露发行人涉及诉讼或仲裁的有关风险。

发行人提交首发申请至上市期间，发行人诉讼或仲裁的重大进展情况以及新发生的对股权结构、生产经营、财务状况、未来发展等可能产生较大影响的诉讼或仲裁事项，应当及时补充披露。

发行人控股股东、实际控制人、控股子公司、董事、监事、高级管理人员和核心技术人员涉及的重大诉讼或仲裁事项比照上述标准执行。

涉及主要产品、核心商标、专利、技术等方面的诉讼或仲裁可能对发行人生产经营造成重大影响，或者诉讼、仲裁有可能导致发行人实际控制人变更，或者其他可能导致发行人不符合发行条件的情形，保荐机构和发行人律师应在提出明确依据的基础上，充分论证该等诉讼、仲裁事项是否构成本次发行的法律障碍并审慎发表意见。

（八）安全生产

发行人应当在招股说明书中充分做好相关信息披露，包括：涉及公司生产可持续性、发行人是否已被处罚或存在被处罚的风险、投资者对公司未来发生事故风险的预期状况等。

（九）环保问题

发行人应当在招股说明书中充分做好相关信息披露，包括：生产经营中涉及环境污染的具体环节、主要污染物名称及排放量、主要处理设施及处理能力；报告期内，发行人环保投资和相关费用成本支出情况，环保设施实际运行情况，报告期内环保投入、环保相关成本费用是否与处理公司生产经营所产生的污染相匹配；募投项目所采取的环保措施及相应的资金来源和金额等；公司生产经营与募集资金投资项目是否符合国家和地方环保要求；发行人若发生环保事故或受到行政处罚的，应披露原因、经过等具体情况，发行人是否构成重大违法行为，整改措施及整改后是否符合环保法律法规的有关规定。

（十）公众公司、H股公司或境外分拆、退市公司申请IPO的核查要求

发行人曾为或现为新三板挂牌公司、境外上市公司的，应说明并简要披露其在挂牌或上市过程中，以及挂牌或上市期间在信息披露、股权交易、董事会或股东大会决策等方面的合法合规性，披露摘牌或退市程序的合法合规性（如有），是否存在受到处罚的情形。涉及境外退市或境外上市公司资产出售的，发行人还应披露相关外汇流转及使用的合法合规性。

如新三板挂牌公司的股东中包含被认定为不适格股东的，发行人应合并披露相关持股比例，合计持股比例较高的，应披露原因及其对发行人生产经营的影响。

五、财务会计

IPO财务核查主要针对发行人财务内控制度的规范及执行、财务会计的合规性进行核查。财务核查内容较多，本章节只针对较能引起证券监管部门关注的问题的核查要求及披露要求进行阐述。

（一）财务内部控制

发行人申请上市成为公众公司需要建立、完善并严格实施相关财务内部控制制度，保护中小投资者合法权益，在财务内控方面存在不规范情形的，应通过中介机构上市辅导完成整改（如结束不当行为等）和建立健全相关内控制度，从内控制度上禁止相关不规范情形的持续发生。

1. 常见财务内控不规范的情形

发行人存在财务内控不规范的情形包括但不限于：

（1）“转贷”行为，即无真实业务支持情况下，通过供应商等取得银行贷款或为客户提供银行贷款资金走账通道；

（2）向关联方或供应商开具无真实交易业务的商业票据，通过票据贴现获取银行融资；

（3）与关联方或第三方直接进行资金拆借；

（4）频繁通过关联方或第三方收付款项，金额较大且缺乏商业合理性；

（5）利用个人账户对外收付款项；

（6）出借公司账户为他人收付款项；

（7）违反内部资金管理规定对外支付大额款项、大额现金收支、挪用资金；

（8）被关联方以借款、代偿债务、代垫款项或者其他方式占用资金；

（9）存在账外账；

（10）在销售、采购、研发、存货管理等重要业务环节中存在内控重大缺陷等。

2. 财务内控不规范的处理及披露

发行人确有特殊客观原因，认为不属于财务内控不规范情形的，需提供充分合理性证据，如外销业务因外汇管制等原因确有必要通过关联方或第三方代收货款，且不存在审计范围受到限制的情形；连续12个月银行贷款受托支付累计金额与相关采购或销售（同一交易对手或同一业务）累计金额基本一致或匹配等；与参股公司（非受实际控制人控制）的其他股东同比例提供资金。

首次申报审计截止日后，发行人原则上不能存在上述内控不规范和不能有效执行的情形。

发行人应根据重要性原则，充分披露报告期内的财务内控不规范行为，如相关交易形成原因、资金流向和用途、违反有关法律法规具体情况及后果、后续可能影响的承担机制，并结合财务内控重大缺陷的认定标准披露有关行为是否构成重大缺陷、整改措施、相关内控制度完善情况及运行情况等。

（二）会计政策、会计估计变更和差错更正

1. 申报前会计政策、会计估计变更和差错更正

发行人在申报前进行审计调整的，申报会计师应按要求对发行人编制的申报财务报表与原始财务报表的差异比较表出具鉴证报告并说明审计调整原因，保荐机构应核查审计调整的合理性与合规性。

报告期内发行人会计政策和会计估计应保持一致，不得随意变更，如有变更应符合会计准则的规定，并履行必要的审批程序。

2. 申报后会计政策、会计估计变更和差错更正

发行人申报后存在会计政策、会计估计变更事项的，相关变更事项应符合专业审慎原则，与同行业上市公司不存在重大差异，不存在影响发行人会计基础工作规范性及内控有效性情形。在此基础上，发行人应提交更新后的财务报告；保荐机构及申报会计师应发表意见。

发行人申报后出现会计差错更正事项的，保荐机构及申报会计师应发表意见。

（三）应收款项减值

发行人评估预期信用损失，应考虑所有合理且有依据的信息，包括前瞻性信息，并说明预期信用损失的确定方法和相关参数的确定依据。

如果对某些单项或某些组合应收款项不计提坏账准备，发行人应充分说明并详细论证未计提的依据和原因，如是否存在确凿证据，是否存在信用风险，账龄结构是否与收款周期一致，是否考虑前瞻性信息，不应仅以欠款方

为关联方客户、优质客户、政府工程客户或历史上未发生实际损失等理由而不计提坏账准备。

发行人重要客户以现金、银行转账以外方式回款的，应清晰披露回款方式。

发行人应清晰说明应收账款账龄的起算时点，分析披露的账龄情况与实际是否相符，应收账款初始确认后又转为商业承兑汇票结算的或应收票据初始确认后又转为应收账款结算的，发行人应连续计算账龄并评估预期信用损失；应收账款保理业务，如为有追索权债权转让，发行人应根据原有账龄评估预期信用损失。

（四）第三方回款

第三方回款通常指发行人销售回款的支付方（如银行汇款的汇款方、银行承兑汇票或商业承兑汇票的出票方或背书转让方）与签订经济合同的往来客户（或实际交易对手）不一致。

企业在正常经营活动中存在的第三方回款，通常情况下应考虑是否符合以下条件：

（1）与自身经营模式相关，符合行业经营特点，是否具有必要性和合理性。

（2）第三方回款的付款方不是发行人的关联方。

（3）第三方回款与相关销售收入勾稽一致，具有可验证性，不影响销售循环内部控制有效性的认定，申报会计师已对第三方回款及销售确认相关内部控制有效性发表明确核查意见。

（4）能够合理区分不同类别的第三方回款，相关金额及比例处于合理可控范围。

（五）客户资源或客户关系及企业合并涉及无形资产

发行人的客户资源或客户关系及企业合并是否涉及无形资产，可依以下原则进行判断：

（1）客户资源或客户关系只有源自合同性权利或其他法定权利且确保能在较长时期内获得稳定收益，才能确认为无形资产。

发行人已将客户资源或客户关系确认为无形资产的，应详细说明确认的依据，是否符合无形资产的确认条件。发行人应在资产负债表日判断无形资产是否存在可能发生减值的迹象，如分析上述无形资产对应合同的实际履行情况与确认时设定的相关参数是否存在明显差异等。

（2）非同一控制下企业合并中，购买方在初始确认购入的资产时，应充分识别被购买方拥有但财务报表未确认的无形资产，满足会计准则规定确认条件的，应确认为无形资产。

在企业合并确认无形资产的过程中，发行人应保持专业、谨慎，充分论证是否存在确凿证据以及可计量、可确认的条件，评估师应按照公认可靠的评估方法确认其公允价值。

（六）研发投入

研发投入为企业研究开发活动形成的总支出。研发投入通常包括研发人员工资、直接投入费用、折旧费用与长期待摊费用、设计费用、装备调试费用、无形资产摊销费用、委托外部研究开发费用、其他费用等。

本期研发投入为本期费用化的研发费用与本期资本化的开发支出之和。

发行人应制定并严格执行研发相关内控制度，明确研发支出的开支范围、标准、审批程序以及研发支出资本化的起算时点、依据、内部控制流程。同时，应按照研发项目设立台账归集核算研发支出。发行人应审慎制定研发支出资本化的标准，并在报告期内保持一致。

（七）研发支出资本化

发行人应当按照《企业会计准则——基本准则》《企业会计准则第6号——无形资产》等规定对研发支出进行确认和计量。研究阶段的支出，应于发生时计入当期损益；开发阶段的支出，在同时满足会计准则列明的条件时，才能按规定确认为无形资产。初始确认和计量时，发行人应结合研发支出资本化相关内控制度的健全性和有效性，逐条具体分析进行资本化的开发支出是否同时满足会计准则规定的条件。后续计量时，相关无形资产的预计使用寿命和摊销方法应符合会计准则规定，按规定进行减值测试并足额计提减值准备。

发行人应根据重要性原则，在招股说明书中披露：

（1）研发支出资本化相关会计政策，与资本化相关研发项目的研究内容、进度、成果、完成时间（或预计完成时间）、经济利益产生方式（或预计产生方式）、当期和累计资本化金额、主要支出构成，以及资本化的起算时点和确定依据等。

（2）与研发支出资本化相关的无形资产的预计使用寿命、摊销方法、减值等情况，并说明是否符合相关规定，研发支出资本化时点是否与同行业可比公司存在重大差异。发行人应结合研发项目推进情况和研究成果运用可能发生的内外部不利变化、与研发支出资本化相关的无形资产规模等因素，充分披露相关无形资产的减值风险及对公司未来业绩可能产生的不利影响。

（八）政府补助

发行人应结合政府补助的具体来源、获取条件、形式、金额、时间及持续情况、分类、政府补助与公司日常活动的相关性等，在招股说明书中披露报告期各期取得政府补助资金的具体情况和使用情况、计入经常性损益与非经常性损益的政府补助金额，以及政府补助相关收益的列报情况是否符合《公开发行证券的公司信息披露解释性公告第 1 号——非经常性损益》的规定；结合报告期各期计入损益的政府补助金额占同期净利润的比例，说明发行人对政府补助的依赖情况，报告期内经营业绩对政府补助存在较大依赖的，应当进行重大事项提示，并分析披露对发行人经营业绩和持续经营能力的影响。

（九）权益分派

1. 申报前提出权益分派方案

发行人申报前就已提出了现金分红、分派股票股利或资本公积金转增股本方案的，应充分披露相关方案的执行是否对发行人符合发行条件和上市条件造成影响，相关方案应在中国证监会同意注册前执行完毕。

2. 审核期间新增现金分红方案

发行人在申报受理后至上市前原则上不应提出分派股票股利或资本公积金转增股本的方案。

发行人在审核期间提出现金分红、分派股票股利或资本公积金转增股本的，发行人应按重大事项报告要求及时进行报告，并遵循如下原则进行处理：

（1）发行人如拟现金分红的，应依据公司章程和相关监管要求，充分论证现金分红的必要性和恰当性，以最近一期经审计的财务数据为基础，测算和确定与发行人财务状况相匹配的现金分红方案，并履行相关决策程序。如存在大额分红并可能对财务状况和新老股东利益产生重大影响的，发行人应谨慎决策。

（2）发行人的现金分红方案应在中国证监会同意注册前执行完毕。

（3）已通过上市委员会审议的发行人，在上市前原则上不应提出新的现金分红方案。

（十）增资或转让股份形成的股份支付

发行人向职工（含持股平台）、顾问、客户、供应商及其他利益相关方等新增股份，以及主要股东及其关联方向职工（含持股平台）、客户、供应商及其他利益相关方等转让股份，发行人应根据重要性程度，依据实质重于形式原则，对相关协议、交易安排及实际执行情况进行综合判断，并进行相应会计处理。发行人应根据重要性程度，在招股说明书中披露股份支付的形成原因、具体对象、权益工具的数量及确定依据、权益工具的公允价值及确认方法、职工持有份额/股份转让的具体安排等。

（十一）投资收益占比

针对发行人来自合并报表范围以外的投资收益占当期合并净利润比例较高的情形，发行人应在招股说明书的风险因素中充分披露相关风险特征，同时在管理层分析中披露以下内容：

（1）被投资企业的业务内容、经营状况，发行人与被投资企业所处行业的关系，发行人对被投资企业生产经营状况的可控性等相关信息；

（2）发行人对被投资企业的投资过程，与被投资企业控股股东合作历史、未来合作预期、合作模式是否符合行业惯例，被投资企业分红政策等；

（3）被投资企业非经常性损益情况及对发行人投资收益产生的影响，该影响数是否已作为发行人的非经常性损益计算。

（4）其他重要信息。

（十二）现金交易

发行人存在销售或采购环节现金交易金额较大或占比较高情形的，应在招股说明书中披露以下信息：

（1）现金交易的必要性与合理性是否与发行人业务情况或行业惯例相符，现金交易比例及其变动情况与同行业可比公众公司是否存在重大差异，现金使用是否依法合规；

（2）现金交易的客户或供应商的基本情况是否为自然人或发行人的关联方，现金交易对象含自然人的，还应披露向自然人客户（或供应商）销售（或采购）的金额及占比；

（3）现金交易相关收入确认及成本核算的原则与依据是否存在体外循环或虚构业务情形；

（4）现金交易是否具有可验证性，与现金交易相关的内部控制制度的完备性、合理性与执行有效性；

（5）现金交易流水的发生与相关业务发生是否真实一致，是否存在异常情况；

（6）实际控制人及发行人董事、监事、高级管理人员等关联方是否与相关客户或供应商存在资金往来；

（7）发行人为减少现金交易所采取的改进措施及进展情况。

（十三）银行流水核查

银行流水反映了企业收支管理制度的完善性、有效性和大额收支交易的真实性及货币资金余额的准确性。

根据《关于进一步提高首次公开发行股票公司财务信息披露质量有关问题的意见》的规定，发行人与个人或个体经销商等交易金额较大的，发行人应采取各项措施尽量提高通过银行系统收付款的比例，减少现金交易比例；对现金交易部分，应建立现代化的收银系统，防止出现某些环节的舞弊现象。

发行人及其控股股东、实际控制人、董事、监事、高级管理员等相关人员应按照诚实信用原则，向中介机构提供完整的银行账户信息，配合中介机构核查资金流水。在符合银行账户查询相关法律法规的前提下，资金流水核查范围除发行人银行账户资金流水以外，还可能包括控股股东、实际控制人、发行人主要关联方、董事、监事、高级管理员、关键岗位人员等开立或控制的银行账户资金流水，以及与上述银行账户发生异常往来的发行人关联方及员工开立或控制的银行账户资金流水。

（十四）关联交易

发行人应严格按照《公司法》《企业会计准则》和中国证监会、证券交易所的相关规定，完整、准确地披露关联方关系及其关联交易。发行人的控股股东、实际控制人应协助发行人完整、准确地披露关联方关系及其关联交易。发行人与控股股东、实际控制人及其关联方之间的关联交易应根据业务模式控制在合理范围。

发行人对关联交易应当予以充分信息披露，具体如下:

（1）关于关联方认定。发行人应当按照《公司法》《企业会计准则》和中国证监会、证券交易所的相关规定认定并披露关联方。

（2）关于关联交易的必要性、合理性和公允性。发行人应披露关联交易的交易内容、交易金额、交易背景以及相关交易与发行人主营业务之间的关系；还应结合可比市场公允价格、第三方市场价格、关联方与其他交易方的价格等，说明并摘要披露关联交易的公允性是否存在对发行人或关联方的利益输送。

对于控股股东、实际控制人与发行人之间关联交易对应的收入、成本费用或利润总额占发行人相应指标的比例较高（如达到30%）的，发行人应结合相关关联方的财务状况和经营情况、关联交易产生的营业收入、利润总额合理性等，充分说明并摘要披露关联交易是否影响发行人的经营独立性，是否构成对控股股东或实际控制人的依赖，是否存在通过关联交易调节发行人收入利润或成本费用、对发行人利益输送的情形；此外，发行人还应披露未来减少与控股股东、实际控制人发生关联交易的具体措施。

（3）关于关联交易的决策程序。发行人应当披露公司章程对关联交易决策程序的规定，已发生关联交易的决策过程是否与公司章程相符，关联股东或董事在审议相关交易时是否回避，以及独立董事和监事会成员是否发表不同意见等。

（十五）主要债权债务核查

发行人主要债权债务核查重点在于核查公司正在履行的借款合同，包括银行融资和其他方式的融资，包括实际控制人通过其他方式融资后进入上市主体的合同。

（十六）尚未盈利或最近一期存在累计未弥补亏损

发行人尚未盈利或最近一期存在累计未弥补亏损情况的，中介机构应充分核查尚未盈利或最近一期存在累计未弥补亏损的原因，并就其是否影响发行人持续经营能力发表意见。

发行人应结合行业特点和公司情况，针对性量化分析披露尚未盈利或最近一期存在累计未弥补亏损的成因，是否符合投入产出规律，是否具有商业合理性，是否属于行业普遍现象。

发行人应充分披露尚未盈利或最近一期存在累计未弥补亏损对公司现金流、业务拓展、人才吸引、团队稳定、研发投入、战略投入和生产经营可持续性等方面的影响。尚未盈利的发行人应充分披露尚未盈利对公司经营的影响，以及该状况是否对未来持续经营能力产生重大不利影响。

尚未盈利的发行人应谨慎估计并客观披露与未来业绩相关的前瞻性信息。披露前瞻性信息时，应披露预测相关假设的基础，并声明假设的数据基础及相关预测具有重大不确定性，提醒投资者谨慎使用。

尚未盈利的发行人，应结合自身情况针对性地充分披露相关风险因素。预期未盈利状态仍将持续存在的，发行人还应结合各证券交易所《股票上市规则》的具体条款分析触发退市条件的可能性，并充分披露相关风险。

最近一期存在累计未弥补亏损的，发行人应披露累计未弥补亏损及其成因对公司未来盈利能力、分红政策影响等信息。

尚未盈利或最近一期存在累计未弥补亏损的发行人，应披露依法落实保护投资者合法权益规定的各项措施，应披露本次发行前累计未弥补亏损是否由新老股东共同承担以及已履行的决策程序。尚未盈利企业应披露其控股股东、实际控制人和董事、监事、高级管理人员、核心技术人员按照相关规定作出的关于减持股份的特殊安排或承诺。

六、税务

（一）税务核查信息

税务核查材料及核查内容见表1-2-8。

表1-2-8　税务核查信息表

项　目	具体要求	说　明
核查材料	① 主要税收纳税情况的说明及注册会计师出具的意见； ② 主管税收征管机构出具的最近三年及一期发行人纳税情况的证明； ③ 发行人及其重要子公司或主要经营机构最近三年及一期发行人纳税情况的证明	同时也是申报材料
	④ 最近三年及一期的企业所得税汇算清缴申报表； ⑤ 最近三年及一期的各月其他税种申报表（包括但不限于增值税、城建税及附加、城镇土地使用税、房产税及其他相关税种）； ⑥ 适用于企业税收优惠或财政补贴待遇的相关法规或政策、收款凭证、入账凭证	
	⑦ 如果受罚金额不大且情节不严重，发行人需提供同级税务征管部门出具依法纳税的证明性文件； ⑧ 如果受罚情形相对严重但还没达到重大违法，发行人需提供税务机关书面发表意见，表明是否属于重大违法行为； ⑨ 如果发行人存在欠缴较大金额的所得税、增值税或补缴较大金额的滞纳金的，应由税务部门出具是否存在重大违法行为专项意见	适用于发行人在报告期内因纳税问题受到税收征管部门处罚的情形
核查内容	① 中介机构应当根据发行人的具体情况及所处行业情况，确认报告期内发行人执行的主要税种、税率是否符合法律法规的规定，发行人是否依法纳税。 ② 中介机构应当查验报告期内发行人享受税收优惠和财政补贴的情况，发行人享受的税收优惠和财政补贴的法律法规及政策依据是否合法合规。发行人享受的税收优惠到期后，律师应当对照相关规定对发行人继续享受优惠是否存在重大法律障碍进行专业判断并发表明确意见	适用于发起人
	③ 自然人股东在整体变更过程中是否需要缴纳所得税，以及是否存在税收违法的情形	适用于自然人股东

（二）历史税务处罚问题

被处以罚款以上行政处罚的违法行为，如有以下情形之一且中介机构出具明确核查结论的，可以不认定为重大违法：① 违法行为显著轻微、罚款数额较小；② 相关处罚依据未认定该行为属于情节严重；③ 有权机关证明该行为不属于重大违法。但违法行为导致严重环境污染、重大人员伤亡、社会影响恶劣等并被处以罚款以上行政处罚的，不适用上述情形。

发行人补缴税款，符合会计差错更正要求的，可追溯调整至相应期间；缴纳罚款、滞纳金等，原则上应计入缴纳当期。

（三）税收优惠

发行人依法取得的税收优惠，如高新技术企业、软件企业、文化企业及西部大开发等特定性质或区域性的税收优惠，符合《公开发行证券的公司信息披露解释性公告第1号——非经常性损益》规定的，可以计入经常性损益。

对于税收优惠，发行人应遵循如下原则进行处理：

（1）如果很可能获得相关税收优惠批复，按优惠税率预提预缴，经税务部门同意，中介机构可暂按优惠税率预提并做风险提示，并说明未来如果被追缴税款的处理安排；同时，发行人应在招股说明书中披露税收优惠不确定性风险。

（2）如果获得相关税收优惠批复的可能性较小，需按照谨慎性原则按正常税率预提，未来根据实际的税收优惠批复情况进行相应调整。

七、主要财产

根据《监管规则适用指引——法律类第2号：律师事务所从事首次公开发行股票并上市法律业务执业细则》，IPO主要财产核查，指中介机构查验发行人拥有或者使用的主要固定资产和无形资产，包括土地使用权、房屋建筑物、在建工程、机器设备、商标、专利、著作权、特许经营权等，从而核实发行人主要财产的取得方式和使用情况是否存在权利限制或者重大法律瑕疵。主要财产核查项目的内容详见表1-2-9。

表1-2-9　主要财产核查信息表

核查项目	查验内容
土地使用权和房屋所有权	① 发行人是否取得土地使用权证书、房屋所有权证书或者不动产权证书，是否具有拥有相应土地使用权及房屋所有权的主体资格，发行人拥有的土地使用权和房屋所有权与产权证书所载明的情况是否相符。 ② 发行人取得土地使用权的方式是否合法合规，是否按照相关法律法规等规定履行相关程序，是否签订相应的出让或者转让协议。发行人以出让方式取得土地使用权的，是否按照出让合同约定的土地用途、动工开发期开发土地，是否存在被相关主管部门征收土地闲置费或者土地使用权被收回的风险。 ③ 发行人取得房屋所有权的方式是否合法合规，是否按照法律法规的规定履行相关的程序。如系自建房屋，发行人是否依法办理规划、环评、施工、竣工和验收等相关手续。 ④ 发行人所拥有的土地使用权和房屋所有权是否存在未取得产权证书的情况。如存在，应当查阅未取得产权证书的原因，以及是否存在无法办理相应权属证书的风险。 ⑤ 发行人是否按照土地使用权证书、房屋所有权证书或者不动产权证书所记载的用途使用相应的土地和房屋。发行人的房屋是否存在违章建设情况，是否存在被拆除的风险以及拆除对发行人生产经营的影响。 ⑥ 发行人土地使用权、房屋所有权是否存在抵押、在建工程优先权等第三方权利，是否存在被查封、冻结等权利限制情形
在建工程	① 发行人在建工程是否取得相应的土地使用权。 ② 发行人在建工程建设过程中是否依法完成规划、环评、安评、施工、竣工等批准、备案程序。如尚未完成的，发行人是否取得上述批准文件、备案是否存在重大法律障碍。 ③ 发行人在建工程是否存在抵押、第三方主张在建工程优先权的情形，是否存在被查封、冻结等权利限制情形。 ④ 发行人为在建工程办理不动产权证书是否存在重大障碍
无形资产	① 发行人是否合法拥有商标、专利、著作权、特许经营权等无形资产。发行人是否存在与第三方共有上述无形资产的情形，是否存在涉及职务发明或者职务作品的情形。 ② 发行人取得无形资产的方式是否合法。如为购买取得的，发行人是否已经与权利人就上述无形资产的取得签订相关协议，并支付相应的价款。 ③ 发行人上述无形资产的权利期限情况。发行人取得上述无形资产的审批、登记或者注册是否仍有效，发行人是否为保持拥有上述无形资产足额缴纳相关的审批、登记或者注册费用。 ④ 发行人上述无形资产是否存在质押、优先权等第三方权利，是否存在被查封、冻结等权利限制以及权属纠纷情形。 ⑤ 发行人如将无形资产许可第三方使用的，是否签订相应的许可使用合同，许可使用合同是否合法合规，是否影响发行人对该无形资产的使用。 ⑥ 发行人是否建立了无形资产保护与管理制度
重大机器设备	① 发行人是否合法拥有重大机器设备的所有权。 ② 发行人重大机器设备是否存在抵押、质押等第三方权利，是否存在被查封、冻结等权利限制情形

（续表）

核查项目	查验内容
租赁不动产	① 发行人租赁房屋、土地使用权的性质、范围、期限、用途等。 ② 发行人租赁房屋、土地使用权是否签订租赁合同，所签订的租赁合同是否合法有效，是否办理备案登记手续，是否依约履行。 ③ 发行人在租赁的土地上建造建筑物、构筑物的，其建造行为是否符合法律法规的规定，是否属于违法建筑，是否存在被有权部门处罚的风险。 ④ 出租方是否拥有出租的房屋和土地使用权的产权证书或者获得产权人的充分授权，此类房屋和土地使用权是否可以被出租或者转租。 ⑤ 发行人租赁的房屋、土地使用权是否存在被抵押、查封、扣押或第三方权利限制情况
被许可使用无形资产	① 发行人被许可使用的商标、专利、著作权、特许经营权方式、年限、费用、地域范围等。 ② 发行人是否签订许可使用权合同，所签订的许可使用权合同是否合法有效，是否办理备案登记手续，是否依约履行。 ③ 许可方是否合法拥有上述无形资产，是否存在质押或者第三方权利限制情形。 ④ 发行人生产经营对该无形资产的依赖程度
租赁重大机器设备	① 发行人是否签订租赁合同，所签订的租赁合同是否合法有效，是否依约履行。 ② 出租人是否合法拥有重大机器设备等财产的所有权，是否存在抵押、质押、查封、扣押或者第三方权利限制情形
租赁控股股东、实际控制人资产	发行人租赁资产的具体用途、对发行人的重要程度、租赁或者授权使用费用的公允性、发行人能否长期使用上述固定资产和无形资产
资产纠纷	发行人租赁、许可使用合同
银行存款	发行人银行存款的真实性
发行人部分资产来自上市公司	① 境内上市公司在境内分拆子公司上市，保荐机构和发行人律师应核查是否符合境内分拆上市的相关规定并发表意见。 ② 境外上市公司在境内分拆子公司上市，保荐机构和发行人律师应核查是否符合境外监管的相关规定并发表意见。 ③ 除上述①、②情形外的其他发行人部分资产来自上市公司的情形。 A.发行人取得上市公司资产的背景、所履行的决策程序、审批程序与信息披露情况，是否符合法律法规、交易双方公司章程以及中国证监会和证券交易所有关上市公司监管和信息披露要求，资产转让是否存在诉讼、纠纷或者潜在纠纷。 B.发行人及其关联方的董事、监事和高级管理人员在上市公司及其关联方的历史任职情况及合法合规性，是否存在违反竞业禁止义务的情形，与上市公司及其董事、监事和高级管理人员是否存在亲属及其他密切关系。如存在，在相关决策程序履行过程中，相关人员是否回避表决或者采取保护非关联股东利益的有效措施，资产转让过程中是否存在损害上市公司及其中小投资者合法权益的情形。 C.发行人来自上市公司的资产置入发行人的时间，在发行人资产中的占比情况，对发行人生产经营的作用

八、行业与业务

（一）行业要求

发行人应当结合行业特点、经营特点、产品用途、业务模式、市场竞争力、技术创新或模式创新、研发投入与科技成果转化等情况，在招股说明书中充分披露发行人自身的创新特征。

发行人属于金融业、房地产业企业的，目前不支持其申报在科创板、创业板、北交所发行上市。

发行人生产经营应当符合国家产业政策。发行人不得属于产能过剩行业（产能过剩行业的认定以国务院主管部门的规定为准）、《产业结构调整指导目录》中规定的淘汰类行业，以及从事学前教育、学科类培训等业务的企业。

（二）重大合同

根据《监管规则适用指引——法律类第2号：律师事务所从事首次公开发行股票并上市法律业务执业细则》，律师应当查验发行人将要履行或正在履行以及虽然已经履行完毕但可能存在潜在纠纷的对发行人报告期生产经营活动、财务状况或者未来发展等具有重要影响的合同是否合法、有效，具体查验内容包括：

（1）发行人重大合同的判断标准和确定依据是否与公司业务相关；

（2）发行人重大合同签订形式和内容是否符合法律法规的规定，是否按照法律法规和公司章程的规定履行内部决策程序；

（3）发行人重大合同是否需要办理批准、登记手续。如需要，发行人是否已经办理了相关批准、登记手续；

（4）发行人重大合同的主体是否存在因发行人改制等原因需要变更的情形。如需要，发行人是否已经依法完成变更；

（5）发行人重大合同的履行情况是否存在重大法律风险。

（三）特殊经营模式

1. 委托加工

委托加工一般指由委托方提供原材料和主要材料，受托方按照委托方的要求制造货物并收取加工费和代垫部分辅助材料加工的业务。当发行人与同一主体既有采购又有销售业务时，应结合业务合同的属性类别及主要条款、原材料的保管和灭失及价格波动等风险承担、最终产品的完整销售定价权、最终产品对应账款的信用风险承担、对原材料加工的复杂程度等方面判断业务是作为独立购销业务，还是作为委托加工或受托加工处理。

2. 线上销售

应结合客户名称、送货地址、购买数量、消费次数、消费金额及付款等实际情况，以及其他数据、指标、证明资料等参考资料，对线上销售收入确认是否符合企业会计准则规定、是否存在通过刷单虚增收入的情形以及收入的真实性等进行核查，来判断报告期发行人线上销售收入的真实性、准确性、完整性。

3. 经销商模式

发行人报告期任意一期经销收入或毛利润占比超过30%的，原则上中介机构应当出具专项说明，判断说明发行人经销商模式下收入的真实性。

4. 加盟模式

中介机构应通常关注发行人频繁发生加盟商开业或退出的异常情况。

5. 涉农企业

发行人为涉农企业的，应关注：① 经营业务整体合理性；② 经营风险是否充分披露；③ 非法人客户或供应商的真实性；④ 货币资金相关内部控制的有效性；⑤ 存货和生物资产等的真实性、准确性。

（四）境外销售

发行人应在招股说明书中对境外销售业务可能存在的风险进行充分披露。

发行人报告期存在来自境外的销售收入的，保荐机构、发行人律师及申报会计师应重点关注下列事项：① 境外销售业务的开展情况，包括但不限于主要进口国和地区情况、主要客户情况、与发行人是否签订框架协议及相关协议的主要条款内容、境外销售模式、订单获取方式、定价原则、信用政策等；② 发行人在销售所涉国家和地区是否依法取得从事相关业务所必须的法律法规规定的资质、许可，报告期内是否存在被境外销售所涉及国家和地区处罚或者立案调查的情形；③ 相关业务模式下的结算方式、跨境资金流动情况、结换汇情况，是否符合国家外汇及税务等相关法律法规的规定；④ 报告期境外销售收入与海关报关数据是否存在较大差异及差异原因是否真实合理；⑤ 出口退税等税收优惠的具体情况；⑥ 进口国和地区的有关进口政策、汇率变动等贸易环境对发行人持续经营能力的影响；⑦ 主要境外客户与发行人及其关联方是否存在关联方关系及资金往来。

（五）通过互联网开展业务

对于主要通过互联网开展业务的首发企业，如电商、互联网信息服务、互联网营销企业等，报告期任意一期通过互联网取得的营业收入占比或毛利润占比超过30%，原则上，保荐机构和申报会计师应对该类企业通过互联网开展业务的信息系统的可靠性分别进行专项核查并发表明确核查意见。

发行人应向保荐机构及申报会计师完整提供报告期应用的信息系统情况，包括系统名称、开发人、基本架构、主要功能、应用方式、各层级数据浏览或修改权限等；应向保荐机构及申报会计师核查信息系统数据开放足够权限，为其核查信息系统提供充分条件。

（六）信息系统

发行人日常经营活动高度依赖信息系统的，如业务运营、终端销售环节通过信息系统线上管理，相关业务运营数据由信息系统记录并存储，且发行人相关业务营业收入或成本占比、毛利润占比或相关费用占期间费用的比例超过30%的，原则上，保荐机构及申报会计师应对开展相关业务的信息系统可靠性进行专项核查并发表明确核查意见。

发行人应向中介机构完整提供报告期应用的信息系统情况，包括系统名称、开发人、基本架构、主要功能、应用方式、各层级数据浏览或修改权限等；应为中介机构核查信息系统开放足够权限，为其核查提供充分条件。

（七）第三方数据

第三方数据主要指涉及发行人及其交易对手之外的第三方相关交易信息，例如发行人的交易对手与其客户或供应商之间的交易单价及数量、可比公司或可比业务财务数据等。考虑到第三方数据一般较难获取并具有一定隐私性，发行人及中介机构在公开披露的文件中引用的第三方数据可以限于公开信息，并注明资料来源，一般不要求披露未公开的第三方数据。

九、豁免披露

《公开发行证券的公司信息披露内容与格式准则第 57 号——招股说明书》第七条规定，“发行人有充分依据证明本准则要求披露的某些信息涉及国家秘密、商业秘密及其他因披露可能导致违反国家有关保密法律法规规定或严重损害公司利益的，可按程序申请豁免披露”。

（一）国家秘密

涉及国家秘密或者其他因披露可能导致发行人违反国家有关保密法律法规规定的信息，原则上可以豁免披露。

发行人应在豁免申请中逐项说明需要豁免披露的信息，认定为国家秘密的依据和理由，并说明相关信息披露文件是否符合招股说明书准则及相关规定要求，豁免披露后的信息是否对投资者决策判断构成重大障碍。

发行人需提供国家主管部门关于该信息为涉密信息的认定文件。发行人全体董事、监事、高级管理人员出具关于首次公开发行股票并上市的申请文件不存在泄密事项且能够持续履行保密义务的声明。发行人控股股东、实际控制人对其已履行和能够持续履行相关保密义务出具承诺文件。

（二）商业秘密

商业秘密符合下列情形之一且尚未公开、未泄密的，原则上可以豁免披露：① 商业秘密涉及产品核心技术信息；② 商业秘密涉及客户、供应商等他人经营信息，且披露该信息可能导致发行人或者他人受到较大国际政治经济形势影响。

发行人应在豁免申请中逐项说明需要豁免披露的信息，认定为商业秘密的依据和理由，并说明相关信息披露文件是否符合招股说明书准则及相关规定要求，豁免披露后的信息是否对投资者决策判断构成重大障碍。

（三）替代性披露

对于豁免披露的信息，发行人应当采取汇总概括、代码或者指数化等替代性方式进行披露，替代方式不应对投资者作出价值判断及投资决策构成重大障碍，并符合中国证监会的基本要求。

（四）补充披露

对于发行上市审核注册过程中提出的信息豁免披露或者调整意见，发行人应当相应回复、补充相关文件的内容，有实质性增减的，应当说明调整后的内容是否符合相关规定、是否存在泄密风险。

在提交发行上市申请文件或者问询回复时，发行人及中介机构应当一并提交关于信息豁免披露的专项说明、核查意见。如豁免披露申请未获得同意，发行人应当补充相关披露信息。

第三章　上市辅导

一、中介机构

拟上市企业应当聘请具有从事证券相关业务资格的会计审计机构、保荐机构及主承销商、律师事务所、资产评估机构等证券服务机构（以下合称中介机构）协助其完成上市全过程。

1. 中介机构主要职责

表1-3-1对各中介机构的主要职责作了汇总。

表1–3–1　中介机构主要职责

机构类型	主要职责
保荐机构	1. 协助企业拟定改制重组方案和设立股份有限公司； 2. 对企业进行尽职调查； 3. 对公司主要股东、董监高等进行辅导和专业培训； 4. 帮助企业完善组织结构和内部管理，规范企业行为等； 5. 组织发行人和其他中介机构制作并提交申报材料、向证券交易所尽职保荐； 6. 组织发行人和其他中介机构对证券交易所、中国证监会的审核反馈意见进行回复或整改； 7. 负责证券发行的主承销工作，组织承销团承销； 8. 与发行人共同组织路演、询价和定价工作； 9. 持续督导发行人上市后的规范运作、信息披露等

（续表）

会计师事务所	承担企业发行上市有关审计和验资等工作的会计师事务所必须具有证券从业资格。 1. 负责企业财务报表审计，并出具审计报告； 2. 负责企业资本验证，并出具有关验资报告； 3. 出具盈利预测审核报告（如需）； 4. 负责企业内部控制鉴证，并出具内部控制鉴证报告； 5. 负责核验企业的非经常性损益明细项目和对应金额； 6. 对发行人主要税收纳税情况出具专项意见； 7. 对发行人原始财务报表与申报财务报表的差异情况出具专项意见； 8. 提供与发行上市有关的财务会计咨询服务
律师事务所	企业发行上市必须依法聘请中国境内律师事务所担任法律顾问。 1. 对改制重组方案的合法性进行论证； 2. 指导设立或变更为股份有限公司； 3. 协助和指导发行人制定公司治理、规范运作的相关制度； 4. 对企业发行上市涉及的法律事项进行审查并协助企业进行规范、调整和完善； 5. 对发行主体的历史沿革、股权结构、资产、组织机构运作、独立性、税务等法律事项的合法性做出判断； 6. 对股票发行上市的各种法律文件的合法性进行判断； 7. 协助和指导发行人起草公司章程等公司法律文件； 8. 出具法律意见书； 9. 出具律师工作报告； 10. 出具相关资产产权证书的鉴证意见； 11. 对有关申请文件提供鉴证意见
资产评估机构（如需）	申请公开发行股票涉及资产评估的企业，应聘请具有证券从业资格的资产评估机构，资产评估工作一般包括资产清查、评定估算、出具评估报告。 以实物、知识产权、土地使用权等非货币资产出资设立公司的企业，应当评估作价，核实资产。 国有及国有控股企业以非货币资产出资或接受其他企业的非货币资产出资，应当遵守国家有关资产评估的规定，委托有资格的资产评估机构和执业人员进行；其他非货币资产出资的评估行为，可以参照执行。 有限责任公司整体变更为股份有限公司时，有限责任公司的净资产应当由具有评估资格的资产评估机构评估作价，并由验证机构进行验资

2. 变更中介机构或签字人员

发行人发行审核过程中变更中介机构或签字人员的处理原则如下：

（1）发行审核过程中，发行人更换保荐机构的，按照交易所发行审核相关要求处理。

（2）发行审核过程中，发行人更换签字保荐代表人、律师事务所及签字律师、会计师事务所及签字会计师等中介机构或签字人员的，相关中介机构应当做好更换的衔接工作，更换后的中介机构或签字人员在完成尽职调查并出具专业意见后，应当将齐备的文件及时提交中国证监会或交易所，并办理中介机构或签字人员变更手续。

（3）更换后的中介机构承担核查申请文件或出具专业报告真实、准确、完整的责任。被更换的中介机构，不得免除其所辅导的或更换前所保证的申请文件或专业报告真实、准确、完整的责任。

3. 联合保荐

拟融资金额超过100亿元的IPO项目、拟融资金额超过200亿元的再融资项目可以按照相关规定实行联合保荐，参与联合保荐的保荐机构不得超过2家。

二、辅导期

根据《首次公开发行股票并上市辅导监管规定》，保荐机构作为辅导机构，应当对拟申请首次公开发行股票并上市的公司开展辅导工作。辅导机构指定参与辅导工作的人员中，保荐代表人不得少于2人。

1. 辅导要素

根据《首次公开发行股票并上市辅导监管规定》，上市辅导包括如下要素：

（1）辅导机构，指开展辅导工作的保荐机构。

（2）辅导对象，指拟申请首次公开发行股票并上市的公司。

（3）验收机构，指辅导对象所在地的中国证监会派出机构，或者辅导对象境内主营业地或境内证券机构所在地派出机构（适用于辅导对象所在地在境外的）。

（4）被辅导人员，主要包括辅导对象的全体董事（包括独立董事）、监事、高级管理人员、持股5%以上的股东和实际控制人（或其法定代表人）。同时辅导机构还可以根据实际情况增加董秘办工作人员，如证券事务代表、财务主要人员为辅导对象。

2. 辅导流程

保荐机构对发行人进行辅导，主要经过签订辅导协议、辅导备案、实施辅导、辅导总结、辅导验收等环节，具体流程参见表1-3-2。

表1-3-2 辅导流程表

环 节	事 项
签订辅导协议	发行人（辅导对象）应当与保荐机构（辅导机构）签订书面辅导协议。辅导机构针对辅导对象成立辅导工作小组，制定辅导工作计划和实施方案
辅导备案	① 签订辅导协议后五个工作日内，辅导机构应当向验收机构进行辅导备案。 ② 验收机构应当在收到齐备的辅导备案材料后五个工作日内完成备案，并在完成备案后及时披露辅导机构、辅导对象、辅导备案时间、辅导状态
实施辅导	① 辅导机构按照辅导工作计划对辅导对象的董事、监事、高级管理人员及持有5%以上股份的股东（或其法定代表人）进行培训，督促辅导对象全面学习证券法律法规知识。 ② 辅导机构还将与其他中介机构对辅导对象开展尽职调查，共同指导辅导对象解决历史遗留问题、完善法人治理结构、建立内部约束机制。 ③ 辅导机构应对律师事务所、会计师事务所等中介机构出具的专业意见进行复核
辅导总结	① 在辅导期间，辅导机构将根据辅导的情况向辅导对象当地的中国证监会派出机构报送辅导工作备案报告，同时根据中国证监会当地派出机构的要求，就接受辅导、准备首次公开发行股票等事项在当地两种主要报纸上至少公告两次以上（含两次）。 ② 辅导机构完成辅导工作，且已通过首次公开发行股票并上市的内核程序的，辅导机构向验收机构提交辅导验收材料。 ③ 向辅导对象当地中国证监会派出机构报送辅导工作总结报告，提出辅导评估申请，派出机构出具“辅导监管报告”
辅导验收	① 验收机构进行辅导验收。 ② 辅导验收材料符合齐备性标准，且验收机构认为辅导机构工作符合验收标准的，验收机构出具验收工作完成函。 ③ 辅导对象在验收工作完成函有效期内变更拟上市板块的，辅导机构在对辅导对象就更换板块进行差异化辅导后，应当重新提交辅导验收材料，履行辅导验收程序

3. 辅导的主要内容

辅导的主要内容包括但不限于以下几个方面：

（1）对公司的董事（包括独立董事）、监事、高级管理人员及持有5%以上（含5%）股份的股东（或其法定代表人）进行全面的证券法律、法规知识学习和培训，聘请机构内部或外部的专业人员进行必要的授课，确信辅导对象掌握发行上市、规范运作等方面的法律法规和规则，知悉信息披露和履行承诺等方面的责任、义务以及法律后果情况，帮助辅导对象充分了解多层次资本市场各板块的特点和属性，掌握拟上市板块的定位和相关监管要求情况。

（2）协助辅导对象按照符合上市公司制度要求的规范公司治理结构，建立内部控制制度。

（3）核查辅导对象在公司设立、改制重组、股权设置和转让、增资扩股、资产评估、资本验证等方面是否合法、有效，产权关系是否明晰，股权结构是否符合有关规定。

（4）协助和督促辅导对象实现独立运营，做到资产完整，人员、财务、机构、业务独立。

（5）协助和督促辅导对象按规定妥善处置包括商标、专利、土地、房屋等在内的主要资产的法律权属问题。

（6）规范辅导对象与控股股东、实际控制人及其他关联方的关系。

（7）协助和督促辅导对象按照上市公司标准规范会计基础工作，建立健全公司财务会计管理体系。

（8）协助辅导对象形成明确的业务发展目标和未来发展计划，并制定可行的募集资金投向及其他投资项目的规划。

三、保荐期限

本节法规导航

（1）《证券发行上市保荐业务管理办法》（2020年修订）；

（2）《北京证券交易所股票上市规则（试行）》；

（3）《北京证券交易所上市公司向上海证券交易所科创板转板办法（试行）》；

（4）《深圳证券交易所关于北京证券交易所上市公司向创业板转板办法（试行）》。

保荐期限分为两个阶段，即尽职推荐阶段和持续督导阶段。各板块发行上市及转板的保荐期限要求详见表1-3-3。

表1-3-3 保荐期限一览表

板块	发行情况	尽职推荐阶段	持续督导阶段
主板	IPO	从证券交易所正式受理公司申请文件到完成发行上市	证券上市当年剩余时间及其后2个完整会计年度
	再融资		证券上市当年剩余时间及其后1个完整会计年度
科创板/创业板/北交所	IPO（科创板/创业板）；公开发行并上市（北交所）		证券上市当年剩余时间及其后3个完整会计年度
	再融资		证券上市当年剩余时间及其后2个完整会计年度
北交所转板	已上市2年内		上市当年剩余时间及其后2个完整会计年度
	已上市2年以上		上市当年剩余时间及其后1个完整会计年度

四、上市费用

企业从改制到发行上市承担的费用主要包括中介机构费用、交易所费用和推广辅助费用三部分。其中，中介机构费用包括辅导费用、保荐与证券承销费用、申报会计师费用、律师费用、资产评估费用等；交易所费用主要包括交易所上市初费和年费等；推广辅助费用主要包括印刷费、媒体及路演的宣传推介费等。

按照证监会《上市公司执行企业会计准则监管问题解答（2010年第1期，总第4期）》的解释，上市公司为发行权益性证券发生的承销费、保荐费、上网发行费、招股说明书印刷费、申报会计师费、律师费、评估费等与发行权益性证券直接相关的新增外部费用，应自所发行权益性证券的发行收入中扣减，在权益性证券发行有溢价的情况下，于溢价收入中扣除，在权益性证券发行无溢价或溢价金额不足以扣减的情况下，应当冲减盈余公积和未分配利润；发行权益性证券过程中发行的广告费、路演及财经公关费、上市酒会费等其他费用应在发生时计入当期损益。

第四章 制作申请文件

本章法规导航

板 块	招股说明书	申请文件
上交所/深交所	《公开发行证券的公司信息披露内容与格式准则第57号——招股说明书》	《公开发行证券的公司信息披露内容与格式准则第58号——首次公开发行股票并上市申请文件》
北交所	《公开发行证券的公司信息披露内容与格式准则第46号——北京证券交易所公司招股说明书》	《公开发行证券的公司信息披露内容与格式准则第47号——向不特定合格投资者公开发行股票并在北京证券交易所上市申请文件》
红筹企业	《公开发行证券的公司信息披露内容与格式准则第23号——试点红筹企业公开发行存托凭证招股说明书内容与格式指引》	《公开发行证券的公司信息披露内容与格式准则第58号——首次公开发行股票并上市申请文件》

一、申请文件

1. 准备工作注意事项

发行人证券部在准备申请文件时，需注意以下方面：

（1）建立相关工作底稿，并确保申请文件的原始纸质文件已妥善存档。

（2）内部审议本次发行并上市事项。

① 董事会有关本次发行并上市的决议。

A. 参会董事如授权其他董事表决，需出具授权委托书。

B. 决议由参会董事签名，加盖发行人或董事会公章。

② 股东大会有关本次发行并上市的决议。

决议由参与表决的相关主体签名并加盖公章。

（3）取得政府部门的相关批文或文件（如需）。

（4）聘请中介机构出具相关专业意见，并核对报告、意见的签名、公章是否完整齐全。

（5）准备好各类申请文件的原件，报送的电子文件应和预留原件一致，并由发行人律师出具鉴证意见。

（6）安排文件签署工作，申请文件的原始纸质文件所有需要签名处，应载明签名字样的印刷体，并由签名人亲笔签名，不得以名章、签名章等代替。

（7）配合中介机构履行问询程序，对申请文件反馈问题进行补充、修改。

2. 资料清单

表1-4-1汇总了各板块关于发行人向交易所申请股票首次发行上市审核报送的申请文件。

表1-4-1　发行上市申报注册所需提供的文件清单

序　号	文　件
（一）招股说明书	
1	【上交所、深交所、北交所】招股说明书（申报稿）
（二）发行人关于本次发行上市的申请与授权文件	
1	【上交所、深交所、北交所】关于本次公开发行股票并上市的申请报告
2	【上交所、深交所、北交所】董事会有关本次发行并上市的决议
3	【上交所、深交所、北交所】股东大会有关本次发行并上市的决议
4	【上交所、深交所】关于符合板块定位要求的专项说明； 【北交所】发行人监事会对招股说明书真实性、准确性、完整性的书面审核意见
（三）发行人的设立文件	
1	【上交所、深交所、北交所】发行人的企业法人营业执照
2	【上交所、深交所、北交所】发行人公司章程（草案）
3	【上交所、深交所】发行人关于公司设立以来股本演变情况的说明及其董事、监事、高级管理人员的确认意见
4	【上交所、深交所】商务主管部门出具的外资确认文件（如有）

（续表）

序　号	文　件
（四）与财务会计资料相关的其他文件	
1	【上交所、深交所】发行人关于最近三年及一期的纳税情况，包括： ① 最近三年及一期所得税纳税申报表； ② 税收优惠、政府补助的证明文件； ③ 主要税种纳税情况的说明； ④ 发行人及其重要子公司或主要经营机构最近三年及一期纳税情况的证明
2	【上交所、深交所】发行人需报送的财务资料，包括： ① 最近三年及一期原始财务报表； ② 原始财务报表与申报财务报表的差异比较表； ③ 设立时和最近三年及一期资产评估报告（如有）； ④ 历次验资报告或出资证明； ⑤ 【上交所、深交所、北交所】大股东或控股股东最近一年的原始财务报表及审计报告（如有）
（五）本次发行上市募集资金运用的文件	
1	【上交所、深交所】发行人关于募集资金运用方向的总体安排及其合理性、必要性的说明
2	【上交所、深交所、北交所】募集资金投资项目的审批、核准或备案文件（如有）
3	【上交所、深交所、北交所】发行人拟收购资产（或股权）的财务报表、资产评估报告及审计报告、盈利预测报告（如有）
4	【上交所、深交所、北交所】发行人拟收购资产（或股权）的合同或合同草案（如有）
（六）其他文件	
1	【上交所、深交所】产权和特许经营权证书，包括： ① 有重大影响的知识产权以及土地使用权、房屋所有权等产权证书清单； ② 特许经营权证书（如有）； ③ 有重大影响的知识产权许可使用协议（如有）
2	【上交所、深交所】重要合同，包括： ① 有重大影响的知识产权许可使用协议（如有）； ② 重大关联交易协议（如有）； ③ 重组协议（如有）； ④ 特别表决权股份等差异化安排涉及的协议（如有）； ⑤ 高级管理人员、员工配售协议（如有）； ⑥ 重要采购合同； ⑦ 重要销售合同； ⑧ 其他具有重要影响的已履行、正在履行和将要履行的合同（如有）
3	【上交所、深交所、北交所】特定行业（或企业）的管理部门出具的相关意见（如有）

（续表）

序　号	文　件
4	【上交所、深交所、北交所】承诺事项，包括： ① 发行人及其实际控制人、控股股东、持股5%以上（含5%）股东以及发行人董监高等责任主体重要承诺以及未履行承诺的约束措施； ② 有关消除或避免相关同业竞争的协议以及发行人控股股东和实际控制人出具的相关承诺； ③ 发行人董监高对证券发行文件的确认意见以及监事会的书面审核意见； ④ 发行人控股股东、实际控制人对证券发行文件的确认意见； ⑤ 发行人关于申请电子文件与预留原价一致的承诺函； ⑥ 发行人、保荐人及相关主体保证不影响和不干扰审核的承诺函
5	【上交所、深交所、北交所】说明事项，包括： ① 发行人关于申请文件不适用情况的说明； ② 发行人关于招股书不适用情况的说明； ③ 信息披露豁免申请（如有）
6	【上交所、深交所】保荐协议和程序协议； 【北交所】保荐协议
7	【上交所、深交所】发行人关于股东信息披露的专项承诺
8	【上交所、深交所】历次聘请保荐机构情况的说明
9	【上交所、深交所、北交所】其他文件

二、招股说明书

1. 制作招股说明书的注意事项

发行人证券部在参与制作招股说明书时，需注意以下方面：

（1）招股说明书文件名包含发行人名称，并根据流程阶段标注“（申报稿）”“（上会稿）”或“（注册稿）”。

（2）发行人董监高声明应由董监高签名并加盖发行人公章；发行人控股股东和实际控制人声明应由相关人员签名、盖章。

（3）保荐人（主承销商）声明应由保荐人法定代表人、保荐代表人、项目协办人签名，并加盖保荐人公章；保荐人董事长和总经理（或类似职责人员）声明需签名并加盖保荐人公章；联席主承销商（如有）声明加盖承销机构公章。

（4）各中介机构的声明文件应由中介机构负责人和经办人签名，并加盖机构公章。中介机构签字人员离职未签字的，需在招股说明书中出具离职说明，由法定代表人签名并加盖机构公章。

（5）申报时招股说明书引用的财务报表应在6个月有效期内。

（6）Word版文件设置文档结构图，PDF版文件设置超链接的目录和书签。

（7）如存在信息披露豁免，Word版文件提交完整版，PDF版文件提交豁免版。

2. 招股说明书财务报告审计截止日后的信息披露

根据《关于首次公开发行股票并上市公司招股说明书财务报告审计截止日后主要财务信息及经营状况信息披露指引（2020年修订）》，发行人提交的招股说明书应当充分披露财务报告审计截止日后的财务信息及主要经营状况。

（1）申请文件信息披露要求。

① 发行人财务报告审计截止日至招股说明书签署日之间超过 1 个月的，应在招股说明书“重大事项提示”中披露审计截止日后的主要经营状况。相关情况披露的截止时点应尽可能接近招股说明书签署日。

② 发行人财务报告审计截止日至招股说明书签署日之间超过 4 个月的，应补充提供经会计师事务所审阅期间 1 个季度的财务报表，超过 7 个月的，应补充提供经会计师事务所审阅期间 2 个季度的财务报表。发行人提供季度经审阅的财务报表的，应在招股说明书管理层分析中以列表方式披露该季度末和上年末、该季度和上年同期及年初至该季度末和上年同期的主要财务信息。若该期的主要会计报表项目与财务报告审计截止日或上年同期相比发生较大变化，应披露变化情况、变化原因以及由此可能产生的影响，并在“重大事项提示”中披露相关风险。发行人应在招股说明书“重大事项提示”中提醒投资者，发行人已披露财务报告审计截止日后经会计师事务所审阅的主

要财务信息（如有）及经营状况。

③ 发行人应在招股说明书“重大事项提示”中补充披露下一报告期业绩预告信息，主要包括年初至下一报告期末营业收入、扣除非经常性损益前后净利润的预计情况、同比变化趋势及原因等；较上年同期可能发生重大变化的，应分析披露其性质、程度及对持续经营的影响。若审计截止日后发行人经营状况发生较大不利变化，或经营业绩呈下降趋势，应在招股说明书“风险因素”章节及“重大事项提示”中披露相关风险。

④ 前述经会计师事务所审阅的季度财务报表应当在申报、回复问询等提交申请文件或发行阶段更新招股说明书时提供，提供时需一并完成相关信息披露文件的更新。

（2）其他披露文件。

① 发行人及其董事、监事、高级管理人员需出具专项声明，保证审计截止日后的财务报告不存在虚假记载、误导性陈述或者重大遗漏，并对其内容的真实性、准确性及完整性承担连带责任。发行人单位负责人、主管会计工作负责人及会计机构负责人（会计主管人员）应出具专项声明，保证该等财务报告的真实、准确、完整。

② 经审阅财务报表与对应经审计财务报表存在重大差异的，发行人应依规及时披露修正公告，并在修正公告中向投资者致歉、说明差异原因。

（3）北交所挂牌公司定期报告和临时报告。

① 发行人提供经审阅的季度财务报表前，应先按照挂牌公司信息披露相关监管规定，通过临时公告或在法定期限内披露的定期报告披露经审阅的季度财务报表。

发行人拟提供经审阅的第一季度财务报表的，其公告披露时间不得早于上一年的年度报告的披露时间；发行人拟提供经审阅的第二季度财务报表的，其公告披露时间不得早于对应的半年度报告的披露时间。

② 发行人在财务报告审计截止日至发行启动前披露年度报告的，招股说明书引用的财务报表应当包括该定期报告对应年度经审计的财务报表。发行

人应及时更新招股说明书对应期间的财务信息及经营状况，依规做好信息披露和风险揭示。

三、财务信息

1. 财务信息披露要求

发行人申请文件中提交的财务报告应当已在法定期限内披露，且符合企业会计准则和相关信息披露规则的规定，在所有重大方面公允地反映发行人的财务状况、经营成果和现金流量，由注册会计师出具无保留意见的审计报告。

报告期内发行人会计政策和会计估计应保持一致性，不得随意变更，若有变更应符合企业会计准则的规定。对会计政策、会计估计的变更，应履行必要的审批程序，并依据《企业会计准则第 28 号——会计政策、会计估计变更和差错更正》的规定披露相关信息。相关变更事项应符合专业、审慎原则，与同行业公众公司不存在重大差异，不存在对发行人会计基础工作规范及内控有效性产生重大影响的情形。

2. 原始财务报表与申报财务报表

根据深交所的问题解答，成立不满3年的股份有限公司的原始财务报表是指公司报告期各年度提供给地方财政、税务部门的财务报表，包括：①股份有限公司设立当年及以后年度的原始财务报表及审计报告；②股份有限公司设立之前的原始财务报表，该财务报表应包括各发起人（如有多个投入经营性资产的发起人）投入股份有限公司的经营性资产原所在法人单位的原始财务报表，如果该原始财务报表已经审计，需一并提供其审计报告；如果未经审计，则应注明“未经审计”。设立运行满3年的股份有限公司提供的原始财务报表是指报告期内各年度公司的原始财务报表及审计报告。

申报财务报表是经发行人申请发行材料中提供的经注册会计师审计的三

年一期会计报表。

发行人应编制原始财务报表与申报财务报表的差异比较表，并请注册会计师对差异情况出具意见。

3. 盈利预测报告

盈利预测报告不是申请材料的必备文件。但如果发行人提供盈利预测报告，将有助于投资者对于发行人及其股票做出正确判断。

根据《首次公开发行股票注册管理办法》第六十五条的规定，发行人披露盈利预测，利润实现数如未达到盈利预测的80%，除因不可抗力外，其法定代表人、财务负责人应当在股东大会以及交易所网站、符合中国证监会规定条件的媒体上公开作出解释并道歉；中国证监会可以对法定代表人处以警告。

利润实现数未达到盈利预测的50%的，除因不可抗力外，中国证监会可以采取责令改正、监管谈话、出具警示函等监管措施。

注册会计师为上述盈利预测出具审核报告的过程中未勤勉尽责的，中国证监会视情节轻重，对相关机构和责任人员采取监管谈话等监管措施；情节严重的，给予警告等行政处罚。

四、募集资金

募集资金指上市公司通过公开发行证券[①]以及非公开发行证券向投资者募集并用于特定用途的资金。

1. 如何选择募投项目

募集资金应有明确的用途，企业在选择投资项目时需注意以下方面：

① 公开发行证券包括首次公开发行股票、配股、增发、发行可转换公司债券、发行分离交易的可转换公司债券、公司债券、权证等。

（1）募集资金投向应当符合国家的产业政策和相关法律法规的规定；

（2）募集资金投向应当与企业的主营业务和长期发展目标一致；

（3）募集资金投向是否符合拟上市板块的业务领域要求；

（4）募集资金投资项目的实施是否会与控股股东或实际控制人产生同业竞争或影响公司生产经营的独立性；

（5）主板拟上市公司募集资金数额是否超过项目需求量。

2. 募集资金总额的计算

计算募集资金总额的方法有两个，可参见表1-4-2。

表1-4-2　募集资金总额计算表

公　式	具体内容
公式一	募集资金总额=净利润×预计发行市盈率×预计发行比例
公式二	募集资金总额=每股发行价格×发行股数 =发行后每股收益×预计发行市盈率×发行股数

3. 募投项目的核准/备案要求

募集资金投资项目应按国家投资体制改革规定的程序和审批权限取得国家或地方有关部门的立项批文或备案。

4. 首发股票募集资金的信息披露

募集资金用于固定资产投资项目的，发行人应按照招股说明书信息披露准则的要求披露项目的建设情况、市场前景及相关风险等。募集资金用于补充流动资金等一般用途的，发行人应在招股说明书中分析披露募集资金用于上述一般用途的合理性和必要性。其中，用于补充流动资金的，应结合公司行业特点、现有规模及成长性、资金周转速度等合理确定相应规模；用于偿还银行贷款的，应结合银行信贷及债权融资环境、公司偿债风险控制目标等说明偿还银行贷款后公司负债结构合理性等。

募集资金投向科技创新领域的，发行人应当披露其具体安排及与发行人现有主要业务、核心技术之间的关系，发行人为实施募投项目所储备的研发基础。保荐机构应当对募集资金用途是否符合科创领域、是否与发行人现有业务与技术水平相匹配、发行人是否具备实施本次募投项目的科研能力发表核查意见。

已通过上市委员会审议的，发行人原则上不得调整募集资金投资项目，但可根据募投项目实际投资情况、成本变化等因素合理调整募集资金的需求量，并可以将部分募集资金用于公司一般用途，但需在招股说明书中说明调整的原因。已通过上市委员会审议的发行人如提出增加新股发行数量的，属于发行上市审核规则规定的影响发行上市及投资者判断的重大事项，需重新提交证券交易所上市委员会审议。

发行人应按照重要性原则披露募集资金运用情况，主要包括：

① 募集资金的具体用途、可行性；

② 募集资金的运用和管理安排；

③ 募集资金运用的审批、核准或备案程序的履行情况（如有）；

④ 募集资金运用的合作方情况（如有）；

⑤ 募集资金拟用于收购资产的具体情况（如有）；

⑥ 募集资金拟用于向其他企业增资或收购其他企业股份的具体情况（如有）；

⑦ 募集资金用于偿还债务的具体情况（如有）。

五、声明及承诺

声明部分以签署主体公开表态、陈述个人或机构主要信息为主要内容。

承诺部分以签署主体承诺其遵守各项规则或义务，并接受监管机构监管为主要内容。

（一）声明

发行人及其董监高、发行人控股股东和实际控制人、保荐人及其保荐代表人、为证券发行出具专项文件的证券服务机构及其签字人员，应当分别在招股说明书上签字、盖章，并声明承担相应的法律责任。表1-4-3汇总了各板块关于声明人应作出的声明事项及签字盖章要求。

表1-4-3　首发招股说明书重要声明

声明主体	声明事项	签字签章要求
发行人及其全体董事、监事、高级管理人员	承诺本招股说明书的内容真实、准确、完整，不存在虚假记载、误导性陈述或重大遗漏，按照诚信原则履行承诺，并承担相应的法律责任	应由全体董事、监事、高级管理人员签字，并由发行人盖章
发行人控股股东、实际控制人		应由控股股东、实际控制人签字、盖章
保荐人（主承销商）	本公司已对招股说明书进行核查，确认招股说明书的内容真实、准确、完整，不存在虚假记载、误导性陈述或重大遗漏，并承担相应的法律责任	应由法定代表人、保荐代表人、项目协办人签字，并由保荐人（主承销商）盖章
发行人律师	证券交易所及经办律师已阅读招股说明书，确认招股说明书与本所出具的法律意见书无矛盾之处。本所及经办律师对发行人在招股说明书中引用的法律意见书的内容无异议，确认招股说明书不致因上述内容而出现虚假记载、误导性陈述或重大遗漏，并承担相应的法律责任	应由经办律师及所在律师事务所负责人签字，并由律师事务所盖章
为本次发行承担审计业务的会计师事务所	本所及签字注册会计师已阅读招股说明书，确认招股说明书与本所出具的审计报告、审阅报告（如有）、盈利预测审核报告（如有）、内部控制鉴证报告及经本所鉴证的非经常性损益明细表等无矛盾之处。本所及签字注册会计师对发行人在招股说明书中引用的审计报告、审阅报告（如有）、盈利预测审核报告（如有）、内部控制鉴证报告及经本所鉴证的非经常性损益明细表等内容无异议，确认招股说明书不致因上述内容而出现虚假记载、误导性陈述或重大遗漏，并承担相应的法律责任	应由签字注册会计师及所在会计师事务所负责人签字，并由会计师事务所盖章

（续表）

声明主体	声明事项	签字签章要求
为本次发行承担评估业务的资产评估机构	本机构及签字资产评估师已阅读招股说明书，确认招股说明书与本机构出具的资产评估报告无矛盾之处。本机构及签字资产评估师对发行人在招股说明书中引用的资产评估报告的内容无异议，确认招股说明书不致因上述内容而出现虚假记载、误导性陈述或重大遗漏，并承担相应的法律责任	应由签字资产评估师及所在资产评估机构负责人签字，并由资产评估机构盖章
为本次发行承担验资业务的机构	本机构及签字注册会计师已阅读招股说明书，确认招股说明书与本机构出具的验资报告无矛盾之处。本机构及签字注册会计师对发行人在招股说明书中引用的验资报告的内容无异议，确认招股说明书不致因上述内容而出现虚假记载、误导性陈述或重大遗漏，并承担相应的法律责任	应由签字注册会计师及所在验资机构负责人签字，并由验资机构盖章

注：上表原始纸质文件所有需要签名处，应载明签名字样的印刷体，并由签名人亲笔签名，不得以名章、签名章等代替。

（二）承诺

招股说明书应当充分披露发行人，股东，实际控制人，发行人的董事、监事、高级管理人员以及本次发行的保荐人及证券服务机构等作出的重要承诺、未能履行承诺的约束措施以及已触发履行条件承诺事项的履行情况。

1. 承诺披露注意事项

针对承诺相关方作出的尚未履行完毕和新增的公开承诺，发行人在进行信息披露时应当重点关注下列事项：

（1）承诺事项内容应当具体、明确、无歧义、具有可操作性，符合法律法规和业务规则的相关要求。承诺无法履行或者无法按期履行的，发行人应及时履行变更程序并作重大事项提示。

（2）承诺事项不符合有关规定的，承诺相关方应当进行规范，保荐人及证券服务机构应当对规范后的承诺事项是否符合有关规定发表意见。

2. 首发股票相关承诺

表1-4-4汇总了首次公开发行并上市股票涉及的相关承诺事项。

表1-4-4 首发股票相关承诺

<table>
<tr><th>承诺主体</th><th>承诺事项</th><th>出现位置</th></tr>
<tr><td>首次公开发行前股东</td><td>本次发行前股东所持股份的限售安排、自愿锁定股份、延长锁定期限以及股东持股及减持意向等承诺</td><td rowspan="10">招股说明书附件“与投资者保护相关的承诺”</td></tr>
<tr><td>发行人、控股股东、非独立董事、高级管理人员</td><td>稳定股价的措施和承诺</td></tr>
<tr><td>发行人控股股东、实际控制人、董监高、相关证券公司</td><td>发行人因欺诈发行、虚假陈述或者其他重大违法行为给投资者造成损失的，发行人控股股东、实际控制人、相关证券公司自愿作出先行赔付投资者的承诺（如有）</td></tr>
<tr><td>发行人、控股股东</td><td>股份回购和股份买回的措施和承诺</td></tr>
<tr><td>发行人</td><td>对欺诈发行上市的股份回购和股份买回承诺</td></tr>
<tr><td>发行人、董事、高级管理人员</td><td>填补被摊薄即期回报的措施及承诺</td></tr>
<tr><td>发行人</td><td>利润分配政策的承诺</td></tr>
<tr><td>发行人</td><td>依法承担赔偿责任的承诺</td></tr>
<tr><td>控股股东、实际控制人</td><td>避免同业竞争的承诺</td></tr>
<tr><td>科创板核心技术人员</td><td>关于减持股票的特殊安排或承诺</td></tr>
<tr><td>发行人董事、监事、高级管理人员</td><td>对证券发行文件的确认意见以及监事会的书面审核意见</td><td rowspan="5">首次公开发行股票并上市申请文件“其他文件”</td></tr>
<tr><td>发行人控股股东、实际控制人</td><td>对证券发行文件的确认意见</td></tr>
<tr><td>发行人</td><td>关于申请电子文件与预留原件一致的承诺函</td></tr>
<tr><td>保荐人</td><td>关于申请电子文件与预留原件一致的承诺函</td></tr>
<tr><td>发行人、保荐人及相关主体</td><td>保证不影响和干扰审核的承诺函</td></tr>
</table>

第五章　发行审核与注册

股票发行一般经过发行人内部审议、交易所审核、证监会注册三个主要程序。

IPO审核期间，证监会和交易所可以对拟上市公司的生产、经营、管理场所等进行现场检查。

一、首发股票内部审议

股票发行内部审议指发行人召开董事会和股东大会就本次股票发行事宜进行表决。

（1）发行人董事会应当依法就本次股票发行的具体方案、本次募集资金使用的可行性及其他必须明确的事项做出决定，并提请股东大会批准。

（2）发行人股东大会就本次发行股票作出的决议，至少应当包括下列事项：①本次公开发行股票的种类和数量；②发行对象；③定价方式；④募集资金用途；⑤发行前滚存利润的分配方案；⑥决议的有效期；⑦对董事会办理本次发行具体事宜的授权；⑧其他必须明确的事项。

二、首发股票发行审核与注册程序

发行人首发申请文件应当由保荐人保荐，并向证券交易所申报。

全面注册制改革后，证券交易所设立独立的上市审核机构，对发行人的发行上市申请文件进行审核，并出具审核报告。同时，证券交易所设立上市委员会，对发行上市审核机构出具的审核报告和发行上市申请文件进行审议，并提出审议意见。证券交易所结合上市委员会的审议意见出具审核意见。

证券交易所认为发行人符合发行条件、上市条件和信息披露要求的，将相关材料报送中国证监会履行注册程序。证券交易所发行审核流程如图1-5-1所示。

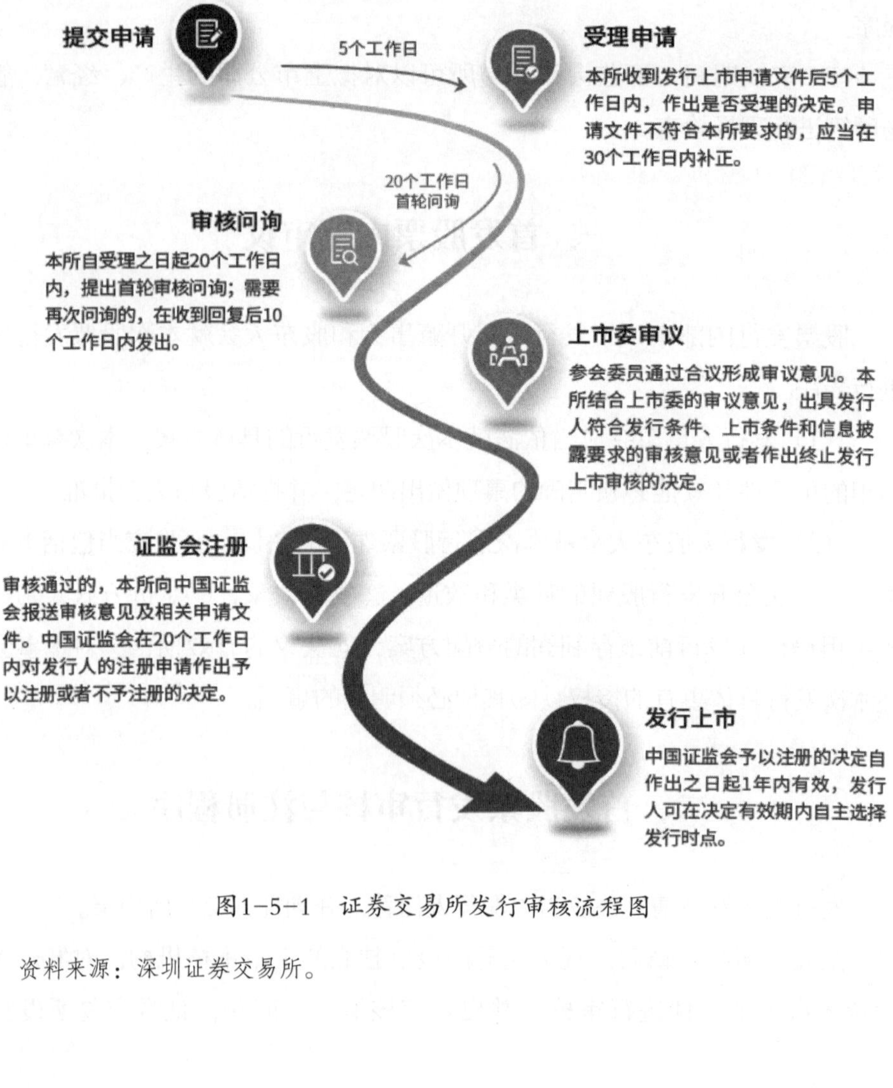

图1-5-1　证券交易所发行审核流程图

资料来源：深圳证券交易所。

表1-5-1详细列出了IPO发行审核与注册的各环节流程。

表1-5-1 IPO发行审核与注册流程表

环节	事项
交易所受理	证券交易所受理注册申请文件并作出是否受理的决定。交易所受理注册申请文件后，发行人应当按证券交易所规定，将招股说明书、发行保荐书、上市保荐书、审计报告和法律意见书等文件在证券交易所网站预先披露
交易所审核	① 证券交易所设立独立的上市委员会，负责审核发行人公开发行并上市申请。上市委员会进行审议时要求对发行人及其保荐人进行现场问询的，发行人代表及保荐代表应当到会接受问询，回答委员提出的问题。参会委员就审核报告的内容和发行上市审核机构提出的初步审核意见发表意见，通过合议形成同意或者不同意发行上市的审议意见。 ② 上市委员会同意发行人发行上市，但要求发行人补充披露有关信息的，证券交易所发行上市审核机构告知保荐人组织落实；发行上市审核机构对发行人及其保荐人、证券服务机构的落实情况予以核对，通报参会委员，无需再次提请上市委员会审议。发行人对相关事项补充披露后，证券交易所出具同意发行上市的审核意见。 ③ 证券交易所结合上市委员会的审议意见，作出同意或者不同意发行人股票公开发行并上市的审核意见，决定报中国证监会注册或者终止审核
证监会注册	① 证券交易所同意发行人股票公开发行并上市的，证券交易所将审核意见、发行人注册申请文件及相关审核资料报送中国证监会履行发行注册程序。同时，招股说明书、发行保荐书、上市保荐书、审计报告和法律意见书等文件应在交易所网站和中国证监会网站公开。 ② 中国证监会收到交易所报送的资料后，履行发行注册程序。发行人需根据要求补充、修改注册申请文件；中国证监会可以要求交易所进一步问询，以及要求保荐人、证券服务机构等对有关事项进行核查。 ③ 中国证监会对发行人的注册申请作出同意注册或者不予注册的决定
启动发行	① 获中国证监会同意注册后，发行人与主承销商应当及时向证券交易所报备发行与承销方案。证券交易所无异议的，发行人与主承销商可依法刊登招股意向书，启动发行工作。 ② 发行人股票发行前应当在交易所网站和中国证监会指定网站全文刊登招股说明书，同时在中国证监会指定报刊刊登提示性公告，告知投资者网上刊登地址及获取文件的途径。 ③ 中国证监会同意注册的决定自作出之日起一年内有效，发行人应当在注册决定有效期内发行股票，发行时点由发行人自主选择

三、现场检查

IPO现场检查，指根据2021年1月29日开始实施的《首发企业现场检查规定》的规定，针对申请在境内证券交易所首次公开发行股票或存托凭证并上市的企业，中国证监会及其派出机构和交易所作为检查机构，对拟上市公司的生产、经营、管理场所以及其他相关场所，采取一定方式对其信息披露质量及中介机构执业质量进行监督检查的行为。

检查对象由问题导向和随机抽取产生。在发行上市审核和注册阶段，首发企业存在与发行条件、上市条件和信息披露要求相关的重大疑问和异常，且未能提供合理解释、影响审核判断的，可以列为检查对象。随机抽取的企业名单范围由证监会汇总提供的所有未经上市委会议审议或未经发审会审核且未参与过随机抽取的首发企业构成。

检查对象名单确定后，证监会和交易所的审核或注册部门应当在3个工作日内书面通知被抽中的企业和中介机构。被通知现场检查后，10个工作日内撤回申请的企业原则上不实施现场检查。但是如果发行撤回的企业存在涉嫌虚假记载、误导性陈述或者重大遗漏等明确线索情形的，仍将实施现场检查。在撤回申请后12个月内再次申请IPO的企业，应当列为检查对象。

实施现场检查时，检查组可以根据需要采取以下检查方式:

（1）查看检查对象的生产、经营、管理场所及其他相关场所，获取有关工商等资料；

（2）获取有关资金流水，生产、销售、仓储记录，会计凭证，会计账簿，财务报表等文件资料；

（3）就主要业务循环和会计信息系统进行穿行测试；

（4）问询检查对象控股股东和实际控制人、董事、监事、高级管理人员以及销售、采购、生产、仓储、财务等相关人员；

（5）走访检查对象重要客户及供应商等有关单位和人员，核实相关信息；

（6）核查中介机构工作底稿、询问有关人员、进行现场取证等；

（7）检查组认为必要的其他方式。

检查组形成检查报告前，应当就现场检查中发现的主要问题及情况听取检查对象及中介机构的解释说明，检查对象及中介机构可以就相关问题提供书面说明材料及相关证据。

审核或注册部门收到现场检查工作报告后应当就检查对象存在的信息披露质量问题，要求检查对象和中介机构进行书面补充说明、整改规范。

第六章 发行与承销

发行人股票经中国证监会注册后，发行上市工作将经历发行上市前准备工作、发行与承销、上市流程三个阶段。

本章法规导航

<table>
<tr><th>板块</th><th colspan="3">规则名称</th></tr>
<tr><td rowspan="2">沪市主板</td><td rowspan="7">《证券发行与承销管理办法》《首次公开发行股票注册管理办法》《股票上市规则》</td><td rowspan="3">《上海证券交易所首次公开发行证券发行与承销业务实施细则》《上海证券交易所证券发行与承销业务指南第1号——首次公开发行股票》</td><td>《上海市场首次公开发行股票网上发行实施细则（2023年修订）》</td></tr>
<tr><td>《上海市场首次公开发行股票网下发行实施细则（2023年修订）》</td></tr>
<tr><td>科创板</td><td>《关于修改〈科创属性评价指引（试行）〉的决定》</td></tr>
<tr><td rowspan="2">深市主板</td><td rowspan="3">《深圳证券交易所首次公开发行证券发行与承销业务实施细则》《深圳证券交易所股票发行与承销业务指南第2号——首发及转板上市业务办理》</td><td>《深圳市场首次公开发行股票网上发行实施细则（2018年修订）》</td></tr>
<tr><td>《深圳市场首次公开发行股票网下发行实施细则（2023年修订）》</td></tr>
<tr><td>创业板</td><td>《创业板首次公开发行证券发行与承销特别规定（2021年修订）》</td></tr>
<tr><td>北交所</td><td colspan="3">《北京证券交易所上市公司证券发行注册管理办法》
《北京证券交易所向不特定合格投资者公开发行股票注册管理办法》
《北京证券交易所证券发行与承销管理细则》
《北京证券交易所股票向不特定合格投资者公开发行与承销业务实施细则》</td></tr>
</table>

一、发行上市前准备工作

在发行人首次公开发行股票经交易所上市委员会审议通过后，发行人和主承销商就可以着手股票发行上市前的准备工作。

获得中国证监会同意注册的决定后，发行人与主承销商即可向证券交易所报备发行与承销方案，安排股票发行与上市的有关事宜。

原则上，主承销商需安排资本市场部专业人员与交易所对接股票发行上市业务。

发行上市前准备工作主要包括：

（1）提交发行与承销方案。

（2）拟定发行时间表，预约新股申购日。

（3）确定证券简称，申请股票代码。发行人可同时采用摇号选号或直接选号方式确定股票代码。股票代码确定后不可更改。

二、发行与承销方案

股票发行与承销方案指股票向投资者发售的具体安排。取得中国证监会予以注册的决定后，发行人和主承销商应当及时向证券交易所报备发行与承销方案。发行与承销方案应当包括发行方案、初步询价公告（如有）、投资价值研究报告（如有）、战略配售方案（如有）、超额配售选择权实施方案（如有）等内容。

股票发行方案主要包括以下内容：

（1）承销方式。有代销和包销两种。

（2）发行方式。有网上发行、网下发行。

（3）发行数量。包括发行总量，新股发行数量，股东公开发售股份数量，网上、网下发行数量，战略配售股份数量等。

（4）定价原则。有直接定价、网下询价。

（5）发行对象。指有资格参加股票认购的投资者，主承销商会预先公布网上、网下投资者的条件和要求。

（6）回拨机制。

（7）配售机制。

（8）股份锁定安排。

（9）发行时间。股票发行与承销方案应说明投资者申购新股的具体日程。

（10）发行程序。股票发行与承销方案应详细说明发行程序和操作细节，如：日程安排、申购上下限、申购程序、发行费用等。

三、承销方式

《公司法》第八十七条规定，发起人向社会公开募集股份，应当由依法设立的证券公司承销，签订承销协议。

承销是指证券经营机构依照协议包销或者代销发行人所发行股票的行为。承销方式有代销和包销两种。代销是指承销机构代理发售股票，在发行期结束后，将未售出的股票全部退还给发行人或者包销人的承销方式。包销是指承销机构在发行期结束后将未售出的股票全部买下的承销方式。证券包销分为全额包销和余额包销。全额包销是指证券公司将发行人的证券按照协议全部购入的承销方式。余额包销是指证券公司将发行人的证券按照协议在承销期结束时将售后剩余证券全部自行购入的承销方式。

《证券法》第三十一条规定，证券的代销、包销期限最长不得超过90日。

股票发行采用代销方式，代销期限届满，向投资者出售的股票数量未达到拟公开发行股票数量70%的，为发行失败。发行人应将认购资金按照发行价并加算银行同期存款利息返还股票认购人。

证券公司在代销、包销期内，对所代销、包销的证券应当保证先行出售给认购人，证券公司不得为本公司预留所代销的证券和预先购入并留存所包销的证券。

公开发行股票，代销、包销期限届满，发行人应当在规定的期限内将股票发行情况报国务院证券监督管理机构备案。

四、发行方式

（一）发行方式概述

1. 上交所和深交所的适用规定

首次公开发行股票并在上交所或深交所上市，可以通过直接定价或者向网下投资者询价的方式确定发行价格。

发行数量 2000 万股以下且无股东公开发售股份的盈利企业，发行人和主承销商可以通过直接定价的方式确定发行价格。通过向网下投资者询价方式确定发行价格的，可以在初步询价后确定发行价格，也可以在初步询价确定发行价格区间后，通过累计投标询价确定发行价格。

首次公开发行股票的网下发行应和网上发行同时进行。投资者应当自行选择参与网下或网上发行，不得同时参与。

2. 北交所的适用规则

上市公司向不特定合格投资者公开发行股票可以通过网上方式或网上、网下两种方式进行。网上发行应当通过证券交易所交易系统进行，网下发行可以由发行人和主承销商自行组织。

（二）网上发行

网上发行，指通过证券交易所的交易系统在网上按市值申购和配售方式进行的股票发行。

1. 网上投资者资格

投资者须持有证券交易所规定市值要求的非限售股份和非限售存托凭证才可参与网上发行。

各证券交易所规定的市值标准，详见本章“七、投资者申购”部分。

2. 网上发行流程

投资者根据持有的市值确定其网上可申购额度，证券交易所可根据市场情况和技术系统承载能力对申购单位、最大申购数量进行调整，并向市场公告。

投资者在进行申购时无需缴付申购资金（北交所需缴付申购资金）。申购时间内，投资者以委托买入股票的方式，按发行价格填写委托单。主承销商根据有效申购总量和回拨后的网上发行数量确定中签率，并根据总配号量和中签率组织摇号抽签，公布中签结果。投资者在申购新股中签后，应依据中签结果履行资金交收义务，投资者认购资金不足的，不足部分视为放弃认购。

通过发行人与主承销商自主协商以直接定价方式确定发行价格的，发行人公开发行的股票全部向网上投资者直接定价发行，不再安排网下发行。

（三）网下发行

网下发行，指通过证券交易所网下电子申购平台及中国结算登记平台完成股票的询价、申购、资金代收付及股份初始登记的发行方式。

表1-6-1列示了新股网下发行的主要环节及事项。

表1-6-1　网下发行股票程序

主要环节	主要事项
初步询价	网下投资者网上报价
定价	① 初步询价结束后发行人和主承销商确定股票发行价格（或发行价格区间）； ② 如采用累计投标询价定价的，向参与累计投标询价对象二次询价后确定股票发行价格
配售	① 提供有效报价的投资者参与申购； ② 发行人和主承销商按配售原则提出报价最高部分
回拨	① 网上投资者有效申购倍数超过证券交易所规定的数值的，应当从网下向网上回拨； ② 网上投资者申购数量不足网上初始发行量的，可回拨给网下投资者
股份登记	① 主承销商刊登网下初步配售结果公告； ② 网下投资者应足额划付认购资金； ③ 结算公司向主承销商划转网下发行新股认购款； ④ 网下发行结束后，发行人向结算公司提交股份登记申请，结算公司办理股份初始登记

五、询价、定价

（一）询价

符合条件的网下投资者可以自主决定是否报价。参与询价的网下投资者应当遵循独立、客观、诚信的原则合理报价，不得协商报价或者故意压低、抬高价格。发行人、承销商和参与询价的网下投资者，不得在询价活动中进行合谋报价、利益输送或者谋取其他不当利益。

参与询价的网下投资者可以为其管理的不同配售对象账户分别填报一个报价，每个报价应当包含配售对象信息、每股价格和该价格对应的拟申购股数。同一网下投资者全部报价中的不同拟申购价格不超过3个。

首次公开发行股票价格（或发行价格区间）确定后，提供有效报价的投资者方可参与申购。

有效报价，指网下投资者申报的不低于主承销商和发行人确定的发行价格或发行价格区间下限，且未作为最高报价部分被剔除，同时符合主承销商和发行人事先确定且公告的其他条件的报价。

采用询价定价方式的，承销商应当向网下投资者提供投资价值研究报告；采用竞价方式的，承销商应当提供投资价值研究报告并公开披露。投资价值研究报告应当符合中国证券业协会的相关规定。

（二）定价

1. 定价方式概述

（1）上交所、深交所适用。

首次公开发行股票的定价分为两大方式：直接定价、网下询价。其中，网下询价也可分为两种方式：① 通过网下初步询价方式确定发行价格；② 通过网下初步询价方式确定发行价格区间并通过网下累计投标询价确定股票发行价格。

（2）北交所适用。

在北交所公开发行并上市的，发行人和主承销商除了可以选择直接定价和网下询价方式外，还可以通过合格投资者网上竞价等方式确定发行价格。

2. 直接定价

直接定价，指发行人与主承销商自主协商直接确定股票发行价格。

（1）适用对象。

① 首次公开发行股票并在上交所或深交所上市，发行数量在2000万股（份）以下且无股东公开发售股份的盈利企业。

② 在北交所公开发行并上市的企业。

（2）定价原则。

通过直接定价的方式确定的发行价格对应市盈率不得超过同行业上市公司二级市场平均市盈率；已经或者同时境外发行的，通过直接定价的方式确定的发行价格不得超过发行人境外市场价格。

首次公开发行股票采用直接定价方式的，全部向网上投资者发行，不进行网下询价和配售。

保荐人的相关子公司或者保荐人所属证券公司的相关子公司参与发行人证券配售的具体规则由证券交易所另行规定，不受前款规定限制。

3. 网下询价

（1）适用对象。

① 上交所、深交所。

首次公开发行证券可以采用网下询价方式进行。如果发行人与主承销商拟订的发行价格对应市盈率高于同行业上市公司二级市场平均市盈率，拟订的发行价格高于发行人境外市场价格的，或者发行人尚未盈利的，发行人和主承销商应当采用询价方式进行。

② 北交所。

在北交所公开发行并上市的企业。

（2）询价定价方法。

首次公开发行证券通过向网下投资者询价方式确定发行价格的，可以初步询价后确定发行价格，也可以在初步询价确定发行价格区间后，通过累计投标询价确定发行价格。

① 初步询价后直接定价。

初步询价后直接定价，指发行人和主承销商通过向网下投资者初步询价后，直接确定股票发行价格。

② 累计投标询价定价。

累计投标询价，指发行人和主承销商通过向网下投资者初步询价确定发行价格区间后，再在发行价格区间内通过向符合累计投标询价资格的投资者二次询价后确定股票发行价格。

根据《关于进一步保障创业板规范发行的倡议》，首次公开发行股票数量低于 8000 万股且预计募集资金总额不足15亿元的发行人不采用累计投标询价方式确定发行价格。

（3）网下询价机制。

表1-6-2就各板块关于网下询价机制的规定进行对比。

表1-6-2　各板块网下询价机制对比表

内　容	主　板	科创板/创业板	北交所
询价对象资质	可以是专业机构投资者或其他法人和组织、个人投资者	仅限专业机构投资者[1]	在中国证券业协会注册、符合中国证券业协会规定条件并已开通证券交易所交易权限的网下投资者
有效报价投资者数量	公开发行股票数量在4亿股（含）以下的，有效报价[2]投资者的数量不少于10家； 公开发行股票数量在4亿股以上的，有效报价投资者的数量不少于20家		报价不低于发行价格且未被剔除的投资者为有效报价投资者。无数量要求
询价方式	① 初步询价定价；② 累计投标询价定价		初步询价定价
报价要求（同时满足）	① 网下投资者可以为其管理的不同配售对象账户分别填报一个报价。同一投资者全部报价中的不同拟申购价格不得超过3个。 ② 最高报价与最低价格的差额不得超过最低价格的20%		
高价剔除原则	初步询价结束后，发行人和主承销商应当剔除拟申购总量中报价最高的部分，剔除部分不超过所有网下投资者拟申购总量的3%。当拟剔除的最高申报价格部分中的最低价格与确定的发行价格（或者发行价格区间上限）相同时，对该价格的申报可不再剔除。剔除部分不得参与网下申购		发行人和主承销商应当剔除拟申购总量中报价最高的部分，剔除部分不得低于所有网下投资者拟申购总量的5%，因剔除导致拟申购总量不足的，相应部分可不剔除。 网下投资者拟申购总量超过网下初始发行量15倍的，剔除部分不得低于所有网下投资者拟申购总量的10%
发行价格区间	发行人和主承销商确定发行价格区间的，区间上限与下限的差额不得超过区间下限的20%		

注：

1．专业机构投资者指证券公司、基金管理公司、期货公司、信托公司、保险公司、财务公司、合格境外投资者和私募基金管理人等专业机构投资者。

2．有效报价指网下投资者申报的价格不低于主承销商和发行人确定的发行价格或发行价格区间下限，且未作为最高报价部分被剔除，同时符合主承销商和发行人事先确定且公告的其他条件的报价。

（4）询价定价发行流程。

上交所和深交所在询价发行方式下的股票发行流程描述上有不同，但重要时点的主要事项是大体一致的。表1-6-3以上交所规定为基础，结合深交所的规定，展示IPO股票以询价方式发行的流程。

表1-6-3　IPO股票询价发行流程表

时　点	主要事项
X日前	① 刊登招股意向书； ② 发行人及主承销商进行摇号、网上路演、上市仪式等事项的前期准备工作； ③ 发行人完成CA证书的办理
X日（T-5日）	① 初步询价； ② 网下投资者通过证券交易所网下发行电子平台，填报价格及拟申购数量等信息
T-2日	刊登网上路演公告
T-1日	① 网上路演； ② 刊登发行公告，启动申购
T日	① 新股网上网下发行，投资者申购，网上配号； ② 主承销商下载申购结果，确认有效申购数据； ③ 发行人和主承销商确认是否启动回拨机制
T+1日	① 网上摇号抽签，刊登网上发行申购情况及中签率公告； ② 网下初步配售，网下投资者可查询获配股份及应缴款情况
T+2日	① 刊登网下初步配售结果及网上中签结果公告； ② 网下投资者应足额划付认购资金； ② 中国结算形成新股网下认购结果并交主承销商确认
T+3日	主承销商公布网下配售结果
T+4日	① 刊登发行结果公告； ② 中国结算向主承销商划转网下发行新股认购款； ③ 主承销商将认购资金扣除相关费用后缴付发行人； ④ 发行人请会计师事务所检验募集资金到位情况，签署验资报告
T+5日	网下发行结束后，发行人向中国结算提交股份登记申请，中国结算办理股份初始登记

注：网下初步询价起始日为X日，新股网上网下发行日为T日。

（5）网下询价的信息披露。

首次公开发行证券采用询价方式的，网上申购前，发行人和主承销商应当披露下列信息：

① 同行业上市公司二级市场平均市盈率；

② 已经或者同时境外发行证券的境外证券市场价格；

③ 剔除最高报价部分后所有网下投资者及各类网下投资者剩余报价的中位数和加权平均数；

④ 剔除最高报价部分后公募基金、社保基金、养老金、年金基金、保险资金和合格境外投资者资金剩余报价的中位数和加权平均数；

⑤ 网下投资者详细报价情况，具体包括投资者名称、配售对象信息、申购价格及对应的拟申购数量、发行价格或发行价格区间确定的主要依据，以及发行价格或发行价格区间上限所对应的网下投资者超额认购倍数。

（6）投资风险特别公告的披露要求。

① 【上交所、深交所】首次公开发行证券采用询价方式且存在下列情形之一的，发行人和主承销商应当在申购前发布投资风险特别公告，详细说明定价合理性，提示投资者注意投资风险：

A. 发行价格（或者发行价格区间上限）对应市盈率超过同行业上市公司二级市场平均市盈率的；

B. 发行价格（或者发行价格区间上限）超过剔除最高报价部分后网下投资者剩余报价的中位数和加权平均数，以及公募基金、社保基金、养老金、年金基金、保险资金和合格境外投资者资金剩余报价中位数和加权平均数的孰低值的；

C. 发行价格（或者发行价格区间上限）超过境外市场价格的；

D. 发行人尚未盈利的。

② 【北交所】公开发行并上市采用直接定价或询价方式，发行人和主承销商确定的发行价格存在下列情形之一的，应当至少在申购日一周前发布投资风险特别公告：

A. 超过历史交易价格或历史发行价格1倍；

B. 超过网下投资者有效报价剔除最高报价部分后的中位数或加权平均数。

（7）市盈率的披露要求。

市盈率是最常用来评估股价水平是否合理的指标之一。市盈率分为静态市盈率和动态市盈率，计算时可以采用股票价格除以每股收益的比率，或以公司市值除以年度股东应占溢利。

发行人和主承销商在披露发行市盈率时，应当同时披露发行市盈率的计算方式。在进行市盈率比较分析时，应当合理确定发行人行业归属，并分析说明行业归属的依据。存在多个市盈率口径时，应当充分列示可供选择的比较基准，并按照审慎、充分提示风险的原则选取和披露行业平均市盈率。发行人还可以同时披露市净率等反映发行人所在行业特点的估值指标。

发行人尚未盈利的，可不披露发行市盈率及与同行业市盈率比较的相关信息，但应披露市销率、市净率等反映发行人所在行业特点的估值指标。

4. 网上竞价——适用于北交所

（1）适用对象。

股票公开发行采用竞价方式的，除下列投资者外，均可参与申购：

① 发行人及其股东、实际控制人、董事、监事、高级管理人员和其他员工；发行人及其股东、实际控制人、董事、监事、高级管理人员能够直接或间接实施控制、共同控制或施加重大影响的公司，以及该公司控股股东、控股子公司和控股股东控制的其他子公司；

② 主承销商及其持股比例5%以上的股东，主承销商的董事、监事、高级管理人员和其他员工；主承销商及其持股比例5%以上的股东、董事、监事、高级管理人员能够直接或间接实施控制、共同控制或施加重大影响的公司，以及该公司控股股东、控股子公司和控股股东控制的其他子公司；

③ 承销商及其控股股东、董事、监事、高级管理人员和其他员工；

④ 上述第①、②、③项所述主体的关系密切的家庭成员，包括配偶、子女及其配偶、父母及配偶的父母、兄弟姐妹及其配偶、配偶的兄弟姐妹、子女配偶的父母；

⑤ 过去6个月内与主承销商存在保荐、承销业务关系的公司及其持股5%以上的股东、实际控制人、董事、监事、高级管理人员，或已与主承销商签署保荐、承销业务合同或达成相关意向的公司及其持股5%以上的股东、实际控制人、董事、监事、高级管理人员；

⑥ 其他参与配售可能导致不当行为或不正当利益的自然人、法人和组织。

上述第②、③项规定的禁止对象所管理的公募基金、社保基金、养老金、年金基金不受前款规定的限制，但是应符合中国证监会的有关规定。

（2）网上竞价机制。

表1-6-4对北交所网上竞价机制规则进行了汇总。

表1-6-4　北交所网上竞价机制一览表

机　制	说　明
互斥机制	公开发行并上市采用直接定价或竞价方式的，全部向网上投资者发行，不进行网下询价和配售
申报次数	每个投资者只能申报一次
申报价格	发行人和主承销商可以设置最低申购价格并在发行公告中予以披露，投资者申报的每股价格不得低于最低申购价格
发行价格	（1）投资者有效申购总量≤网上发行数量且已设置最低申购价格的，发行价格为最低申购价格；未设置最低申购价格的，发行价格为投资者的最低报价。 （2）投资者有效申购总量＞网上发行数量的，发行人和主承销商可以选择下列方式之一确定发行价格： ① 剔除最高报价部分后，将投资者申购报单按照价格从高到低排序计算累计申购数量，当累计申购数量达到网上发行数量或其一定倍数时，对应的最低申购价格为发行价格。 剔除部分＞拟申购总量的5%，因剔除导致拟申购总量不足的，相应部分可不剔除。拟申购总量＞网上发行数量15倍的，剔除部分≥拟申购总量的10%。 报价≥发行价格且未被剔除的投资者为有效报价投资者。 ② 按照事先确定并公告的方法计算申购报单的基准价格，以0.01元为一个价格变动单位向基准价格上下扩大价格区间，直至累计申购数量达到网上发行股票数量或其一定倍数，较低的临界价格为发行价格。 报价在上下两个临界价格以内（含临界价格）的投资者为有效报价投资者。 发行人和主承销商可以在竞价申购结束后根据申购情况协商确定剔除比例和累计申购倍数

（续表）

机　制	说　明
配售规则	① 投资者有效申购总量≤网上发行数量的，向投资者按有效申购数量配售股票。 ② 投资者有效申购总量＞网上发行数量的，向有效报价投资者按比例配售股票

六、配售机制

配售，对应英文为“placing”，原本只有“出售证券以筹集资金”的意思，但实际使用上通常指上市公司向特定投资者直接出售证券的私人配售，包括上市公司向原股东配售股票的“配售”、向战略投资者配售股票的“战略配售”，以及向网下投资者配售股票的“网下配售”等。

（一）配售原则

表1-6-5对各板块关于首发时的配售规定进行了汇总。

表1-6-5　配售原则一览表

<table>
<tr><th colspan="2">内　容</th><th>主　板</th><th>科创板</th><th>创业板</th><th>北交所</th></tr>
<tr><td rowspan="3">网下配售发行比例</td><td>公开发行后总股本＜4亿股</td><td>网下初始发行比例≥本次公开发行股票数量的60%</td><td colspan="2">网下初始发行比例≥本次公开发行证券数量的70%</td><td rowspan="3">60%≤网下初始发行比例应当≤80%</td></tr>
<tr><td>公开发行后总股本＞4亿股</td><td>网下初始发行比例≥本次公开发行股票数量的70%</td><td colspan="2" rowspan="2">网下初始发行比例≥80%</td></tr>
<tr><td>发行人尚未盈利的</td><td>—</td></tr>
<tr><td colspan="2">优先配售比例</td><td colspan="3">发行人和主承销商应当安排不低于本次网下发行证券数量的70%优先向“重要网下投资者”[1]资金配售</td><td>“北交所重要网下投资者”[2]的配售比例应当不低于其他投资者</td></tr>
<tr><td colspan="2">有效申购不足时的安排</td><td colspan="4">“重要网下投资者”资金有效申购不足安排数量的，发行人和主承销商可以向其他符合条件的网下投资者配售剩余部分</td></tr>
</table>

（续表）

内　容	主　板	科创板	创业板	北交所
限售方式	首次公开发行证券安排网下限售的，发行人和主承销商可以采用摇号限售或比例限售方式，限售期≥6个月。 采用摇号限售方式的，摇号抽取数量不低于配售对象账户的10%，网下投资者应当承诺中签账户获配证券限售；采用比例限售方式的，应当承诺网下投资者获配证券数量限售不低于10%。首次公开发行证券规模大于100亿元，相应限售期的配售对象账户或获配证券数量的比例设置不低于70%			—
分类配售安排	对网下投资者进行分类配售的，同类投资者获得配售的比例应当相同。公募产品、社保基金、养老金、企业年金基金和保险资金的配售比例应当不低于其他投资者			
战略投资者配售安排	有安排向战略投资者配售的，应当先扣除向战略投资者配售的部分再确定网下网上发行比例			

注：

1. “重要网下投资者”特指公募基金、社保基金、养老金、年金基金、保险资金和合格境外投资者。

2. “北交所重要网下投资者”特指公开募集方式设立的证券投资基金和其他偏股型资产管理产品、全国社会保障基金、基本养老保险基金、企业年金基金和保险资金。

（二）配售对象

首次公开发行股票网下发行的配售对象指参与网下发行的投资者或其管理的证券投资产品。

1. 选择配售对象

发行人和主承销商可以设置网下投资者的具体条件，并在发行公告中预先披露。主承销商应当对网下投资者是否符合预先披露的条件进行核查。首次公开发行股票时，发行人和主承销商可以自主协商确定参与网下询价投资者的条件、有效报价条件、配售原则和配售方式，并按照事先确定的配售原则在有效申购的网下投资者中选择配售股票的对象。

2. 配售对象的禁止情形

【上交所、深交所】首次公开发行股票网下配售时，【北交所】首次公开发行并上市网下配售时，发行人和主承销商不得向下列对象配售股票：

（1）发行人及其股东、实际控制人、董事、监事、高级管理人员和其他员工；发行人及其股东、实际控制人、董事、监事、高级管理人员能够直接或间接实施控制、共同控制或施加重大影响的公司，以及该公司控股股东、控股子公司和控股股东控制的其他子公司；

（2）主承销商及其持股比例5%以上的股东，主承销商的董事、监事、高级管理人员和其他员工；主承销商及其持股比例5%以上的股东、董事、监事、高级管理人员能够直接或间接实施控制、共同控制或施加重大影响的公司，以及该公司控股股东、控股子公司和控股股东控制的其他子公司；

（3）承销商及其控股股东、董事、监事、高级管理人员和其他员工；

（4）上述第（1）、（2）、（3）项所述主体的关系密切的家庭成员，包括配偶、子女及其配偶、父母及配偶的父母、兄弟姐妹及其配偶、配偶的兄弟姐妹、子女配偶的父母；

（5）过去6个月内与主承销商存在保荐、承销业务关系的公司及其持股5%以上的股东、实际控制人、董事、监事、高级管理人员，或已与主承销商签署保荐、承销业务合同或达成相关意向的公司及其持股5%以上的股东、实际控制人、董事、监事、高级管理人员；

（6）通过配售可能导致不当行为或不正当利益的其他自然人、法人和组织。

上述第（2）、（3）项规定的禁止配售对象管理的公募基金、社保基金、养老金、年金基金不受前款规定的限制，但应符合中国证监会和国务院其他主管部门的有关规定。

（三）战略配售

首次公开发行证券或股票的公司，可以实施战略配售。

1. 战略投资者 vs 机构投资者

机构投资者是相对于自然人投资者而言的，证券持有人为机构时，称该投资者为机构投资者。目前，国内市场的机构投资者主要包括：社会保障基金、企业年金、保险资金、公募基金的管理机构、证券公司、保险公司、证券投资基金、财务公司、信托公司、合格境外机构投资者（QFII）、人民币合格境外机构投资者（RQFII），以及其他一般法人机构。

首发时的战略投资者，指具有较强资金实力，认可发行人长期投资价值，愿意持有发行人首次公开发行证券12个月以上，并参与发行人首次公开发行战略配售的投资者。

战略投资者和机构投资者最大的区别在于他们与发行人之间的关系。战略投资者长期持有上市公司较大比例股份，能委派董事实际参与公司治理，并与发行人事先签署配售协议，获配售的股份有锁定期，承诺向上市公司提供一定的业务支持。而机构投资者则为一般投资性质的投资者，与发行人没有直接联系，不参与公司管理，股份也无需锁定。

2. 战略配售规则

表1-6-6对各板块首发时的战略配售规则进行了汇总。

表1-6-6　战略配售规则一览表

项　目	上交所、深交所	北交所
战略投资者数量	发行股票数量1亿股以上，战略投资者人数≤35名； 发行股票数量1亿股以下，战略投资者人数≤10名	≤10名

（续表）

项　目	上交所、深交所	北交所
战略配售证券数量占本次公开发行数量的比例	发行股票数量4亿股以上，占比≤50%； 发行股票数量1亿股以上、不足4亿股的，占比≤30%； 发行股票数量不足1亿股的，占比≤20%	5000万股以上，占比≤30%； 不足5000万股，占比≤20%
价格	参与战略配售的投资者应当按照最终确定的发行价格认购其承诺认购数量的证券	
资金性质	参与战略配售的投资者应当使用自有资金认购，不得接受他人委托或者委托他人参与配售，但依法设立并符合特定投资目的的证券投资基金等除外	
获得配售的股票的处理	战略投资者在承诺的持有期限内，可以按规定向证券金融公司借出获得配售的股票。借出期限届满后，证券金融公司应当将借入的股票返还给战略投资者	—
锁定期	战略投资者应当承诺自本次发行的证券上市之日起持有获得配售的证券不少于12个月。发行人和主承销商可以根据战略投资者的资质、长期战略合作关系等，对战略投资者配售证券设置不同的限售期	
与网上、网下关系	参与本次战略配售的投资者不得参与本次公开发行证券网上发行与网下发行，但证券投资基金管理人管理的未参与战略配售的公募基金、社保基金、养老金、年金基金除外	
高管与核心员工参与方式及要求	发行人的高级管理人员与核心员工可以通过设立资产管理计划参与战略配售。该资产管理计划获配的证券数量不得超过本次公开发行证券数量的10%。签署资产管理计划获配不少于12个月。发行人的高级管理人员与核心员工参与战略配售的，应当经发行人董事会审议通过，并在招股说明中披露相关事项	

3. 战略配售投资者的范围

参与发行战略配售的投资者主要包括：

（1）与发行人经营业务具有战略合作关系或长期合作愿景的大型企业或其下属企业；

（2）具有长期投资意愿的大型保险公司或其下属企业、国家级大型投资基金或其下属企业；

（3）以公开募集方式设立，主要投资策略包括投资战略配售证券，且以封闭方式运作的证券投资基金；

（4）参与科创板/创业板跟投的保荐人相关子公司；

（5）参与本次战略配售设立的专项资产管理计划的发行人的高级管理人员与核心员工；

（6）符合法律法规、业务规则规定的其他战略投资者。

4. 禁止向战略投资者配售证券的情形

发行人和主承销商向战略投资者配售证券的，不得存在以下情形：

（1）发行人和主承销商向战略配售的投资者承诺上市后股价将上涨，或者股价如未上涨将由发行人购回证券或者给予任何形式的经济补偿；

（2）主承销商以承诺对承销费用分成、介绍参与其他发行人战略配售等作为条件引入参与战略配售的投资者；

（3）发行人上市后认购参与战略配售的投资者管理的证券投资基金；

（4）发行人承诺在参与战略配售的投资者获配证券的限售期内，委任与该投资者存在关联关系的人员担任发行人的董事、监事及高级管理人员，但发行人的高级管理人员与核心员工设立专项资产管理计划参与战略配售的除外；

（5）除公募基金外，参与战略配售的投资者使用非自有资金认购发行人证券，或者存在接受其他投资者委托或委托其他投资者参与本次战略配售的情形；

（6）其他直接或间接进行利益输送的行为。

5. 战略配售的信息披露

（1）发行人和主承销商应当在招股意向书和初步询价公告中披露是否采用战略配售方式、战略配售证券数量上限、参与战略配售的投资者选取标准等具体内容，并向证券交易所报备战略配售方案，包括战略投资者名称、承诺认购金额或者证券数量以及限售期安排等。

（2）发行人和主承销商应当在发行公告中披露参与战略配售的投资者名称、承诺认购的证券数量以及限售期安排等。

（3）发行人和主承销商应当在网下发行初步配售结果并在网上中签结果公告中披露战略配售最终获配的投资者名称、证券数量以及限售期安排等。

（4）发行人的高级管理人员与核心员工设立专项资产管理计划参与本次发行战略配售的，应当在招股意向书和初步询价公告中披露专项资产管理计划的具体名称、设立时间、募集资金规模、管理人、实际支配主体以及参与人姓名、担任职务与参与比例等。

此外，主承销商应当公开披露核查文件及聘请律师出具的法律意见书。

（四）二次配售

市场发生重大变化，投资者弃购数量占本次公开发行证券数量比例超过10%的，发行人和主承销商可以就投资者弃购部分向网下投资者进行二次配售。安排二次配售的，发行人与主承销商应当在发行与承销方案中约定二次配售的程序、投资者条件和配售原则等。发行人和主承销商应当发布二次配售公告，披露网下投资者二次配售及缴款安排。

（五）科创板与创业板的保荐人相关子公司跟投

保荐人相关子公司跟投制度目前在科创板和创业板中试行。

1. 保荐人相关子公司跟投条件

发行人的保荐人通过依法设立的另类投资子公司或者实际控制该保荐人的证券公司依法设立的另类投资子公司参与发行人首次公开发行战略配售，并对获配股份设定限售期。

发行人首次公开发行证券并在科创板（或创业板）上市，存在下列情形之一的，保荐人相关子公司应当跟投，并对获配证券设定限售期：① 未盈利企业；② 存在表决权差异安排企业；③ 红筹企业；④ 发行价格（或者发行价格区间上限）超过“四个值”[①]孰低值的企业。

2. 跟投数量

保荐人相关子公司跟投使用的资金应当为自有资金，中国证监会另有规定的除外。参与配售的保荐人相关子公司应当事先与发行人签署配售协议，承诺按照证券发行价格认购发行人首次公开发行证券数量2%至5%的证券，具体比例根据发行人首次公开发行证券的规模分档确定：

（1）发行规模不足10亿元的，跟投比例为5%，但不超过人民币4000万元；

（2）发行规模10亿元以上、不足20亿元的，跟投比例为4%，但不超过人民币6000万元；

（3）发行规模20亿元以上、不足50亿元的，跟投比例为3%，但不超过人民币1亿元；

（4）发行规模50亿元以上的，跟投比例为2%，但不超过人民币10亿元。

3. 跟投事项的披露

参与配售的保荐人相关子公司应当承诺获得本次配售的证券持有期限为自发行人首次公开发行并上市之日起的24个月。限售期届满后，参与配售的保荐人相关子公司对获配股份的减持适用中国证监会和证券交易所关于股份减持的有关规定。

保荐人相关子公司未按规定及其作出的承诺实施跟投的，发行人应当中止本次发行，并及时进行披露。

首次公开发行证券采用直接定价方式的，发行人和主承销商应当在招股说明书中披露向参与配售的保荐人相关子公司配售的证券总量、认购数量、

① “四个值”是指“发行价格（或者发行价格区间上限）超过剔除最高报价部分后网下投资者剩余报价的中位数和加权平均数，以及公募基金、社保基金、养老金、年金基金、保险资金和合格境外投资者资金剩余报价中位数和加权平均数”。

占本次发行证券数量的比例以及持有期限等信息；采用询价方式的，发行人和主承销商应当在招股意向书和初步询价公告中披露前述信息。

参与配售的保荐人相关子公司应当承诺，不得利用获配股份取得的股东地位影响发行人正常生产经营，不得在获配股份限售期内谋求发行人控制权。

（六）超额配售选择权

超额配售选择权，又称“绿鞋”机制，指发行人授予主承销商的一项选择权，获此授权的主承销商按同一发行价格超额发售不超过包销数额15%的股份，即主承销商按不超过包销数额115%的股份向投资者发售。在本次增发包销部分的股票上市之日起30日内，主承销商有权根据市场情况选择从集中竞价交易市场购买发行人股票，或者要求发行人增发股票，分配给对此超额发售部分提出认购申请的投资者。“绿鞋”机制有效地调剂了供求关系，发挥了稳定股价的作用。

1. 超额配售选择权发行证券的数量限制

首次公开发行证券，发行人和主承销商可以在发行方案中采用超额配售选择权。采用超额配售选择权发行证券的数量不得超过首次公开发行数量的15%。

采用超额配售选择权的，发行人应授予主承销商超额配售证券并使用超额配售证券募集的资金从二级市场竞价交易购买发行人证券的权利。通过联合主承销商发行证券的，发行人应授予其中一家主承销商超额配售选择权。

根据《上海证券交易所科创板股票公开发行自律委员会促进科创板初期企业平稳发行行业倡导建议》《关于进一步保障创业板规范发行的倡议》，建议首次公开发行股票数量低于8000万股且预计募集资金总额不足15亿元的发行人不采用超额配售选择权。

2. 超额配售选择权的信息披露

（1）采用超额配售选择权的，应当在招股意向书和招股说明书中披露超额配售选择权实施方案，包括实施目标、操作策略、可能发生的情形以及预期达到的效果等；在发行公告中披露全额行使超额配售选择权拟发行证券的具体数量。

（2）在超额配售选择权行使期届满或者累计购回证券数量达到采用超额配售选择权发行证券数量限额的2个工作日内，发行人与获授权的主承销商应当披露以下情况：

① 超额配售选择权行使期届满或者累计购回证券数量达到超额配售选择权发行证券数量限额的日期；

② 超额配售选择权实施情况是否合法、合规，是否符合所披露的有关超额配售选择权的实施方案要求，是否实现预期达到的效果；

③ 因行使超额配售选择权而发行的新股数量；如未行使或部分行使，应当说明买入发行人证券的数量及所支付的总金额、平均价格、最高价格与最低价格；

④ 发行人本次筹资总金额；

⑤ 证券交易所要求披露的其他信息。

3. 超额配售选择权的运作流程

主承销商行使超额配售选择权，主要流程汇总如表1-6-7所示。

表1-6-7　超额配售选择权运作流程表

环　节	事　项
披露方案	发行人和主承销商在招股意向书和招股说明书中披露超额配售选择权实施方案
达成协议	① 主承销商可以在征集投资者认购意向时，与投资者达成预售拟行使超额配售选择权所对应股份的协议，明确投资者需预先付款并同意向其延期交付证券。 ② 主承销商应当将延期交付证券的协议报证券交易所和中国结算备案

（续表）

环　节	事　项
购买股票	① 股票上市之日起30个自然日内，获授权的主承销商有权使用超额配售证券募集的资金，以竞价交易方式购买发行人股票。 ② 主承销商行使超额配售选择权买入的证券不得卖出。 ③ 发行人证券上市之日起30个自然日内，获授权的主承销商未购买发行人证券或者购买发行人证券数量未达到全额行使超额配售选择权拟发行证券数量的，可以要求发行人按照发行价格增发证券
存入证券	获授权的主承销商以竞价交易方式购买的发行人证券和要求发行人增发的证券一并存入超额配售选择权专门账户
交付证券	在超额配售选择权行使期届满或者累计购回证券数量达到采用超额配售选择权发行证券数量限额的5个工作日内，获授权的主承销商应当向证券交易所和中国结算提出申请并提供相应材料，并将超额配售选择权专门账户上所有股份向同意延期交付证券的投资者交付
交付资金	① 主承销商应当在超额配售选择权行使期届满或者累计购回证券数量达到采用超额配售选择权发行证券数量限额的5个工作日内，将应付给发行人的资金[1]（如有）支付给发行人。 ② 获授权的主承销商使用超额配售募集的资金从二级市场购入证券的，在超额配售选择权行使期届满或者累计购回证券数量达到采用超额配售选择权发行证券数量限额的5个工作日内，将除购回证券使用的资金及划转给发行人增发证券部分的资金（如有）外的剩余资金，向中国证券投资者保护基金有限责任公司交付，纳入证券投资者保护基金

注：

1. 发行人因行使超额配售选择权的募集资金=发行价×（超额配售选择权累计行使数量-主承销商从二级市场买入发行人证券的数量）-因行使超额配售选择权而发行新股的承销费用。

七、投资者申购

参与新股申购的投资者分为网上申购投资者和网下申购投资者。

投资者应当自行选择参与网下或网上发行的股票申购，不得同时参与。

（一）网上新股申购规则

1. 申购条件

投资者参与网上申购需满足下列条件：

（1）符合参与板块投资者适当性条件，且已开通参与板块交易权限；

（2）符合关于持有市值[①]的要求。

①【上交所、深交所】持有上海/深圳市场非限售A股和非限售存托凭证总市值1万元以上（含1万元）。

②【北交所】没有市值要求。

2. 网上申购额度及申购数量

【上交所、深交所】每5000元市值可申购一个申购单位，不足5000元的部分不计入申购额度。每一个新股申购单位为500股，申购数量应当为500股或其整数倍，但最高不得超过当次网上初始发行股数的1‰，且不得超过9999.95万股，如超过则该笔申购无效。

【北交所】投资者参与询价、申购时，每一个申购单位为100股，申购数量应当为100股或其整数倍，且不得超过9999.99万股，如超过则该笔申购无效。网上投资者进行申购时，申购股数不得超过网上初始发行量的5%，如超过则该笔申购无效。

3. 申购日和申购时间

发行人和主承销商在获得股票代码后方可刊登招股意向书和发行公告。新股网下发行申购日与网上申购日为同一日（T日）。

【上交所】T日9:30—11:30、13:00—15:00。

【深交所、北交所】T日9:15—11:30、13:00—15:00。

4. 申购价格

网上申购时仅公告发行价格区间、未确定发行价格的，主承销商应当安排投资者按价格区间上限申购。

---

① 投资者持有的市值以投资者为单位，按其T−2日（T为网上申购日）前20个交易日（含T−2日）的日均持有市值计算。投资者持有多个证券账户的，多个证券账户的市值合并计算。

5. 缴付申购资金

【上交所、深交所】申购时，投资者无需缴付申购资金。网下和网上投资者申购证券获得配售后，当按时足额缴付认购资金。

【北交所】投资者应当按照发行人和主承销商的要求在申购时全额缴付申购资金、缴付申购保证金或以其他方式参与申购。

6. 配售新股原则

【上交所、深交所】T日投资者有效申购数量经确认后，按照以下原则配售新股：

① 网上申购总量＝网上发行总量，按投资者实际申购量配售股票；

② 网上申购总量＜网上发行总量，按投资者实际申购量配售股票后，余额部分按照招股意向书和发行公告确定的方式处理；

③ 网上申购总量＞网上发行总量，通过摇号抽签，确定有效申购中签号码。每一中签号码认购一个申购单位新股。

【北交所】网上投资者有效申购总量大于网上发行数量时，根据网上发行数量和有效申购总量的比例计算各投资者获得配售的数量。其中不足100股的部分，汇总后按申购数量优先原则、数量相同的时间优先原则向每个投资者以此配售100股，直至无剩余股票。

7. 其他注意事项

（1）对于同一只股票发行，已参与网下发行的配售对象及其关联账户，不得再参与网上申购。

（2）投资者只能使用一个证券账户。同一投资者使用多个证券账户参与同一只新股申购的，以及投资者使用同一账户多次参与同一只新股申购的，以该投资者的第一笔申购为有效申购，其余申购均为无效申购。

（3）申购时间内一经申购确认，不得撤单。

（二）网下新股申购规则

1. 申购条件

（1）申购者。

【沪市主板、深市主板、创业板】专业机构投资者、其他法人和组织、个人投资者。【科创板、北交所】专业机构投资者。

（2）准入要求。

① 具备丰富的投资经验、良好的定价能力和风险承受能力；

② 完成中国证券业协会注册；

③ 符合持有市值要求；

④ 已开通CA证书用户。

2. 网下申购的市值要求

【上交所、深交所】参与网下发行业务的网下投资者及其管理的配售对象，以该次初步询价开始日前2个交易日为基准日，其在基准日前20个交易日（含基准日）所持有上海/深圳市场非限售A股股份和非限售存托凭证总市值的日均市值应为6000万元（含）以上。科创和创业等主题封闭运作基金与封闭运作战略配售基金，在该基准日前20个交易日（含基准日）所持有上海/深圳市场非限售A股股票和非限售存托凭证总市值的日均市值应为1000万元（含）以上。上述网下投资者及其管理的配售对象市值不低于发行人和主承销商事先确定并公告的市值要求。

【北交所】目前暂无市值要求。

3. 申购日和申购时间

发行人和主承销商在获得股票代码后方可刊登招股意向书和发行公告。新股网下发行申购日与网上申购日为同一日（T日）。

申购时间为T日9:30—15:00。

4. 申购价格

属于有效报价的部分，应当按照发行价格申报，或者在发行价格区间内进行累计投标询价报价和申报。

5. 保证金

【上交所、深交所】首次公开发行证券，市场发生重大变化的，发行人和主承销商可以要求网下投资者缴纳不超过拟申购金额20%的保证金。要求网下投资者缴纳保证金的，发行人和主承销商应当在发行与承销方案中明确收取认购保证金及网下投资者弃购时保证金的处理方式等安排，并在发行公告中披露。

【北交所】网下发行由发行人和主承销商自行组织的，主承销商可以向参与网下发行的投资者收取不超过拟申购金额 20%的保证金，主承销商对投资者分类配售的，可以根据投资者类别设定不同的保证金比例。

6. 缴付申购资金

【上交所、深交所】申购时，投资者无需缴付申购资金。网下和网上投资者申购证券获得配售后，当按时足额缴付认购资金。

【北交所】投资者应当按照发行人和主承销商的要求在申购时全额缴付申购资金、缴付申购保证金或以其他方式参与申购。

7. 其他注意事项

（1）投资者可以为其管理的不同配售对象账户分别填报一个报价，每个报价应当包含配售对象信息、每股价格和该价格对应的拟申购股数。同一网下投资者全部报价中的不同拟申购价格不超过3个，且最高价格与最低价格的差额不得超过最低价格的20%。

（2）网下申购期间，投资者可以多次提交申购记录，但以最后一次提交的全部申购记录为准。

八、回拨机制

回拨机制指在同一次发行中采取网下配售和网上发行时，先初始设定不同发行方式下的发行数量，然后根据认购结果，按照预先公布的规则在两者之间适当调整发行数量。

（1）回拨机制规定如下：

① 首次公开发行股票采用询价方式的，网上投资者申购数量不足网上初始发行数量的，发行人和主承销商可以将网上发行部分向网下回拨。

② 网下投资者申购数量不足网下初始发行数量的，发行人和主承销商不得将网下发行部分向网上回拨，应当中止发行。

③ 首次公开发行股票采用询价方式的，网上投资者有效申购数量超过网上初始发行数量一定倍数的，应当从网下向网上回拨一定数量的证券。有效申购倍数、回拨比例及回拨后无限售期网下发行证券数量占本次公开发行证券数量的比例由证券交易所规定。

（2）各证券板块对于回拨比例的规定各不相同，具体的回拨比例对照情况详见表1-6-8：

表1-6-8　各板块回拨比例对照表

证券板块	回拨比例规定
主板	网上投资者有效申购倍数超过50倍且不超过100倍的，应当从网下向网上回拨，回拨比例为本次公开发行股票数量的20%；网上投资者有效申购倍数超过100倍的，回拨比例为本次公开发行股票数量的40%
科创板	网上投资者有效申购倍数超过50倍且不超过100倍的，应当从网下向网上回拨，回拨比例为本次公开发行股票数量的5%；网上投资者有效申购倍数超过100倍的，回拨比例为本次公开发行股票数量的10%。回拨后无限售期的网下发行数量原则上不超过本次公开发行股票数量的80%
创业板	网上投资者有效申购倍数超过50倍且不超过100倍的，应当从网下向网上回拨，回拨比例为本次公开发行股票数量的10%；网上投资者有效申购倍数超过100倍的，回拨比例为本次公开发行股票数量的20%。回拨后无限售期的网下发行数量原则上不超过本次公开发行股票数量的70%

（续表）

证券板块	回拨比例规定
北交所	网上投资者有效申购倍数超过15倍、不超过50倍的，应当从网下向网上回拨，回拨比例为本次公开发行数量的5%；网上投资者有效申购倍数超过50倍的，回拨比例为本次公开发行数量的10%

注：表中所称的公开发行股票数量应当扣除战略配售部分计算，沪市主板、深市主板发行规模在100亿元以上的还应当扣除网下限售部分。

九、老股转让

发行人股东拟进行老股转让的，发行人和主承销商应于网下网上申购前协商确定发行价格、发行数量和老股转让数量。采用询价方式且无老股转让计划的，发行人和主承销商可以通过网下询价确定发行价格或发行价格区间。网上投资者申购时仅公告发行价格区间、未确定发行价格的，主承销商应当安排投资者按价格区间上限申购。

十、路演

路演源于英文“road show”。上市路演是指发行人和承销商面向投资者所举行的一系列股票发行推介活动的总称。上市路演的目的是促进投资者与发行人之间的沟通与交流，以保证股票的顺利发行。路演推介期间，承销商和发行人与投资者任何形式的见面、交谈、沟通，均视为路演推介。

（一）IPO路演的筹划工作

IPO路演的筹划工作主要包括：

（1）规划路演整体方案。包括路演方式、路演路线、时间表、拍摄企业上市宣传片、路演主讲人员培训、投资者邀请函、媒体采访安排等。

（2）准备路演材料。包括路演PPT、企业上市宣传片、保荐人研究员撰写的投资价值报告等文件。

（3）具体落实路演方案。包括聘请专业团队拍摄企业上市宣传片、联系符合证监会标准的网站平台安排网上路演、预定现场路演会议场地、预订酒店和机票、发送投资者邀请函、联系媒体进行采访报道等。

（二）网上路演流程

网上路演流程和说明事项，可参见表1-6-9。

表1–6–9　网上路演流程表

步　骤	说明事项
选择路演网站	发行人应当依照证监会规定的有关标准，要求网站平台不仅具备图文直播的能力，还要求其提供技术支持、保障网络通畅和网络安全
发布路演公告	发行人应当将进行网上直播推介活动的公告与招股意向书同日同报刊登，并在拟上市证券交易所指定网站同天发布。路演公告应当在指定信息披露刊物、指定网站、为发行人提供路演服务的网站及时发布
展示背景材料	所展示的上市公司背景材料中应该有招股说明书、路演嘉宾介绍等材料
设计问卷调查	发行人和主承销商设计调查问卷，通过网络互访方式，了解投资者对股票发行情况的看法，把网上询价结果作为未来股票定价的辅助参考
现场推介	在进行网上推介时，发行人的董事长、总经理、财务负责人、董事会秘书和主承销商的项目负责人应当出席公司视频直播推介活动
整理路演内容	发行人应当在现场推介结束后将网上直播内容以电子方式报送中国证监会和拟上市证券交易所，存档备查

（三）企业上市宣传片

企业上市宣传片是展示企业综合实力和投资价值的重要载体，旨在向广大投资者包括潜在投资者展示自身价值和推广企业形象。企业上市宣传片一般以叙述为主，通过对企业历程、品牌、市场、管理团队、价值观及远景等内容的描述，对企业进行详尽的综合介绍，向投资者展现企业的投资价值。IPO宣传片时长一般在8~15分钟。

十一、IPO股东限售及减持政策

《证券法》关于股票限售和减持制度的指导思想，主要体现在：

（1）依法发行的证券，《公司法》和其他法律对其转让期限有限制性规定的，在限定的期限内不得转让。

（2）在限制转让期内转让证券，或者转让股票不符合法律、行政法规和国务院证券监督管理机构规定的，责令改正，给予警告，没收违法所得，并处以买卖证券等值以下的罚款。

以下是各板块关于拟上市公司及相关义务人应当作出承诺的相关规定。

（一）通用规定

1. 发起人

根据《公司法》第一百四十一条，发起人持有的本公司股份，自公司成立之日起一年内不得转让。公司公开发行股份前已发行的股份，自公司股票在证券交易所上市交易之日起一年内不得转让。

2. 控股股东和实际控制人、比照实际控制人

（1）控股股东、实际控制人。《证券期货法律适用意见第17号》规定：发行人控股股东和实际控制人所持股份自发行人股票上市之日起36个月内不得转让，控股股东和实际控制人的亲属、一致行动人所持股份应比照控股股东和实际控制人所持股份进行锁定。

（2）发行人没有或难以认定实际控制人的，发行人股东应当按持股比例从高到低以此承诺其所持股份自上市之日起锁定36个月，直至锁定股份的总数不低于发行前股份总数的51%。对于具有一致行动关系的股东，应当合并后计算持股比例再进行排序锁定。

位列上述应当予以锁定的51%的股份范围的股东，符合下列情形之一

的，可不适用上述锁定36个月的规定：

A. 员工持股计划；B. 持股5%以下的股东；C. 非发行人第一大股东且符合一定条件的创业投资基金股东，具体条件参照创投基金的监管规定。

（3）发行人申报前6个月内进行增资扩股的，新增股份的持有人应当承诺新增股份自发行人完成增资扩股工商变更登记手续之日起锁定36个月。在申报前6个月内从控股股东或者实际控制人处受让的股份，应比照控股股东或者实际控制人所持股份进行锁定。相关股东刻意规避股份锁定期要求的，应当按照相关规定进行股份锁定。

3. 公司董事、监事、高级管理人员

根据《公司法》第一百四十一条，公司董事、监事、高级管理人员应当向公司申报所持有的本公司的股份及其变动情况，在任职期间每年转让的股份不得超过其所持有本公司股份总数的25%；所持本公司股份自公司股票上市交易之日起一年内不得转让。

4. 战略投资者

根据《证券发行与承销管理办法》，战略投资者应当承诺获得本次配售的股票持有期限不少于12个月，持有期自本次公开发行的股票上市之日起计算。

5. 参与首发配售的网下投资者

《上海证券交易所首次公开发行证券发行与承销业务实施细则》《深圳证券交易所首次公开发行证券发行与承销业务实施细则》规定，首次公开发行证券安排网下限售的，发行人和主承销商可以采用摇号限售或比例限售方式，限售期不低于6个月。

采用摇号限售方式的，摇号抽取数量不低于配售对象账户的10%，网下投资者应当承诺中签账户获配证券限售；采用比例限售方式的，网下投资

者应当承诺不低于10%的获配证券数量限售。首次公开发行证券规模在100亿元以上的，设置相应限售期的配售对象账户或获配证券数量的比例不低于70%。

6. 参与配售的保荐机构相关子公司

根据《上海证券交易所首次公开发行证券发行与承销业务实施细则》和《深圳证券交易所首次公开发行证券发行与承销业务实施细则》，参与科创板或创业板配售的保荐人相关子公司应当承诺获得本次配售的股票持有期限为自发行人首次公开发行并上市之日起24个月。

（二）科创板特别规定

1. 控股股东、实际控制人、董监高

根据《上海证券交易所科创板股票上市规则（2023年8月修订）》第2.4.3条，公司上市时未盈利的，在公司实现盈利前，控股股东、实际控制人自公司股票上市之日起3个完整会计年度内，不得减持首发前股份；自公司股票上市之日起第4个会计年度和第5个会计年度内，每年减持的首发前股份不得超过公司股份总数的2%，并应当符合《上海证券交易所上市公司股东及董事、监事、高级管理人员减持股份实施细则》关于减持股份的相关规定。

公司上市时未盈利的，在公司实现盈利前，董事、监事、高级管理人员及核心技术人员自公司股票上市之日起3个完整会计年度内，不得减持首发前股份；在前述期间内离职的，应当继续遵守本款规定。

公司实现盈利后，前两款规定的股东可以自当年年度报告披露后次日起减持首发前股份，但应当遵守证券交易所其他规定。

2. 核心技术人员

根据《上海证券交易所科创板股票上市规则（2023年8月修订）》第2.4.5条，上市公司核心技术人员减持本公司首发前股份的，应当遵守下列规定：

（1）自公司股票上市之日起12个月内和离职后6个月内不得转让本公司首发前股份；

（2）自所持首发前股份限售期满之日起4年内，每年转让的首发前股份不得超过上市时所持公司首发前股份总数的25%，减持比例可以累积使用；

（3）相关法律法规、《上海证券交易所科创板股票上市规则（2023年8月修订）》以及证券交易所业务规则对核心技术人员股份转让的其他规定。

（三）期权激励特别规定

根据《关于试点创新企业实施员工持股计划和期权激励的指引》，员工持股计划不在公司首次公开发行股票时转让股份，并承诺自上市之日起至少36 个月的锁定期。

根据《证券期货法律适用意见第17号》，激励对象在发行人上市后行权认购的股票，应当承诺自行权日起36个月内不减持，同时承诺上述期限届满后比照董事、监事及高级管理人员的相关减持规定执行。

（四）豁免承诺

自发行人股票上市之日起1年后，出现下列情形之一的，经上述承诺主体申请并经证券交易所同意，可以豁免遵守发行人控股股东和实际控制人股票锁定36个月的承诺：

（1）转让双方存在实际控制关系，或者均受同一实际控制人所控制，且受让方承继不转让股份的义务；

（2）因上市公司陷入危机或者面临严重财务困难，受让人提出挽救公司的方案获得该公司股东大会审议通过和有关部门批准，且受让人承诺继续遵守上述承诺；

（3）证券交易所认定的其他情形。

十二、中止发行与终止发行

（一）发行失败

《证券法》第三十三条规定，股票发行采用代销方式，代销期间届满，向投资者出售的股票数量未达到拟公开发行股票数量70%的，为发行失败。发行人应当按照发行价并加算银行同期存款利息返还股票认购人。

只有代销方式，才会出现发行失败问题；包销方式不存在发行失败问题。

（二）中止发行

1.《证券发行与承销管理办法》的规定

（1）《证券发行与承销管理办法》中规定的中止发行的情形。

① 公开发行证券股票在4亿股以下的，有效报价投资者的数量不少于10家；公开发行证券股票超过4亿股的，有效报价投资者的数量不少于20家。剔除最高报价部分后有效报价投资者数量不足的，发行人及其主承销商应当中止发行。

② 网下投资者申购数量不足网下初始发行数量的，发行人和主承销商不得将网下发行部分向网上回拨，应当中止发行。

③ 中国证监会发现发行承销过程涉嫌违法违规或者存在异常情形的，可以要求证券交易所对相关事项进行调查处理，或者直接责令发行人和承销商

暂停或者中止发行。

（2）允许发行人和主承销商自主约定中止情形的规定。

除《证券发行与承销管理办法》规定的中止发行情形外，发行人和主承销商还可以约定中止发行的其他具体情形并预先披露。中止发行后，在注册文件有效期内，经向证券交易所报备，可以重新启动发行。

2.《首次公开发行股票注册管理办法》的规定

存在下列情形之一的，发行人、保荐人应当及时书面报告交易所或者中国证监会，交易所或者中国证监会应当中止相应发行上市审核程序或者发行注册程序：

（1）发行人及其控股股东、实际控制人涉嫌贪污、贿赂、侵占财产、挪用财产或者破坏社会主义市场经济秩序的犯罪，或者涉嫌欺诈发行、重大信息披露违法或其他涉及国家安全、公共安全、生态安全、生产安全、公众健康安全等领域的重大违法行为，被立案调查或者被司法机关侦查，尚未结案。

（2）发行人的保荐人以及律师事务所、会计师事务所等证券服务机构被中国证监会依法采取限制业务活动、责令停业整顿、指定其他机构托管、接管等措施，或者被证券交易所、国务院批准的其他全国性证券交易场所实施一定期限内不接受其出具的相关文件的纪律处分，尚未解除。

（3）发行人的签字保荐代表人、签字律师、签字会计师等中介机构签字人员被中国证监会依法采取认定为不适当人选等监管措施或者证券市场禁入的措施，被证券交易所、国务院批准的其他全国性证券交易场所实施一定期限内不接受其出具的相关文件的纪律处分，或者被证券业协会采取认定不适合从事相关业务的纪律处分，尚未解除。

（4）发行人及保荐人主动要求中止发行上市审核程序或者发行注册程序，理由正当且经交易所或者中国证监会同意。

（5）发行人注册申请文件中记载的财务资料已过有效期，需要补充提交。

（6）中国证监会规定的其他情形。

前款所列情形消失后，发行人可以提交恢复申请。交易所或者中国证监会按照有关规定恢复发行上市审核程序或者发行注册程序。

3. 证券交易所的特别规定

根据《上海证券交易所首次公开发行证券发行与承销业务实施细则》《深圳证券交易所首次公开发行证券发行与承销业务实施细则》，除《证券发行与承销管理办法》规定的中止发行情形外，上交所、深交所还规定了其他可以中止发行或应当中止发行的情形：

（1）发行人预计发行后总市值不满足其在招股说明书中明确选择的市值与财务指标上市标准的，应当中止发行。

（2）网下和网上投资者申购证券获得配售后，应当按时足额缴付认购资金。网下和网上投资者缴款认购的证券数量合计不足本次公开发行数量的70%时，可以中止发行。

（3）保荐人相关子公司未按照本细则及其作出的承诺实施跟投的，发行人应当中止本次发行，并及时进行披露。

（4）发行人和主承销商未按规定提交发行价格及网上中签率公告的，应当中止发行。

（三）终止发行

1.《证券发行与承销管理办法》的规定

存在下列情形之一的，交易所或者中国证监会应当终止相应发行上市审核程序或者发行注册程序，并向发行人说明理由：

（1）发行人撤回注册申请文件或者保荐人撤销保荐；

（2）发行人未在要求的期限内对注册申请文件作出解释说明或者补充、修改；

（3）注册申请文件存在虚假记载、误导性陈述或者重大遗漏；

（4）发行人阻碍或者拒绝中国证监会、交易所依法对发行人实施检查、核查；

（5）发行人及其关联方以不正当手段严重干扰发行上市审核或者发行注册工作；

（6）发行人法人资格终止；

（7）注册申请文件内容存在重大缺陷，严重影响投资者理解和发行上市审核或者发行注册工作；

（8）发行人注册申请文件中记载的财务资料已过有效期且逾期3个月未更新；

（9）发行人发行上市审核程序中止超过交易所规定的时限或者发行注册程序中止超过3个月仍未恢复；

（10）交易所认为发行人不符合发行条件或者信息披露要求；

（11）中国证监会规定的其他情形。

交易所认为发行人不符合发行条件或者信息披露要求，作出终止发行上市审核决定，或者中国证监会作出不予注册决定的，自决定作出之日起6个月后，发行人可以再次提出公开发行股票并上市的申请。

2. 证券交易所的特别规定

根据《上海证券交易所股票发行上市审核规则》《深圳证券交易所股票发行上市审核规则》，除《证券发行与承销管理办法》规定的终止发行情形外，出现下列情形之一的，证券交易所将终止发行上市审核，通知发行人及其保荐人：

（1）发行上市申请文件内容存在编制粗糙、内容表述不清、逻辑混乱等重大缺陷，严重影响投资者理解和证券交易所审核；

（2）证券交易所审核认为发行人不符合板块定位、发行条件、上市条件或者信息披露要求。

十三、上市公司证券欺诈的法律责任

（一）欺诈发行上市股票的责令回购

根据《欺诈发行上市股票责令回购实施办法（试行）》规定，股票的发行人在招股说明书等证券发行文件中隐瞒重要事实或者编造重大虚假内容，已经发行并上市的，中国证监会可以依法责令发行人回购欺诈发行的股票，或者责令负有责任的控股股东、实际控制人买回股票（以下统称回购），但发行人和负有责任的控股股东、实际控制人明显不具备回购能力，或者存在其他不适合采取责令回购措施情形的除外。

发行人股票被中国证监会作出责令回购决定的，证券交易所可以按照业务规则对发行人股票实施停牌。

对有证据证明已经或者可能转移或者隐匿违法资金等涉案财产的，中国证监会可以依法予以冻结、查封。

（二）虚假陈述的认定及法律责任

根据《最高人民法院关于审理证券市场虚假陈述侵权民事赔偿案件的若干规定》第4条，信息披露义务人违反法律、行政法规、监管部门制定的规章和规范性文件关于信息披露的规定，在披露的信息中存在虚假记载、误导性陈述或者重大遗漏的，人民法院应当认定为虚假陈述。

虚假记载，是指信息披露义务人披露的信息中对相关财务数据进行重大不实记载，或者对其他重要信息作出与真实情况不符的描述。

误导性陈述，是指信息披露义务人披露的信息隐瞒了与之相关的部分重要事实，或者未及时披露相关更正、确认信息，致使已经披露的信息因不完整、不准确而具有误导性。

重大遗漏，是指信息披露义务人违反关于信息披露的规定，对重大事件或者重要事项等应当披露的信息未予披露。

根据《证券法》第八十五条，信息披露义务人未按照规定披露信息，或者公告的证券发行文件、定期报告、临时报告及其他信息披露资料存在虚假记载、误导性陈述或者重大遗漏，致使投资者在证券交易中遭受损失的，信息披露义务人应当承担赔偿责任；发行人的控股股东、实际控制人、董事、监事、高级管理人员和其他直接责任人员以及保荐人、承销的证券公司及其直接责任人员，应当与发行人承担连带赔偿责任，但是能够证明自己没有过错的除外。

第七章　股票上市

在发行与承销完成后，股票上市的最后程序就是新股上市申请、上市准备及上市敲钟仪式。

一、新股上市流程

上交所要求公司安排在T+7日上市，如需顺延的，应在发行结束后7个交易日内完成上市。深交所的上市日一般在T+7日至T+11日之间（新股网上网下发行日为T日，上市仪式日为L日）。

表1-7-1展示了新股上市的流程。

表1-7-1　新股上市流程表

时　点	主要事项
L－3日之前	发行人和主承销商完成股份登记及募集资金验证工作
L－2日或之前	① 发行人和主承销商提交全套上市申请文件；② 领取上市通知；③ 发行人缴纳上市费用；④ 上市仪式准备工作、直播/录播准备工作
L－1日	① 发行人、主承销商披露刊登上市公告书及公司章程；② 发行人现场确认所有准备工作
L日	① 签署股票上市协议；② 公司股票正式上市；③ 交易所线上平台发布上市风采，为企业做线上宣传
L+10日前	主承销商提交发行承销总结

二、上市仪式流程

IPO上市当日可在证券交易所举行上市仪式。

上市公司应当提前确认上市仪式方案，准备上市仪式所需材料，确定宾客名单，提前准备媒体发布内容，确认是否需要上市仪式直播/录播服务。

上市仪式当日主要分为企业上市、交易所企业上市服务平台发布二次活动，主要包括签署上市协议书、服务平台为企业做线上宣传、上市仪式的直播/录播服务等活动内容。

根据《上海证券交易所证券发行与承销业务指南第1号——首次公开发行股票》，上市当日上市仪式的流程安排详见表1-7-2。

表1-7-2　上市仪式流程

时　间	具体活动内容
08:45	来宾准时抵达上海证券大厦一楼大厅
08:45—08:55	来宾根据礼仪人员引导，过安检后有序进入5楼交易大厅
08:55	礼仪人员引领嘉宾从北塔进入5楼
09:05	礼仪人员引领嘉宾进入交易大厅
09:08	佩戴胸花嘉宾在5楼交易大厅前排就座
09:10	主持人宣布仪式开始，介绍前排嘉宾
09:12—09:22	发行方领导致辞；主承销商领导致辞；政府领导致辞
09:26	发行方领导与上海证券交易所领导签订《上市协议书》
09:27	发行方领导与上海证券交易所领导互换上市纪念品
09:29	贵宾领导共同鸣锣（敲钟）开市
09:30	祝贺上市成功，全体来宾观看开盘走势
09:35	上市仪式结束，来宾拍照留念
09:45	礼仪人员引导来宾统一离开上海证券大厦

第二篇

上市合规

如果把拟上市前的证券部的工作视为攻城，那么上市后证券部的工作就是守业。

守业有几重含义：其一，通过信息披露、投资者交流会等书面和面对面的沟通方式，持续依规向公众披露公司经营状况和重大事项，以吸引投资者持续支持公司发展；其二，保持和监管部门的良好沟通机制，接受监管部门的监管和指导，使企业持续良性发展；其三，辅助企业进行并购重组，壮大公司规模，提升企业持续经营能力。

第一章 信息披露

信息披露，指上市公司及其他信息披露义务人，依照法律规定或自愿原则，将其自身的财务变化、经营状况等可能对公司证券及其衍生品种的交易价格产生较大影响的信息或是对投资者作出价值判断和投资决策有重大影响的信息，通过指定媒体向社会公开的行为。

信息披露文件包括定期报告、临时报告、招股说明书、募集说明书、上市公告书、收购报告书等。

上市公司证券部负责公司信息披露事务，组织制定公司信息披露事务管理制度，有义务督促公司及相关披露义务人遵守信息披露相关规定。证券部负责公司信息披露的保密工作，在未公开重大信息泄漏时，董事会秘书应当立即向证券交易所报告并履行公司信息披露义务。

证券部有义务组织公司董事、监事和高级管理人员就相关法律法规、证券交易所相关规定进行培训，协助前述人员了解各自在信息披露中的职责。

本章法规导航

板　块	规则名称
证监会	《上市公司信息披露管理办法》（2021年修订）
	《公开发行证券的公司信息披露内容与格式准则》系列
	《公开发行证券的公司信息披露编报规则》系列
上交所	《上海证券交易所上市公司自律监管指引》系列
	《上海证券交易所上市公司自律监管指南》系列
	《科创板上市公司持续监管办法（试行）》
	《上海证券交易所科创板上市公司自律监管指引》系列
	《科创板上市公司自律监管指南》系列

（续表）

板　块	规则名称
深交所	《深圳证券交易所上市公司自律监管指引》系列
	《深圳证券交易所上市公司自律监管指南》系列
	《创业板上市公司持续监管办法（试行）》
	《深圳证券交易所创业板上市公司自律监管指南》系列
北交所	《北京证券交易所上市公司持续监管办法（试行）》
	《北京证券交易所上市公司持续监管指引》系列
	《北京证券交易所上市公司业务办理指南》系列
	《北京证券交易所上市公司持续监管临时公告格式模板》

一、信息披露概况

（一）基本原则

上市公司的董事、监事、高级管理人员应当忠实、勤勉地履行职责，保证披露信息的真实、准确、完整、及时、公平。

（二）持续性信息披露体系

持续性信息披露体系主要包括强制性信息披露和自愿性信息披露。

1. 强制性信息披露

强制性信息披露指上市公司按照法律、行政法规、部门规章、规范性文件、证券交易所《股票上市规则》和其他相关规定必须披露的信息。按照法定的时间、方式披露信息是上市公司应尽的义务，否则就是违规甚至是违法。

2. 自愿性信息披露

自愿性信息披露指除强制性披露的信息之外，上市公司自愿披露与投资者作出价值判断和投资决策有关的信息。公司的自愿性信息披露也应当严格遵守真实、准确、完整的原则，披露形式力求简明友好，保持必要的一致性与持续性，不得误导投资者。

自愿性信息披露是强制性信息披露的有益和必要补充，提升了信息披露的有效性。以科创板为例，科创板制定的《上海证券交易所科创板上市公司自律监管规则适用指引第2号——自愿信息披露》，其中归纳了自愿信息披露一般包含的常见类型有战略信息、财务信息、预测信息、研发信息、业务信息、行业信息、社会责任信息等。

（三）信息披露事务管理机制

上市公司信息披露事务管理制度应当结合信息披露相关法律法规和证券交易所相关规则规定的披露要求，确定本公司的信息披露标准，明确界定应当披露的信息范围，明确公司未公开信息的传递、审核及披露流程。

当出现、发生或者即将发生可能对公司股票及其衍生品种的交易价格产生较大影响的情形或者事件时，负有报告义务的责任人应当及时履行内部报告程序。董事长在收到报告后，应当立即向董事会报告，并敦促董事会秘书组织临时报告的披露工作。

董事长对公司信息披露事务管理承担首要责任；董事会秘书负责协调执行信息披露事务管理制度，组织和管理信息披露事务管理部门具体执行公司信息披露工作。董事和董事会、监事和监事会、高级管理人员应当配合董事会秘书信息披露相关工作，财务负责人应当配合董事会秘书在财务信息披露方面的相关工作。独立董事和监事会负责对信息披露事务管理制度的实施情况进行监督。

上市公司信息披露事务管理制度应当包括公司信息披露文件、资料的档案管理制度；应当健全对公司未公开信息的保密措施；应当确立财务管理和会计核算的内部控制及监督机制；应当明确公司对外发布信息的流程；应当明确对控股子公司的信息披露事务管理和报告制度；应当明确公司各部门以及各分公司、控股子公司的信息报告责任人；应当明确公司实际控制人、控股股东和持股5%以上的股东相关重大信息的范围和通报流程；应当明确公司公关危机处理机制；应当健全对信息披露暂缓、豁免事项的管理和内部审核程序；应当确立未履行信息披露职责的责任追究机制；应当明确公司收到监管部门的内部报告的处理机制；等等。

（四）信息披露方式

1. 上交所和深交所的规定

上市公司信息披露分为直通披露和非直通披露两种方式。直通披露（或称直通公告），指上市公司按照证券交易所相关规定，将应当对外披露的信息通过证券交易所技术平台直接提交至符合条件媒体进行披露，证券交易所事后进行形式审查的信息披露方式。非直通披露，指上市公司提交的公告经证券交易所形式审查后提交给符合条件媒体的信息披露方式。

公司应当完整、准确地选择公告类别，不得错选、漏选公告类别，不得以直通公告类别代替非直通公告类别。

2. 北交所的规定

上市公司编制披露文件并报给负有持续督导义务的证券公司审阅；证券公司审阅后上传至信息披露系统。

（五）信息披露申请时间

1. 上交所、深交所的规定

（1）直通披露。

上交所、深交所直通披露要求见表2-1-1。

表2-1-1 上交所、深交所直通披露要求一览表

披露时段	披露时间	说明
① 交易日早间披露时段	【上交所】7:30—8:30 【深交所】6:00—8:00	【深市主板】上市公司仅能提交拟披露日期为当日的信息披露申请。
② 交易日午间披露时段	【沪市主板】11:30—12:30 【科创板】7:30—12:30 【深交所】8:00—11:30	【创业板】允许上市公司提交拟披露日期为当日、次一日或次一交易日的信息披露申请
③ 交易日盘后披露时段	【沪市主板】15:30—19:00 【科创板】7:30—19:00 【深交所】11:30—20:30	【深市主板】上市公司可提交拟披露日期为次一日（节假日除外）或次一交易日的信息披露申请。 【创业板】允许上市公司提交拟披露日期为当日、次一日、次一交易日的信息披露申请
④ 非交易日披露时段（即单一非交易日或连续非交易日的最后一日的时段）	【上交所】13:00—17:00 【深交所】12:00—16:00	【深市主板】上市公司仅能提交拟披露日期为次一交易日的信息披露申请。 【创业板】上市公司仅能提交拟披露日期为次一交易日的直通披露申请

（2）非直通披露。

【沪市主板】交易日：15:30—17:00。

【科创板】交易日：7:30—17:00。

【深市主板】上市公司可在交易日15:00 —17:00提交，处于停牌状态的公司可在交易日17:00前提交。如因特殊原因，上市公司需在17:00后提交非直通披露公告的，应提前与证券交易所监管人员联系。

【创业板】上市公司可以在交易日午间或15:00—17:00提交。

（3）定期报告的披露规定。

对于所有含有定期报告公告类别的信息披露申请，仅能在计划披露日的

前一交易日提交，且披露日期必须选择公告提交日的次一日或次一交易日。

（4）多地上市的披露时间要求。

在证券交易所上市的公司同时有股票及其衍生品种在境外证券交易所上市的，上市公司及相关信息披露义务人应当保证境外证券交易所要求其披露的信息，同时在符合条件媒体上按照相关规定的要求对外披露。

上市公司及相关信息披露义务人在境外市场进行信息披露时，不属于证券交易所市场信息披露时段的，应当在证券交易所市场的最近一个信息披露时段内予以披露。

2. 北交所的规定

北交所上市公司原则上应当在交易日的15:00后将编制完成的信息披露文件及备查文件送达负有持续督导义务的证券公司，并为证券公司预留必要的审阅时间；因特殊情形通过线下方式披露的，原则上应当在非交易时间联系北交所，将信息披露文件和信息披露业务流转表发送至指定邮箱，北交所审查后协助该上市公司完成信息披露。

证券公司对拟披露的信息披露文件进行审阅后，应最迟于文件送达证券公司当日20:00前将信息披露文件正文（PDF格式及Word格式）及XBRL文件（自行编制的除外）上传至信息披露系统。信息披露系统自动将信息披露文件发送至信息披露平台披露，已上传的文件不可撤回。

二、定期报告

每年的定期报告披露季都是证券部和财务部最忙碌的时候。定期报告有法定的披露截止日，未能在法定时限内披露定期报告的，公司及相关人员都将被追究责任。因此公司管理层和作为执行部门的证券部对此都非常重视和谨慎。

（一）定期报告概况

1. 定期报告披露时限

上市公司定期报告包括年度报告、半年度报告和季度报告。

上市公司应当在法律法规以及证券交易所规定的期限内，按照中国证监会及证券交易所的有关规定编制并披露定期报告。

表2-1-2列示了各类定期报告的披露时限要求。

表2-1-2　定期报告披露时限

披露时限	年度报告	半年度报告	季度报告
法律规定	每个会计年度结束后4个月内	每个会计年度的上半年结束后2个月内	每个会计年度前3个月、前9个月结束后1个月内
按“会计年度自公历1月1日起至12月31日止”计算	次年4月30日前	8月31日前	4月30日前（不得早于上年度年报）、9月30日前

2. 董监高责任

《证券法》和《上市公司信息披露管理办法》（2021年修订）都规定，上市公司董事、监事、高级管理人员应当对定期报告签署书面确认意见，保证上市公司及时、公平地披露信息，所披露的信息真实、准确、完整。

董事、监事和高级管理人员无法保证定期报告内容的真实性、准确性、完整性或者有异议的，应当在书面确认意见中发表意见并陈述理由，上市公司应当披露。上市公司不予披露的，董事、监事和高级管理人员可以直接申请披露。

董事、监事和高级管理人员应当遵循审慎原则，其保证定期报告内容的真实性、准确性、完整性的责任不仅因发表意见而当然免除。

3. 定期报告中的财务会计报告审计

上市公司年度报告中的财务会计报告应当经会计师事务所审计。

公司半年度报告中的财务会计报告可以不经审计，但有下列情形之一的，应当经过审计：①拟依据半年度财务数据派发股票股利、进行公积金转增股本或者弥补亏损；②中国证监会或者证券交易所认为应当进行审计的其他情形。

公司季度报告中的财务资料无须审计，中国证监会或者证券交易所另有规定的除外。

（二）年度报告

1. 年度报告编制与审核流程

上市公司年度报告的编制准备工作通常从报告期当年年末（12月份）就开始了，直到年度报告正式披露日，通常耗时3~4个月。年度报告编制通常由证券部牵头，证券部人员和财务人员为主力，是涉及公司业务部、市场部、研发部、法务部、人力行政部、内审部等多个内部部门人员的协同工作。同时，年度报告中的财务报告还须由符合规定的外部审计机构进行审计；年度报告还须经过独立董事审核、董事会专门委员会审核、董事会和监事会审议，可谓是耗时耗力的大工程。

表2-1-3展示了年度报告编制工作和审核的主要流程及时间安排。

表2-1-3　年度报告编制与审核流程表

时　间	事　项	具体内容
12月	编制年度报告计划	①　提前与财务部门、内审部门讨论安排年报披露时间，和外部审计机构沟通确认进场时间，初步确定年报披露时间。 ②　证券部制定包含内容框架和时间计划的年报计划工作方案，由董事会秘书和财务总监审核并报总裁和董事长批准执行。 ③　提前与董事会主要成员、独立董事沟通安排年报披露时间
	预约年报披露时间	①　交易所发出年报预约通知时，尽早完成预约。并将最终披露时间通知董事会成员、独立董事、财务部门、内审部门、外部审计机构、督导券商以及律师事务所等与年报披露相关的人员、部门及中介机构。 ②　初步确定董事会、监事会、董事会专门委员会的会议召开时间

（续表）

时　间	事　项	具体内容
1月份	强化学习	① 证券部组织财务部门等参与编报人员进行年报最新要求的学习。 ② 对董事、监事、高管进行培训
	召开年报编制会议，相关部门组织材料	① 证券部收集“三会”及专门委员会的会议议案。 ② 根据披露最新要求，证券部与财务部门及其他相关部门开会，对编制年报工作分解并进行分工及讲解，明确责任部门和责任人员及各章节内容的完成时间
	外部审计机构进场	—
	财务报告初稿沟通	根据规定，按需要披露年度业绩预告或业绩快报
	发送窗口期通知	证券部向董监高及其亲属，以及其他内幕信息知情人员发送通知，通知年报披露日期，告知上述人员严格遵循窗口期不买卖公司股票的要求及信息不外送的相关登记程序
1月至年报披露日	有序推进工作	① 有序推进每一阶段工作。 ② 制作年报进程备忘录，记录编制过程的关键时点时间、参与人员名单、负责项目等，并督促相关人员在备忘录上签字确认。 ③ 汇总年报财务和非财务部分。 ④ 多人、多次交叉审核年报初稿，确保内容的准确性。 ⑤ 收集年报编制所需的承诺函及各类签名文件
董事会日前10日	发送董事会通知	发送董事会通知，附件包括但不限于年报初稿及其他与年报相关的议案
董事会日	独立董事审核、专门委员会审核、董事会审议、监事会审议	董事会可安排在年报披露日前1~2日
年报披露日	披露年报	在交易所制定披露网站发布年报、董事会决议、监事会决议及其他与年报相关的披露文件
年报披露日后15日内	召开业绩说明会（如需）	① 发出年度业绩说明会通知公告。 ② 召开年度业绩说明会
年度股东大会日20日前	发送年度股东大会通知	发送年度股东大会通知
股东大会日	召开年度股东大会	① 召开年度股东大会。 ② 如需实施利润分配，须在年度股东大会后2个月内完成分配

2. 年度报告格式与内容

上市公司编制年度报告应遵循中国证监会指定的《公开发行证券的公司信息披露内容与格式准则》中对应板块“年度报告的内容与格式”准则的规定。

表2-1-4比较了各板块关于年度报告的内容框架。

表2-1-4　年度报告内容框架

主板/科创板	创业板	北交所
重要提示、目录和释义	重要提示、目录和释义	重要提示、目录和释义
公司简介和主要财务指标	公司基本情况简介	公司概括
	会计数据和财务指标摘要	会计数据和财务指标
管理层讨论与分析	董事会报告	管理层讨论与分析
公司治理	公司治理	公司治理、内部控制和投资者保护
环境和社会责任		
重要事项	重要事项	重大事件
股份变动及股东情况	股份变动及股东情况	股份变动及股东情况
优先股相关情况		融资与利润分配情况
债权相关情况	董事、监事、高级管理人员和员工情况	董事、监事、高级管理人员和员工情况
		行业信息
财务报告	财务报告	财务会计报告
	备查文件目录	备查文件目录

3. 年度报告签署及报送的材料

涉及年度报告相关方签署的文件及报送材料，大致包括以下几大类：

（1）上市公司董事、监事、高级管理人员应当依法对公司定期报告签署书面确认意见；

（2）公司监事会应当依法对董事会编制的公司定期报告进行审核并提出书面审核意见；

（3）年度报告、半年度报告须登记内幕信息知情人档案，并在年报披露的同时（上交所为10个工作日内）将内幕信息知情人档案向证券交易所报备。

4. 年度报告编制中常见或易错问题

（1）上市公司未在规定日期预约定期报告披露日期的处理。

如上市公司未能按期完成预约，系统将会自动分配披露日期。上市公司如难以在系统自动分配的披露日期完成披露，需至少提前5个交易日通过系统申请变更披露日期。

（2）上市公司因特殊需求确有必要提交一份非“Word报送系统”生成的全文的处理。

上市公司如确有需要披露非“Word报送系统”生成的定期报告全文，应事先获得证券交易所同意。同时，上市公司还应当提交一份由“Word报送系统”生成的年报全文作为报备文件，需要注意的是，该文件仅报备但不对外披露。

（3）上市公司“Word报送系统”中财务报告及附注的填报，存在不适用的处理。

按照要求，上市公司需要通过“Word报送系统”编制并对外披露定期报告全文。在财务报告附注部分，上市公司应当按照“Word报送系统”提供的模板对明细数据表格进行填报。如上市公司发现部分表格并不适用，应将不适用的表格删除，不可留空。

此外，如上市公司在自身内部系统中使用的附注明细科目与定期报告模板中提供的不一致，应按照定期报告模板对相关财务数据重新列报。除非获得证券交易所同意，上市公司不得对表格进行修改。

（4）上市公司因商业机密等特殊原因无法披露某些行业经营性信息的处理。

对于年报格式准则和行业信息披露指引要求规定的披露内容，如上市公司因涉及商业机密、现有内部管理系统难以统计等特殊原因无法披露的，则需要按照“不披露即解释”的原则，在年度报告中充分说明无法披露涉及的内容和具体原因。

（5）年度报告编制财务信息过程中容易出现的错误：

① 计量单位前后不一致；

② 营业利润、利润总额、每股净资产等指标比例的计算出错；

③ 财务报表数据与附注数据不一致/财务数据出错/附注数据出错；

④ 高送转方案送转表述错误。

（6）年度报告编制非财务信息过程中容易出现的错误：

① 未披露内幕信息知情人管理制度的执行情况；

② 董监高简历与薪酬情况未完整披露、计量单位出现错误；

③ 重要事项披露不完整或有遗漏，如重要承诺、控制权转让、子公司情况、关联交易、对外担保、资金占用、主要环境信息、重大合同及其履行情况等；

④ 行业信息披露不完整或有遗漏，如土地储备、房地产开发、销售及融资安排情况；经营资质存续情况及应对措施等；

⑤ 接待调研与沟通及采访等活动情况披露不完整或有遗漏；

⑥ 募投项目进展披露不准确。

（7）其他基础错误问题：

① 粗心大意的错误（如数字、日期、单位、文字错误等）；

② 年度报告全文更新后，未同步更新摘要部分等。

（三）业绩预告和业绩快报

业绩预告和业绩快报是上市公司预先披露业绩的两种方式。

业绩快报与业绩预告不同。业绩预告主要是对公司当期净利润情况的预计；业绩快报则更加全面，一般应披露公司主要的财务数据。公司如果已经汇总完成当期财务数据，但尚没有编制完成年度报告时，可以先行对外披露业绩快报。

1. 业绩预告

（1）触及披露业绩预告的情形。

① 年报业绩预告。

上市公司预计年度经营业绩和财务状况出现下列情形之一的，应当在会计年度结束之日起1个月内（即不晚于1月31日）进行业绩预告：

A. 净利润为负值；

B. 净利润实现扭亏为盈；

C. 【主板】实现盈利，且净利润与上年同期相比上升或者下降50%以上；【科创板、创业板】净利润与上年同期相比上升或下降50%以上；【北交所】净利润同比变动超过50%且大于500万元；

D. 【主板、创业板】期末净资产为负值；

E. 【主板】扣除非经常性损益前后的净利润孰低者为负值，且扣除与主营业务无关的业务收入和不具备商业实质的收入后的营业收入低于1亿元；

F. 【主板】上市公司股票已被证券交易所实施退市风险警示的，应当预告全年营业收入、扣除与主营业务无关的业务收入和不具备商业实质的收入后的营业收入、净利润、扣除非经常性损益后的净利润和期末净资产；【科创板、创业板】上市公司股票已被证券交易所实施退市风险警示的，应当预告全年营业收入、净利润、扣除非经常性损益后的净利润和期末净资产；【北交所】上市公司股票已被证券交易所实施退市风险警示的，应当在会计年度结束之日起2个月内预告全年营业收入、净利润、扣除非经常性损益后的净利润和期末净资产；

G. 证券交易所认定的其他情形。

② 半年度业绩预告。

主板的半年度业绩预告应当在半年度结束后15日内（即不晚于7月15日）进行；科创板、创业板和北交所都没有就半年报业绩预告做出强制要求，公司可以自愿披露。

【主板】上市公司预计半年度经营业绩和财务状况出现下列情形之一

的，应当进行业绩预告：A. 净利润为负值；B. 净利润实现扭亏为盈；C. 实现盈利，且净利润与上年同期相比上升或者下降50%以上。

③ 季报业绩预告。

对于季度报告，各交易所的《股票上市规则》都没有就业绩预告做出强制要求，公司可以自主决定是否发布业绩预告。如需披露季度业绩预告，第一季度报告业绩预告不应晚于报告期当年的4月15日，且第一季度业绩预告披露时间原则上不早于前一年度的年度报告；第三季度报告业绩预告不应晚于报告期当年的10月15日。

（2）豁免披露业绩预告的情形。

科创板、创业板和北交所没有相关豁免披露业绩预告的规定。

【主板】上市公司预计报告期实现盈利且净利润与上年同期相比上升或者下降50%以上，但存在下列情形之一的，可以免于披露相应业绩预告：

① 上一年年度每股收益绝对值低于或者等于0.05元；

② 上一年半年度每股收益绝对值低于或者等于0.03元。

（3）业绩预告应披露的内容。

上市公司应当合理、谨慎、客观、准确地披露业绩预告，公告内容应当包括盈亏金额或者区间、业绩变动范围、经营业绩或者财务状况发生重大变动的主要原因等。

如存在不确定因素可能影响业绩预告准确性的，公司应当在业绩预告中披露不确定因素的具体情况及其影响程度。

（4）业绩预告更正公告。

上市公司披露业绩预告后，上市公司董事会预计实际经营业绩或者财务状况与已披露的业绩预告存在差异较大时，应当及时披露业绩预告更正公告，说明具体差异及造成差异的原因。

第一季度业绩预告修正公告的披露时间不得晚于4月10日，半年度业绩预告修正公告的披露时间不得晚于7月15日，第三季度业绩预告修正公告的披露时间不得晚于10月15日，年度业绩预告修正公告的披露时间不得晚于下一年度1月31日。

上市公司预计本期业绩与已披露的盈利预测有重大差异的，董事会应当在盈利预测更正公告中说明更正盈利预测的依据及该预测过程是否适当和审慎，以及披露会计师事务所关于实际情况与盈利预测存在差异的专项说明。

2. 业绩快报

上市公司董事、监事和高级管理人员应当及时、全面了解和关注公司经营情况和财务信息，并和会计师事务所进行必要的沟通，审慎判断是否应当披露业绩快报。

（1）触及披露业绩快报的情形。

上市公司可以在定期报告公告前披露业绩快报。出现下列情形之一的，公司应当及时披露业绩快报：

① 在定期报告披露前向有关机关报送未公开的定期财务数据，预计无法保密的；

② 在定期报告披露前出现业绩泄露，或者因业绩传闻导致公司股票及其衍生品种交易异常波动的；

③ 【主板】上市公司拟披露第一季度业绩但上年度年度报告尚未披露的，应当在不晚于第一季度业绩相关公告发布时披露上一年度的业绩快报；【科创板、北交所】上市公司预计不能在会计年度结束之日起2个月内披露年度报告的，应当在该会计年度结束之日起2个月内披露业绩快报。

（2）业绩快报披露时间。

年度报告预约披露时间在3—4月份的上市公司，应当在当年的2月底之前披露年度业绩快报。

在定期报告披露前业绩被提前泄漏，或者因业绩传闻导致公司股票及其衍生品种交易异常波动的，公司应当及时披露包括本期相关财务数据在内的业绩快报。

（3）业绩快报的内容。

上市公司披露的业绩快报应当包括公司本期及上年同期营业收入、营业利润、利润总额、净利润、扣除非经常性损益后的净利润、总资产、净资产、每股收益、每股净资产和净资产收益率等相关财务数据和指标。

（4）业绩快报修正公告。

上市公司披露业绩快报后，上市公司董事会预计实际经营业绩或者财务状况与已披露的业绩快报存在差异较大时，应当及时披露业绩预告更正公告，说明具体差异及造成差异的原因。

（四）半年度报告与季度报告

1. 半年度报告

半年度报告披露原则是真实、准确、完整、及时、公平，即不存在虚假记载、不存在误导性陈述、不存在重大遗漏，半年度报告应当在董事会和监事会审议半年度报告后2个交易日内披露，并第一时间在证券交易所公布。

半年度报告披露的一般要求如下：

（1）公司半年度报告的全文应当遵循相关法律法规及证券交易所的规定进行编制与披露。

（2）凡是对投资者作出投资决策产生重大影响的信息，无论是否有明确规定，公司均应当披露。

（3）股份公司结合自身特点，以简明易懂的方式披露对投资者特别是中小投资者决策有用的信息，但披露的信息应当保持持续性和一致性，不得选择性披露。

（4）同时在境外证券市场上市的公司，如果境外证券市场对半年度报告的编制和披露要求不同，应当遵循报告内容从多不从少、报告要求从严不从宽的原则，并应当同时公布半年度报告。

（5）公司半年度报告可以不经审计，但中国证监会和证券交易所另有规定的除外。如需审计的，财务会计报告应当经符合《证券法》规定的会计师事务所审计，审计报告须由该所至少两名注册会计师签字。

（6）半年度报告正文前可刊载宣传本公司的照片、图表或致投资者信，但不得刊登任何祝贺性、推荐性的词句、题字、照片，不得含有夸大、欺诈、误导或内容不准确、不客观的词句。

（7）由于国家秘密、商业秘密等特殊原因导致某些信息确实不便披露的，公司可以不予披露，但应当在相关章节详细说明未按准则要求进行披露的原因。中国证监会、证券交易所认为需要披露的，公司应当披露。

（8）公司的半年度报告披露时间应不晚于母公司及合并财务报表范围内的控股子公司的半年度报告披露时间。

（9）公司董事、监事、高级管理人员应当保证半年度报告内容的真实、准确、完整，不存在虚假记载、误导性陈述或重大遗漏，并承担个别和连带的法律责任。

（10）上市公司应当做好内幕信息登记，董事长及董事会秘书应当在保证所填报内幕信息知情人信息内容真实、准确、完整的书面承诺上签字确认。

（11）上市公司应当尽量避免在半年度报告披露前30日内开展、接受投资者调研、媒体采访等。

2. 季度报告

公司季度报告中的财务资料无需审计，但中国证监会或者证券交易所另有规定的除外。

季度报告在形式上不区分季度报告正文和全文，内容方面按照“季度”周期特征，不要求披露超期末履行承诺、下一报告期利润预测等内容。

季度报告披露的主要内容包括：

（1）重要内容提示，参照上位法对定期报告的规定，保留上市公司董事、监事和高级管理人员发表保证声明的要求；

（2）主要财务数据，列示主要会计数据、财务指标及非经常性损益项目和金额，并分析说明变动幅度超过30%的原因（若存在）；

（3）股东信息，列示股东总数、前10名普通股股东和前10名优先股股东情况，新增股东持股状态“标记”选项；

（4）其他提醒事项，要求上市公司审慎评估并披露其他与经营情况有关的重要信息；

（5）季度报告财务报表，披露比较式财务报表，并说明审计情况。

（五）定期报告其他问题

1. 新上市的公司，上市后是否仍然需要披露上年年度报告

根据《创业板信息披露业务备忘录第10号——定期报告披露相关事项》（2019年修订），每年1月至4月新上市的公司在招股说明书或上市公告书中已披露经审计的上一年度财务数据的，可以不披露上一年度年度报告，否则应当披露。

2. 定期报告财务信息存在差错应如何处理

根据《公开发行证券的公司信息披露编报规则第19号——财务信息的更正及相关披露》（2018年修订），上市公司出现以下情形的，应当单独以临时报告的方式及时披露更正后的财务信息及其他证券交易所要求披露的其他信息：

（1）公司已公开披露的定期报告中财务信息存在差错被责令改正；

（2）公司已公开披露的定期报告中财务信息存在差错，经董事会决定更正的；

（3）中国证监会认定的对定期报告中的财务信息进行更正的其他情形。

公司对已经公布的年度财务报表进行更正，需要聘请具有证券、期货相关业务资格的会计师事务所对更正后的财务报表进行全面审计或对相关更正

事项进行专项鉴证。

公司在临时报告中应当披露的内容包括:

（1）公司董事会对更正事项的性质及原因的说明;

（2）更正事项对公司财务状况、经营成果和现金流量的影响及更正后的财务指标；如果更正事项涉及公司资产重组相关业绩承诺的，还应当说明更正事项对业绩承诺完成情况的影响;

（3）更正后经审计的年度财务报表和涉及更正事项的相关财务报表附注，以及会计师事务所出具的审计报告或专项鉴证报告;

（4）更正后的中期财务报表及涉及更正事项的相关财务报表附注;

（5）公司独立董事和监事会对更正事项的相关意见。

更正后的财务报表中受更正事项影响的数据应以黑色加粗字显示。

如果公司对三年以前的财务信息作出更正，且更正事项对最近三年年度财务报表没有影响，可以免于按照《公开发行证券的公司信息披露编报规则第19号——财务信息的更正及相关披露》（2018年修订）进行披露。

3. 上市公司被出具非标准审计报告应如何进行信息披露及处理

上市公司的财务会计报告被注册会计师出具非标准无保留审计意见的，应当按照中国证监会《公开发行证券的公司信息披露编报规则第14号——非标准审计意见及其涉及事项的处理》（2018年修订）的规定，在报送定期报告的同时，提交下列文件:

① 董事会针对该审计意见涉及事项所做的专项说明，审议此专项说明的董事会决议和决议所依据的材料;

② 独立董事对审计意见涉及事项所发表的意见;

③ 监事会对董事会专项说明的意见和相关决议;

④ 负责审计的会计师事务所和注册会计师出具的专项说明;

⑤ 中国证监会和证券交易所要求的其他文件。

非标准审计意见涉及事项如属于明显违反会计准则及相关信息披露规范

规定的，应当对有关事项进行纠正，并及时披露经纠正的财务会计资料和会计师事务所出具的审计报告或者专项鉴证报告等有关材料。

上市公司还应当在提交定期报告当日收盘后、提交定期报告披露申请前联系证券交易所，以确认是否存在明显违反会计准则、制度及相关信息披露规范规定的事项。如存在明显违反的事项，上市公司应当依据《股票上市规则》的规定，对公司股票及其衍生品种实施停牌。

4. 上市公司年度报告的签字注册会计师有哪些具体要求

根据《关于证券期货审计业务签字注册会计师定期轮换的规定》，为首次公开发行证券的上市公司提供审计服务的签字注册会计师，在该上市公司上市后连续提供审计服务的期限不得超过两个完整会计年度；签字注册会计师连续为该上市公司提供审计服务的期限（含上市前与上市后）不得超过五年；上市公司应在定期报告中披露有关轮换签字注册会计师的事项。上市公司应按上述规定，提醒连续审计年限超期的签字注册会计师进行轮换。

5. 会计师事务所发生变更的信息需要履行哪些披露义务

上市公司原聘请的会计师事务所发生合并的，若系原聘会计师事务所吸收合并其他事务所的，上市公司只需公告会计师事务所更名，无需为变更会计师事务所提交股东大会审议；若系原聘会计师事务所被合并不再存续的，则需在定期报告披露前履行变更会计师事务所的审批程序，提交董事会和股东大会审议。

6. 非经营性资金占用及其他关联资金往来的专项说明

《公开发行证券的公司信息披露内容与格式准则第2 号——年度报告的内容与格式（2021 年修订）》第45条规定，公司发生控股股东及其他关联方非经营性占用资金情况的，应当充分披露相关的决策程序，以及占用资金的期初金额、发生额、期末余额、占用原因、预计偿还方式及清偿时间。公司应当同时披露会计师事务所对资金占用的专项审核意见。若公司年度报告披露的控股股东及其他关联方非经营性占用资金情况与专项审核意见不一致，应当说明原因。

（1）非经营性资金占用。

非经营性资金占用，指上市公司为大股东及其附属企业垫付的工资、福利、保险、广告等费用和其他支出；代大股东及其附属企业偿还债务而支付的资金；有偿或无偿、直接或间接拆借给大股东及其附属企业的资金；为大股东及其附属企业承担担保责任而形成的债权；其他在没有商品和劳务对价情况下提供给大股东及其附属企业使用的资金。

大股东及其附属企业指控股股东或实际控制人及其附属企业、前控股股东或实际控制人及其附属企业。附属企业指控股股东、实际控制人控制的企业，但不含上市公司以及上市公司控制的企业。公司对非经营性资金占用计提的减值准备或核销的金额，不应当从期末占用余额中扣除。

存在大股东及其附属企业非经营性占用上市公司资金的上市公司，应当在本次年度报告全文的“重要事项”部分的“关联债权债务往来”中，增加披露非经营性资金占用的发生时间、占用金额、发生原因、偿还金额、期末余额、预计偿还方式、清偿时间、责任人和董事会拟定的解决措施。

（2）其他关联资金往来。

其他关联资金往来，指上市公司与“大股东及其附属企业”之间的经营性资金往来，以及上市公司与“上市公司的子公司及其附属企业”“关联自然人”“其他关联人及其附属企业”之间的非经营性资金往来。

汇总表中只需要填写上市公司向大股东及其附属企业和其他关联人提供资金的情形，上市公司向其子公司及其附属企业提供资金的，不需要在汇总表中反映。上市公司应当从资金往来款项是否被长期拖欠的角度出发认真分析资金往来是否属于非经营性资金往来，非经营性资金往来的认定标准参照前款关于非经营性资金占用的认定标准。

7. 上市公司未在法定期限内披露定期报告的处理

（1）未在法定时限内披露年度报告或者半年度报告的，上市公司及相关人员将被追究责任，详细规定如下：

① 证券交易所将对公司及相关人员予以公开谴责；

② 上市公司未在法定期限内披露半年度报告或者经审计的年度报告，上市公司股票及其衍生品种自前述期限届满的次一交易日起停牌；

③ 上市公司未在法定期限内披露半年度报告或者经审计的年度报告，公司股票及其衍生品种自前述期限届满的次一交易日起停牌，此后公司在股票及其衍生品种停牌2个月内仍未披露的，证券交易所对其股票实施退市风险警示；

④ 公司股票被实施退市风险警示之日后2个月内，上市公司仍未披露符合要求的年度报告或者半年度报告的，证券交易所终止其股票上市。

（2）科创板、创业板和北交所的特别规定：上市公司未在规定期限内披露季度报告，公司股票应当于报告披露期限届满的次一交易日停牌1天。

8. 半数以上董事无法保证公司所披露半年度报告或年度报告的真实性、准确性和完整性的处理

因半数以上董事无法保证公司所披露半年度报告或年度报告的真实性、准确性和完整性，且未在法定期限内改正，公司股票及其衍生品种自前述期限届满次一交易日起停牌，此后公司在股票及其衍生品种停牌2个月内仍未改正的，公司应在股票及其衍生品种停牌2个月届满的次一交易日披露股票被实施退市风险警示的公告。公司股票及其衍生品种自公告披露日后的次一交易日起复牌。自复牌之日起，证券交易所对公司股票实施退市风险警示。

停牌期间，公司应当至少发布3次风险提示公告。停牌期间前述情形消除的，公司应当及时披露并申请股票及其衍生品种复牌。

三、临时报告

（一）临时报告的披露要求

《证券法》第八十条规定，发生可能对上市公司、股票在国务院批准的其他全国性证券交易场所交易的公司的股票交易价格产生较大影响的重大事件，投资者尚未得知时，公司应当立即将有关该重大事件的情况向国务院证券监督管理机构和证券交易场所报送临时报告，并予公告，说明事件的起因、目前的状态和可能产生的法律后果。

（二）重大事件的定义及范围

重大事件指对上市公司股票及其衍生品种交易价格可能产生较大影响的事件。

前述重大事件主要包括以下几方面的内容。

1.《证券法》的规定

《证券法》第八十条所称的重大事件包括：

（1）公司的经营方针和经营范围的重大变化；

（2）公司的重大投资行为，公司在一年内购买、出售重大资产超过公司资产总额30%，或者公司营业用主要资产的抵押、质押、出售或者报废一次超过该资产的30%；

（3）公司订立重要合同、提供重大担保或者从事关联交易，可能对公司的资产、负债、权益和经营成果产生重要影响；

（4）公司发生重大债务和未能清偿到期重大债务的违约情况；

（5）公司发生重大亏损或者重大损失；

（6）公司生产经营的外部条件发生的重大变化；

（7）公司的董事、1/3以上监事或者经理发生变动，董事长或者经理无法履行职责；

（8）持有公司5%以上股份的股东或者实际控制人持有股份或者控制公司的情况发生较大变化，公司的实际控制人及其控制的其他企业从事与公司相同或者相似业务的情况发生较大变化；

（9）公司分配股利、增资的计划，公司股权结构的重要变化，公司减资、合并、分立、解散及申请破产的决定，或者依法进入破产程序、被责令关闭；

（10）涉及公司的重大诉讼、仲裁，股东大会、董事会决议被依法撤销或者宣告无效；

（11）公司涉嫌犯罪被依法立案调查，公司的控股股东、实际控制人、董事、监事、高级管理人员涉嫌犯罪被依法采取强制措施；

（12）国务院证券监督管理机构规定的其他事项。

2.《上市公司信息披露管理办法》（2021年修订）的规定

除了《证券法》第八十条第二款规定的重大事件外，《上市公司信息披露管理办法》（2021年修订）第二十二条对重大事件的范围作了如下补充：

（1）公司发生大额赔偿责任；

（2）公司计提大额资产减值准备；

（3）公司出现股东权益为负值；

（4）公司主要债务人出现资不抵债或者进入破产程序，公司对相应债权未提取足额坏账准备；

（5）新公布的法律、行政法规、规章、行业政策可能对公司产生重大影响；

（6）公司开展股权激励、回购股份、重大资产重组、资产分拆上市或者挂牌；

（7）法院裁决禁止控股股东转让其所持股份；任一股东所持公司5%

以上股份被质押、冻结、司法拍卖、托管、设定信托或者被依法限制表决权等，或者出现被强制过户风险；

（8）主要资产被查封、扣押或者冻结；主要银行账户被冻结；

（9）上市公司预计经营业绩发生亏损或者发生大幅变动；

（10）主要或者全部业务陷入停顿；

（11）获得对当期损益产生重大影响的额外收益，可能对公司的资产、负债、权益或者经营成果产生重要影响；

（12）聘任或者解聘为公司审计的会计师事务所；

（13）会计政策、会计估计重大自主变更；

（14）因前期已披露的信息存在差错、未按规定披露或者虚假记载，被有关机关责令改正或者经董事会决定进行更正；

（15）公司或者其控股股东、实际控制人、董事、监事、高级管理人员受到刑事处罚，涉嫌违法违规被中国证监会立案调查或者受到中国证监会行政处罚，或者受到其他有权机关重大行政处罚；

（16）公司的控股股东、实际控制人、董事、监事、高级管理人员涉嫌严重违纪违法或者职务犯罪被纪检监察机关采取留置措施且影响其履行职责；

（17）除董事长或者经理外的公司其他董事、监事、高级管理人员因身体、工作安排等原因无法正常履行职责达到或者预计达到三个月以上，或者因涉嫌违法违规被有权机关采取强制措施且影响其履行职责；

（18）中国证监会规定的其他事项。

（三）临时报告的披露时间

按照信息披露及时性要求，上市公司应当在重大事件触及信息披露时点的2个交易日内披露有关信息。

表2-1-5对触及信息披露时点的情形进行了汇总。

表2-1-5　重大事件信息披露时点汇总

<table>
<tr><th>披露阶段</th><th colspan="2">重大事件的信息披露时点</th></tr>
<tr><td>首次披露</td><td>确定发生</td><td>上市公司应当在最先发生的以下任一时点，及时履行重大事件的信息披露义务：
① 董事会或者监事会就该重大事件形成决议时；
② 有关各方签署意向书或者协议时；
③ 董监高知悉该重大事项发生</td></tr>
<tr><td>首次披露</td><td>尚在筹划阶段</td><td>重大事项尚处于筹划阶段，但在前款规定的时点之前出现下列情形之一的，上市公司应当及时披露相关事项的现状、可能影响事件进展的风险因素：
① 该重大事项难以保密；
② 该重大事项已经泄露或者出现市场传闻；
③ 公司证券及其衍生品种出现异常交易情况</td></tr>
<tr><td rowspan="8">持续披露进展阶段</td><td>已披露的重大事件</td><td>已披露的重大事件出现可能对上市公司证券及其衍生品种交易价格产生较大影响的进展或者变化的，上市公司应当及时披露进展、变化情况或者可能产生的影响。
发行人的控股股东或者实际控制人对重大事件的发生、进展产生较大影响的，应当及时将其知悉的有关情况书面告知发行人，并配合发行人履行信息披露义务。
高级管理人员应当及时向董事会报告有关公司经营或者财务方面出现的重大事件、已披露的事件的进展或者变化情况及其他相关信息</td></tr>
<tr><td>筹划中的重大事项</td><td>上市公司及相关信息披露义务人筹划重大事项持续时间较长的，应当按规定分阶段披露进展情况。相关信息确实难以保密、已经泄露或者出现市场传闻，导致公司股票交易价格发生大幅波动的，公司应当立即披露相关筹划和进展情况</td></tr>
<tr><td>日常交易</td><td>上市公司参加工程承包、商品采购等项目的投标，合同金额达到日常交易标准的，公示期结束后预计无法取得中标通知书的，公司应当及时披露进展情况并充分提示风险</td></tr>
<tr><td>诉讼、仲裁</td><td>上市公司应当及时披露重大诉讼、仲裁事项的重大进展情况及其对公司的影响</td></tr>
<tr><td>股权激励</td><td>上市公司终止实施股权激励的，终止实施议案经股东大会或董事会审议通过后，上市公司应及时披露股东大会决议公告或董事会决议公告，并对终止实施股权激励的原因、股权激励已筹划及实施进展、终止实施股权激励对上市公司的可能影响等作说明，同时披露律师事务所的意见</td></tr>
<tr><td>回购股份</td><td>在回购股份期间，上市公司应当在每个月的前三个交易日内公告截至上月末的回购进展情况</td></tr>
<tr><td>发行股份购买资产</td><td>上市公司筹划发行股份购买资产，可以按照证券交易所的有关规定申请停牌。信息已经泄露的，上市公司应立即披露发行股份购买资产预案、发行股份购买资产报告书，或申请停牌。
上市公司筹划不涉及发行股份的重大资产重组，应分阶段披露相关情况，不得申请停牌</td></tr>
<tr><td>收购</td><td>收购人在收购报告书公告后30日内仍未完成相关股份过户手续的，应当立即作出公告，说明理由；在未完成相关股份过户期间，应当每隔30日公告相关股份过户办理进展情况</td></tr>
</table>

（续表）

披露阶段		重大事件的信息披露时点
持续披露进展阶段	股东及董监高增持股份	上市公司应当披露相关股东增持公司股份的进展公告
	股东及董监高减持股份	在减持时间区间内，大股东、董监高在减持数量过半或减持时间过半时，应当披露减持进展情况。 在减持时间区间内，上市公司披露高送转或筹划并购重组等重大事项的，大股东、董监高应当立即披露减持进展情况，并说明本次减持与前述重大事项是否有关。 控股股东及其一致行动人质押股份被强制平仓或平仓风险解除的，应当持续披露进展
	其他风险警示	上市公司在被实施其他风险警示期间，公司应当至少每月发布一次提示性公告，披露资金占用或违规担保的解决进展情况。 上市公司在被实施其他风险警示期间，公司应当至少每月发布一次提示性公告，分阶段披露涉及事项的解决进展情况
	分拆上市	上市公司分拆所属子公司上市的，应当在首次披露分拆相关公告后，及时公告本次分拆上市进展情况
	停牌	上市公司股票及其衍生品种被停牌期间，停牌相关事项出现证券交易所规定的情形，或者出现重大进展或变化的，上市公司应当按照证券交易所的规定及时、分阶段披露有关情况。 上市公司在其股票及其衍生品种被实施停牌期间，应当每5个交易日披露一次未能复牌的原因和相关事项进展情况
	破产重组	在法院裁定是否受理破产事项之前，公司应当每月披露一次进展情况。 公司应当分阶段及时披露法院裁定批准公司重整计划、和解协议或者终止重整、和解程序等重整事项的进展，并充分提示相关风险
	退市	上市公司股票及其衍生品种被实施退市风险警示期间，公司应当每5个交易日披露一次相关事项进展情况

四、应当披露的交易或重大交易

（一）重大交易

1. 重大交易的认定

应当披露的重大交易，是除上市公司日常经营活动之外的重大交易。关于重大交易的认定范围，各交易所的规定有所区别，表2-1-6对各交易所关于重大交易的认定标准进行了整理。

表2-1-6　重大交易的认定标准汇总

序　号	主　板	科创板	创业板	北交所
1	购买或者出售资产	与主板一致	与主板一致	与主板一致
2	对外投资（含委托理财、对子公司投资等）	对外投资（购买银行理财产品的除外）	对外投资（含委托理财、对子公司投资等，设立或者增资全资子公司除外）	对外投资（含委托理财、对子公司投资等，设立或者增资全资子公司及购买银行理财产品除外）
3	提供财务资助（含有息或者无息借款、委托贷款等）	提供财务资助	提供财务资助（含委托贷款等）	提供财务资助
4	提供担保（含对控股子公司担保等）	提供担保	提供担保（指上市公司为他人提供的担保，含对控股子公司的担保）	提供担保（指上市公司为他人提供的担保，含对控股子公司的担保）
5	租入或者租出资产	与主板一致	与主板一致	与主板一致
6	委托或者受托管理资产和业务	与主板一致	签订管理方面的合同（含委托经营、受托经营等）	签订管理方面的合同（含委托经营、受托经营等）
7	赠与或者受赠资产	与主板一致	与主板一致	与主板一致
8	债权、债务重组	与主板一致	与主板一致	与主板一致

（续表）

序　号	主　板	科创板	创业板	北交所
9	签订许可使用协议（沪主板） 签订许可协议（深主板）	签订许可使用协议	签订许可协议	签订许可协议
10	转让或者受让研发项目	转让或受让研发项目	研究与开发项目的转移	研究与开发项目的转移
11	放弃权利（含放弃优先购买权、优先认缴出资权等）	—	与主板一致	放弃权利
12	证券交易所认定的其他交易	与主板一致	与主板一致	与主板一致

2. 上市公司应当及时披露的交易事项

上市公司交易事项是否应当披露，主要看两个方面：一是交易标的的资产总额、营业收入、资产净额、利润占上市公司财务最近一个会计年度经审计同比财务数据的比重；二是交易的成交金额占财务数据（或市值）的比重。

上市公司发生的交易达到表2-1-7所列标准之一的，应当及时披露。

表2-1-7　应当及时披露的交易事项一览表

项　目	上交所、深交所	北交所
范围	提供担保、提供财务资助除外。 【科创板】提供担保除外	提供担保、提供财务资助除外
资产总额	交易涉及的资产总额占上市公司最近一期经审计总资产的10%以上	
成交金额	交易的成交金额占上市公司最近一期经审计净资产的10%以上，且绝对金额超过1000万元。 【科创板】交易的成交金额占上市公司市值的10%以上	交易的成交金额占上市公司最近一期经审计净资产的10%以上，且超过1000万元
营业收入	交易标的（如股权）在最近一个会计年度相关的营业收入占上市公司最近一个会计年度经审计营业收入的10%以上，且绝对金额超过1000万元	

（续表）

项 目	上交所、深交所	北交所
资产净额	【沪市主板】交易标的（如股权）涉及的资产净额占上市公司最近一期经审计净资产的10%以上，且绝对金额超过1000万元。 【科创板】交易标的（如股权）的最近一个会计年度资产净额占上市公司市值的10%以上。 【深市主板、创业板】无此要求	无此要求
利润	交易产生的利润占上市公司最近一个会计年度经审计净利润的10%以上，且绝对金额超过100万元	交易产生的利润占上市公司最近一个会计年度经审计净利润的10%以上，且超过150万元
净利润	交易标的（如股权）在最近一个会计年度相关的净利润占上市公司最近一个会计年度经审计净利润的10%以上，且绝对金额超过100万元	交易标的（如股权）最近一个会计年度相关的净利润占上市公司最近一个会计年度经审计净利润的10%以上，且超过150万元

注：上述指标涉及的数据如为负值，取其绝对值计算。

【风险提示】

①针对出售购买资产、对外财务资助、对外担保等特别交易，其审议、披露标准还应遵循上交所、深交所分别制定的《上市公司自律监管指引——规范运作》等相关规定。

②上市公司发生交易，在期限届满后与原交易对方续签合约、进行展期的，应当按规定重新履行披露义务。

③对控股子公司追加投资视同为新投资；对于放弃投资的事项，需参照出售资产类型评估对公司的影响，按照影响程度来决定需履行的审议程序。

3. 上市公司应当提交股东大会审议的交易事项

根据各证券交易所《股票上市规则》的规定，上市公司发生的交易达到表2-1-8所列标准之一的，除了应当及时披露外，还应当提交股东大会审议。

表2-1-8 应当提交股东大会审议的交易事项一览表

项 目	上交所、深交所	北交所
范围	提供担保、提供财务资助除外。 【科创板】提供担保除外	提供担保、提供财务资助除外
资产总额	交易涉及的资产总额占上市公司最近一期经审计总资产的50%以上	
资产净额	【沪市主板】交易标的（如股权）涉及的资产净额占上市公司最近一期经审计净资产的50%以上，且绝对金额超过5000万元。 【科创板】交易标的（如股权）的最近一个会计年度资产净额占上市公司市值的50%以上。 【深市主板、创业板】无此要求	无此要求
净资产	交易的成交金额（包括承担的债务和费用）占上市公司最近一期经审计净资产的50%以上，且绝对金额超过5000万元。 【科创板】交易的成交金额占上市公司市值的50%以上	交易的成交金额占上市公司最近一期经审计净资产的50%以上，且超过5000万元
营业收入	交易标的（如股权）在最近一个会计年度相关的营业收入占上市公司最近一个会计年度经审计营业收入的50%以上，且绝对金额超过5000万元	
利润	交易产生的利润占上市公司最近一个会计年度经审计净利润的50%以上，且绝对金额超过500万元	交易产生的利润占上市公司最近一个会计年度经审计净利润的50%以上，且超过750万元
净利润	交易标的（如股权）在最近一个会计年度相关的净利润占上市公司最近一个会计年度经审计净利润的50%以上，且绝对金额超过500万元	交易标的（如股权）最近一个会计年度相关的净利润占上市公司最近一个会计年度经审计净利润的50%以上，且超过750万元

注：上述指标涉及的数据如为负值，取其绝对值计算。

【风险提示】

① 需提交股东大会审议的交易，应当进行审计或评估的，审计截止日距审议相关交易事项的股东大会召开日不得超过6个月，评估基准日距审议相关交易事项的股东大会召开日不得超过1年。

② 上市公司在进行“提供担保”“提供财务资助”“委托理财”等之外的其他交易时，应当对相同交易类别下标的相关的各项交易，按照交易事项类型在连续12个月内累计计算，已经履行了披露和股东大会审议义务的，不再纳入相关的累计计算范围。

③ 如交易标的为股权，且购买或者出售该股权将导致上市公司合并报表范围发生变更的，该股权对应公司的全部资产和营业收入视为交易涉及的资产总额和与交易标的相关的营业收入。

④ 上市公司与其合并报表范围内的控股子公司、控制的其他主体发生的交易或者上述控股子公司、控制的其他主体之间发生的交易，可以免于披露和履行相应程序，中国证监会或者证券交易所另有规定的除外。

⑤ 上市公司发生交易，在期限届满后与原交易对方续签合约、进行展期的，应当重新履行审议程序和披露义务。

⑥ 发生“购买或者出售资产”交易时，应当以资产总额和成交金额中的较高者作为计算标准，并按交易事项的类型在连续12个月内累计计算，经累计计算达到最近一期经审计总资产30%的，除应当披露并进行审计或者评估外，还应当提交股东大会审议，并经出席会议的股东所持表决权的2/3以上通过。同时应关注相关交易是否达到重大资产重组及借壳上市标准，如构成重大资产重组或借壳上市的，根据其相关规定处理。

（二）对外投资

1. 对外投资事项公告披露要求

（1）上市公司发生新设公司、投资新项目、对现有公司增资等事项达到证券交易所《股票上市规则》规定的“重大交易”标准的，应当按照证券交易所对外投资公告格式披露。达到披露标准的对外投资包括：对外投资事项、委托理财、对子公司投资等，但不包括购买银行理财产品、设立或者增资全资子公司。

（2）上市公司委托理财（购买银行理财产品的除外）、委托贷款达到“重大交易”标准的，应参照对外投资公告格式披露。其中，上市公司进行委托理财，因交易频次和时效要求等原因难以对每次投资交易履行审议程序和披露义务的，可以对投资范围、额度及期限等进行合理预计，以额度计算占净资产的比例是否适用证券交易所《股票上市规则》规定的“重大交易”标准。相关额度的使用期限不应超过12个月，期限内任一时点的交易金额（含前述投资的收益进行再投资的相关金额）不应超过投资额度。

（3）上市公司拟变更募投项目或将募集资金用作以下事项，且该事项涉及对外投资的，应当参照对外投资公告格式要求披露有关内容：

① 以募集资金置换预先已投入募集资金投资项目的自筹资金；

② 使用暂时闲置的募集资金进行现金管理；

③ 使用暂时闲置的募集资金暂时补充流动资金；

④ 变更募集资金用途；

⑤ 超募资金用于在建项目及新项目。

（4）如对外投资事项构成关联交易，应当按照关联交易公告格式的要求披露有关内容。

（5）如对外投资导致上市公司开展与主营业务行业不同的新业务或者可能导致公司主营业务发生重大变化的，应当参照开展新业务公告格式（如有）的要求披露有关内容。

2. 对外投资的规范运作

上市公司在进行对外投资事项时，应注意如下事项：

（1）上市公司对外投资事项应严格按照公司章程、证券交易所《股票上市规则》等相关规定，履行董事会或股东大会审议程序。

（2）控股股东、实际控制人为履行法定职责要求公司提供有关对外投资、财务预算数据、财务决算数据等未披露信息时，应当做好内幕信息知情人登记，并承担保密义务。

（3）控股股东、实际控制人不得通过关联交易、资产重组、对外投资、担保、利润分配和其他方式直接或者间接侵占上市公司资金、资产，损害公司及其他股东的利益。

（4）除法律法规另有规定外，董事会审计委员会应当督导内部审计部门至少每半年对公司募集资金使用、关联交易、对外投资等重大事件的实施情况进行一次检查，出具检查报告并提交审计委员会。检查发现上市公司存在违法违规、运作不规范等情形的，应当及时向证券交易所报告。

3. 对外投资公告的基本内容

综合各证券交易所关于对外投资公告格式模板，对外投资公告一般包括如下基本内容：

① 对外投资概述；② 交易对手介绍（如适用）；③ 投资标的的基本情况；④ 出资方式；⑤ 对外投资合同的主要内容；⑥ 对外投资的目的、存在的风险和对公司的影响；⑦ 进展披露。

（三）提供担保

上市公司为他人提供担保，包括为其控股子公司提供担保。

上市公司发生“提供担保”交易事项时，应履行的程序及信息披露义务归纳于表2-1-9和表2-1-10。

表2-1-9　上市公司提供担保应履行的程序

情　形	履行程序
非关联担保	（一）董事会 ① 上市公司对外担保必须经董事会或股东大会审议。 ② 由股东大会审批的对外担保，除应当经全体董事的过半数审议通过外，还应当经出席董事会会议的2/3以上董事审议通过，并及时披露
	（二）股东大会 须经股东大会审批的对外担保，包括但不限于下列情形： ① 上市公司及其控股子公司的对外担保总额，超过最近一期经审计净资产50%以后提供的任何担保； ② 为资产负债率超过70%的担保对象提供的担保； ③ 单笔担保额超过最近一期经审计净资产10%的担保； ④ 对股东、实际控制人及其关联方提供的担保； ⑤ 连续12个月内担保金额超过公司最近一期经审计总资产的30%； ⑥ 连续12个月内担保金额超过公司最近一期经审计净资产的50%且绝对金额超过5000万元（创业板为3000万元）

（续表）

情　形	履行程序
非关联担保	股东大会在审议为股东、实际控制人及其关联方提供的担保议案时，该股东或受该实际控制人支配的股东，不得参与该项表决，该项表决由出席股东大会的其他股东所持表决权的半数以上通过。 股东大会审议前款第⑤项担保事项时，应经出席会议的股东所持表决权的2/3以上通过
关联方担保	① 上市公司为关联人提供担保的，除应经全体非关联董事的过半数审议通过外，还应经出席董事会会议的非关联董事的2/3以上董事审议同意并作出决议，并提交股东大会审议。 ② 股东大会在审议为股东、实际控制人及其关联方提供的担保议案时，该股东或者受该实际控制人支配的股东，不得参与该项表决，该项表决由出席股东大会的其他股东所持表决权的半数以上通过。 ③ 公司为控股股东、实际控制人及其关联人提供担保的，控股股东、实际控制人及其关联人应当提供反担保
控股子公司担保	① 上市公司为其控股子公司、参股公司提供担保的，该控股子公司、参股公司的其他股东应当按出资比例提供同等担保等风险控制措施。 ② 上市公司向其控股子公司提供担保的，上市公司可以对最近一期财务报表资产负债率为70%以上和70%以下的两类子公司分别预计未来12个月的新增担保总额度，提交股东大会审议。 ③ 任一时点担保余额不得超过股东大会审议通过的担保额度
子公司对外担保	上市公司控股子公司对于向上市公司合并报表范围之外的主体提供担保的，应视同上市公司提供担保

表2-1-10　上市公司提供担保的披露义务

披露时间	事　项
首次披露	上市公司董事会或者股东大会审议批准的对外担保，必须在证券交易所的网站和符合中国证监会规定条件的媒体及时披露，披露的内容包括董事会或者股东大会决议、截止信息披露日上市公司及其控股子公司对外担保总额、上市公司对控股子公司提供担保的总额
后续披露	① 对于达到披露标准的担保，如果被担保人于债务到期后15个交易日内未履行还款义务，或者被担保人出现破产、清算或者其他严重影响其还款能力的情形，上市公司应当及时披露。 ② 公司因交易或者关联交易导致被担保方成为公司的关联人，在实施该交易或者关联交易的同时，应当就存续的关联担保履行相应审议程序和信息披露义务
发表意见	① 为他人提供担保，需要独立董事、保荐机构发表意见。 ② 上市公司独立董事应在年度报告中，对上市公司报告期末尚未履行完毕和当期发生的对外担保情况、执行相关规定情况进行专项说明，并发表独立意见

（四）提供财务资助

1. 内部审议程序

上市公司发生“财务资助”交易事项，应当经董事会审议通过，并及时披露；当财务资助事项属于特定情形时，还应当提交股东大会审议。具体的审议规则参见表2-1-11。

表2-1-11　上市公司财务资助的内部审议规则

<table>
<tr><th>资助对象</th><th>审议机关</th><th>上会标准</th><th>表决标准</th></tr>
<tr><td rowspan="2">非关联公司</td><td>董事会</td><td>所有上市公司“财务资助”的交易事项</td><td>同时满足：
① 全体董事过半数审议通过；
② 经出席董事会会议的2/3以上董事审议通过</td></tr>
<tr><td>股东大会</td><td>财务资助事项属于下列情形之一的：
① 单笔财务资助金额超过上市公司最近一期经审计净资产的10%；
② 被资助对象最近一期财务报表数据显示资产负债率超过70%；
③ 最近12个月内财务资助金额累计计算超过公司最近一期经审计净资产的10%；
④ 证券交易所或者公司章程规定的其他情形</td><td>经出席会议的股东所持表决权过半数通过</td></tr>
<tr><td>公司合并报表范围内的控股子公司，且该控股子公司其他股东中不包含上市公司的控股股东、实际控制人及其关联人</td><td colspan="3">可以免于经董事会和股东大会审议</td></tr>
</table>

（续表）

资助对象	审议机关	上会标准	表决标准
非由上市公司控股股东、实际控制人控制的关联参股公司，且该参股公司的其他股东按出资比例提供同等条件财务资助的	董事会	所有上市公司“财务资助”的交易事项	同时满足： ① 全体非关联董事的过半数审议通过； ② 经出席董事会会议的非关联董事的2/3以上董事审议通过
	股东大会	财务资助事项属于下列情形之一的： ① 单笔财务资助金额超过上市公司最近一期经审计净资产的10%； ② 被资助对象最近一期财务报表数据显示资产负债率超过70%； ③ 最近12个月内财务资助金额累计计算超过公司最近一期经审计净资产的10%； ④ 证券交易所或者公司章程规定的其他情形	经出席会议的非关联股东所持表决权的过半数以上通过
其他关联人、参与认购的投资者、激励对象、收购人	上市公司不得为其提供财务资助		

（五）关联交易

1. 关联关系

不同领域的法律法规对“关联关系”及“关联交易”的表述和范围不尽相同。根据《上市公司信息披露管理办法》（2021年修订）及《上海证券交易所股票上市规则（2023年8月修订）》，在证券领域中与“关联关系”相关的含义如下：

（1）关联交易。

上市公司的关联交易，指上市公司或者其控股子公司与上市公司关联人之间发生的转移资源或者义务的事项。

（2）关联人。

关联人包括关联法人（或者其他组织）和关联自然人。

（3）关联法人。

具有以下情形之一的法人（或者其他组织），为上市公司的关联法人（或者其他组织）：

① 直接或者间接地控制上市公司的法人（或者其他组织）；

② 由前项所述法人（或者其他组织）直接或者间接控制的除上市公司及其控股子公司以外的法人（或者其他组织）；

③ 关联自然人直接或者间接控制的，或者担任董事、高级管理人员的，除上市公司及其控股子公司以外的法人（或者其他组织）；

④ 持有上市公司5%以上股份的法人（或者其他组织）及其一致行动人；

⑤ 在过去12个月内或者根据相关协议安排在未来12月内，存在上述情形之一的；

⑥ 中国证监会、证券交易所或者上市公司根据实质重于形式的原则认定的其他与上市公司有特殊关系，可能或者已经造成上市公司对其利益倾斜的法人（或者其他组织）。

（4）关联自然人。

具有以下情形之一的自然人，为上市公司的关联自然人：

① 直接或者间接持有上市公司5%以上股份的自然人；

② 上市公司董事、监事及高级管理人员；

③ 直接或者间接地控制上市公司的法人的董事、监事及高级管理人员；

④ 上述第①、②项所述人士的关系密切的家庭成员，包括配偶、父母、年满18周岁的子女及其配偶、兄弟姐妹及其配偶，配偶的父母、兄弟姐妹，子女配偶的父母；

⑤ 在过去12个月内或者根据相关协议安排在未来12个月内，存在上述情形之一的；

⑥ 中国证监会、证券交易所或者上市公司根据实质重于形式的原则认定的其他与上市公司有特殊关系，可能或者已经造成上市公司对其利益倾斜的自然人。

（5）关联董事。

关联董事包括下列董事或者具有下列情形之一的董事：

① 为交易对方；

② 拥有交易对方直接或者间接控制权的；

③ 在交易对方任职，或者在能直接或间接控制该交易对方的法人或其他组织、该交易对方直接或者间接控制的法人或其他组织任职；

④ 为交易对方或者其直接或间接控制人的关系密切的家庭成员；

⑤ 为交易对方或者其直接或者间接控制人的董事、监事或高级管理人员的关系密切的家庭成员；

⑥ 中国证监会、证券交易所或者上市公司基于实质重于形式原则认定的其独立商业判断可能受到影响的董事。

（6）关联股东。

关联股东包括下列股东或者具有下列情形之一的股东：

① 为交易对方；

② 拥有交易对方直接或者间接控制权的；

③ 被交易对方直接或者间接控制；

④ 与交易对方受同一法人或者其他组织或者自然人直接或者间接控制；

⑤ 在交易对方任职，或者在能直接或间接控制该交易对方的法人或其他组织、该交易对方直接或者间接控制的法人或其他组织任职；

⑥ 为交易对方或者其直接或者间接控制人的关系密切的家庭成员；

⑦ 因与交易对方或者其关联人存在尚未履行完毕的股权转让协议或者其他协议而使其表决权受到限制和影响的股东；

⑧ 中国证监会或者证券交易所认定的可能造成上市公司利益对其倾斜的股东。

2. 关联交易的认定

综合各证券交易所《股票上市规则》对关联交易的认定，关联交易除了涵括所有重大交易外，还包括表2-1-12所示事项。

表2-1-12　关联交易除重大交易外的其他认定事项

<table>
<tr><th>序　号</th><th>主板</th><th>创业板</th><th>科创板、北交所</th></tr>
<tr><td>1</td><td colspan="2">购买原材料、燃料、动力</td><td>—</td></tr>
<tr><td>2</td><td colspan="2">销售产品、商品</td><td>—</td></tr>
<tr><td>3</td><td colspan="2">提供或者接受劳务</td><td>—</td></tr>
<tr><td>4</td><td colspan="2">委托或者受托销售</td><td>—</td></tr>
<tr><td>5</td><td>存贷款业务</td><td>—</td><td>—</td></tr>
<tr><td>6</td><td colspan="2">与关联人共同投资</td><td>—</td></tr>
<tr><td>7</td><td colspan="2">其他通过约定可能引致资源或者义务转移事项</td><td>—</td></tr>
</table>

3. 关联交易披露标准

各板块对于关联交易的披露标准和审议标准有所差别，表2-1-13对各板块关于“应当及时披露”和“应提交股东大会审议”的关联交易的标准进行了比照。

表2-1-13　各板块关联交易信披标准比照表

适用范围	应当及时披露	应提交股东大会审议
主板、创业板	① 公司与关联自然人发生的交易金额（包括承担的债务和费用）在30万元以上的交易； ② 公司与关联法人（或者其他组织）发生的交易金额在300万元以上，且占上市公司最近一期经审计净资产绝对值0.5%以上的交易	交易金额在3000万元以上，且占上市公司最近一期经审计净资产绝对值0.5%以上的
科创板	① 公司与关联自然人发生的成交金额在30万元以上的交易； ② 公司与关联法人发生的成交金额占上市公司最近一期经审计总资产或市值0.1%以上的交易，且超过300万元	交易金额（提供担保除外）占上市公司最近一期经审计总资产或市值1%以上的交易，且超过3000万元的
北交所	① 公司与关联自然人发生的成交金额在30万元以上的关联交易； ② 公司与关联法人发生的成交金额占公司最近一期经审计总资产0.2%以上的交易，且超过300万元	成交金额（除提供担保外）占公司最近一期经审计总资产2%以上的交易，且超过3000万元

4. 关联交易的审议程序

（1）董事会。

上市公司董事会审议关联交易事项时，关联董事应当回避表决，也不得代理其他董事行使表决权。该董事会会议由过半数的非关联董事出席即可举行，董事会会议所作决议须经非关联董事过半数通过。出席董事会会议的非关联董事人数不足3人的，公司应当将交易提交股东大会审议。

公司向关联参股公司提供财务资助的，除应当经全体非关联董事的过半数审议通过外，还应当经出席董事会会议的非关联董事的2/3以上董事审议通过，并提交股东大会审议。

上市公司为关联人提供担保的，除应当经全体非关联董事的过半数审议通过外，还应当经出席董事会会议的非关联董事的2/3以上董事审议同意并作出决议，并提交股东大会审议。

（2）股东大会。

上市公司股东大会审议关联交易事项时，关联股东应当回避表决，也不得代理其他股东行使表决权。

公司为控股股东、实际控制人及其关联人提供担保的，控股股东、实际控制人及其关联人应当提供反担保。

（六）资金往来

上市公司应防范控股股东、实际控制人及其他关联方出现资金占用情形，控股股东、实际控制人及其他关联方不得以任何方式侵占上市公司利益。

控股股东、实际控制人及其他关联方与上市公司发生的经营性资金往来中，不得占用上市公司资金。

上市公司不得以下列方式将资金直接或者间接地提供给控股股东、实际控制人及其他关联方使用：

（1）为控股股东、实际控制人及其他关联方垫支工资、福利、保险、广告等费用，以及承担成本和其他支出。

（2）有偿或者无偿地拆借公司的资金（含委托贷款）给控股股东、实际控制人及其他关联方使用，但上市公司参股公司的其他股东同比例提供资金的除外。前述所称“参股公司”，不包括由控股股东、实际控制人控制的公司。

（3）委托控股股东、实际控制人及其他关联方进行投资活动。

（4）为控股股东、实际控制人及其他关联方开具没有真实交易背景的商业承兑汇票，以及在没有商品和劳务对价的情况下或者明显有悖商业逻辑的情况下以采购款、资产转让款、预付款等方式提供资金。

（5）代控股股东、实际控制人及其他关联方偿还债务。

（6）中国证监会认定的其他方式。

注册会计师在为上市公司年度财务会计报告进行审计的工作中，应当对上市公司存在控股股东、实际控制人及其他关联方占用资金的情况出具专项说明，公司应当就专项说明作出公告。

（七）资金占用

上市公司被控股股东、实际控制人及其他关联方占用的资金，原则上应当以现金清偿。

控股股东、实际控制人及其他关联方拟用非现金资产清偿占用的上市公司资金时，应当遵守以下规定：

（1）用于抵偿的资产必须属于上市公司同一业务体系，并有利于增强上市公司独立性和核心竞争力，减少关联交易，不得是尚未投入使用的资产或者没有客观明确账面净值的资产。

（2）上市公司应当聘请符合《证券法》规定的中介机构对符合以资抵债条件的资产进行评估，以资产评估值或者经审计的账面净值作为以资抵债的定价基础，但最终定价不得损害上市公司利益，并充分考虑所占用资金的现值予以折扣。审计报告和评估报告应当向社会公告。

（3）独立董事应当就上市公司关联方以资抵债方案发表独立意见，或者聘请符合《证券法》规定的中介机构出具独立财务顾问报告。

（4）上市公司关联方以资抵债方案须经股东大会审议批准，关联方股东应当回避投票。

（八）豁免情形

当出现证券交易所规定的特定情形时，上市公司的某些特定交易可以按照证券交易所的相关规定免于披露和履行相应程序。表2-1-14汇总了各板块对于交易事项豁免条款的相关规定。

表2-1-14 交易事项豁免条款对照表

<table>
<tr><th>序 号</th><th>豁免条款</th><th>沪市主板、科创板、北交所</th><th>深市主板</th><th>创业板</th></tr>
<tr><td>1</td><td>上市公司单方面获得利益的交易，包括受赠现金资产、获得债务减免、接受担保和资助等</td><td rowspan="4">免于按照关联交易的方式审议和披露</td><td rowspan="4">应当履行披露和董事会审议义务，可以向交易所申请豁免股东大会审议</td><td rowspan="4">豁免提交股东大会审议</td></tr>
<tr><td>2</td><td>关联人向上市公司提供资金，利率水平不高于贷款市场报价利率[1]，且上市公司无需提供担保</td></tr>
<tr><td>3</td><td>一方参与另一方公开招标[2]、拍卖等，但是招标、拍卖等难以形成公允价格的除外</td></tr>
<tr><td>4</td><td>关联交易定价为国家规定的</td></tr>
</table>

（续表）

<table>
<tr><th>序 号</th><th>豁免条款</th><th>沪市主板、科创板、北交所</th><th>深市主板</th><th>创业板</th></tr>
<tr><td>5</td><td>一方以现金方式认购另一方公开发行的股票、公司债券或企业债券、可转换公司债券或者其他衍生品种[3]</td><td rowspan="4">免于按照关联交易的方式审议和披露</td><td rowspan="4">非重大交易，可以免予按照关联交易的方式审议和披露</td><td rowspan="4">可以免予按照关联交易的方式履行相关义务</td></tr>
<tr><td>6</td><td>一方作为承销团成员承销另一方公开发行的股票、公司债券或企业债券、可转换公司债券或者其他衍生品种</td></tr>
<tr><td>7</td><td>一方依据另一方股东大会决议领取股息、红利或者报酬</td></tr>
<tr><td>8</td><td>上市公司按与非关联人同等交易条件，向上市公司董监高、直接或者间接控制上市公司的法人的董监高，以及上述董监高关系密切的家庭成员[4]提供产品和服务</td></tr>
<tr><td>9</td><td>日常关联交易</td><td colspan="3">可以不进行审计或者评估</td></tr>
<tr><td>10</td><td>上市公司与其合并报表范围内的控股子公司、控制的其他主体发生的，或者上述控股子公司、控制的其他主体之间发生的交易</td><td colspan="3">可以免于披露和履行相应程序</td></tr>
<tr><td>11</td><td>上市公司及其关联人向上市公司控制的关联共同投资企业以同等对价同比例现金增资</td><td colspan="3">【沪市主板】：可以豁免适用提交股东大会审议；
【深市主板】：可以免于审计或者评估；
【科创板、创业板、北交所】：无此规定</td></tr>
<tr><td>12</td><td>中国证监会、交易所认定的其他交易</td><td colspan="3">—</td></tr>
</table>

注：

1. 第2点的利率水平，沪市主板、深市主板使用“不高于贷款市场报价利率”；科创板、创业板和北交所使用“不高于中国人民银行规定的同期贷款基准利率”。同时，创业板没有规定“上市公司无需提供担保”条款。

2. 第3点，深市主板的描述为“面向不特定对象的公开招标、公开拍卖或者挂牌的（不含邀标等受限方式），但招标、拍卖等难以形成公允价格的除外”。创业板也有“不含邀约等受限方式”的描述。

3. 第5点，深市主板增加例外条件为“但提前确定的发行对象包含关联人的除外”。

4. 第8点，沪市主板和深市主板对提供产品和服务的对象作了更严格和详细的限定，为“上市公司董监高、直接或者间接控制上市公司的法人的董监高，以及上述董监高关系密切的家庭成员”，而科创板、创业板和北交所相较比较宽松，只限定在“董监高”，没有涉及控股股东法人层面的董监高，以及董监高的家庭成员层面。

（九）放弃权利

放弃权利事项，指上市公司直接或者间接放弃对控股子公司或者控制的其他主体的优先购买或者认缴出资等权利。

上市公司放弃权利应履行的审议程序和披露义务如表2-1-15所示。

表2-1-15 上市公司放弃权利规定一览表

情　形	计算标准	程　序
上市公司放弃权利导致合并报表范围发生变更的	以放弃金额与该主体的相关财务指标	按照重大交易的标准履行审议程序和披露义务
上市公司放弃权利未导致上市公司合并报表范围发生变更，但相比于未放弃权利，所拥有该主体权益的比例下降的	以放弃金额与按权益变动比例计算的相关财务指标	
上市公司部分放弃权利导致合并报表范围发生变更的	以放弃金额与该主体的相关财务指标	
上市公司部分放弃权利未导致上市公司合并报表范围发生变更，但相比于未放弃权利，所拥有该主体权益的比例下降的	以放弃金额与按权益变动比例计算的相关财务指标	

五、应当披露的其他重大事项

（一）股票交易异常波动公告

本节法规导航

（1）《上海证券交易所交易规则（2023年修订）》；

（2）《上海证券交易所主板股票异常交易实时监控细则》；

（3）《上海证券交易所科创板股票异常交易实时监控细则》；

（4）《深圳证券交易所交易规则（2023年修订）》；

（5）《深圳证券交易所主板股票异常交易实时监控细则》；

（6）《深圳证券交易所创业板股票异常交易实时监控细则（试行）》（2023年修订）；

（7）《深圳证券交易所创业板交易特别规定》；

（8）《北京证券交易所交易规则（试行）》；

（9）《北京证券交易所交易异常情况处理细则》。

1. 股票异常波动

股票竞价交易出现表2-1-16情形之一的，属于异常波动。

表2-1-16　股票异常波动的情形

主　板	科创板、创业板	北交所
连续3个交易日内日收盘价格涨跌幅偏离值[1]累计达到±20%的	连续3个交易日内日收盘价格涨跌幅偏离值累计达到±30%的	最近3个有成交的交易日以内收盘价涨跌幅偏离值累计达到±40%的
连续3个交易日内日均换手率与前5个交易日的日均换手率的比值达到30倍，并且该股票连续3个交易日内的累计换手率达到20%的	—	—
证监会或交易所认定属于异常波动的其他情形	—	—

注：

1. 收盘价格涨跌幅偏离值累计值的计算公式：收盘价格涨跌幅偏离值累计值=（单只证券期末收盘价/期初前收盘价-1）×100%-（对应指数期末收盘点数/期初前收盘点数-1）×100%。如期间内证券发生过除权除息，则对收盘价格做相应调整。

（1）上市公司股票交易出现异常波动时应采取的措施。

【上交所、深交所】上市公司股票交易出现证券交易所业务规则规定的异常波动情形的，公司应当于次一交易日披露股票交易异常波动公告。证券交易所可以根据需要安排公司在非交易日公告。股票交易异常波动的计算从披露之日起重新起算。

【北交所】上市公司股票交易出现证券交易所业务规则规定或证券交易所认定的异常波动情形的，公司应当于次一交易日开盘前披露异常波动公告。如次一交易日开盘前无法披露，上市公司应当向证券交易所申请停牌直至披露后复牌。

（2）上市公司披露的股票交易异常波动公告应当包括的内容。

① 股票交易异常波动情况的说明；

② 董事会对重要问题的关注、核实情况说明；

③ 向控股股东、实际控制人等的函询情况；

④ 是否存在应披露而未披露信息的声明；

⑤ 证券交易所要求的其他内容。

（3）证券交易所对上市公司股票交易异常波动采取的监管措施。

① 要求上市公司披露股票交易异常波动公告；

② 要求上市公司停牌核查并披露核查公告；

③ 向市场提示异常波动股票投资风险；

④ 证券交易所认为必要的其他措施。

2. 严重异常波动

【北交所】没有设置股票严重异常波动的标准。

【上交所、深交所】股票竞价交易出现表2-1-17情形之一的，属于严重异常波动。

表2-1-17　股票严重异常波动的情形

主　板	科创板、创业板
连续10个交易日内4次出现同向异常波动情形	连续10个交易日内3次出现同向异常波动情形
连续10个交易日内日收盘价格涨跌幅偏离值累计达到+100%（-50%）	
连续30个交易日内日收盘价格涨跌幅偏离值累计达到+200%（-70%）	
中国证监会或者交易所认定属于严重异常波动其他的情形	

（1）上市公司股票交易出现严重异常波动时应采取的措施。

上市公司股票交易出现严重异常波动的，应当于次一交易日披露核查公告；无法披露的，应当申请其股票及其衍生品种自次一交易日起停牌核查，直至披露核查公告后复牌。

上市公司股票交易出现严重异常波动，经公司核查后无应披露的未披露重大事项，也无法对异常波动原因作出合理解释的，证券交易所可以向市场公告，提示股票交易风险，并视情况实施停牌。

上市公司应当及时披露核查结果公告，充分提示公司股价严重异常波动的交易风险；存在未披露重大事项的，应当召开投资者说明会。

上市公司股票应当自披露核查结果公告、投资者说明会公告（如有）之日起复牌。

（2）上市公司股票交易出现严重异常波动的核查事项。

上市公司股票交易出现严重异常波动的，公司或者相关信息披露义务人应当核查下列事项：

① 是否存在导致股价严重异常波动的未披露事项；

② 股价是否严重偏离同行业上市公司合理估值；

③ 是否存在重大风险事项；

④ 其他可能导致股价严重异常波动的事项。

公司应当在核查公告中充分提示公司股价严重异常波动的交易风险。

保荐人及其保荐代表人应当督促公司及时进行核查，履行相应信息披露义务。

（二）澄清公告

传闻可能或者已经对上市公司股票及其衍生品种交易价格产生较大影响的，公司应当及时核实相关情况，并依规披露情况说明公告或者澄清公告。

上市公司披露的澄清公告应当包括以下内容：

（1）传闻内容及其来源；

（2）传闻所涉及事项的真实情况；

（3）相关风险提示（如适用）；

（4）证券交易所要求的其他内容。

（三）政府补助

《深圳证券交易所上市公司自律监管指南第2号——公告格式（2023年8月修订）》《深圳证券交易所上市公司其他事项类第6号——上市公司获得政府补助公告格式》中规定，上市公司及其子公司获得可能对上市公司资产、负债、权益或经营成果产生重大影响的政府补助时需要披露公告。

上述政府补助，指依据《企业会计准则》定义并确认的政府补助；上述重大影响，是指单笔收到的与收益相关的政府补助占上市公司最近一个会计年度经审计的归属于上市公司股东的净利润 10%以上且绝对金额超过 100 万元，或者收到的与资产相关的政府补助占最近一期经审计的归属于上市公司股东的净资产 10%以上且绝对金额超过 1000 万元。

根据《企业会计准则第16号——政府补助》，政府补助是指企业从政府无偿取得货币性资产或非货币性资产。政府补助具有以下特征：① 来源于政府的经济资源；② 无偿性。

政府补助分为与资产相关的政府补助和与收益相关的政府补助。与资产相关的政府补助，是指企业取得的、用于构建或以其他方式形成长期资产的政府补助。与收益相关的政府补助，是指除与资产相关的政府补助之外的政府补助。

上市公司应当在发生政府补助事项时及时披露临时报告，并在发生后续事项时进行持续披露。

1. 首次披露

上市公司应当根据时点优先原则，在收到补助相关函件或收到补助资金等事实最先发生的时点，及时履行信息披露义务。

表2-1-18对各板块关于政府补助首次披露标准进行了对比。

表2-1-18　各板块政府补助首次信息披露标准对照表

板　块	披露标准	
深市主板、创业板	与资产相关	收到的与资产相关的政府补助占最近一期经审计的归属上市公司股东的净资产10%以上且绝对金额超过1000万元
	与收益相关	单笔收到的与收益相关的政府补助占上市公司最近一个会计年度经审计的归属上市公司股东的净利润10%以上且绝对金额超过100万元
沪市主板	上市公司出现获得对当期损益产生重大影响的额外收益，可能对公司的资产、负债、权益或者经营成果产生重要影响的，应当及时披露	
	当期发生的补助，上市公司可以区分对利润和资产的不同影响程度，测算补助金额占公司最近一期经审计的净利润或者最近一期经审计的净资产的比例是否达到信息披露标准	
科创板	上市公司出现发生可能对公司资产、负债、权益或者经营成果产生重大影响的其他事项的，应当及时披露	
北交所	上市公司出现订立重要合同、获得大额政府补助等额外收益，可能对公司的资产、负债、权益和经营成果产生重大影响的，应当自事实发生或董事会决议之日起及时披露	

2. 持续披露

公司尚未实际收到政府补助相应款项或资产的，应在当次披露的公告中声明将及时披露后续收款或资产接收情况。

公司前期已披露的政府补助需要退回的，公司应在确认补助需要退回时及时披露退回原因、金额，相应的会计处理及对公司资产、负债、权益或经营成果的影响等。

（四）重大诉讼、仲裁事项

上市公司发生重大诉讼、仲裁事项，或者出现可能对公司股票及其衍生品种交易价格产生较大影响的其他事项，上市公司应当及时履行披露义务。

1. 重大诉讼、仲裁事项披露的标准

表2-1-19就各板块对于重大诉讼、仲裁事项的披露标准进行了对比。

表2-1-19　各板块重大诉讼、仲裁事项披露标准对照表

<table>
<tr><th></th><th>主　板</th><th>创业板/北交所</th><th>科创板</th></tr>
<tr><td colspan="4">1. 单独案件</td></tr>
<tr><td>涉案金额</td><td colspan="2">超过1000万元（不含本数），且占上市公司最近一期经审计净资产绝对值10%以上（含本数）</td><td>超过1000万元（不含本数），且占公司最近一期经审计总资产或者市值1%以上（含本数）</td></tr>
<tr><td rowspan="4">其他标准</td><td colspan="3">涉及股东大会、董事会决议被申请撤销或者宣告无效的</td></tr>
<tr><td>证券纠纷代表人诉讼</td><td>—</td><td>—</td></tr>
<tr><td>可能对上市公司股票及其衍生品种交易价格产生较大影响的</td><td>可能对公司生产经营、控制权稳定、公司股票及其衍生品种交易价格或者投资决策产生较大影响的</td><td>董事会认为可能对公司控制权稳定、生产经营或股票及其衍生品种交易价格产生较大影响的其他诉讼、仲裁</td></tr>
<tr><td colspan="3">交易所认为有必要的</td></tr>
<tr><td colspan="4">2. 累计计算</td></tr>
<tr><td>涉案金额</td><td colspan="2">连续12个月内发生的诉讼、仲裁事项，涉案金额累计达到重大标准的，即超过1000万元（不含本数），且占上市公司最近一期经审计净资产绝对值10%以上（含本数）</td><td>—</td></tr>
<tr><td>豁免累计</td><td colspan="2">已经履行披露义务的，不再纳入累计计算范围</td><td>—</td></tr>
</table>

2. 重大诉讼、仲裁事项的披露内容

（1）首次披露。

上市公司关于重大诉讼、仲裁事项的公告应当包括以下内容：

① 案件受理情况和基本案情;

② 案件对公司本期利润或者期后利润的影响;

③ 公司是否还存在尚未披露的其他诉讼、仲裁事项;

④ 交易所要求的其他内容。

（2）持续披露。

上市公司应当及时披露诉讼、仲裁事项的重大进展情况，包括但不限于诉讼案件的一审和二审裁判结果、仲裁案件的裁决结果以及裁判、裁决执行情况、对公司的影响等。

（五）会计政策及会计估计变更

会计政策，指企业在会计确认、计量和报告中所采用的原则、基础和会计处理方法。会计政策变更，指企业对相同的交易或事项由原来采用的会计政策改用另一会计政策的行为。

会计估计，指财务报表中具有计量不确定性的货币金。会计估计变更，指由于资产和负债的当期状况及预期经济利益和义务发生了变化，从而对资产或负债的账面价值或者资产的定期消耗金额进行调整。

上市公司不得利用会计政策变更和会计估计变更操纵营业收入、净利润、净资产等财务指标。

上市公司按照法律法规或者国家统一的会计制度的要求变更会计政策的，会计政策变更公告日期最迟不得晚于会计政策变更生效当期的定期报告披露日期。

上市公司会计政策变更公告应当包含本次会计政策变更情况概述、会计政策变更对公司的影响、因会计政策变更对公司最近两年已披露的年度财务报告进行追溯调整导致已披露的年度报告出现盈亏性质改变的情况说明（如有）等。

公司自主变更会计政策的，除应当在董事会审议通过后及时按照前款规定披露外，还应当披露董事会、独立董事和监事会对会计政策变更是否符合相关规定的意见。需股东大会审议的，还应当披露会计师事务所出具的专项意见。

上市公司变更重要会计估计的，应当在变更生效当期的定期报告披露前将变更事项提交董事会审议，并在董事会审议通过后比照自主变更会计政策履行披露义务。

上市公司计提资产减值准备或者核销资产，对公司当期损益的影响占公司最近一个会计年度经审计净利润绝对值的比例在10%以上且绝对金额超过100万元的，应当及时披露。

（六）行业经营性信息

行业经营性信息，指与上市公司业务相关的行业信息和经营性信息。

上市公司特定业务的营业收入占公司最近一个会计年度经审计营业收入30%以上的，或者归属母公司所有者的净利润（以下简称净利润）占公司最近一个会计年度经审计的净利润 30%以上的，或者该业务可能对公司业绩或股票及其衍生品种交易价格产生较大影响的，应当按照规定履行信息披露义务。

鼓励从事特定业务未达到前款标准的上市公司，以及相关行业的上市公司，进行信息披露。

上市公司控股子公司从事特定业务，视同上市公司从事该等业务，应当履行信息披露义务。上市公司参股公司从事特定业务，可能对上市公司业绩或股票及其衍生品种交易价格产生较大影响的，应当履行信息披露义务。

表2-1-20对行业经营性信息的披露内容和披露要求进行了汇总。

表2-1-20　行业经营性信息披露内容和披露要求一览表

环　节		披露内容	披露要求
定期报告	年报	① 所属行业的宏观形势、市场环境、行业政策、发展状况、经营特点，以及公司的行业地位、经营模式、竞争优势、经营成果、主要风险及应对措施。 ② 财务报告附注时，应当依据自身经营模式和结算方式，披露与行业特征相关的具体会计政策、会计估计和会计科目注释	应当披露
	半年报		鼓励披露
	每月或每季度定期报告	反映行业特征的主要经营数据	鼓励披露
上市公司购买或者出售特定行业资产、取得或丧失特定行业资质，达到《股票上市规则》规定标准或对股票及其衍生品种交易价格可能产生较大影响的		① 首次披露：及时履行相应的审议程序和临时信息披露义务，并按照规定披露相关资产的行业经营性信息。 ② 持续披露：及时披露进展情况	应当披露
行业及业务发生重大变化的		① 所处行业的基本特点、主要技术门槛，报告期内新技术、新产业、新业态、新模式的发展情况和未来发展趋势； ② 核心竞争优势，核心经营团队和技术团队的竞争力分析，以及报告期内获得相关权利证书或者批准文件的核心技术储备； ③ 当期研发支出金额及占销售收入的比例、研发支出的构成项目、费用化及资本化的金额及比重； ④ 在研产品或项目的进展或阶段性成果，研发项目预计总投资规模、应用前景以及可能存在的重大风险； ⑤ 其他有助于投资者决策的行业信息	应当及时披露
出现重大事故或负面事件的		① 发生重大环境、生产及产品安全事故； ② 收到政府部门限期治理、停产、搬迁、关闭的决定通知； ③ 不当使用科学技术或违反科学伦理； ④ 其他不当履行社会责任的重大事故或负面事件	应当及时披露
上市公司因特殊原因无法按照指引个别条款的规定履行信息披露义务的		可以根据实际情况调整披露内容或者不披露相关内容，但应当说明并披露原因、提示投资者注意相关风险	可以调整披露，但应当作出说明

（七）经营风险

（1）上市公司发生下列重大风险事项的，应当及时披露其对公司核心竞争力和持续经营能力的具体影响：

① 国家政策、市场环境、贸易条件等外部宏观环境发生重大不利变化；

② 原材料采购价格、产品售价或市场容量出现重大不利变化，或者供销渠道、重要供应商或客户发生重大不利变化；

③ 核心技术人员离职；

④ 核心商标、专利、专有技术、特许经营权或者核心技术许可丧失、到期或者出现重大纠纷；

⑤ 主要产品、业务或者所依赖的基础技术研发失败或者被禁止使用；

⑥ 主要产品或核心技术丧失竞争优势；

⑦ 其他重大风险事项。

（2）上市公司出现下列重大风险事项之一的，应当及时披露具体情况及其影响：

① 可能发生重大亏损或者遭受重大损失；

② 发生重大债务或者重大债权到期未获清偿；

③ 可能依法承担重大违约责任或者大额赔偿责任；

④ 计提大额资产减值准备；

⑤ 公司决定解散或者被有权机关依法吊销营业执照、责令关闭或者被撤销；

⑥ 预计出现股东权益为负值；

⑦ 主要债务人出现资不抵债，公司对相应债权未提取足额坏账准备；

⑧ 主要资产被查封、扣押、冻结或者被抵押、质押；

⑨ 主要银行账户被查封、冻结；

⑩ 主要业务陷入停顿；

⑪ 董事会会议无法正常召开并形成决议；

⑫ 被控股股东及其关联方非经营性占用资金或违规对外担保；

⑬ 控股股东、实际控制人或者上市公司因涉嫌违法违规被有权机关调查，或者受到重大行政、刑事处罚；

⑭ 实际控制人、公司法定代表人或者经理无法履行职责，董事、监事、高级管理人员、核心技术人员因涉嫌违法违纪被有权机关调查或者采取强制措施，或者受到重大行政、刑事处罚；

⑮ 证券交易所或者公司认定的其他重大风险情况。

（八）承诺

上市公司及其相关方承诺指上市公司及其实际控制人、股东、关联方、董事、监事、高级管理人员、收购人、资产交易对方、破产重整投资人等在首次公开发行股票、再融资、并购重组、破产重整以及日常经营过程中作出的解决同业竞争、资产注入、股权激励、解决产权瑕疵等各项承诺的行为。

1. 承诺的总体要求及基本原则

上市公司及其相关方承诺的总体要求：任何单位和个人不得利用承诺损害上市公司及其股东的合法权益。

基本原则：承诺人作出的承诺应当明确、具体、可执行，不得承诺根据当时情况判断明显不能实现的事项。承诺事项需要主管部门审批的，承诺人应当明确披露需要取得的审批，并明确如无法取得审批的补救措施。

2. 承诺的要点

承诺人的承诺事项应当包括以下内容：

（1）承诺的具体事项；

（2）履约方式、履约时限、履约能力分析、履约风险及防范对策；

（3）履约担保安排，包括担保方、担保方资质、担保方式、担保协议

（函）主要条款、担保责任等（如有）；

（4）履行承诺声明和违反承诺的责任；

（5）中国证监会要求的其他内容。

承诺事项应当有明确的履约时限，不得使用“尽快”“时机成熟时”等模糊性词语。承诺履行涉及行业限制的，应当在政策允许的基础上明确履约时限。

3. 不得变更、豁免的承诺

承诺人应当严格履行其作出的各项承诺，采取有效措施确保承诺的履行，不得擅自变更或者豁免。下列承诺不得变更或豁免：

（1）依照法律法规、中国证监会规定作出的承诺；

（2）除中国证监会明确的情形外，上市公司重大资产重组中按照业绩补偿协议作出的承诺；

（3）承诺人已明确不可变更或撤销的承诺。

4. 可以变更、豁免的承诺

出现以下情形的，承诺人可以变更或者豁免履行承诺：

（1）因相关法律法规、政策变化、自然灾害等自身无法控制的客观原因导致承诺无法履行的；

（2）其他确已无法履行或者履行承诺不利于维护上市公司权益的。

上市公司及承诺人应充分披露变更或者豁免履行承诺的原因，并及时提出替代承诺或者提出豁免履行承诺义务。

除因相关法律法规、政策变化、自然灾害等自身无法控制的客观原因外，变更、豁免承诺的方案应提交股东大会审议，上市公司应向股东提供网络投票方式，承诺人及其关联方应回避表决。独立董事、监事会应就承诺人提出的变更方案是否合法合规、是否有利于保护上市公司或其他投资者的利益发表意见。

5. 限制权力

在承诺履行完毕或替代方案经股东大会批准后，中国证监会将对承诺人提交的行政许可申请，以及其作为上市公司交易对手方的行政许可申请（例如上市公司向其购买资产、募集资金等）审慎审核或作出不予许可的决定。

有证据表明承诺人在作出承诺时已知承诺不可履行的，中国证监会将对承诺人依据《证券法》等有关规定予以处理。相关问题查实后，在对责任人作出处理前及按相关规定进行整改前，限制承诺人对其持有或者实际支配的股份行使表决权。

（九）控股子公司与参股公司

根据《上市公司信息披露管理办法》（2021年修订）以及各证券交易所《股票上市规则》的相关规定，上市公司控股子公司发生的重大事件，可能对上市公司证券及其衍生品种交易价格产生较大影响的，上市公司应当履行信息披露义务。

上市公司参股公司发生可能对上市公司证券及其衍生品种交易价格产生较大影响的事件的，上市公司应当履行信息披露义务。

（十）破产重整等事项

上市公司发生重整、和解、清算等破产事项（以下统称破产事项）的，应当按照法律法规的相关规定履行相应审议程序和信息披露义务。

1. 应披露的破产事项

上市公司出现以下情形之一的，应当按照法律法规相关规定履行相应的审议程序和信息披露义务：

（1）上市公司发生重整、和解、清算等破产事项；

（2）上市公司实施预重整等事项；

（3）上市公司控股股东、第一大股东、对上市公司经营具有重要影响的子公司或者参股公司发生破产事项，可能对上市公司股票及其衍生品种交易价格产生较大影响的。

2. 破产事项的程序及披露义务

表2-1-21对整个破产事项，从申请重整、和解或破产清算开始，到法院宣告破产，各个环节中上市公司需要进行的事项和履行的披露义务做了归整。

表2-1-21 上市公司在破产事项中的程序和披露义务

环节	事项
申请重整、和解或破产清算	上市公司在董事会作出向法院申请破产事项决定，或知悉债权人向法院申请公司重整或破产清算时，应当及时披露申请情况及对公司的影响，并充分提示风险。 在法院裁定是否受理破产事项之前，公司应当每月披露进展情况
撤回申请	公司应当及时披露撤回破产事项申请的相关信息
法院受理	法院受理破产事项申请的，上市公司应当及时披露法院裁定的主要内容、指定管理人的基本情况，并明确公司进入破产程序后信息披露事务的责任人情况
法院不予受理	公司应当及时披露法院不予受理的相关信息
与破产程序相关的连续停牌	法院受理公司重整、和解或破产清算申请的，上市公司应及时披露相关情形，公司股票自该情形出现的次一交易日起停牌。证券交易所对其股票实施退市风险警示
债权确认通知	人民法院受理破产申请后，应当确定债权人申报债权的期限。债权申报期限自人民法院发布受理破产申请公告之日起计算，最短不得少于30日，最长不得超过3个月。债权人应当在人民法院确定的债权申报期限内向管理人申报债权。债权表应当提交第一次债权人会议核查。债务人、债权人对债权表记载的债权无异议的，再由人民法院裁定确认
召开债权人/出资人会议的通知	上市公司或者管理人应当及时披露债权人会议通知、会议议案的主要内容，在债权人会议审议通过重整计划或者和解协议后，及时披露重整计划、和解协议的全文
指定破产管理人	法院受理破产事项申请的，上市公司应当及时披露法院裁定的主要内容、指定管理人的基本情况，并明确公司进入破产程序后信息披露事务的责任人情况

（续表）

环　节	事　项
法院裁定破产事项	法院裁定批准重整计划、和解协议的，上市公司或者管理人应当及时公告裁定内容，并披露重整计划、和解协议全文。如重整计划、和解协议与前次披露内容存在差异，应当说明差异内容及原因。 重整计划或和解协议未获批准的，上市公司或管理人应及时公告裁定内容及未获批准原因，并充分提示因被法院宣告破产公司股票及其衍生品种可能被终止上市的风险
破产事项实施的相关进展	上市公司在重整计划、和解协议执行期间应当及时披露进展情况。 公司不能执行或者不执行重整计划、和解协议的，应当及时披露具体原因、责任归属、后续安排等相关情况，并充分提示因被法院宣告破产公司股票及其衍生品种可能被终止上市的风险
法院裁定破产事项计划实施完成	重整计划、和解协议执行完毕后，公司应及时披露相关情况及对公司的主要影响、管理人监督报告和法院裁定内容
法院宣告破产	重整计划或者和解协议未获批准的，公司或者管理人应当及时公告裁定内容及未获批准的原因，并充分提示因被法院宣告破产公司股票及其衍生品种可能被终止上市的风险。 公司不能执行或者不执行重整计划、和解协议的，应当及时披露具体原因、责任归属、后续安排等相关情况，并充分提示因被法院宣告破产公司股票及其衍生品种可能被终止上市的风险
持续披露	进入破产程序的上市公司，除应当及时披露上述信息外，还应当及时披露定期报告和临时公告

六、募集资金

上市公司的募集资金，指上市公司通过发行股票及其衍生品种，向投资者募集并用于特定用途的资金。

本节法规导航

（1）《上市公司监管指引第2号——上市公司募集资金管理和使用的监管要求（2022 年修订）》；

（2）《上市公司证券发行注册管理办法》；

（3）《北京证券交易所上市公司证券发行注册管理办法》；

（4）各证券交易所制定的《股票上市规则》。

（一）募集资金使用和管理

1. 募集资金使用和管理的基本要求

上市公司募集资金使用和管理应做到以下几点：

（1）建立并完善募集资金存储、使用、变更、监督和责任追究的内部控制制度，并将募集资金存储、使用和管理的内部控制制度及时在证券交易所网站上披露。

（2）上市公司的董事、监事和高级管理人员应当勤勉尽责，督促公司规范使用募集资金。上市公司会计部门应对募集资金的使用情况设立专项台账；公司内部审计部门应至少每半年对募集资金的存放与使用情况检查一次，并及时向审计委员会报告检查结果；公司审计委员会认为公司募集资金管理存在违规情形、重大风险或者内部审计部门没有按规定提交检查结果报告的，应当及时向董事会报告；董事会应当在收到报告后及时向证券交易所报告并公告。

（3）募集资金应存放于经董事会批准设立的账户中，专款专用，并在募集资金到位后一个月内与保荐机构（或独立财务顾问）、存放募集资金的商业银行签订三方监管协议并及时公告。

（4）上市公司募集资金应当按照招股说明书或者其他公开发行募集文件所列用途使用。上市公司改变招股说明书或者其他公开发行募集文件所列资金用途必须经股东大会作出决议。

（5）上市公司募集资金原则上应当用于主营业务。

【科创板】应当投资于科技创新领域。

（6）上市公司将募集资金用作以下事项时，应当经董事会审议通过，并由独立董事、监事会以及保荐人（或独立财务顾问）发表明确同意意见：

① 以募集资金置换预先已投入募集资金投资项目的自筹资金；

② 使用暂时闲置的募集资金进行现金管理；

③ 使用暂时闲置的募集资金暂时补充流动资金；

④ 变更募集资金用途；

⑤ 将募集资金用于在建项目及新项目。

公司变更募集资金用途，还应当经股东大会审议通过。

相关事项涉及关联交易、购买资产、对外投资等的，还应当按照有关规定履行审议程序和信息披露义务。

（7）上市公司董事会应当每半年度全面核查募投项目的进展情况，出具《公司募集资金存放与实际使用情况的专项报告》（以下简称《募集资金专项报告》）。《募集资金专项报告》应当经董事会和监事会审议通过，并应当在提交董事会审议后及时公告。

公司董事会应当在《募集资金专项报告》中披露保荐人或者独立财务顾问专项核查报告和会计师事务所鉴证报告的结论性意见。

独立董事、董事会审计委员会及监事会应当持续关注募集资金实际管理与使用情况。1/2以上的独立董事同意并通过则可以聘请会计师事务所对募集资金存放与使用情况出具鉴证报告。

2. 募集资金使用的禁止行为

上市公司募集资金原则上应当用于主营业务。【科创板】应当投资于科创板创新领域。募集资金使用不得有如下行为：

（1）除金融类企业外，募投项目为持有交易性金融资产和其他权益工具投资、借予他人、委托理财等财务性投资，直接或者间接投资于以买卖有价证券为主要业务的公司；

（2）通过质押、委托贷款或者其他方式变相改变募集资金用途；

（3）将募集资金直接或者间接提供给控股股东、实际控制人及其他关联人使用，为关联人利用募投项目获取不正当利益提供便利；

（4）违反募集资金管理规定的其他行为。

3. 募集资金投资项目出现异常情形的处理

募集资金投资项目出现下列情形之一的，上市公司应当对该项目的可行性、预计收益等重新进行论证，决定是否继续实施该项目：

（1）募集资金投资项目涉及的市场环境发生重大变化的；

（2）募集资金投资项目搁置时间超过一年的；

（3）超过最近一次募集资金投资计划的完成期限且募集资金投入金额未达到相关计划金额50%的；

（4）募集资金投资项目出现其他异常情形的。

公司应当在最近一期定期报告中披露项目的进展情况、出现异常的原因，需要调整募集资金投资计划的，应当同时披露调整后的募集资金投资计划。

（二）募集资金置换

（1）上交所、深交所规定。

上市公司以自筹资金预先投入募集资金投资项目的，可以在募集资金到账后6个月内，以募集资金置换自筹资金。置换事项应当经董事会审议通过，由会计师事务所出具鉴证报告，并由独立董事、监事会、保荐机构或者独立财务顾问发表明确同意意见并披露。上市公司应当在董事会会议后2个交易日内对外公告。

公司已在发行申请文件中披露拟以募集资金置换预先投入的自筹资金且预先投入金额确定的，应当在置换实施前对外公告。

（2）北交所规定。

发行人以自筹资金预先投入公开披露的募集资金用途后，以募集资金置换自筹资金的，应当经公司董事会审议通过并披露，独立董事和保荐机构应当发表明确同意意见并披露。发行人应当及时披露募集资金置换公告以及保荐机构关于发行人前期资金投入具体情况或安排的专项意见。

（三）使用暂时闲置募集资金进行现金管理

1. 暂时闲置募集资金使用要求

上市公司暂时闲置的募集资金可进行现金管理，其投资的产品须符合以下条件：

（1）结构性存款、大额存单等安全性高的保本型产品。

（2）流动性好，不得影响募集资金投资计划正常进行。投资产品不得质押，产品专用结算账户（如适用）不得存放非募集资金或用作其他用途，开立或注销产品专用结算账户的，上市公司应当及时报交易所备案并公告。

（3）【沪市主板特别规定】投资产品的期限不得长于内部决议授权使用期限，且不得超过12个月。前述投资产品到期资金按期归还至募集资金专户并公告后，公司才可在授权的期限和额度内再次开展现金管理。

2. 信息披露要求

使用闲置募集资金投资产品的，应当经上市公司董事会审议通过，独立董事、监事会、保荐机构发表明确同意意见，并于董事会会议2个交易日内披露公告。

公司应当在出现产品发行主体财务状况恶化、所投资的产品面临亏损等重大风险情形时，及时对外披露风险提示性公告，并说明公司为确保资金安全采取的风险控制措施。

（四）使用暂时闲置募集资金用于补充流动资金

上市公司以闲置募集资金暂时用于补充流动资金的，应当符合如下要求：

（1）不得改变募集资金用途，不得影响募集资金投资计划的正常进行；

（2）仅限于与主营业务相关的生产经营使用，不得通过直接或者间接安排用于新股配售、申购，或者用于股票及其衍生品种、可转换公司债券等的交易；

（3）单次补充流动资金时间不得超过12个月；

（4）已归还已到期的前次用于暂时补充流动资金的募集资金（如适用）。

补充流动资金到期日之前，公司应当将该部分资金归还至募集资金专用结算账户，并在资金全部归还后及时公告。

闲置募集资金暂时用于补充流动资金的，应当经上市公司董事会审议通过，独立董事、监事会、保荐机构发表明确同意意见并披露。

（五）变更募集资金用途

1. 视为变更募集资金用途的情形

上市公司存在下列情形的，视为募集资金用途变更，应当在董事会审议通过后及时公告，并履行股东大会审议程序：

（1）取消或者终止原募集资金项目，实施新项目；

（2）变更募集资金投资项目实施主体；

（3）变更募集资金投资项目实施方式；

（4）证券交易所认定为募集资金用途变更的其他情形。

募集资金投资项目实施主体在上市公司及全资子公司之间进行变更或者仅涉及变更募投项目实施地点，不视为对募集资金用途的变更，可免于履行股东大会程序，但仍应当经董事会审议通过，并及时公告变更实施主体或地点的原因及保荐人意见。

2. 变更后的募投项目的有关规定

（1）变更后的募投项目应当投资于主营业务。

（2）上市公司变更募投项目用于收购控股股东或者实际控制人资产（包

括权益）的，应当确保在收购后能够有效避免同业竞争及减少关联交易。

（3）上市公司拟将募投项目对外转让或者置换的（募投项目在上市公司实施重大资产重组中已全部对外转让或者置换的除外），应当在提交董事会审议后及时公告。

（六）超募资金

超募资金，指实际募集资金净额超过计划募集资金金额的部分。

1. 单项目的节余募集资金

单个募投项目完成后，上市公司将该项目节余募集资金（包括利息收入）用于其他募投项目的，应当经董事会审议通过，且经独立董事、保荐人、监事会发表明确同意意见后方可使用。公司应在董事会审议后及时公告。

节余募集资金（包括利息收入）低于100万元或者低于该项目募集资金承诺投资额5%的，可免于履行前款程序，其使用情况应在年度报告中披露。

公司单个募投项目节余募集资金（包括利息收入）用于非募投项目（包括补充流动资金）的，应参照变更募投项目履行相应程序及披露义务。

2. 总体节余募集资金

募投项目全部完成后，上市公司使用节余募集资金（包括利息收入）应当经董事会审议通过，且经独立董事、保荐人、监事会发表明确同意意见。公司应当在董事会审议后及时公告。节余募集资金（包括利息收入）占募集资金净额10%以上的，还应当经股东大会审议通过。

节余募集资金（包括利息收入）低于500万元或者低于募集资金净额5%的，可以免于履行前款程序，其使用情况应在最近一期定期报告中披露。

3. 超募资金用于在建项目及新项目

上市公司将超募资金用于在建项目及新项目（包括收购资产等）的，应当投资于主营业务，并比照变更募集资金的相关规定履行信息披露义务。

4. 超募资金用于永久补充流动资金或者归还银行贷款

上市公司可将超募资金用于永久补充流动资金或者归还银行贷款，但每12个月内累计使用金额不得超过超募资金总额的30%，且应当承诺在补充流动资金后的12个月内不进行高风险投资以及不得为控股子公司以外的对象提供财务资助。

超募资金用于永久补充流动资金或者归还银行贷款的，应当经公司董事会、股东大会审议通过，并为股东提供网络投票表决方式，独立董事、监事会、保荐人或者独立财务顾问发表明确同意意见。公司应当在董事会审议后及时披露公告。

七、利润分配和资本公积金转增股本

上市公司应当在年度报告中详细披露现金分红政策的制定及执行情况，并对相关事项进行专项说明。

本节法规导航

（1）《关于进一步落实上市公司现金分红有关事项的通知》；

（2）《上市公司监管指引第3号——上市公司现金分红（2022年修订）》；

（3）《上海证券交易所上市公司自律监管指引第1号——规范运作（2023年12月修订）》；

（4）《上海证券交易所科创板上市公司自律监管指引第1号——规范运作（2023年12月修订）》；

（5）《上海证券交易所上市公司自律监管指南第2号业务办理——第五号　权益分派》；

（6）《深圳证券交易所上市公司自律监管指引第1号——主板上市公司规范运作（2023年12月修订）》；

（7）《深圳证券交易所上市公司自律监管指引第2号——创业板上市公司规范运作（2023年12月修订）》；

（8）《北京证券交易所上市公司业务办理指南第3号——权益分派》；

（9）《中国证券登记结算有限责任公司深圳分公司证券发行人权益分派业务指南（2017年版）》；

（10）各证券交易所制定的《股票上市规则》。

（一）利润分配

1. 利润分配政策及方案

上市公司应当制定利润分配制度，并可以对现金分红的具体条件和比例、未分配利润的使用原则等作出具体规定，保障股东的分红权。

（1）利润分配政策及方案的决策程序。

上市公司制定利润分配政策时，应当按照法律法规及公司章程履行决策程序。

① 董事会应当就股东回报事宜进行专项研究论证，制定明确、清晰的股东回报规划，并详细说明规划安排的依据和理由等情况。

【沪市主板、科创板】上市公司年度报告期内盈利且累计未分配利润为正，未进行现金分红或者拟分配的现金红利总额与当年归属于上市公司股东的净利润之比低于30%的，公司应当在审议通过利润分配的董事会决议公告中详细披露以下事项：A. 结合所处行业特点、发展阶段和自身经营模式、盈利水平、资金需求等因素，对于未进行现金分红或者现金分红水平较低原因的说明；B. 留存未分配利润的确切用途以及预计收益情况；C. 董事会会议的审议和表决情况；D. 独立董事对未进行现金分红或现金分红水平较低的合理性发表的独立意见。

【深市主板】上市公司合并资产负债表、母公司资产负债表中本年末未分配利润均为正值，公司不进行现金分红或者最近3年现金分红总额低于最近3年年均净利润的 30%的，公司应当在披露利润分配方案的同时，披露以下内容：A. 结合所处行业特点、发展阶段及自身经营模式、盈利水平、资金需求等因素，对不进行现金分红或现金分红水平较低原因的说明；B. 留存未分配利润的预计用途以及收益情况；C. 公司在相应期间是否按照中国证监会相关规定为中小股东参与现金分红决策提供了便利。

【深市主板、创业板】上市公司利润分配方案中现金分红的金额达到或者超过当期归属于上市公司股东净利润的 100%，且达到或者超过当期末可供分配利润的 50%的，公司应当同时披露该现金分红方案的提议人、公司确定该现金分红方案的理由、方案是否将造成公司流动资金短缺、公司在过去12个月内是否使用过募集资金补充流动资金以及在未来12个月内是否计划使用募集资金补充流动资金等内容。

② 上市公司当年利润分配方案应当经出席股东大会的股东所持表决权的2/3以上通过。上市公司利润分配方案经股东大会审议通过后，应当及时做好资金安排，确保现金分红方案顺利实施；并在股东大会审议通过方案后2个月内，完成利润分配及转增股本事宜。

（2）利润分配依据。

上市公司制定利润分配方案时，应当以母公司报表中可供分配利润为依据。同时，为避免出现超分配的情况，公司应当以合并报表、母公司报表中可供分配利润孰低的原则来确定具体的利润分配总额和比例。

上市公司原则上应当依据经审计的财务报表进行利润分配，且应当在董事会审议定期报告的同时审议利润分配方案。上市公司拟以半年度财务报告为基础进行现金分红，且不送红股或者不用资本公积金转增股本的，半年度财务报告可以不经审计。

2. 现金分红政策及具体方案

（1）公司章程的规定。

上市公司应当根据实际情况在公司章程中明确一定比例的现金分红相对于股票股利在利润分配方式中的优先顺序（创业板对此没有强制要求）。

具备现金分红条件的，应当采用现金分红方式进行利润分配。

（2）内部审议。

上市公司进行现金分红政策及具体方案的内部审议程序时，应注意如下事项：

① 上市公司在制定现金分红具体方案时，董事会应当认真研究和论证公司现金分红的时机、条件和最低比例、调整的条件及其决策程序要求等事宜，独立董事应当发表明确意见。

② 独立董事可以征集中小股东的意见，提出分红提案，并直接提交董事会审议。

③ 监事会对董事会执行现金分红政策和股东回报规划以及履行相应决策程序和信息披露等情况进行监督。监事会发现董事会存在未严格执行现金分红政策和股东回报规划、未严格履行相应决策程序或未能真实、准确、完整进行相应信息披露的，应当发表明确意见，并督促其及时改正（科创板对监事会发表意见没有强制要求）。

④ 股东大会对现金分红具体方案进行审议前，上市公司应当通过多种渠道主动与股东特别是中小股东进行沟通和交流，充分听取中小股东的意见和诉求，及时答复中小股东关心的问题。

⑤ 上市公司应当严格执行公司章程确定的现金分红政策以及股东大会审议批准的现金分红具体方案。确有必要对现金分红政策进行调整或者变更的，应当满足公司章程规定的条件，履行相应的决策程序，并经出席股东大会的股东所持表决权的2/3以上通过。

（3）差异化现金分红政策。

上市公司董事会应当综合考虑所处行业特点、发展阶段、自身经营模式、盈利水平以及是否有重大资金支出安排等因素，区分下列情形，并按照公司章程规定的程序，提出差异化的现金分红政策：

① 公司发展阶段属成熟期且无重大资金支出安排的，进行利润分配时，现金分红在本次利润分配中所占比例最低应达到80%。

② 公司发展阶段属成熟期且有重大资金支出安排的，进行利润分配时，现金分红在本次利润分配中所占比例最低应达到40%。

③ 公司发展阶段属成长期且有重大资金支出安排的，进行利润分配时，现金分红在本次利润分配中所占比例最低应达到20%。

公司发展阶段不易区分但有重大资金支出安排的，可以按照前项规定处理。

现金分红在本次利润分配中所占比例为现金股利除以现金股利与股票股利之和。

（4）现金分红方案编制基础。

上市公司现金分红方案应当以其最近一期定期报告为基础编制。但是，有下列情形之一的除外：

① 上市公司因其股票、可转换公司债券等的发行上市时间安排，导致现金分红方案未能以最近一期定期报告为基础编制的，可以根据公司章程、招股说明书、募集说明书等文件中载明的股东回报规划、现金分红政策和现金分红承诺确定现金分红方案对应的定期报告期；

② 中国证监会或者证券交易所认可的其他需要调整现金分红方案对应定期报告期的情形。

公司存在前款规定情形的，应当披露作为现金分红方案基础的定期报告期截止日至现金分红方案披露期间，其生产经营、业绩及现金流情况是否发生重大变化，现金分红方案是否符合相关规定、章程及公开承诺。

3. 利润分配的信息披露

（1）定期报告中的披露。

上市公司应当按照相关规定在年度报告相关部分中详细披露现金分红政策的制定及执行情况，并对特定事项进行专项说明。对现金分红政策进行调整或变更的，还应说明调整或变更的条件及程序是否合规和透明等。

公司在特殊情况下无法按照既定的现金分红政策或者最低现金分红比例确定当年利润分配方案的，应当在年度报告中披露具体原因以及独立董事的明确意见。

（2）募集说明书等文书的披露。

拟发行证券的上市公司，应当在募集说明书或发行预案中增加披露利润分配政策尤其是现金分红政策的制定及执行情况、最近三年现金分红金额及比例、未分配利润使用安排情况，并作“重大事项提示”，提醒投资者关注上述情况。

对于最近三年现金分红水平较低的上市公司，发行人及保荐机构应结合不同行业和不同类型公司的特点和经营模式、公司所处发展阶段、盈利水平、资金需求等因素说明公司现金分红水平较低的原因，并对公司是否充分考虑了股东要求和意愿、是否给予了投资者合理回报以及公司的现金分红政策是否符合上市公司股东利益最大化原则发表明确意见。

拟发行证券、重组上市、重大资产重组、合并分立或者因收购导致上市公司控制权发生变更的上市公司，应当在募集说明书或发行预案、重大资产重组报告书、权益变动报告书或者收购报告书中详细披露募集或发行、重组或者控制权发生变更后上市公司的现金分红政策及相应的安排、董事会对上述情况的说明等信息。

4. 采用股票股利进行利润分配

采用股票股利进行利润分配的，应当具有公司成长性、每股净资产的摊薄等真实合理因素。

上市公司在报告期结束后，至利润分配、资本公积金转增股本方案公布前发生股本总额变动的，应当以最新股本总额作为分配或者转增的股本基数。

公司董事会在审议利润分配、资本公积金转增股本方案时，应当明确在利润分配、资本公积金转增股本方案公布后至实施前，出现股权激励行权、可转债转股、股份回购等情形时的方案调整原则。未约定或者约定不明确的，公司应当按照“现金分红金额、送红股金额、资本公积金转增股本金额固定不变”的原则，在方案实施公告中披露按公司最新股本总额计算的分配、转增比例。

根据中国证监会相关规定，拟发行证券的公司存在利润分配、资本公积金转增股本方案尚未提交股东大会表决或者虽经股东大会表决通过但未实施的，应当在方案实施后发行。相关方案实施前，主承销商不得承销公司发行的证券。

5. 科创板特别规定

① 科创公司存在以下情形的，公司董事长、独立董事和总经理、财务负责人等高级管理人员应当在年度报告披露之后、年度股东大会股权登记日之前，在科创公司业绩发布会中就现金分红方案相关事宜予以重点说明：

A. 科创公司在特殊情况下无法按照既定的现金分红政策或最低现金分红比例确定当年利润分配方案的；

B. 科创公司年度报告期内盈利且累计未分配利润为正，未进行现金分红或拟分配的现金红利总额（包括中期已分配的现金红利）与当年归属于科创公司股东的净利润之比低于30%的。

如未召开业绩发布会的，应当通过现场、网络或其他有效方式召开说明会，就相关事项与媒体、股东特别是持有科创公司股份的机构投资者、中小股东进行沟通和交流，及时答复媒体和股东关心的问题。

证券交易所鼓励持有科创公司股份的机构投资者积极参加说明会，就现金分红方案是否保障了中小股东利益等问题进行质询。

② 科创公司存在以下情形之一的，可在充分披露原因的前提下，向证券交易所申请豁免履行第①款的相关程序：

A. 处于资产重组过渡期的科创公司，已在经批准并经股东大会表决通过的资产重组方案中承诺资产重组期间拟置出资产不进行现金分红的。

B. 实施反向收购借壳上市的公司，由于现行会计准则规定其母公司报表以壳公司为核算主体、合并报表则以借壳方为核算主体，导致母公司报表和合并报表反差巨大的。

C. 科创公司可供分配利润较低，若实施现金分红后每股分红不足1分人民币的。

6. “高送转”方案

上市公司实施高比例送转股份（以下简称“高送转”）方案，应当符合《公司法》《企业会计准则》以及公司章程等规定，并符合公司确定的利润分配政策、利润分配计划、股东长期回报规划以及作出的相关承诺。

“高送转”是指上市公司每10股送红股与公积金转增股本合计达到或者超过5股。

（1）“高送转”方案条件。

上市公司披露“高送转”方案的，应当符合下列条件之一：

①上市公司披露“高送转”方案的，其最近2年同期净利润应当持续增长，且每股送转比例不得高于上市公司最近2年同期净利润的复合增长率。

②公司在报告期内实施再融资、并购重组导致净资产有较大变化的，每股送转比例可以不受前款规定的限制，但不得高于上市公司报告期末净资产较之于期初净资产的增长率。

③上市公司最近2年净利润持续增长且最近3年每股收益均不低于1元，公司认为确有必要提出“高送转”方案的，每股送转比例可以不受前两款规定的限制，但应当充分披露“高送转”方案的主要考虑及其合理性，向投资者

揭示风险，且其送转后每股收益不得低于0.5元。

（2）“高送转”方案的消极条件。

上市公司存在下列情形之一的，不得披露“高送转”方案：

① 送转股方案提出的最近一个报告期净利润或者预计净利润为负值、净利润同比下降50%以上或者送转后每股收益低于0.2元的；

② 公司提议股东、控股股东及其一致行动人和董事、监事、高级管理人员（以下简称相关股东）在前3个月存在减持情形或者后3个月存在减持计划的；

③ 公司存在限售股（股权激励限售股除外），在相关股东所持限售股解除限售前后3个月内的。

(3) 上市公司实施“高送转”方案的程序及披露义务。

上市公司披露“高送转”方案的，应当同时披露向相关股东问询其未来减持计划的具体过程。

上市公司提出“高送转”方案的，应当经董事会审议通过，独立董事应当就方案的合理性与可行性发表明确意见。

单独或者合计持有公司3%以上股份的股东及其一致行动人向公司提议高送转方案的，公司应当立即召开董事会审议决定是否同意股东提出的高送转方案，独立董事应当就方案的合理性与可行性发表明确意见。

上市公司披露“高送转”方案时，尚未披露本期业绩预告或者业绩快报的，应当同时披露相应的业绩预告或者业绩快报。

上市公司董事会或者股东筹划“高送转”方案的，应当严格履行保密义务，及时登记并向证券交易所报送内幕信息知情人名单。

7. 实施权益分派

发行人的权益分派业务包括派发股票红利和公积金转增股本登记（以下统称“送转股”）、分派现金红利以及兑付派息等。

（1）办理时间。

上市公司应当在股东大会审议通过方案后2个月内，完成利润分配及公积金转增股本事宜。

上市公司应当于实施方案的股权登记日前3至5个交易日内披露方案实施公告。

（2）差异化权益分派特殊除权除息调整。

差异化权益分派是指上市公司对持有相同类别普通股的不同股东实施不同分配比例的现金分红、送股、资本公积金转增股本。股东将其持有的股份赠送给其他股东，上市公司总股本不发生变化的，不属于差异化权益分派。

差异化权益分派涉及除权除息价格的特殊调整，上市公司须经证券交易所确认后，告知中国结算差异化权益分派事宜。

（3）权益分派注意事项。

① 权益登记日须为交易日，并不可与配股、增发等发行行为的权益登记日重合。

② 上市公司可以委托中国结算代为派发全部现金红利，也可以委托中国结算代为派发部分现金红利，自行派发剩余部分。

③ 上市公司向部分股东自派现金红利的，应征得所有自派股东关于上市公司直接派发现金红利的书面同意。自派股东应确保在上市公司申请权益分派之日至权益登记日期间，不减持证券账户内股份。

④ 上市公司应确保在申请权益分派之日至权益登记日期间，不办理限售股解除限售、股权激励行权等会导致总股本或股本结构发生变动的业务。

⑤ 上市公司回购专用证券账户持有股票的，该账户内股票不得参与权益分派。

⑥ 权益分派方案中，送转股及现金红利派发比例的总位数不能超过8位，小数位不能超过6位。

⑦ 送转股出现零碎股，且上市公司未申请零碎股转现金的，中国结算将按零碎股数量大小排序，数量小的循环进位给数量大的股东，以达到最小记账单位1股。

⑧ 上市公司存在股权激励计划，需调整股权激励期权数量和行权价格的，应在权益分派后向中国结算申请。

⑨ 股东减持股票时根据股息红利差别化征税政策补缴的个人所得税，以及相关投资者持有的陆港互认基金份额在A股权益分派时扣缴的股息红利所得税，这部分税款会在指定日期由中国结算划付给上市公司，由上市公司向当地税务部门缴纳。上市公司的代扣股息红利税收账户发生变动的，应当及时在中国结算申请变更，以确保能收到股息红利所得税款。

⑩ 上市公司向持有无限售流通股、首发后限售股和股权激励限售股的个人、证券投资基金送转股或派发现金红利时，应遵循《关于上市公司股息红利差别化个人所得税政策有关问题的通知》（财税〔2015〕101号）的规定，实施上市公司股息红利差别化个人所得税代扣代缴工作。

（4）零碎股转现金。

零碎股转现金是指上市公司根据股东大会决议确定某一证券公司作为资金出资方，由中国结算将无限售流通股股东应得的零碎股折算成现金后通过结算参与机构划付至股东资金账户，并将累积的零碎股登记至证券公司自营证券账户。

（二）资本公积金转增股本

资本公积金，指股份制企业股票溢价发行收入所形成的资本公积。

上市公司应当在股东大会审议通过方案后2个月内，完成利润分配及公积金转增股本事宜。

上市公司在报告期结束后，至利润分配、资本公积金转增股本方案公布前发生股本总额变动的，应当以最新股本总额作为分配或者转增的股本基数。

公司董事会在审议利润分配、资本公积金转增股本方案时，应当明确在方案公布后至实施前出现股权激励行权、可转债转股、股份回购等情形时的方案调整原则，未约定或者约定不明确的，公司应当按照“现金分红总额、送红股总额、资本公积金转增股本总额固定不变”的原则，在方案实施公告中披露按公司最新股本总额计算的分配、转增比例。

上市公司实施资本公积金转增股本的，应当披露转增金额是否超过报告期末“资本公积——股本溢价”的余额。

表2-1-22汇总了资本公积金转增股本时股东需缴纳税款的相关规定。

表2-1-22　资本公积金转增股本股东缴税说明一览表

项　目	分　类	说　明
资本公积金	自然人股东	《国家税务总局关于股份制企业转增股本和派发红股征免个人所得税的通知》（国税发〔1997〕198号）规定，“股份制企业用资本公积金转增股本不属于股息、红利性质的分配，对个人取得的转增股本数额，不作为个人所得，不征收个人所得税”
	居民企业股东	股票（权）溢价发行形成的资本公积金转增股本，不属于利润分配，居民企业股东不缴纳企业所得税
	非居民企业股东	股票（权）溢价发行形成的资本公积金转增股本，非居民企业股东不缴纳企业所得税

八、社会责任暨ESG报告

ESG是英文environmental（环境）、social（社会）和governance（公司治理）的缩写，是一种关注企业环境、社会、治理绩效而非财务绩效的投资理念和企业评价标准。

无论是企业社会责任报告（CSR报告），还是ESG报告，皆是对公司在可持续发展视角下的非财务绩效表现的披露与评价依据。

（一）披露主体

根据《深圳证券交易所上市公司自律监管指引第1号——主板上市公司规范运作（2023年12月修订）》第8.4条，“深圳100”样本公司应当在年度报告披露的同时披露公司履行社会责任的报告。深交所鼓励其他有条件的上市公司，在年度报告披露的同时披露社会责任报告。

社会责任暨ESG报告应当经公司董事会审议通过，并以单独报告的形式在披露年度报告的同时在指定网站对外披露。

（二）报告内容

一般来说，编制社会责任暨ESG报告应遵循《社会责任报告指引》（*GRI Guidelines*）和《国际社会责任标准》（ISRS/ISRA）等规范要求，根据企业自身社会责任实践对内容进行编制。

1. 总体要求

社会责任暨ESG报告的内容至少应当包括：

（1）关于职工保护、环境污染、商品质量、社区关系等方面的社会责任制度的建设和执行情况；

（2）履行社会责任存在的问题和不足、与相关指引要求存在的差距及其原因；

（3）改进措施和具体时间安排。

2. 具体内容

（1）员工保护。

上市公司应当依据《公司法》和公司章程的规定，建立职工董事、职工监事选任制度，确保职工在公司治理中享有充分的权利；支持工会依法开展工作，对工资、福利、劳动安全卫生、社会保险等涉及职工切身利益的事项，通过职工代表大会、工会会议等民主形式听取职工的意见，关心和重视职工的合理需求。

上市公司应当根据员工构成情况，履行下列员工权益保障责任：

① 建立员工聘用解雇、薪酬福利、社会保险、工作时间等管理制度并制定违规处理措施；

② 建立防范职业性危害的工作环境与配套安全措施；

③ 开展必要的员工知识和职业技能培训；

④ 其他应当履行的员工权益保护责任。

（2）环境保护。

上市公司可以根据自身实际情况，在公司年度社会责任报告中披露或者单独披露如下环境信息：

① 公司环境保护方针、年度环境保护目标及成效；

② 公司年度资源消耗总量；

③ 公司环保投资和环境技术开发情况；

④ 公司排放污染物种类、数量、浓度和去向；

⑤ 公司环保设施的建设和运行情况；

⑥ 公司在生产过程中产生的废物的处理、处置情况，废弃产品的回收、综合利用情况；

⑦ 与环保部门签订的改善环境行为的自愿协议；

⑧ 公司受到环保部门奖励的情况；

⑨ 公司自愿公开的其他环境信息。

从事火力发电、钢铁冶炼、水泥生产、电解铝、矿产开发等对环境影响较大行业的上市公司，应当披露前款第①至⑦项所列的环境信息，并应重点说明公司在环保投资和环境技术开发方面的工作情况。

上市公司应当定期指派专人检查环保政策的实施情况，对不符合公司环境保护政策的行为应当予以纠正，并采取相应补救措施。

公司出现重大环境污染事故时，应当及时披露环境污染的产生原因、环境污染的影响情况、对公司业绩的影响、公司拟采取的整改措施等。

（3）商品质量。

上市公司应当根据自身生产经营模式，履行下列生产及产品安全保障责任：

① 遵守产品安全法律法规与行业标准；

② 建立安全可靠的生产环境和生产流程；

③ 建立产品质量安全保障机制与产品安全事故应急方案；

④ 其他应当履行的生产与产品安全责任。

（4）社区关系。

公司应当避免研究、开发和使用危害自然环境、生命健康、公共安全、伦理道德的科学技术，不得从事侵犯个人基本权利或者损害社会公共利益的研发和经营活动。

公司在生命科学、人工智能、信息技术、生态环境、新材料等科技创新领域开发或者使用创新技术的，应当遵循审慎和稳健原则，充分评估其潜在影响及可靠性。

九、信息披露工作评价/工作考核

信息披露工作评价/工作考核，指每年上市公司年度报告披露工作结束后，证券交易所对上年12月31日前（含当日）已在该所上市的公司信息披露工作进行评价/考核。信息披露工作包括上市公司与信息披露相关的规范运作情况和上市公司控股股东、实际控制人及董事、监事、高级管理人员等相关主体的信息披露及规范运作情况。

本节法规导航

（1）《上海证券交易所上市公司自律监管指引第9号——信息披露工作评价》（2023年8月修订）；

（2）《深圳证券交易所上市公司自律监管指引第11号——信息披露工作考核（2023年修订）》。

（一）信息披露工作评价/考核的内容

证券交易所对上市公司信息披露工作评价/考核的主要内容如下：

（1）信息披露的规范性意见，包括真实性、准确性、完整性、及时性、公平性和合法合规性，以及信息披露业务操作、信息披露事务管理情况；

（2）信息披露的有效性情况；

（3）投资者关系管理情况；

（4）履行社会责任的披露情况；

（5）被处罚、处分及采取监管措施情况；

（6）上市公司与证券交易所配合情况；

（7）证券交易所认定的其他情况。

（二）信息披露工作评价/考核的方式

证券交易所结合上市公司日常信息披露实际情况进行年度评价/考核。年度评价/考核每年进行一次。

评价/考核期为上年7月1日至当年6月30日。

评价/考核期结束后，证券交易所对上市公司信息披露工作进行计分，从高到低划分为A、B、C、D四个等级。

（三）实施流程

（1）上市公司应当在评价期结束后5个交易日内，对公司信息披露工作进行自评，并通过公司业务系统向证券交易所提交信息披露工作自评表。其中，涉及减分事项的，公司应如实填报；涉及加分事项的，由公司在自评表中申请提出，并须说明具体事由。公司未申请加分、申请加分未说明具体事由或者申请事由不符合加分标准的，证券交易所不予加分。

（2）证券交易所对公司信息披露工作自评表进行核实，经评价/考核工作小组合议，按照规定予以加分或者减分并形成初步评价结果，报经证券交易所总办会通过后最终确定上市公司评价结果。

（3）证券交易所将公司评价结果及时通报上市公司。公司对其评价结果有异议的，可以在评价结果通报之日起3个交易日（或5个交易日）内向证券交易所提交书面异议，证券交易所在收到异议后3个交易日（或5个交易日）内予以答复。

（4）证券交易所将上市公司信息披露工作评价结果记入诚信档案，通报中国证监会上市公司监管部门和上市公司所在地证监局。

（5）证券交易所在职责范围内对上市公司再融资、并购重组等事项出具持续监管意见时，将上市公司最近一年的考核结果一并报送中国证监会。

十、重大事项进程备忘录

本节法规导航

（1）《上市公司信息披露管理办法》（2021年修订）；

（2）《上海证券交易所上市公司自律监管指引第2号——信息披露事务管理》；

（3）《科创板上市公司自律监管指南第2号——信息报送及资料填报》；

（4）《深圳证券交易所上市公司自律监管指引第5号——信息披露事务管理》；

（5）《北京证券交易所上市公司持续监管指引第6号——内幕信息知情

人管理及报送》。

综合上述参考规则，以下对各板块和证监会关于上市公司需要制作的重大事项进程备忘录进行汇总。

（一）应当制作重大事项进程备忘录的事项

表2-1-23汇总了上市公司应当制作重大事项进程备忘录的事项。

表2-1-23 重大事项进程备忘录事项汇总表

板 块	事 项
通用	收购[1]、重大资产重组、发行证券[2]、合并、分立、分拆上市、回购股份
科创板	披露定期报告
深市主板、创业板	高比例送转股份；年度报告、半年度报告；股权激励草案、员工持股计划
通用	中国证监会或者证券交易所要求的其他可能对公司股票及其衍生品种的交易价格有重大影响的事项

注：

1. 收购，包括导致实际控制人或第一大股东发生变更的权益变动、要约收购等。
2. 发行证券，包括非公开发行、配股、增发、可转换债券。

（二）重大事项进程备忘录注意事项

表2-1-24汇总了各板块关于重大事项进程备忘录应注意的事项，包括备忘录内容、报送时间、保存年限。

表2-1-24 重大事项进程备忘录注意事项

<table>
<tr><th>板 块</th><th>备忘录内容</th><th>报送时间</th><th>保存年限</th></tr>
<tr><td>上交所、深交所</td><td>应记载重大事项的每一具体环节和进展情况，包括方案论证、接洽谈判、形成相关意向、作出相关决议、签署相关协议、履行报批手续等事项的时间、地点、参与机构和人员</td><td>公司应当在内幕信息依法披露后5个交易日内向所属交易所报送内幕信息知情人档案和重大事项进程备忘录</td><td rowspan="2">内幕信息知情人档案和重大事项进程备忘录自记录（含补充完善）之日起至少保存10年</td></tr>
<tr><td>北交所</td><td>包括但不限于筹划决策过程中各个关键时点的时间、参与筹划决策人员名单、筹划决策方式等。涉及的相关人员均应在备忘录上签名确认</td><td>重大事项披露后的10个交易日内，通过报备系统或交易所规定的其他方式，提交重大事项进程备忘录</td></tr>
</table>

第二章　公司治理及规范运作

证券部负责筹备和组织董事会会议和股东大会会议，负责草拟股东大会和董事会会议文件及“三会”会议文件的保管工作。董事会秘书和证券事务代表应当参加“三会”会议及高级管理人员相关会议，董事会秘书负责董事会会议记录工作并签字。证券部有义务对公司治理和内部控制的有效性提出建议和意见，具体体现在以下方面。

证券部有义务定期或不定期组织公司董监高就相关法律法规、证券交易所相关规定进行系统培训，协助公司董监高了解各自在信息披露中的职责。董事会秘书有义务督促董监高遵守法律法规、证券交易所相关规定和公司章程，切实履行其所作出的承诺；在知悉公司、董事、监事和高级管理人员作出或者可能作出违反有关规定的决议时，应当予以提醒并立即如实向证券交易所报告。

本章法规导航：

（1）《上市公司治理准则》；

（2）《上市公司章程指引（2022年修订）》；

（3）《上市公司股东大会规则（2022年修订）》；

（4）《上市公司独立董事管理办法》；

（5）《上市公司股东、董监高减持股份的若干规定》；

（6）《公开征集上市公司股东权利管理暂行规定》；

（7）《关于上市公司建立内幕信息知情人登记管理制度的规定》；

（8）《关于上市公司股权分置改革的指导意见》；

（9）《科创板上市公司持续监管办法（试行）》；

（10）《创业板上市公司持续监管办法（试行）》；

（11）《北京证券交易所上市公司持续监管办法（试行）》；

（12）《上海证券交易所上市公司自律监管指引第1号——规范运作（2023年12月修订）》《上海证券交易所科创板上市公司自律监管指引第1号——规范运作（2023年12月修订）》《深圳证券交易所上市公司自律监管指引第1号——主板上市公司规范运作（2023年12月修订）》《深圳证券交易所上市公司自律监管指引第2号——创业板上市公司规范运作（2023年12月修订）》（以下合称上交所、深交所分别制定的《上市公司自律监管指引——规范运作》）；

（13）各证券交易所制定的《股票上市规则》。

一、公司治理与内部控制

（一）公司治理与内部控制概述

1. 公司治理与内部控制的定义及二者的关系

（1）公司治理。

公司治理的英文名称为“corporate governance”，又称公司治理机构、企业管治等，有广义和狭义之分。公司治理的概念最早由美国经济学家奥利弗·伊顿·威廉森于1979年提出。在公司治理概念提出至今的几十年里，公司治理在全球得到快速发展并日益受到重视，但仍没有一个国家能对公司治理作出一个明确清晰的定义。根据目前普遍的理解，狭义的公司治理是所有者（主要是股东）对经营者的一种监督与制衡机制，其主要是通过股东大会、董事会、监事会及管理层所构成的公司治理结构的内部治理。广义的公司治理则是通过一套包括正式或非正式的内部或外部的制度或机制来协调公司与所有利益相关者（股东、债权人、供应者、雇员、政府、社区）之间的利益关系。

图2-2-1展示了狭义公司治理定义下的上市公司的基本架构。

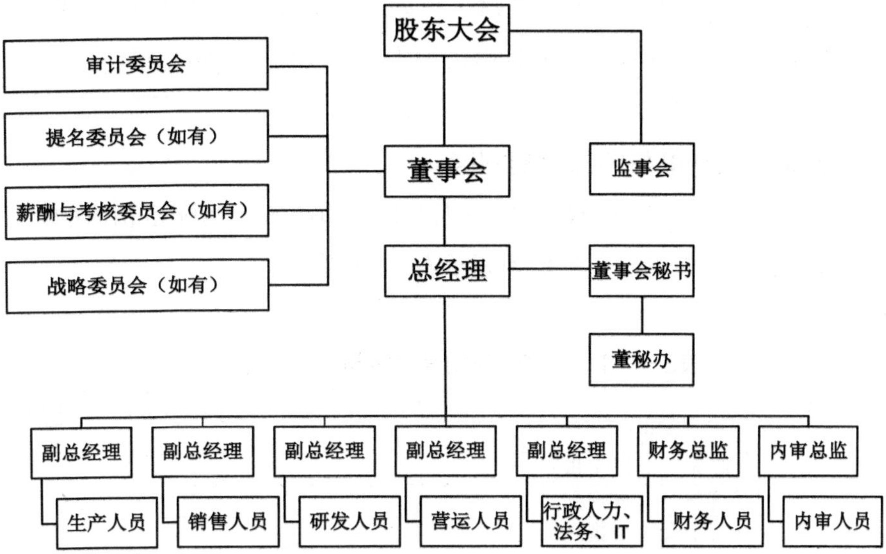

图2-2-1　上市公司基本架构

（2）内部控制。

2008年5月财政部会同证监会、审计署、银监会、保监会等五部委印发《企业内部控制基本规范》，将内部控制定义为：企业内部控制是由企业董事会、监事会、经理层和全体员工实施的，旨在实现控制目标的过程。内部控制的目标是合理保证企业经营管理合法合规、资产安全、财务报告及相关信息真实完整，提高经营效率和效果，促进企业实现发展战略。

（3）公司治理与内部控制的关系。

公司治理和内部控制的总体目标是基本一致的，都是保证企业的规范运行。二者在性质和内容上仍有区别。

公司治理是关于公司各利益主体之间责、权、利关系的制度安排。公司治理防止董事、经理等代理人损害股东的利益，同时规范控股股东、实际控制人及利益相关者行为，避免“隧道挖掘”现象损害中小股东利益。

内部控制是由管理当局为实现经营效果和工作效率而建立的一系列制度规则和实施程序。更侧重于防范财务风险，合理保证企业经营管理合法合规，保护资产的安全和完整，保证财务报告及相关信息真实完整。

2. 公司治理制度与内部控制制度

为适应上市公司治理环境，发行人在拟上市阶段应当配备相应的公司治理制度及内部控制制度，包括但不限于表2-2-1的内容。

表2-2-1　公司治理制度与内部控制制度列表

类　型	名　称	决策机构
公司治理制度	《公司章程》	股东大会
	《股东大会议事规则》	
	《董事会议事规则》	
	《监事会议事规则》	
	《独立董事工作制度》	
	《总经理工作细则》	董事会
	《董事会秘书工作细则》	
	《董事会战略委员会议事规则》	
	《董事会审计委员会议事规则》	
	《董事会提名委员会议事规则》	
	《董事会薪酬与考核委员会议事规则》	
内部控制制度	《募集资金管理制度》	股东大会
	《对外担保制度》	
	《关联交易管理制度》	
	《对外投资管理制度》	
	《控股子公司管理制度》	
	《信息披露管理制度》	董事会
	《投资者关系管理制度》	
	《重大事项报告制度》	
	《内幕信息管理制度》	
	《董监高持股管理制度》	
	《印章管理制度》	
	《防范控股股东、实际控制人及其关联方占用公司资金专项制度》	
	《内部控制规范》和《内部控制流程》	

除上述公司治理及内部控制制度外，公司还应配备涵盖公司所有营运活动的经营制度及财务管理制度，包括但不限于以下业务环节：销售及收款、采购、费用及付款、生产环节、研发、存货管理、固定资产管理、资金管理财务报告、人力资源管理等。

（二）内部控制

1. 上市公司内部审计机制

内部审计部门对董事会审计委员会负责，向审计委员会报告工作。

董事会审计委员会应当督导内部审计部门至少每半年对下列事项进行一次检查，出具检查报告并提交审计委员会。

审计委员会应当根据内部审计部门提交的内部审计报告及相关资料，对公司内部控制有效性出具书面的评估意见，并向董事会报告。

董事会或者审计委员会应根据上市公司内部审计工作报告及相关信息，评价公司内部控制的建立和实施情况，形成内部控制评价报告。董事会应在审议年度报告等事项的同时，对公司内部控制评价报告形成决议。

【深交所】监事会和独立董事应对内部控制自我评价报告发表意见，保荐人或独立财务顾问应对内部控制自我评价报告出具核查意见。

公司应当在披露年度报告的同时，披露年度内部控制评价报告，并同时披露会计师事务所出具的内部控制审计报告。

如会计师事务所对上市公司内部控制有效性出具非标准审计报告，或者指出公司非财务报告内部控制存在重大缺陷的，公司董事会、监事会应当针对所涉及事项作出专项说明。

2. 内部审计部门的主要职责

上市公司应当设立内部审计部门，对内部控制制度的建立和实施、财务信息的真实性和完整性等进行检查监督。

内部审计部门应当保持独立性，不得置于财务部门的领导之下，或者与财务部门合署办公。

内部审计部门主要职责如下：

（1）对公司各内部机构、控股子公司以及对公司具有重大影响的参股公司的内部控制制度的完整性、合理性及其实施的有效性进行检查和评估；

（2）对公司各内部机构、控股子公司以及对公司具有重大影响的参股公司的会计资料及其他有关经济资料，以及所反映的财务收支及有关经济活动的合法性、合规性、真实性和完整性进行审计，包括但不限于财务报告、业绩预告、业绩快报、自愿披露的预测性财务信息等；

（3）协助建立健全反舞弊机制，确定反舞弊的重点领域、关键环节和主要内容，并在内部审计过程中关注和检查可能存在的舞弊行为；

（4）至少每季度向审计委员会报告一次，内容包括但不限于内部审计计划的执行情况以及内部审计工作中发现的问题；

（5）每一年度结束后向审计委员会提交内部审计工作报告；

（6）对公司内部控制缺陷及实施中存在的问题，督促相关责任部门制定整改措施和整改时间，并进行内部控制的后续审查，监督整改措施的落实情况，如发现内部控制存在重大缺陷或者重大风险，应当及时向审计委员会报告。

3. 董事会审计委员会的监督职责

董事会审计委员会负责审核公司财务信息及其披露、监督及评估内部审计工作和内部控制，应当履行下列职责：

（1）指导和监督内部审计制度的建立和实施；

（2）审阅公司年度内部审计工作计划；

（3）督促公司内部审计计划的实施；

（4）指导内部审计部门的有效运作。公司内部审计部门应当向审计委员会报告工作，内部审计部门提交给管理层的各类审计报告、审计问题的整改计划和整改情况应当同时报送审计委员会；

（5）向董事会报告内部审计工作进度、质量以及发现的重大问题等；

（6）协调内部审计部门与会计师事务所、国家审计机构等外部审计单位之间的关系。

4. 内部控制自我评价报告

上市公司董事会或者其审计委员会应当根据内部审计部门出具的评价报告及相关资料，出具年度内部控制自我评价报告。内部控制评价报告应当包括下列内容：

（1）董事会对内部控制评价报告真实性的声明；

（2）内部控制评价工作的总体情况；

（3）内部控制评价的依据、范围、程序和方法；

（4）内部控制存在的缺陷及其认定情况；

（5）对上一年度内部控制缺陷的整改情况；

（6）对本年度内部控制缺陷拟采取的整改措施；

（7）内部控制有效性的结论。

会计师事务所应当参照主管部门相关规定对公司内部控制评价报告进行核实评价。

5. 聘用或解聘会计师事务所

根据《国有企业、上市公司选聘会计师事务所管理办法》《上市公司独立董事管理办法》的规定，聘用或解聘承办上市公司审计业务的会计师事务所，应当经审计委员会全体成员过半数同意后，提交董事会审议，并由股东大会决定。

审计项目合伙人、签字注册会计师累计实际承担同一上市公司审计业务满5年的，之后连续5年不得参与该上市公司的审计业务。

上市公司应当在年度财务决算报告或者年度报告中披露会计师事务所、

审计项目合伙人、签字注册会计师的服务年限、审计费用等信息。

上市公司每年应当按要求披露对会计师事务所履职情况评估报告和审计委员会对会计师事务所履行监督职责情况报告，涉及变更会计师事务所的，还应当披露前任会计师事务所情况及上年度审计意见、变更会计师事务所的原因、与前后任会计师事务所的沟通情况等。

上市公司更换会计师事务所的，应当在被审计年度第四季度结束前完成选聘工作。

（三）对控股子公司的管理

上市公司应当重点加强对控股子公司的管理控制，主要包括：

（1）建立对各控股子公司的控制制度，明确向控股子公司委派的董事、监事及重要高级管理人员的选任方式和职责权限等；

（2）根据上市公司的战略规划，协调控股子公司的经营策略和风险管理策略，督促控股子公司据以制定相关业务经营计划、风险管理程序和内部控制制度；

（3）制定控股子公司的业绩考核与激励约束制度；

（4）制定控股子公司重大事项的内部报告制度，及时向上市公司报告重大业务事件、重大财务事件以及其他可能对上市公司股票及其衍生品种交易价格产生较大影响的信息，并严格按照授权规定将重大事件报上市公司董事会审议或者股东大会审议；

（5）要求控股子公司及时向上市公司董事会秘书报送其董事会决议、股东大会决议等重要文件；

（6）定期取得并分析各控股子公司的季度或者月度报告，包括营运报告、产销量报表、资产负债表、利润表、现金流量表、向他人提供资金及对外担保报表等，并根据相关规定，委托会计师事务所审计控股子公司的财务报告；

（7）对控股子公司内部控制制度的实施及其检查监督工作进行评价。

上市公司存在多级下属企业的，应当相应建立和完善对各级下属企业的管理控制制度。

上市公司对分公司和具有重大影响的参股公司的内部控制制度应当按照上市公司内部控制规则作出安排。

二、股东大会

股东大会是公司的最高权力机构。

上市公司应当完善股东大会运作机制，平等对待全体股东，保障股东依法享有的知情权、查阅权、资产收益权、质询权、建议权、股东大会召集权、提案权、表决权等权利，积极为股东行使权利提供便利，切实保障股东特别是中小股东的合法权益。

1. 主要职权

综合《公司法》《上市公司章程指引（2022年修订）》，上市公司股东大会职权主要包括以下方面：

（1）决定公司的经营方针和投资计划；

（2）选举和更换非由职工代表担任的董事、监事，决定有关董事、监事的报酬事项；

（3）审议批准董事会的报告；

（4）审议批准监事会的报告；

（5）审议批准公司的年度财务预算方案、决算方案；

（6）审议批准公司的利润分配方案和弥补亏损方案；

（7）对公司增加或者减少注册资本作出决议；

（8）对发行公司债券作出决议；

（9）对公司合并、分立、解散、清算或者变更公司形式作出决议；

（10）修改公司章程；

（11）对公司聘用、解聘会计师事务所作出决议；

（12）审议批准《上市公司章程指引（2022年修订）》第42条规定的担保事项；

（13）审议公司在一年内购买、出售重大资产超过公司最近一期经审计总资产30%的事项；

（14）审议批准变更募集资金用途事项；

（15）审议股权激励计划和员工持股计划；

（16）审议法律、行政法规、部门规章或公司章程规定应当由股东大会决定的其他事项。

上述股东大会的职权不得通过授权的形式由董事会或其他机构和个人代为行使。

在实务中，应由股东大会决定的事项还包括：① 发行股票、可转换公司债券、优先股以及中国证监会认可的其他证券品种；② 以减少注册资本为目的的回购股份；③ 重大资产重组；④ 分拆所属子公司上市。

2. 会议类型

上市公司股东大会分为年度股东大会和临时股东大会。

（1）年度股东大会。

年度股东大会每年召开一次，由董事会召集，且应当于上一会计年度结束后6个月内举行。会议召开20日前以公告方式通知各股东，主要审议年度报告及相关配套议案。

（2）临时股东大会。

临时股东大会不定期召开，有下列情形之一的，应当在2个月内召开临时股东大会：

① 董事人数不足《公司法》规定人数（5~19人）或者公司章程所定人数的2/3时；

② 公司未弥补的亏损达实收股本总额1/3时；

③ 单独或者合计持有公司10%以上股份的股东请求时；

④ 董事会认为必要时；

⑤ 监事会提议召开时；

⑥ 公司章程规定的其他情形。

3. 会议召集

一般情况下，股东大会由董事会召集。除了董事会外，独立董事、监事会，以及单独或者合计持有公司10%以上股份的普通股股东均有权向董事会请求召开临时股东大会。

表2-2-2展示了在不同召集方式下的临时股东大会召集程序。

表2-2-2　临时股东大会的会议召集程序一览表

<table>
<tr><th>召集方式</th><th>董事会/监事会意见</th><th>召集程序</th></tr>
<tr><td>董事会自主直接召集</td><td colspan="2">应当提前15日发出股东大会通知，以公告的形式通知股东</td></tr>
<tr><td rowspan="3">独立董事向董事会提议召开</td><td colspan="2">董事会收到提议后10日内书面反馈意见</td></tr>
<tr><td>董事会同意</td><td>董事会应当在决议后5日内发出召开股东大会通知</td></tr>
<tr><td>董事会不同意</td><td>董事会说明理由，聘请律师事务所出具法律意见书并公告</td></tr>
<tr><td rowspan="3">监事会提议召开</td><td colspan="2">董事会收到提议后10日内书面反馈意见</td></tr>
<tr><td>董事会同意</td><td>董事会应当在决议后5日内发出召开股东大会通知，如通知中对原提议进行变更的，应征得监事会的书面同意</td></tr>
<tr><td>董事会不同意</td><td>董事会说明理由，聘请律师事务所出具法律意见书并公告。监事会可以自行召集和主持，董事会应当配合</td></tr>
<tr><td rowspan="6">单独或者合计持有公司10%以上股份的普通股股东（以下简称有权股东）提议召开</td><td colspan="2">（1）董事会收到提议后10日内书面反馈意见</td></tr>
<tr><td>董事会同意</td><td>董事会应当于决议后5日内发出召开股东大会通知，如通知中对原提议进行变更的，应征得股东的书面同意</td></tr>
<tr><td>董事会不同意</td><td>董事会说明理由，聘请律师事务所出具法律意见书并公告</td></tr>
<tr><td colspan="2">（2）董事会不同意，或在收到请求后10日内未作出反馈的，有权股东有权向监事会提议召开临时股东大会，应以书面形式向监事会提出请求</td></tr>
<tr><td>监事会同意</td><td>监事会收到请求5日内发出股东大会通知，如通知中对原提议进行变更的，应当征得股东的书面同意</td></tr>
<tr><td colspan="2">（3）监事会未在规定期限内发出股东大会通知的，视为监事会不召集和主持股东大会，连续90日以上单独或者合计持有公司10%以上股份的普通股股东可以自行召集和主持。
董事会、监事会应当配合股东自行召集股东大会</td></tr>
</table>

4. 会议提案

公司召开股东大会，董事会、监事会以及单独或者合并持有公司3%以上股份的股东，有权向公司提出提案。

（1）股东提出股东大会临时提案的，不得存在下列任一情形：

① 提出提案的股东不符合持股比例等主体资格要求；

② 超出提案规定时限；

③ 提案不属于股东大会职权范围；

④ 提案没有明确议题或具体决议事项；

⑤ 提案内容违反法律法规、证券交易所有关规定；

⑥ 提案内容不符合公司章程的规定。

（2）股东大会的提案，应注意以下事项：

① 股东提出临时提案的，应当在规定期限内向召集人提供持有公司 3%以上股份的证明文件。

② 上市公司董事会、独立董事、持有 1%以上股份的股东、依照法律法规设立的投资者保护机构作为征集人公开请求上市公司股东委托其代为行使提案权的，征集人应当通过上市公司披露征集公告等文件，上市公司应当予以配合。股东接受公开征集并将提案权委托征集人代为行使的，应当将其所持全部股份对应的提案权委托同一征集人代为行使。征集人应当在截至最近一期股东大会召开前10日向召集人报送征集结果并公告。

③ 召集人认定股东大会不对该临时提案进行表决并作出决议的，应当在收到提案后2日内公告相关股东临时提案的内容，以及作出前述决定的详细依据及合法合规性，同时聘请律师事务所出具法律意见并公告。

④ 除只有一名董事或者监事候选人的情形外，单一股东及其一致行动人拥有权益的股份比例在 30%及以上的公司选举董事、监事应当采用累积投票制。采取累积投票方式选举董事的，选举独立董事、非独立董事应当作为不同的提案提出。不采取累积投票方式选举董事、监事的，每位董事、监事候选人应当以单项提案提出。

⑤ 股东大会对同一事项提出不同提案（即互斥提案）的，应当按照提出的时间顺序排列表决顺序；股东不能对互斥提案同时投同意票。

⑥ 除单独或者合计持有公司 3%以上股份普通股股东提出临时提案情形外，发出股东大会通知后不得修改股东大会通知中已列明的提案或增加新的提案。

⑦ 发出股东大会通知后，无正当理由，股东大会通知中列明的提案不得取消。提案确需取消的，召集人应当在现场会议召开日前至少2个交易日公告并说明原因。

5. 会议通知

召集人将在年度股东大会召开20日前以公告方式通知各股东，临时股东大会将于会议召开15日前以公告方式通知各股东。公司在计算起始期限时，不应当包括会议召开当日。公司可以根据实际情况，决定是否在章程中规定催告程序。

（1）股东大会的通知包括以下内容：

① 会议的时间、地点和会议期限；

② 提交会议审议的事项和提案；

③ 以明显的文字说明：全体普通股股东（含表决权恢复的优先股股东）均有权出席股东大会，并可以书面委托代理人出席会议和参加表决，该股东代理人不必是公司的股东；

④ 有权出席股东大会股东的股权登记日；

⑤ 证券部联系人姓名、电话号码；

⑥ 网络或其他方式的表决时间及表决程序。

（2）发出股东大会通知后的注意事项：

① 上市公司股东大会通知公告应当单独发布。

② 除单独或者合计持有公司3%以上股份普通股股东提出临时提案情形外，发出股东大会通知后不得修改股东大会通知中已列明的提案或增加新的

提案。对提案进行实质性修改的，有关变更应当视为一个新的提案，不得在本次股东大会上进行表决。

③ 发出股东大会通知后，无正当理由，股东大会通知中列明的提案不应取消。一旦出现取消的情形，召集人应当在原定召开日前至少2个工作日公告并说明原因。

④ 股东大会的现场会议日期和股权登记日都应当为交易日。股权登记日和会议召开日之间的间隔应当不少于2个工作日且不多于7个工作日。股权登记日一旦确定，不得变更。

发出股东大会通知后，股东大会因故需要延期的，召集人应当在原定现场会议召开日前至少2个交易日公告并说明原因。股东大会延期的，股权登记日仍为原股东大会通知中确定的日期、不得变更，且延期后的现场会议日期仍需遵守与股权登记日之间的间隔不多于7个工作日的规定。

⑤ 上市公司应当在股东大会通知中明确披露股东大会现场会议的具体地点。发出股东大会通知后，股东大会现场会议召开地点无正当理由不得变更。确需变更的，召集人应当在现场会议召开日前至少2个交易日公告并说明原因，变更后应当仍为公司住所地或公司章程规定的地点。

⑥ 发出股东大会通知后，股东大会因故需要取消的，召集人应当在现场会议召开日前至少2个交易日公告并说明原因。召集人为董事会或监事会的，董事会或监事会应当召开会议审议取消股东大会事项。

提案名称、内容未发生变化，召集人拟重新发出股东大会通知将其提交新一次股东大会审议的，相关提案无需董事会或监事会再次审议，但董事会或监事会需就提议召开新一次股东大会、相关提案提交该次股东大会等事项作出相应决议。

6. 会议流程

（1）股东大会流程。

表2-2-3展示了股东大会从发出通知到召开的全流程。

表2-2-3　年度/临时股东大会流程表

时　间	事　项
P-20/15日前（年度/临时）	① 发出股东大会通知公告（《股东大会通知公告（董事会召集）》，或《股东、监事会自行召集股东大会公告》）； ② 申请线上会议； ③ 录入股东大会基本资料
P-10日前	① 收到临时提案； ② 披露增加临时提案公告； ③ 披露征集提案权、投票权公告
R-1日	股东名册申请
R日	股权登记日
R+1日	获取股东名册
	上传股东数据，填写启动通知
R+3日	披露股东大会的提示性公告
P-2日前	披露股东大会取消议案公告（如确需）
	披露股东大会延期公告/取消股东大会公告（如确需）
	披露股东大会补充公告（如确需）
P日	股东大会召开、网络投票； 披露股东大会决议公告

注：P日为股东大会召开当日，R日为股权登记日。

（2）股东大会日的议程。

表2-2-4展示了股东大会日的议程。

表2-2-4　股东大会日的议程表

会议环节	具体内容及注意事项
参会人员	（1）股东及委托代理人： 出席现场的股东应当持有证明其身份的有效证件出席股东大会现场会议。代理人还应当提交股东授权委托书和个人有效身份证件。 （2）举办方[1]： ① 应当出席：全体董事、监事、董事会秘书； ② 应当列席：总经理、其他高级管理人员、见证律师； ③ 可列席：监事、保荐人、财务顾问[2]

（续表）

会议环节	具体内容及注意事项
会议主持	① 股东大会由董事长主持。董事长不能履行职务或不履行职务时，由副董事长主持；副董事长不能履行职务或者不履行职务时，由半数以上董事共同推举的一名董事主持。 ② 监事会自行召集的股东大会，由监事会主席主持。监事会主席不能履行职务或不履行职务时，由监事会副主席主持；监事会副主席不能履行职务或者不履行职务时，由半数以上监事共同推举的一名监事主持。 ③ 股东自行召集的股东大会，由召集人推举代表主持。 召开股东大会时，会议主持人违反议事规则使股东大会无法继续进行的，经现场出席股东大会有表决权过半数的股东同意，股东大会可推举一人担任会议主持人，继续开会
投资者发言	上市公司应当为股东特别是中小股东参加股东大会提供便利，为投资者发言、提问及与公司董事、监事及高级管理人员交流提供必要的时间。中小股东有权对上市公司经营和相关议案提出建议或质询，公司董监高在遵守公平信息披露原则前提下，应当对中小股东的质询予以真实、准确的答复。 公司召开股东大会可以同时进行网络直播
议案表决	表决过程特别关注如下特殊议案： ① 议案需逐项表决的； ② 议案需分类表决的； ③ 议案属于互斥议案，须按时间顺序进行表决的； ④ 议案需优先股股东参与表决的； ⑤ 议案须经出席会议股东所持表决权2/3以上通过的； ⑥ 议案属于关联交易事项需要回避表决的； ⑦ 议案采取累积投票方式选举董事或监事的
决议形成	股东大会决议分为普通决议和特别决议。 ① 股东大会作出普通决议，应当由出席股东大会的股东所持表决权的过半数通过。 ② 股东大会作出特别决议，应当由出席股东大会的股东所持表决权的2/3以上通过。 ③ 还有一些特别决议，除应当经出席股东大会的股东所持表决权的2/3以上通过外，还应当经出席会议的除上市公司董监高和单独或者合计持有上市公司5%以上股份的股东以外的其他股东所持表决权的2/3以上通过
会议记录	（1）股东大会会议记录由董事会秘书负责，应包含以下内容： ① 会议时间、地点、议程和召集人姓名或名称； ② 会议主持人以及出席或列席会议的董事、监事、董事会秘书、经理和其他高级管理人员姓名； ③ 出席会议的股东和代理人人数、所持有表决权的股份总数及占公司股份总数的比例； ④ 对每一提案的审议经过、发言要点和表决结果； ⑤ 股东的质询意见或建议以及相应的答复或说明； ⑥ 律师及计票人、监票人姓名； ⑦ 公司章程规定应当载入会议记录的其他内容。 （2）出席会议的董事、监事、董事会秘书、召集人或其代表、会议主持人应当在会议记录上签名，会议记录应妥善保存，保存期限不少于10年

（续表）

会议环节	具体内容及注意事项
计票监票	股东大会对提案进行表决前，应当推举两名股东代表参加计票和监票。审议事项与股东有关联关系的，相关股东及代理人不得参加计票、监票。 股东大会对提案进行表决时，应当由律师、股东代表与监事代表共同负责计票、监票

注：

1. 举办方中的出席人员，指参会的主要人员，通常享有发言权、表决权等；列席人员，指参会的旁听人员，通常不具有表决权，但部分人员可能具有表决权，可以对会议的议案提出个人看法和意见。

2. 财务顾问，适用于沪市主板，详见《上海证券交易所上市公司自律监管指引第11号——持续督导（2023年8月修订）》。

7. 股东大会的表决

股东大会决议分为普通决议和特别决议。

（1）普通决议。

股东大会作出普通决议，应当由出席股东大会的股东（包括股东代理人）所持表决权的过半数通过。

下列事项由股东大会以普通决议通过：

① 董事会和监事会的工作报告；

② 董事会拟定的利润分配方案和弥补亏损方案；

③ 董事会和监事会成员的任免及其报酬和支付方法；

④ 公司年度预算方案和决算方案；

⑤ 公司年度报告；

⑥ 除法律、行政法规规定或者章程规定应当以特别决议通过以外的其他事项。

（2）特别决议。

表2-2-5列出了需要股东大会特别决议表决的具体事项。

表2-2-5　股东大会特别决议表决事项一览表

<table>
<tr><th>表决事项</th><th>情形一</th><th>情形二</th></tr>
<tr><td>① 公司增加或者减少注册资本</td><td rowspan="12">应当由出席股东大会的股东（包括股东代理人）所持表决权的2/3以上通过</td><td>—</td></tr>
<tr><td>② 公司合并、分立、解散、清算或者变更公司形式</td><td>—</td></tr>
<tr><td>③ 修改公司章程及其附件（包括股东大会议事规则、董事会议事规则及监事会议事规则等）</td><td>—</td></tr>
<tr><td>④ 分拆所属子公司上市</td><td>还应当经中小股东所持表决权的2/3以上通过</td></tr>
<tr><td>⑤ 公司在一年内购买、出售重大资产或者担保金额超过公司最近一期经审计总资产的30%</td><td>—</td></tr>
<tr><td>⑥ 发行股票、可转债、优先股以及中国证监会认可的其他证券品种</td><td>—</td></tr>
<tr><td>⑦ 以减少注册资本为目的回购股份</td><td>—</td></tr>
<tr><td>⑧ 重大资产重组</td><td>—</td></tr>
<tr><td>⑨ 股权激励计划</td><td>—</td></tr>
<tr><td>⑩ 上市公司股东大会决议主动撤回其股票在证券交易所上市交易，并决定不再在交易所交易或者转而申请在其他交易场所交易或转让</td><td>还应当经中小股东所持表决权的2/3以上通过</td></tr>
<tr><td>⑪ 股东大会以普通决议认定会对公司产生重大影响、需要以特别决议通过的其他事项</td><td>—</td></tr>
<tr><td>⑫ 法律法规、证券交易所业务规则、公司章程或股东大会议事规则规定的其他需要以特别决议通过的事项</td><td>—</td></tr>
</table>

注：

（1）股东大会对上表第①~⑫项所述提案作出决议时，应当由出席股东大会的股东（包括股东代理人）所持表决权的2/3以上通过。

（2）股东大会对上表第④、⑩项所述提案作出决议时，除应当经出席股东大会的股东所持表决权的2/3以上通过外，还应当经出席会议的除上市公司董事、监事、高级管理人员和单独或者合计持有上市公司5%以上股份的股东以外的其他股东所持表决权的2/3以上通过。

（3）股东大会就以下事项作出特别决议，除须经出席会议的普通股股东（含表决权恢复的优先股股东，包括股东代理人）所持表决权的2/3以上通过之外，还须经出席会议的优先股股东（不含表决权恢复的优先股股东，包括股东代理人）所持表决权的2/3以上通过：① 修改公司章程中与优先股相关的内容；② 一次或累计减少公司注册资本超过10%；③ 公司合并、分立、解散或变更公司形式；④ 发行优先股；⑤ 公司章程规定的其他情形。

8. 年度股东大会审议事项

年度股东大会审议事项通常较多，假设某上市公司拟召开2022年度股东大会，该上市公司证券部需要准备的年度股东大会议案，包括但不限于以下内容：

①《关于〈2022年年度报告〉（全文及摘要）的议案》；

②《关于〈2022年度董事会工作报告〉的议案》；

③《关于〈2022年度监事会工作报告〉的议案》；

④《关于〈2022年度财务决算报告〉的议案》；

⑤《关于公司2022年度利润分配方案的议案》；

⑥《关于〈2023年度财务预算报告〉的议案》；

⑦《关于2023年度董事、监事、高级管理人员薪酬的议案》；

⑧《关于续聘会计师事务所的议案》；

⑨《关于2023年度日常关联交易预计额度的议案》；

⑩《关于公司及子公司2023年度担保额度预计的议案》

独立董事述职应作为公司年度股东大会的一项议程，但无需作为单独议案进行审议。公司在年度股东大会通知中应声明“本公司独立董事将在本次年度股东大会上进行述职”。无法出席年度股东大会的独立董事，可以委托其他独立董事在年度股东大会上宣读其述职报告。

9. 网络投票

上市公司应当充分考虑股东大会召开的时间、地点和方式，为股东特别是中小股东参加股东大会提供便利，为投资者发言、提问以及与公司董事、监事和高级管理人员等交流提供必要的时间。股东大会应当提供网络投票的方式。

上交所和深交所上市公司的股东主要通过交易系统投票平台和互联网投票平台进行网络投票。其中交易系统投票操作分为通过申报买入委托（适用深市上市公司）进行投票和通过证券公司提供的网络投票专用界面投票。上交所和深交所互联网投票平台分别为“证券持有人会议投票平台”和“深交所互联网投票系统”。北交所上市公司的股东则通过中国证券登记结算有限责任公司持有人大会网络投票系统对有关议案进行投票表决，有两种方式，一是登录中国结算网上营业厅；二是关注“中国结算营业厅”微信公众号。

公司通过网络投票方式召开股东大会应注意下列事项：

（1）股东大会采用网络或其他方式，应当在股东大会通知中明确载明网络或其他方式的表决时间及表决程序。

（2）股东大会网络或其他方式投票的开始时间，不得早于现场股东大会召开前一日下午3:00，并不得迟于现场股东大会召开当日上午9:30，其结束时间不得早于现场股东大会结束当日下午3:00。

（3）股东大会现场结束时间不得早于网络或其他方式。

（4）同一表决权只能选择现场、网络或其他表决方式中的一种。同一表决权出现重复表决的以第一次投票结果为准。同时持有A股和B股的投资者，应通过A股股东账户和B股股东账户分别进行投票。投资者可以选择持有同一类别股份的任一证券公司的任一账户进行投票，其表决权总数将合并所有持股账户中的该类股份数。

（5）对于累积投票提案，股东拥有的选举票数，可以集中投给一名候选人，也可以投给数名候选人。股东应当以其所拥有的每个提案组的选举票数为限进行投票，股东所投选举票数超过其拥有选举票数的，或者在差额选举中投票超过应选人数的，其对该项提案组所投的选举票均视为无效投票。

（6）通过申报委托买入方式投票的，投资者可以在成交界面查看委托情况，通过网络投票专用界面投票的，可以在该界面查询已投票情况，具体可以咨询证券公司。

（7）投票申报提交成功后无法撤销。

（8）在正式公布表决结果前，股东大会现场、网络及其他表决方式中所涉及的上市公司、计票人、监票人、主要股东、网络服务方等相关各方对表决情况均负有保密义务。

（9）网络及其他方式表决情况的有效资料应当一并保存，保存期限不少于10年。

10. 累积投票制

累积投票制，是指股东大会选举董事或者监事时，每一股份拥有与应选董事或者监事人数相同的表决权，股东拥有的表决权可以集中使用。

（1）累积投票制的适用情形：

① 证监会在《上市公司治理准则》中的规定：

A. 股东大会就选举董事、监事进行表决时，根据公司章程的规定或者股东大会的决议，可以实行累积投票制（沪市主板和深市主板对此的态度为“应当积极推行累积投票制度”）。

B. 单一股东及其一致行动人拥有权益的股份比例在30%及以上的上市公司，股东大会就选举董事、监事进行表决时应当采用累积投票制。

② 创业板特别规定：上市公司应当在董事、监事选举时实行累积投票制度，只选举一名董事或监事的情形除外。证券交易所鼓励公司选举董事、监事时实行差额选举。

（2）累积投票制使用时的注意事项：

① 累积投票又分为等额选举和差额选举。等额选举时候选人数与应选人数一致，差额选举时候选人数多于应选人数。

② 投票议案组的总票数=股东所持有表决权股份总数×应选人数，股东拥有的选举票数，可以集中投给一名候选人，也可以投给数名候选人，股东应当以每个提案组的选举票数为限进行投票。

③ 根据各板块的业务办理指南及公告格式指引，股东大会以累积投票方式选举董事的，独立董事和非独立董事的表决应当分别进行，即分别设置议案。

④ 大会通知中，涉及采用累积投票制选举董事、监事的议案，应当注明每个累积投票提案下的应选人数——在表决票设置中，涉及选举董事、监事那一栏中，将不会出现“同意”“反对”或者“弃权”的字眼，仅需根据股东的表决情况填写每位候选人的实际得票数即可。

11. 中小股东保护机制

（1）中小股东的含义。

各证券交易所中小股东的含义详见表2-2-6。

表2-2-6 各证券交易所中小股东的含义

板 块	中小股东含义
上交所、深交所	中小投资者（或称中小股东），是指除公司董事、监事、高级管理人员以及单独或者合计持有公司5%以上股份的股东以外的其他股东
北交所	中小股东是指除上市公司董事、监事、高级管理人员及其关联方，以及单独或者合计持有公司5%以上股份的股东及其关联方以外的其他股东。北交所的中小股东不含关联方

（2）中小股东单独计票机制。

当股东大会审议影响中小投资者利益的重大事项时，对中小投资者表决应当单独计票。单独计票结果应当及时公开披露。表2-2-7列举了上市公司需中小投资者单独计票的表决事项。

表2-2-7 上市公司中小投资者单独计票的表决事项

序 号	中小投资者单独计票事项	说 明
1	发行证券事项	—
2	重大资产重组事项	—
3	股权激励计划及相关议案	—
4	非公开发行股票引入战略投资者	—
5	重整计划草案对出资人权益调整	—
6	变更表决权差异安排	目前适用板块：北交所
7	主动终止上市	还须中小股东2/3表决票的审议通过
8	分拆上市	【沪市主板、深市主板、创业板】还须中小股东2/3表决票的审议通过
9	董事、监事任职管理	【沪市主板】董事和监事提名；【科创板】董事提名，还须中小股东过半数表决票的审议通过
10	其他应当由独立董事发表独立意见的影响中小股东利益的重大事项	影响中小投资者利益的重大事项指应当由独立董事发表独立意见的事项

（3）充分听取中小投资者意见。

根据《上市公司监管指引》《上市公司自律监管指引》等相关规章指引的规定，上市公司在进行下列事项决策时应当充分听取中小投资者意见，具体事项包括：① 现金分红；② 股份回购；③ 年度报告说明会（目前适用于北交所）。

三、董事会

1. 董事会职责

《公司法》第四十六条及《上市公司章程指引（2022年修订）》第107条规定，上市公司董事会对股东大会负责，行使下列职权：

（1）召集股东大会，并向股东大会报告工作；

（2）执行股东大会的决议；

（3）决定公司的经营计划和投资方案；

（4）制订公司的年度财务预算方案、决算方案；

（5）制订公司的利润分配方案和弥补亏损方案；

（6）制订公司增加或者减少注册资本、发行公司债券或其他证券及上市方案；

（7）拟订公司重大收购、收购本公司股票或者合并、分立、解散及变更公司形式的方案；

（8）在股东大会授权范围内，决定公司对外投资、收购出售资产、资产抵押、对外担保事项、委托理财、关联交易、对外捐赠等事项；

（9）决定公司内部管理机构的设置；

（10）决定聘任或者解聘公司经理、董事会秘书及其他高级管理人员，并决定其报酬事项和奖惩事项；根据经理的提名，决定聘任或者解聘公司副经理、财务负责人等高级管理人员，并决定其报酬事项和奖惩事项；

（11）制订公司的基本管理制度；

（12）制订本章程的修改方案；

（13）管理公司信息披露事项；

（14）向股东大会提请聘请或更换为公司审计的会计师事务所；

（15）听取公司经理的工作汇报并检查经理的工作；

（16）法律、行政法规、部门规章或本章程授予的其他职权。

公司董事会设立专门委员会。董事会负责制定专门委员会工作规程，规范专门委员会的运作。

公司股东大会可以授权公司董事会按照公司章程的约定向优先股股东支付股息。

超过股东大会授权范围的事项，应当提交股东大会审议。

2. 董事会的构成

上市公司设董事会，其成员为5~19人。董事会成员中可以有公司职工代表。董事会中的职工代表由公司职工通过职工代表大会、职工大会或者其他形式民主选举产生。

董事任期由公司章程规定，但每届任期不得超过3年。董事任期届满，连选可以连任。

董事任期届满未及时改选，或者董事在任期内辞职导致董事会成员低于法定人数的，在改选出的董事就任前，原董事仍应当依照法律、行政法规和公司章程的规定，履行董事职务。

董事会设董事长一人，可以设副董事长。董事长和副董事长由董事会以及全体董事的过半数选举产生。

3. 董事会会议流程要点

表2-2-8为董事会一般会议流程和信息披露要求。

表2-2-8　董事会会议流程

环　节	具体内容
会议召集	定期会议：每年至少2次会议，由董事长召集。 临时会议：董事会根据需要及时召开临时会议。代表1/10以上表决权的股东、1/3以上董事或者监事会，1/2以上独立董事可以提议召开董事会临时会议。董事长应当自接到提议后10日内，召集和主持董事会会议
会议提案	提议人应当通过董秘办或者直接向董事长提交书面提案和与提案有关的材料。根据相关法律法规，需会前征得独立董事认可的议案，应于会前得到1/2以上独立董事认可后，方可提交董事会审议
发出董事会会议通知	定期会议：会议召开10日前书面通知全体董事和监事。 临时会议：按照公司章程规定即可。 董事会会议通知包括以下内容：① 会议日期和地点；② 会议期限；③ 事由及议题；④ 发出通知的日期
会议延期	2名及以上独立董事认为董事会提供的会议资料不完整或者论证不充分的，可以联名书面向董事会提出延期召开会议或者延期审议该事项，董事会应当予以采纳，上市公司应当及时披露相关情况
会议举行	董事会会议有过半数的董事出席方可举行。董事与董事会会议决议事项所涉及的企业有关联关系的，该董事会会议由过半数的无关联关系董事出席方可举行。 参会人员： ① 应当出席：董事。董事会会议，应由董事本人出席；董事因故不能出席，可以书面委托其他董事代为出席。 ② 应当列席：总经理、董事会秘书。 ③ 可列席：监事、保荐代表人、财务顾问
会议主持	董事长主持董事会会议。公司副董事长协助董事长工作，董事长不能履行职务或者不履行职务的，由副董事长履行职务；副董事长不能履行职务或者不履行职务的，由半数以上董事共同推举一名董事履行职务
会议表决	① 董事会决议的表决，实行一人一票。 ② 董事的表决意向分为赞成、反对和弃权。与会董事应当从上述意向中选择其一。 ③ 董事未出席董事会会议，亦未委托代表出席的，视为放弃在该次会议上的投票权
决议形成	① 董事会作出决议，必须经全体董事的过半数通过。 ② 董事与董事会会议决议事项所涉及的企业有关联关系的，不得对该项决议行使表决权，也不得代理其他董事行使表决权。该董事会会议由过半数的无关联关系董事出席即可举行，董事会会议所作决议须经无关联关系董事过半数通过。出席董事会的无关联董事人数不足3人的，应将该事项提交股东大会审议
会议记录	董事会应当对会议所议事项的决定做成会议记录，出席会议的董事、董事会秘书和记录人应当在会议记录上签名。 董事会会议记录包括以下内容：① 会议召开的日期、地点和召集人姓名；② 出席董事的姓名以及受他人委托出席董事会的董事（代理人）姓名；③ 会议议程；④ 董事发言要点；⑤ 每一决议事项的表决方式和结果（表决结果应载明赞成、反对或弃权的票数）。 董事会会议记录应当妥善保存，保存期限不少于10年

4. 出席董事会

董事会会议，应由董事本人出席；董事因故不能出席，可以书面委托其他董事代为出席，委托书中应载明代理人的姓名、代理事项、授权范围和有效期限，并由委托人签名或盖章。代为出席会议的董事应当在授权范围内行使董事的权利。董事未出席董事会会议，亦未委托代表出席的，视为放弃在该次会议上的投票权。

董事连续两次未能出席，也不委托其他董事出席董事会会议，视为不能履行职责，董事会应当建议股东大会予以撤换。

独立董事连续两次未能出席董事会会议，也不委托其他独立董事代为出席的，董事会应当在该事实发生之日起30日内提议召开股东大会解除该独立董事职务。

5. 董事会专门委员会

上市公司董事会可以按照中国证监会的相关规则和公司章程设置专门委员会，辅助董事会开展工作。董事会负责制定专门委员会工作规程，规范专门委员会的运作。

（1）专门委员会的设置规则。

上市公司一般会按照不同的职能需求，在董事会中设置审计、战略、提名、薪酬与考核等专门委员会，按照公司章程和董事会授权履行职责。表2-2-9对各董事会专门委员会的设置要求进行了比照。

表2-2-9　各董事会专门委员会的设置要求

项　目	审计委员会	战略委员会	提名委员会	薪酬与考核委员会
强制性要求	沪市、深市上市公司：必须设置； 北交所上市公司：鼓励设置	所有板块的上市公司：按需设置		

（续表）

项　目	审计委员会	战略委员会	提名委员会	薪酬与考核委员会
组成人员	不在上市公司担任高级管理人员的董事，其中独立董事应当过半数	全部由董事组成	全部由董事组成，且独立董事应当过半数	全部由董事组成，且独立董事应当过半数
召集人	独立董事中会计专业人士	董事	独立董事	独立董事
开会时间	每季度至少召开一次会议，2名及以上成员提议，或者召集人认为有必要时，可以召开临时会议。审计委员会会议须有2/3以上成员出席方可举行	无强制要求	无强制要求	无强制要求

（2）各专门委员会的主要职责。

董事会各专门委员会按照公司章程和董事会授权履行职责，独立董事在其中扮演着重要的角色。关于各专门委员会的主要职责，详见表2-2-10。

表2-2-10　专门委员会主要职责一览表

委员会	主要职责
审计委员会	负责审核公司财务信息及其披露、监督及评估内外部审计工作和内部控制，下列事项应当经审计委员会全体成员过半数同意后，提交董事会审议： ① 披露财务会计报告及定期报告中的财务信息、内部控制评价报告； ② 聘用或者解聘承办上市公司审计业务的会计师事务所； ③ 聘任或者解聘上市公司财务负责人； ④ 因会计准则变更以外的原因作出会计政策、会计估计变更或者重大会计差错更正； ⑤ 法律、行政法规、中国证监会规定和公司章程规定的其他事项
提名委员会	负责拟订董事、高级管理人员的选择标准和程序，对董事、高级管理人员人选及其任职资格进行遴选、审核，并就下列事项向董事会提出建议： ① 提名或者任免董事； ② 聘任或者解聘高级管理人员； ③ 法律、行政法规、中国证监会规定和公司章程规定的其他事项

（续表）

委员会	主要职责
薪酬与考核委员会	负责制定董事、高级管理人员的考核标准并进行考核，制定、审查董事、高级管理人员的薪酬政策与方案，并就下列事项向董事会提出建议： ① 董事、高级管理人员的薪酬； ② 制定或者变更股权激励计划、员工持股计划，激励对象获授权益、行使权益条件成就； ③ 董事、高级管理人员在拟分拆所属子公司安排持股计划； ④ 法律、行政法规、中国证监会规定和公司章程规定的其他事项
战略委员会	对公司长期发展战略和重大投资决策进行研究并提出建议

董事会对提名委员会、薪酬与考核委员会的建议未采纳或者未完全采纳的，应当在董事会决议中记载提名委员会、薪酬与考核委员会的意见及未采纳的具体理由，并进行披露。

上市公司未在董事会中设置提名委员会、薪酬与考核委员会的，由独立董事专门会议对被提名人任职资格进行审核，并向董事会提出建议。

四、监事会

1. 监事会的组成及任期

上市公司设监事会，其成员不得少于3人。

监事会应当包括股东代表和适当比例的公司职工代表，其中职工代表的比例不得低于1/3，具体比例由公司章程规定。监事会中的职工代表由公司职工通过职工代表大会、职工大会或者其他形式民主选举产生。董事、高级管理人员不得兼任监事。上市公司可以依照公司章程的规定设立外部监事。

监事会设主席1人，可以设副主席。监事会主席和副主席由全体监事过半数选举产生。监事会主席召集和主持监事会会议；监事会主席不能履行职务或者不履行职务的，由监事会副主席召集和主持监事会会议；监事会副主席不能履行职务或者不履行职务的，由半数以上监事共同推举一名监事召集和主持监事会会议。

监事的任期每届为3年。监事任期届满，连选可以连任。

监事任期届满未及时改选，或者监事在任期内辞职导致监事会成员低于法定人数的，在改选出的监事就任前，原监事仍应当依照法律、行政法规和公司章程的规定，履行监事职务。

2. 监事会的职权

根据《公司法》和《上市公司章程指引（2022年修订）》，监事会行使下列职权：

（1）应当对董事会编制的公司定期报告进行审核并提出书面审核意见；

（2）检查公司财务；

（3）对董事、高级管理人员执行公司职务的行为进行监督，对违反法律、行政法规、公司章程或者股东大会决议的董事、高级管理人员提出罢免的建议；

（4）当董事、高级管理人员的行为损害公司的利益时，要求董事、高级管理人员予以纠正；

（5）提议召开临时股东大会，在董事会不履行《公司法》规定的召集和主持股东大会职责时召集和主持股东大会；

（6）向股东大会提出提案；

（7）依照《公司法》第一百五十一条的规定，对董事、高级管理人员提起诉讼；

（8）发现公司经营情况异常，可以进行调查；必要时，可以聘请会计师事务所、律师事务所等专业机构协助其工作，费用由公司承担。

3. 职工代表大会代表的最低人数要求

根据《企业民主管理规定》第8条的规定，企业可以根据职工人数确定召开职工代表大会或者职工大会。企业召开职工代表大会的，职工代表人数按照不少于全体职工人数的5%确定，最少不少于30人。职工代表人数超过100人的，超出的代表人数可以由企业与工会协商确定。

4. 监事会会议流程要点

表2-2-11罗列了一般监事会的会议流程以及各环节的注意事项。

表2-2-11　监事会会议流程

环　节	注意事项
会议提议	定期会议：每6个月至少召开一次。 临时会议：监事可以提议召开
发出会议通知	会议通知的发出应符合法律法规、公司章程规定和议事规则的规定
会议召集和主持	监事会主席召集和主持监事会会议；监事会主席不能履行职务或者不履行职务的，由监事会副主席召集和主持监事会会议；监事会副主席不能履行职务或者不履行职务的，由半数以上监事共同推举一名监事召集和主持监事会会议
参会人员	① 应当出席：监事。 ② 应要求应当出席：董事、经理及其他高级管理人员、内部及外部审计人员。 ③ 应当列席：董事会秘书、证券事务代表。 ④ 可列席：保荐代表人、财务顾问
决议形成	监事会决议应当经半数以上监事通过
会议记录	监事会会议记录应当真实、准确、完整，充分反映与会人员对所审议事项提出的意见，出席会议的监事和记录人员应当在会议记录上签字。监事会会议记录应当妥善保存

五、股东、控股股东和实际控制人

1. 控股股东及实际控制人

《公司法》对控股股东和实际控制人的定义如下：

① 控股股东，是指其出资额占有限责任公司资本总额50%以上或者其持有的股份占股份有限公司股本总额50%以上的股东；出资额或者持有股份的比例虽然不足50%，但依其出资额或者持有的股份所享有的表决权已足以对股东会或股东大会的决议产生重大影响的股东。

② 实际控制人，是指虽不是公司的股东，但通过投资关系、协议或者其他安排，能够实际支配公司行为的自然人或法人。

2. 控制与控制权

在确定公司控制权归属时，应当本着实事求是的原则，尊重企业的实际情况，以发行人自身的认定为主，由发行人股东予以确认。

根据《上市公司收购管理办法》第八十四条的规定，有下列情形之一的，为拥有上市公司控制权：

① 投资者为上市公司持股50%以上的控股股东；

② 投资者可以实际支配上市公司股份表决权超过30%；

③ 投资者通过实际支配上市公司股份表决权能够决定公司董事会半数以上成员选任；

④ 投资者依其可实际支配的上市公司股份表决权足以对公司股东大会的决议产生重大影响；

⑤ 中国证监会认定的其他情形。

3. 控股股东和实际控制人的行为规范

（1）控股股东、实际控制人不得通过关联交易、资产重组、对外投资、担保、利润分配和其他方式直接或者间接侵占上市公司资金、资产，损害公司及其他股东的利益。

（2）控股股东、实际控制人应当配合上市公司通过网络投票、累积投票、征集投票权等方式保障其他股东的提案权、表决权等权利，不得以任何理由或者方式限制、阻挠其他股东行使合法权利。

控股股东、实际控制人提出议案时应当充分考虑并说明议案对公司和中小股东利益的影响。

（3）控股股东、实际控制人及其一致行动人买卖上市公司股票，应当遵守法律法规及证券交易所相关规定，恪守有关声明和承诺，不得利用他人账户或者通过向他人提供资金的方式买卖公司股票。

（4）控股股东、实际控制人应当采取有效措施保证其作出的承诺能够有效施行，对于存在较大履约风险的承诺事项，控股股东、实际控制人应当提供履约担保。担保人或者履约担保标的物发生变化导致无法或者可能无法履行担保义务的，控股股东、实际控制人应当及时告知上市公司，并予以披露，同时提供新的履约担保。

除另有规定外，控股股东、实际控制人在相关承诺尚未履行完毕前转让所持公司股份的，不得影响相关承诺的履行。

（5）控股股东、实际控制人应当维持控制权稳定。确有必要转让上市公司股权导致控制权变动（以下简称控制权转让）的，应当保证交易公允、公平、合理、具有可行性，不得利用控制权转让炒作股价，不得损害公司及其他股东的合法权益。

（6）控股股东、实际控制人转让控制权之前，应当对拟受让人的主体资格、诚信状况、受让意图、履约能力、是否存在不得转让控制权的情形等情况进行合理调查。

控股股东、实际控制人转让控制权之前，存在占用公司资金、要求公司违法违规提供担保等违规情形的，应将占用资金全部归还、违规担保全部解除，但控制权转让所得资金用以清偿占用资金、解除违规担保的除外。

控股股东、实际控制人转让公司控制权时，应当关注、协调新老股东更换，确保公司董事会以及公司管理层平稳过渡。

（7）控股股东、实际控制人应当向上市公司提供实际控制人及其一致行动人的基本情况，配合公司逐级披露公司与实际控制人之间的股权和控制关系。

通过投资关系、协议或者其他安排共同控制公司的，除按前款规定提供信息以外，还应当书面告知公司实施共同控制的方式和内容。

通过接受委托或者信托等方式拥有公司权益的控股股东、实际控制人，应当及时将委托人情况、委托或者信托合同以及其他资产管理安排的主要内容书面告知公司，配合公司履行信息披露义务。

契约型私募投资基金、资产管理产品成为公司控股股东或者实际控制人的，除应当履行前款规定义务外，还应当在权益变动文件中穿透披露至最终投资者。

（8）媒体上出现与控股股东、实际控制人有关的报道或者传闻，且可能对上市公司股票及其衍生品种交易价格产生较大影响的，控股股东、实际控制人应当主动了解真实情况，及时将相关信息告知公司并答复公司的询证。

控股股东、实际控制人及其相关人员在接受媒体采访和投资者调研，或者与其他机构和个人进行沟通时，不得提供、传播与公司相关的未披露的重大信息，或者提供、传播虚假信息，进行误导性陈述等。

六、董监高及内幕信息知情人

（一）董监高通用规定

1. 董监高的任职资格

表2-2-12将上市公司董事、监事和高级管理人员任职资格的相关法律法规进行了汇总。

表2-2-12　董监高任职资格相关法律法规一览表

法律法规	要　求
《公司法》	有下列情形之一的，不得担任公司的董事、监事、高级管理人员： ① 无民事行为能力或限制民事行为能力； ② 因贪污、贿赂、侵占财产、挪用财产或者破坏社会主义市场经济秩序，被判处刑罚，执行期满未逾5年，或者因犯罪被剥夺政治权利，执行期满未逾5年； ③ 担任破产清算的公司、企业的董事或者厂长、经理，对该公司、企业的破产负有个人责任的，自该公司、企业破产清算完结之日起未逾3年； ④ 担任因违法被吊销营业执照、责令关闭的公司、企业的法定代表人，并负有个人责任的，自该公司、企业被吊销营业执照之日起未逾3年； ⑤ 个人所负数额较大的债务到期未清偿

（续表）

法律法规	要 求
《首次公开发行股票注册管理办法》	董事、监事和高级管理人员不存在最近三年内受到中国证监会行政处罚，或者因涉嫌犯罪正在被司法机关立案侦查或者涉嫌违法违规正在被中国证监会立案调查且尚未有明确结论意见等情形
《证券市场禁入规定》	被中国证监会采取证券市场禁入措施的人员，在禁入期间内，不得担任上市公司董事、监事、高级管理人员

2. 董监高信息变动

（1）人员任免。

董事、监事（非职工监事）的任免，由股东大会决议；职工监事的任免，由职工代表大会决议；高级管理人员的任免，由董事会决议。

上市公司高层人员任职申报或离职申报的时点要求如表2-2-13所示。

表2-2-13 上市公司高层人员任、离职申报时点汇总

任职类型	任职申报时点	离职申报时点
董事、独立董事、监事	有权机构作出聘任决议时，如股东大会、职工代表大会决议公告日	① 被免职的，为有权机构作出免职决议时，如股东大会、职工代表大会决议公告日； ② 主动离职的，为辞职报告送达董事会或者监事会之日，离职导致低于法定人数等《股票上市规则》规定情形的除外； ③ 任职到期的，为新当选人士任职生效时
高管、董事会秘书、证券事务代表	董事会作出聘任决议时，即董事会决议公告日	① 被免职的，为董事会作出免职决议时，即董事会决议公告日； ② 主动离职的，为辞职报告送达董事会之日； ③ 任职到期的，为新当选人士任职生效时

（2）公告披露。

董事、监事及高级管理人员变动，需要披露以下类型的公告：

① 有权机构作出任免的决议公告，如股东大会、职工代表大会、董事会决议公告；

② 董事、监事及高级管理人员变动公告。

（3）信息申报。

上市公司在报送公司高层人员变动的信息披露文件时，应当同时对高层人员的信息进行网上申报；如上市公司无法在当日完成信息申报，需提供董事会出具的两个交易日内完成信息申报的承诺函。

上市公司高层人员已申报的信息发生变化，如身份证号码变更、地址变更、家庭成员人员变更或相关信息变更等，应及时告知上市公司并委托其修改相关信息。

（4）《董事（监事、高级管理人员）声明及承诺书》报备。

上市公司董事会秘书负责组织公司董事、监事和高级管理人员及时完成《董事（监事、高级管理人员）声明及承诺书》（以下简称《声明及承诺书》）的签署。

董事、监事和高级管理人员应当保证声明事项的真实、准确、完整，不存在虚假记载、误导性陈述或者重大遗漏。上述人员签署《声明及承诺书》时，应当由律师见证。

《声明及承诺书》签署完成后，上市公司应将书面文件送达证券交易所，同时在证券交易所系统业务专区填报和提交电子文件。确认送达后，上市公司可在证券交易所业务系统查询送达情况。

（二）董事

1. 法定代表人

公司法定代表人依照公司章程的规定，由董事长、执行董事或者经理担任，并依法登记。公司法定代表人变更，应当办理变更登记。

2. 董事的产生及任期

董事任期由公司章程规定，但每届任期不得超过3年。董事任期届满，连选可以连任。董事由股东大会选举产生的，股东大会可以在董事任期届满前解除其职务。

董事任期届满未及时改选，或者董事在任期内辞职导致董事会成员低于法定人数的，在改选出的董事就任前，原董事仍应当依照法律、行政法规和公司章程的规定，履行董事职务。

3. 董事、高管所得收入归公司所有的情形

（1）违法违规收入。

根据《公司法》第一百四十八条规定，董事、高级管理人员有下列行为的，所得的收入应当归公司所有：

① 挪用公司资金；

② 将公司资金以其个人名义或者以其他个人名义开立账户存储；

③ 违反公司章程的规定，未经股东会、股东大会或者董事会同意，将公司资金借贷给他人或者以公司财产为他人提供担保；

④ 违反公司章程的规定或者未经股东会、股东大会同意，与本公司订立合同或者进行交易；

⑤ 未经股东会或者股东大会同意，利用职务便利为自己或者他人谋取属于公司的商业机会，自营或者为他人经营与所任职公司同类的业务；

⑥ 接受他人与公司交易的佣金归为己有；

⑦ 擅自披露公司秘密；

⑧ 违反对公司忠实义务的其他行为。

（2）短线交易收入。

根据《证券法》第四十四条规定，上市公司、股票在国务院批准的其他全国性证券交易场所交易的公司持有5%以上股份的股东、董事、监事、高级管理人员，将其持有的该公司的股票或者其他具有股权性质的证券在买入后6个月内卖出，或者在卖出后6个月内又买入，由此所得收益归该公司所有，公司董事会应当收回其所得收益。

（三）独立董事

独立董事是指不在上市公司担任除董事外的其他职务，并与其所受聘的上市公司及其主要股东、实际控制人不存在直接或间接利害关系，或者其他可能影响其进行独立客观判断的关系的董事。

1. 独立董事的地位

上市公司独立董事占董事会成员的比例不得低于1/3，且至少包括1名会计专业人士。

上市公司审计委员会成员中独立董事应当过半数，并由独立董事中会计专业人士担任召集人。

上市公司设置提名、薪酬与考核专门委员会的，提名委员会、薪酬与考核委员会中独立董事应当过半数并担任召集人。

2. 独立董事的任职资格

独立董事应当具备履行职责所必需的专业知识、工作经验和良好的个人品德，符合独立性要求，与上市公司存在利害关系的人员不得担任独立董事。

《上市公司独立董事管理办法》对独立董事的任职资格作了详细明确的规定，归纳如表2-2-14所示。

表2-2-14　独立董事任职资格表

情　形	要　求
独立性要求	独立董事应当独立履行职责，不受上市公司及其主要股东、实际控制人等单位或者个人的影响。 独立董事必须保持独立性。下列人员不得担任独立董事： ① 在上市公司或者其附属企业任职的人员及其配偶、父母、子女、主要社会关系； ② 直接或者间接持有上市公司已发行股份1%以上或者是上市公司前10名股东中的自然人股东及其配偶、父母、子女； ③ 直接或者间接持有上市公司已发行股份5%以上的股东或者在上市公司前5名股东单位任职的人员及其配偶、父母、子女； ④ 在上市公司控股股东、实际控制人的附属企业任职的人员及其配偶、父母、子女； ⑤ 与上市公司及其控股股东、实际控制人或者其各自的附属企业有重大业务往来的人员，或者在有重大业务往来的单位任职的人员，或者在有重大业务往来单位的控股股东单位任职的人员； ⑥ 为上市公司及其控股股东、实际控制人或者其各自附属企业提供财务、法律、咨询、保荐等服务的人员，包括但不限于提供服务的中介机构的项目组全体人员、各级复核人员、在报告上签字的人员、合伙人、董事、高级管理人员及主要负责人； ⑦ 最近12个月内曾经具有第①项至第⑥项所列举情形的人员； ⑧ 法律、行政法规、中国证监会规定、证券交易所业务规则和公司章程规定的不具备独立性的其他人员
积极性条件	担任独立董事应当符合下列条件： ① 根据法律、行政法规和其他有关规定，具备担任上市公司董事的资格； ② 符合《上市公司独立董事管理办法》第六条规定的独立性要求； ③ 具备上市公司运作的基本知识，熟悉相关法律法规和规则； ④ 具有5年以上履行独立董事职责所必需的法律、会计或者经济等工作经验； ⑤ 具有良好的个人品德，不存在重大失信等不良记录； ⑥ 法律、行政法规、中国证监会规定、证券交易所业务规则和公司章程规定的其他条件
兼职限制	原则上最多在三家境内上市公司担任独立董事

3. 独立董事的任免流程

（1）提名。

上市公司董事会、监事会、单独或者合并持有上市公司已发行股份1%以上的股东可以提出独立董事候选人。依法设立的投资者保护机构可以公开请求股东委托其代为行使提名独立董事的权利。

独立董事的提名人在提名前应当征得被提名人的同意。提名人应当充分了解被提名人职业、学历、职称、详细的工作经历、全部兼职、有无重大失信等不良记录等情况，并对其符合独立性和担任独立董事的其他条件发表意见，被提名人应当就其符合独立性和担任独立董事的其他条件作出公开声明。

（2）提名审查。

上市公司在董事会中设置提名委员会的，提名委员会应当对被提名人任职资格进行审查，并形成明确的审查意见。

上市公司应当在选举独立董事的股东大会召开前，将所有独立董事候选人的有关资料报送证券交易所。

证券交易所依照有关规定对独立董事候选人的有关材料进行审查。

（3）选举。

上市公司股东大会选举2名以上独立董事的，应当实行累积投票制。中小股东表决情况应当单独计票并披露。

（4）任职期限。

独立董事每届任期与上市公司其他董事任期相同，任期届满，可以连选连任，但是连续任职不得超过6年。

（5）解除职务与辞职。

独立董事任期届满前，上市公司可以依照法定程序解除其职务。

独立董事连续两次未能出席董事会会议，也不委托其他独立董事代为出席的，董事会应当在该事实发生之日起30日内提议召开股东大会解除该独立董事职务。

提前解除独立董事职务的，上市公司应当及时披露具体理由和依据。独立董事有异议的，上市公司应当及时予以披露。

独立董事不符合上市公司董事任职资格或独立性要求的，应当立即停止履职并辞去职务。未提出辞职的，上市公司董事会知悉或者应当知悉该事实发生后应当立即按规定解除其职务。

独立董事在任期届满前可以提出辞职。独立董事辞职应当向董事会提交书面辞职报告，对任何与其辞职有关或者其认为有必要引起上市公司股东和债权人注意的情况进行说明。上市公司应当对独立董事辞职的原因及关注事项予以披露。

（6）补选。

独立董事提出辞职或者被解除职务导致公司董事会或其专门委员会中独立董事所占的比例不符合相关规定，或者独立董事中欠缺会计专业人士的，上市公司应当自该事实发生之日起60日内完成补选。

4. 独立董事的职权

（1）特别职权。

独立董事除了应当具有《公司法》和其他相关法律、法规赋予董事的职权外，还行使下列特别职权：

① 独立聘请中介机构，对上市公司具体事项进行审计、咨询或者核查；

② 向董事会提议召开临时股东大会；

③ 提议召开董事会会议；

④ 依法公开向股东征集股东权利；

⑤ 对可能损害上市公司或者中小股东权益的事项发表独立意见；

⑥ 法律、行政法规、中国证监会规定和公司章程规定的其他职权。

独立董事行使前款第①项至第③项职权的，应当经全体独立董事过半数同意。

独立董事行使特别职权的，上市公司应当及时披露。特别职权不能正常行使的，上市公司应当披露具体情况和理由。

（2）事先认可事项。

下列事项应当经上市公司全体独立董事过半数同意后，再提交董事会审议：

① 应当披露的关联交易；

② 上市公司及相关方变更或者豁免承诺的方案；

③ 被收购上市公司董事会针对收购所作出的决策及采取的措施；

④ 法律、行政法规、中国证监会规定和公司章程规定的其他事项。

5. 独立董事职责及履职方式

（1）独立董事履行下列职责：

① 参与董事会决策并对所议事项发表明确意见；

② 对上市公司与其控股股东、实际控制人、董事、高级管理人员之间的潜在重大利益冲突事项进行监督，促使董事会决策符合上市公司整体利益，保护中小股东合法权益；

③ 对上市公司经营发展提供专业、客观的建议，促进提升董事会决策水平；

④ 法律、行政法规、中国证监会规定和公司章程规定的其他职责。

（2）履职方式。

独立董事可以通过出席股东大会、董事会及其专门委员会、独立董事专门会议、定期获取上市公司运营情况等资料、听取管理层汇报、与内部审计机构负责人和承办上市公司审计业务的会计师事务所等中介机构沟通、实地考察、与中小股东沟通等多种方式履行职责。

（3）出席相关会议。

① 独立董事应当出席董事会会议。因故不能出席会议的，独立董事应当事先审阅会议材料，形成明确的意见，并书面委托其他独立董事代为出席。独立董事连续两次未能出席董事会会议，也不委托其他独立董事代为出席的，董事会应当在该事实发生之日起30日内提议召开股东大会解除该独立董事职务。

② 独立董事应当出席独立董事专门会议。

③ 独立董事应当出席董事会专门委员会会议，因故不能出席的，应当事先审阅会议材料，形成明确的意见，并书面委托其他独立董事代为出席。

（4）会议议案表决及会议记录签字确认。

独立董事对董事会议案投反对票或者弃权票的，应当说明具体理由及依据、议案所涉事项的合法合规性、可能存在的风险以及对上市公司和中小股东权益的影响等。上市公司在披露董事会决议时，应当同时披露独立董事的异议意见，并在董事会会议和会议记录中载明。

独立董事发现董事会决议执行过程中存在违反法律、行政法规、中国证监会规定、证券交易所业务规则和公司章程规定，或者违反股东大会和董事会决议等情形的，应当及时向董事会报告，并可以要求上市公司作出书面说明。涉及披露事项的，上市公司应当及时披露。上市公司未按规定作出说明或者及时披露的，独立董事可以向中国证监会和证券交易所报告。

上市公司董事会及其专门委员会、独立董事专门会议应当按规定制作会议记录，独立董事的意见应当在会议记录中载明。独立董事应当对会议记录签字确认。

（5）现场工作时间要求。

独立董事每年在上市公司的现场工作时间应当不少于15日。

（6）制作工作记录。

独立董事应当制作工作记录，详细记录履行职责的情况。独立董事履行职责过程中获取的资料、相关会议记录、与上市公司及中介机构工作人员的通信记录等，构成工作记录的组成部分。对于工作记录中的重要内容，独立董事可以要求董事会秘书等相关人员签字确认。

独立董事工作记录及上市公司向独立董事提供的资料，应当至少保存10年。

（7）独立董事的述职报告。

独立董事应当向上市公司股东大会提交年度述职报告，对其履行职责的情况进行说明。曾在报告期内担任公司独立董事的，不管其是否已经离职，须向公司年度股东大会提交述职报告。

独立董事年度述职报告主要内容如下：

① 出席董事会次数、方式及投票情况，出席股东大会次数；

② 参与董事会专门委员会、独立董事专门会议工作情况；

③ 对须经独立董事专门委员会审议的事项进行审议和行使特别职权的情况；

④ 与内部审计机构及承包上市公司审计业务的会计师事务所就公司财务、业务状况进行沟通的重大事项、方式及结果等情况；

⑤ 与中小股东的沟通交流情况；

⑥ 在上市公司现场工作的时间、内容等情况；

⑦ 履行职责的其他工作。

独立董事年度述职报告最迟应当在上市公司发出年度股东大会通知时披露。

6. 独立董事专门会议

上市公司应当定期或者不定期召开全部由独立董事参加的独立董事专门会议。

应当经独立董事专门会议审议的事项主要包括：

（1）独立聘请中介机构，对上市公司具体事项进行审计、咨询或者核查；

（2）向董事会提议召开临时股东大会；

（3）提议召开董事会会议；

（4）应当披露的关联交易；

（5）上市公司及相关方变更或者豁免承诺的方案；

（6）被收购上市公司董事会针对收购所作出的决策及采取的措施；

（7）披露财务会计报告及定期报告中的财务信息、内部控制评价报告；

（8）聘用或者解聘承办上市公司审计业务的会计师事务所；

（9）聘任或者解聘上市公司财务负责人；

（10）因会计准则变更以外的原因作出会计政策、会计估计变更或者重大会计差错更正；

（11）提名或者任免董事；

（12）聘任或者解聘高级管理人员；

（13）董事、高级管理人员的薪酬；

（14）制定或者变更股权激励计划、员工持股计划，激励对象获授权益、行使权益条件成就；

（15）董事、高级管理人员在拟分拆所属子公司安排持股计划；

（16）法律、行政法规、中国证监会和公司章程规定的其他事项。

7. 独立董事履职保障

上市公司及相关人员应当从人员组织、知情权、经费等方面为独立董事履职提供必要条件，具体体现如下：

（1）上市公司应当为独立董事履行职责提供必要的工作条件和人员支持，并确保独立董事与相关人员的信息畅通。

（2）上市公司应当保障独立董事享有与其他董事同等的知情权。

（3）上市公司应当及时、依规向独立董事发出董事会会议通知、相关会议材料和信息。

（4）上市公司董事、高级管理人员等相关人员应当配合独立董事行使职权。

（5）独立董事履职事项涉及应披露信息的，上市公司应当及时办理披露事宜；上市公司不予披露的，独立董事可以直接申请披露，或者向中国证监会和证券交易所报告。

（6）上市公司应当承担独立董事聘请专业机构及行使其他职权时所需的费用。

（7）上市公司可以建立独立董事责任保险制度，降低独立董事正常履行职责可能引致的风险。

（8）上市公司应当给予独立董事与其承担的职责相适应的津贴。津贴标准须经股东大会审议通过并在年度报告中进行披露。除经审议披露的津贴外，独立董事不得从上市公司及其主要股东、实际控制人或者有利害关系的单位和人员取得其他利益。

（四）监事

1. 监事的任职资格

上市公司监事的任职资格，有以下要求：

（1）不存在《公司法》规定的不得担任公司的董事、监事、高级管理人员的情形。

（2）不存在证券交易所《股票上市规则》中规定的不得担任上市公司董事、监事和高级管理人员的情形。

（3）董事、高级管理人员不得兼任监事。

2. 监事的辞职

上市公司监事辞职应当提交书面辞职报告。除下列情形外，监事的辞职自辞职报告送达监事会时生效：

（1）监事辞职导致监事会成员低于法定最低人数。

（2）职工代表监事辞职导致职工代表监事人数少于监事会成员人数的1/3。

出现上述情形的，辞职报告应当在下任监事填补因其辞职产生的空缺后方能生效。在辞职报告生效前，拟辞职监事仍应当按照法律法规、证券交易所相关规定和公司章程继续履行职责，但存在不适合担任监事的规定情形的除外。

3. 监事或监事会发表意见的事项

表2-2-15汇总了各板块关于需要监事或监事会发表意见的事项。

表2-2-15　监事或监事会发表意见事项汇总

事　项	要　求	板　块
证券发行文件	①　发行人的监事会应当对董事会编制的证券发行文件进行审核并提出书面审核意见。监事应当签署书面确认意见。 ②　董事、监事和高级管理人员无法保证证券发行文件内容的真实性、准确性、完整性或者有异议的，应当在书面确认意见中发表意见并陈述理由	通用
定期报告	①　发行人的监事会应当对董事会编制的定期报告进行审核并提出书面审核意见。监事应当签署书面确认意见。 ②　董事、监事和高级管理人员无法保证定期报告内容的真实性、准确性、完整性或者有异议的，应当在书面确认意见中发表意见并陈述理由	通用
	科创公司监事应当依法对定期报告进行审核，并就定期报告内容是否真实、准确、完整签署书面确认意见，不得委托他人签署，也不得以任何理由拒绝签署。监事会未审核通过定期报告的，科创公司应当重新编制定期报告	科创板
规范运作	上市公司财务会计报告被出具非标准审计意见的，监事会对董事会专项说明的意见和相关决议	沪市主板、科创板
	监事会应当对董事会编制的财务会计报告进行审核并提出书面审核意见，书面审核意见应当说明报告编制和审核程序是否符合相关规定，内容是否真实、准确、完整	
	公司自主变更会计政策的，监事会对会计政策变更是否符合相关规定的意见	沪市主板、创业板
	监事会关于计提资产减值准备是否符合《企业会计准则》的说明	创业板
内部控制	上市公司董事会应当在审议年度报告的同时，对内部控制自我评价报告形成决议。监事会和独立董事应当对内部控制自我评价报告发表意见	深市主板、创业板
	如会计师事务所对上市公司内部控制有效性出具非标准审计报告、保留结论或者否定结论的鉴证报告（如有），或者指出公司非财务报告内部控制存在重大缺陷的，公司董事会、监事会应当针对所涉及事项作出专项说明	深市主板、沪市主板

（续表）

事　项	要　求	板　块
表决权差异安排	上市公司具有表决权差异安排的，监事会应当在年度报告中，就下列事项出具专项意见： ① 持有特别表决权股份的股东是否持续符合有关规定的资格要求； ② 特别表决权股份是否出现"特别表决权股份应当按照1∶1的比例转换为普通股"的情形并及时转换为普通股份； ③ 上市公司特别表决权比例是否持续符合其设置所依据的有关规定； ④ 持有特别表决权股份的股东是否存在滥用特别表决权或者其他损害投资者合法权益的情形； ⑤ 公司及持有特别表决权股份的股东遵守证券交易所《股票上市规则》其他规定的情况	【科创板、创业板】监事会应当在年度报告中出具专项意见； 【北交所】监事会、独立董事应当在年度报告、中期报告中出具专项意见
募集资金	① 以募集资金置换预先已投入募集资金投资项目的自筹资金； ② 使用暂时闲置的募集资金进行现金管理； ③ 使用暂时闲置的募集资金暂时补充流动资金； ④ 变更募集资金用途； ⑤ 改变募集资金投资项目实施地点【深市主板、创业板】； ⑥ 使用节余募集资金【深市主板、创业板、科创板】； ⑦ 超募资金用于在建项目及新项目	沪市主板、科创板、深市主板、创业板
	前款第②项改为"科创公司使用闲置募集资金投资产品的"，并增加"超募资金用于永久补充流动资金或者归还银行贷款的""募投项目发生变更的""《募集资金专项报告》"	科创板
承诺事项	独立董事、监事会应当就承诺人提出的变更方案是否合法合规、是否有利于保护公司或者其他投资者的利益发表意见	沪市主板、深市主板、创业板
现金分红	监事会对董事会执行现金分红政策和股东回报规划以及是否履行相应决策程序和信息披露等情况进行监督。 监事会发现董事会存在未严格执行现金分红政策和股东回报规划、未严格履行相应决策程序或未能真实、准确、完整进行相应信息披露的，应当发表明确意见，并督促其及时改正	沪市主板、深市主板、创业板
员工持股计划	上市公司应当在董事会审议通过员工持股计划草案后及时披露董事会决议、员工持股计划草案、独立董事意见、监事会意见等文件。 独立董事和监事会应当就员工持股计划是否有利于上市公司的持续发展，是否损害上市公司利益及中小股东合法权益，计划推出前征求员工意见的情况，公司是否以摊派、强行分配等方式强制员工参加持股计划等事项发表意见	沪市主板、深市主板、创业板、科创板
开展新业务	独立董事、监事会对公司开展新业务的意见	科创板

（五）高级管理人员

高级管理人员，指公司的经理、副经理、财务负责人，上市公司董事会秘书和公司章程规定的其他人员。

高级管理人员应当履行忠实、勤勉义务，保障全体股东合法权利，积极履行社会责任，保护利益相关者的基本权益。

经理、财务负责人、上市公司董事会秘书由董事会任免。

1. 股份有限公司经理的主要职权

根据《公司法》第四十九条及第一百一十三条，经理对董事会负责，行使下列职权：

（1）主持公司的生产经营管理工作，组织实施董事会决议；

（2）组织实施公司年度经营计划和投资方案；

（3）拟订公司内部管理机构设置方案；

（4）拟订公司的基本管理制度；

（5）制定公司的具体规章；

（6）提请聘任或者解聘公司副经理、财务负责人；

（7）决定聘任或者解聘除应由董事会决定聘任或者解聘以外的负责管理人员；

（8）董事会授予的其他职权。

公司章程对经理职权另有规定的，从其规定。经理列席董事会会议。

2. 董事会秘书任职条件

上市公司董事会秘书应当具备履行职责所必需的财务管理、法律专业知识，具有良好的职业道德和个人品德。

同时，结合《公司法》《上海证券交易所股票上市规则（2023年8月修订）》的规定，有下列情形之一的人士不得担任公司董事会秘书：

（1）无民事行为能力或者限制民事行为能力；

（2）贪污、贿赂、侵占财产、挪用财产或者破坏社会主义市场经济秩序，被判处刑罚，执行期满未逾5年，或者因犯罪被剥夺政治权利，执行期满未逾5年；

（3）担任破产清算的公司、企业的董事或者厂长、经理，对该公司、企业的破产负有个人责任的，自该公司、企业破产清算完结之日起未逾5年；

（4）担任因违法被吊销营业执照、责令关闭的公司、企业的法定代表人，并负有个人责任的，自该公司、企业被吊销营业执照之日起未逾3年；

（5）个人所负数额较大的债务到期未清偿；

（6）被中国证监会采取不得担任上市公司董事、监事和高级管理人员的市场禁入措施，期限尚未届满；

（7）被证券交易所公开认定为不适合担任上市公司董事、监事和高级管理人员，期限尚未届满；

（8）最近3年受到过中国证监会的行政处罚；

（9）最近3年受到过证券交易所公开谴责或者3次以上通报批评；

（10）本公司现任监事；

（11）证券交易所认定不适合担任董事会秘书的其他情形。

3. 董事会秘书、证券事务代表的任职流程及后续管理

董事会秘书及证券事务代表应当在受聘前通过证券交易所认可的董事会秘书资格考试，并取得证券交易所认可的董事会秘书资格证书。拟参加董事会秘书资格考试的相关人员应当由上市公司董事会推荐。

上市公司董事会正式聘任董事会秘书、证券事务代表后应当及时公告，公告内容包含办公电话、传真、电子邮箱等。上市公司董事会需向证券交易所提交聘任书或者相关董事会决议、聘任说明文件，董事会秘书、证券事务代表个人简历、学历证明（复印件），董事会秘书、证券事务代表的通信方式。上述有关通信方式的资料发生变更时，公司应当及时向证券交易所提交变更后的资料并公告。

董事会秘书在董事会通过其任命后一个月内，应当在律师见证下签署《高级管理人员声明及承诺书》，并报送证券交易所和公司董事会。声明与承诺事项发生重大变化（持有本公司的股票情况除外）的，董事会秘书应当在5个交易日内更新并报送证券交易所和公司董事会。

证券交易所举办上市公司董事会秘书后续培训，董事会秘书每年应当至少参加一次，证券事务代表每两年应当至少参加一次。

（六）内幕信息及内幕人

本节法规导航：

（1）《证券法》第五十一条；

（2）《上市公司监管指引第5号——上市公司内幕信息知情人登记管理制度》；

（3）上交所和深交所分别制定的《上市公司自律监管指引——规范运作》；

（4）上交所和深交所分别制定的《上市公司自律监管指引——信息披露事务管理》；

（5）《北京证券交易所上市公司持续监管指引第6号——内幕信息知情人管理及报送》；

（6）各证券交易所制定的《股票上市规则》。

《证券法》第五十条规定，禁止证券交易内幕信息的知情人和非法获取内幕信息的人利用内幕信息从事证券交易活动。

内幕交易的认定需具备三要素：内幕信息、内幕人和内幕交易行为。同时具备上述三要素，就可能构成内幕交易。

1. 内幕信息

内幕信息，指涉及上市公司的经营、财务或者对上市公司证券的市场价格有重大影响的尚未公开的信息。

根据《证券法》第五十二条、第八十条第二款、第八十一条第二款以及《上市公司监管指引第5 号——上市公司内幕信息知情人登记管理制度》第三条的规定，以下所列的重大事件属于内幕信息：

（1）公司的经营方针和经营范围的重大变化；

（2）公司的重大投资行为，公司在一年内购买、出售重大资产超过公司资产总额30%，或者公司营业用主要资产的抵押、质押、出售或者报废一次超过该资产的30%；

（3）公司订立重要合同、提供重大担保或者从事关联交易，可能对公司的资产、负债、权益和经营成果产生重要影响；

（4）公司发生重大债务和未能清偿到期重大债务的违约情况；

（5）公司发生重大亏损或者重大损失；

（6）公司生产经营的外部条件发生的重大变化；

（7）公司的董事、1/3以上监事或者经理发生变动，董事长或者经理无法履行职责；

（8）持有公司5%以上股份的股东或者实际控制人持有股份或者控制公司的情况发生较大变化，公司的实际控制人及其控制的其他企业从事与公司相同或者相似业务的情况发生较大变化；

（9）公司分配股利、增资的计划，公司股权结构的重要变化，公司减资、合并、分立、解散及申请破产的决定，或者依法进入破产程序、被责令关闭；

（10）涉及公司的重大诉讼、仲裁，股东大会、董事会决议被依法撤销或者宣告无效；

（11）公司涉嫌犯罪被依法立案调查，公司的控股股东、实际控制人、董事、监事、高级管理人员涉嫌犯罪被依法采取强制措施；

（12）公司股权结构或者生产经营状况发生重大变化；

（13）公司债券信用评级发生变化；

（14）公司新增借款或者对外提供担保超过上年末净资产的20%；

（15）公司放弃债权或者财产超过上年末净资产的10%；

（16）公司发生超过上年末净资产10%的重大损失；

（17）涉及公司的重大诉讼、仲裁；

（18）国务院证券监督管理机构规定的其他事项。

公司的控股股东或者实际控制人对重大事件的发生、进展产生较大影响的，应当及时将其知悉的有关情况书面告知公司，并配合公司履行信息披露义务。

2. 内幕人

根据《证券法》规定，内幕人包括两种人：① 内幕信息知情人；② 非法获取内幕信息的人员。

（1）内幕信息知情人。

内幕信息知情人，指可以接触、获取内幕信息的上市公司内部或外部相关人员。

证券交易内幕信息的知情人包括：

① 发行人及其董事、监事、高级管理人员；

② 持有公司5%以上股份的股东及其董事、监事、高级管理人员，公司的实际控制人及其董事、监事、高级管理人员；

③ 发行人控股或者实际控制的公司及其董事、监事、高级管理人员；

④ 由于所任公司职务或者因与公司业务往来可以获取公司有关内幕信息的人员；

⑤ 上市公司收购人或者重大资产交易方及其控股股东、实际控制人、董事、监事和高级管理人员；

⑥ 因职务、工作可以获取内幕信息的证券交易场所、证券公司、证券登记结算机构、证券服务机构的有关人员；

⑦ 因职责、工作可以获取内幕信息的证券监督管理机构工作人员；

⑧ 因法定职责对证券的发行、交易或者对上市公司及其收购、重大资产交易进行管理并可以获取内幕信息的有关主管部门、监管机构工作人员；

⑨ 国务院证券监督管理机构规定的可以获取内幕信息的其他人员。

（2）非法获取内幕信息的人员。

《最高人民法院、最高人民检察院关于办理内幕交易、泄露内幕信息刑事案件具体应用法律若干问题的解释》第二条规定，非法获取内幕信息的人员是指：

① 利用窃取、骗取、套取、窃听、利诱、刺探或者私下交易等手段获取内幕信息的；

② 内幕信息知情人员的近亲属或者其他与内幕信息知情人员关系密切的人员，在内幕信息敏感期内，从事或者明示、暗示他人从事，或者泄露内幕信息导致他人从事与该内幕信息有关的证券、期货交易，相关交易行为明显异常，且无正当理由或者正当信息来源的；

③ 在内幕信息敏感期内，与内幕信息知情人员联络、接触，从事或者明示、暗示他人从事，或者泄露内幕信息导致他人从事与该内幕信息有关的证券、期货交易，相关交易行为明显异常，且无正当理由或者正当信息来源的。

内幕信息知情人有固定的范围，其获得内幕信息的途径是合法的，往往基于职务关系接触内幕信息；而非法获取内幕信息的人员没有固定范围，其获取内幕信息的途径不合法，往往是通过近亲属、朋友等关系窃取、骗取、套取、窃听、利诱、刺探或者私下交易等手段获取内幕信息。

3. 内幕交易行为

《证券法》第五十三条规定，证券交易内幕信息的知情人和非法获取内幕信息的人，在内幕信息公开前，不得买卖该公司的证券，或者泄漏该信息，或者建议他人买卖该证券。

由此可见，内幕交易行为有三种表现形式：① 自行买卖证券；② 建议他人买卖证券；③ 泄露内幕信息。

根据《最高人民法院关于审理证券行政处罚案件证据若干问题的座谈会纪要》，监管机构提供的证据能够证明以下情形之一，且被处罚人不能作出合理说明或者提供证据排除其存在利用内幕信息从事相关证券交易活动的，以推定其内幕交易行为成立：

（1）内幕信息知情人进行了与该内幕信息有关的证券交易活动；

（2）内幕信息知情人的配偶、父母、子女以及其他有密切关系的人，其证券交易活动与该内幕信息基本吻合；

（3）因履行工作职责知悉上述内幕信息并进行了与该信息有关的证券交易活动；

（4）非法获取内幕信息，并进行了该内幕信息有关的证券交易活动；

（5）内幕信息公开前与内幕信息知情人员或知晓该内幕信息的人联络、接触，其证券交易活动与内幕信息高度吻合。

4. 内幕信息知情人档案

上市公司董事会应当建立内幕信息知情人档案。

上市公司在内幕信息依法公开披露前，应当填写公司内幕信息知情人档案，并在内幕信息首次依法披露后5个交易日内通过业务专区向证券交易所报送。

（1）内幕信息知情人档案报备事项。

表2-2-16汇总了各板块关于需载入上市公司内幕信息知情人档案的事项。

表2-2-16　上市公司内幕信息知情人档案事项

板　块	需要报备内幕信息知情人档案的事项
沪市主板、科创板	① 重大资产重组；② 高比例送转股份；③ 导致实际控制人或第一大股东发生变更的权益变动；④ 要约收购；⑤ 发行证券；⑥ 合并、分立、分拆上市；⑦ 回购股份；⑧ 中国证监会和证券交易所要求的其他可能对公司股票及其衍生品种的市场价格有重大影响的事项
深市主板	① 重大资产重组；② 高比例送转股份；③ 导致实际控制人或第一大股东发生变更的权益变动；④ 要约收购；⑤ 发行证券；⑥ 合并、分立、分拆上市；⑦ 回购股份；⑧ 年度报告、半年度报告；⑨ 股权激励草案、员工持股计划；⑩ 中国证监会或者证券交易所要求的其他可能对公司股票及其衍生品种的交易价格有重大影响的事项
创业板	① 公司被收购；② 重大资产重组事项；③ 证券发行；④ 合并、分立；⑤ 股份回购；⑥ 年度报告、半年度报告；⑦ 高比例送转股份；⑧ 股权激励计划、员工持股计划；⑨ 重大投资、重大对外合作或者签署日常经营重大合同等可能对公司股票及其衍生品种交易价格或者投资决策产生重大影响的其他事项；⑩ 中国证监会或者证券交易所认定的其他情形
北交所	① 年度报告、中期报告；② 证券发行；③ 股份回购；④ 重大资产重组；⑤ 公司被收购；⑥ 公司合并、分立；⑦ 申请转板或向境外其他证券交易所申请股票上市；⑧ 中国证监会和证券交易所规定的其他重大事项。上市公司实施股权激励计划、权益分派等事项的，也应做好内幕信息知情人登记管理工作

公司披露重大事项后，相关事项发生重大变化的，应当及时向证券交易所补充报送内幕信息知情人档案。

（2）内幕信息知情人档案内容。

内容包括姓名或名称、国籍、证件类型、证件号码或统一社会信用代码、股东代码、联系手机、通信地址、所属单位、与上市公司关系、职务、关系人、关系类型、知情日期、知情地点、知情方式、知情阶段、知情内容、登记人信息、登记时间等信息。

（3）内幕信息知情人档案管理安排。

① 董事会应当及时登记和报送内幕信息知情人档案，并保证内幕信息知情人档案真实、准确和完整，董事长为主要责任人。董事会秘书负责办理上市公司内幕信息知情人的登记入档和报送事宜。董事长与董事会秘书应当对内幕信息知情人档案的真实、准确和完整签署书面确认意见。

② 监事会应当对内幕信息知情人登记管理制度实施情况进行监督。

③ 公司的股东、实际控制人及其关联方研究、发起涉及上市公司的重大事项，以及发生对上市公司证券交易价格有重大影响的其他事项时，应当填写本单位内幕信息知情人档案。

④ 收购人、重大资产重组交易对方以及涉及上市公司并对上市公司证券交易价格有重大影响事项的其他发起方，应当填写本单位内幕信息知情人档案。

⑤ 上市公司在披露前按照相关法律法规和政策要求需经常性向相关行政管理部门报送信息的，在报送部门、内容等未发生重大变化的情况下，可将其视为同一内幕信息事项，在同一张表格中登记行政管理部门的名称，并持续登记报送信息的时间。除上述情况外，内幕信息流转涉及行政管理部门时，上市公司应当按照一事一记的方式在知情人档案中登记行政管理部门的名称、接触内幕信息的原因以及知悉内幕信息的时间。

⑥ 内幕信息知情人应当保证内幕信息知情人档案的真实、准确和完整，根据事项进程将内幕信息知情人档案分阶段送达相关上市公司，完整的内幕信息知情人档案的送达时间不得晚于内幕信息公开披露的时间。内幕信息知情人档案应当按照规定要求进行填写，并由内幕信息知情人进行确认。

上市公司应当做好其所知悉的内幕信息流转环节的内幕信息知情人的登记，并做好涉及各方内幕信息知情人档案的汇总。

⑦ 上市公司进行收购、重大资产重组、发行证券、合并、分立、分拆上市、回购股份等重大事项，或者披露其他可能对上市公司证券交易价格有重大影响的事项时，除按照规定填写上市公司内幕信息知情人档案外，还应当制作重大事项进程备忘录。

⑧ 上市公司应当及时补充完善内幕信息知情人档案及重大事项进程备忘录信息。内幕信息知情人档案及重大事项进程备忘录自记录（含补充完善）之日起至少保存10年。中国证监会及其派出机构、证券交易所可调取查阅内幕信息知情人档案及重大事项进程备忘录。

⑨ 上市公司应当在内幕信息依法公开披露后5个交易日内将内幕信息知

情人档案及重大事项进程备忘录报送证券交易所。证券交易所可视情况要求上市公司披露重大事项进程备忘录中的相关内容。上市公司披露重大事项后，相关事项发生重大变化的，公司应当及时补充报送内幕信息知情人档案及重大事项进程备忘录。

5. 未公开信息

在尚未公开的涉密信息中与内幕信息相对的一个概念，是未公开信息。

未公开信息，指内幕信息以外的其他尚未公开及无法公开的涉密信息，通常指行为人所在的金融机构在投资决策、资本运作等过程中形成的未公开信息。

《证券法》第五十四条规定，禁止证券交易所、证券公司、证券登记结算机构、证券服务机构和其他金融机构的从业人员、有关监管部门或者行业协会的工作人员，利用因职务便利获取的内幕信息以外的其他未公开的信息，违反规定，从事与该信息相关的证券交易活动，或者明示、暗示他人从事相关交易活动。利用未公开信息进行交易给投资者造成损失的，应当依法承担赔偿责任。

七、表决权差异安排（同股不同权）

表决权差异安排，俗称“同股不同权”，指发行人依照《公司法》第一百三十一条的规定，在一般规定的普通股份之外，发行拥有特别表决权的股份（以下简称特别表决权股份）。

每一特别表决权股份拥有的表决权数量大于每一普通股份拥有的表决权数量，其他股东权利与普通股份相同。

本节法规导航

（1）《北京证券交易所上市公司业务办理指南第5号——表决权差异安排》；

（2）《全国中小企业股份转让系统挂牌公司治理指引第3号——表决权差异安排》；

（3）《全国中小企业股份转让系统表决权差异安排业务指南》；

（4）各证券交易所分别制定的《股票上市规则》。

1. 表决权差异安排的设置

表2-2-17对表决权差异安排的设置做了归整。

表2-2-17　表决权差异安排设置一览表

<table>
<tr><th>项　目</th><th colspan="2">基本要求</th></tr>
<tr><td>设置时间</td><td colspan="2">发行人在首次公开发行并上市前不具有表决权差异安排的，不得在首次公开发行并上市后以任何方式设置此类安排</td></tr>
<tr><td rowspan="3">公司市值要求</td><td>主板</td><td>市值及财务指标（二选一）：
① 预计市值≥200亿元，且最近1年净利润为正。
② 预计市值≥100亿元，且最近1年净利润为正，最近1年营业收入不少于10亿元</td></tr>
<tr><td>科创板、创业板</td><td>市值及财务指标（二选一）：
① 预计市值≥100亿元。
② 预计市值≥50亿元，且最近1年营业收入不少于5亿元</td></tr>
<tr><td>北交所（遵守新三板规则）</td><td>市值及财务指标（四选一）：
① 市值≥6亿元，最近2个会计年度经审计的净利润均不少于1500万元，加权平均净资产收益率平均不少于8%，或者最近1个会计年度经审计的净利润不少于2500万元，且最近1年加权平均净资产收益率不少于8%。
② 市值≥6亿元，最近2个会计年度经审计的营业收入平均不少于1亿元，且最近1个会计年度经审计的营业收入增长率不少于30%；最近1年经营活动现金流量净额为正。
③ 市值≥8亿元，最近1个会计年度经审计的营业收入不少于2亿元，最近2个会计年度合计研发投入占合计营业收入的比例不少于8%。
④ 市值≥15亿元，最近2个会计年度研发投入累计不少于5000万元</td></tr>
</table>

（续表）

项　目	基本要求
股东资格	① 持有特别表决权股份的股东应当为对上市公司发展或者业务增长等作出重大贡献，并且在公司上市前及上市后持续担任公司董事的人员或者该等人员实际控制的持股主体。 ② 持有特别表决权股份的股东在上市公司中拥有权益的股份合计应当达到公司全部已发行有表决权股份的10%以上
股东权利	① 除公司章程规定的表决权差异外，普通股份与特别表决权股份具有的其他股东权利应当完全相同。 ② 单独或者合计持有公司10%以上已发行有表决权股份的股东有权提议召开临时股东大会。 ③ 单独或者合计持有公司3%以上已发行有表决权股份的股东有权提出股东大会议案
表决权差异限制	① 每份特别表决权股份的表决权数量应当相同，且不得超过每份普通股份的表决权数量的10倍。 ② 上市公司股票在证券交易所上市后，除同比例配股、转增股本、分配股票股利情形外，不得在境内外发行特别表决权股份，不得提高特别表决权比例。 ③ 上市公司因股份回购等原因，可能导致特别表决权比例提高的，应当同时采取将相应数量特别表决权股份转换为普通股份等措施，保证特别表决权比例不高于原有水平。 ④ 上市公司应当保证普通表决权比例不低于10%
转让	特别表决权股份不得在二级市场进行交易，但可以按照证券交易所有关规定进行转让

2. 特别表决权股份转换为普通股

出现下列情形（以下简称“失去特别表决权的情形”）之一的，特别表决权股份应当按照1∶1的比例转换为普通股份：

（1）持有特别表决权股份的股东不再符合证券交易所规定的特别表决权持股主体资格和最低持股要求，或者丧失相应履职能力、离任、死亡；

（2）实际持有特别表决权股份的股东失去对相关持股主体的实际控制；

（3）持有特别表决权股份的股东向他人转让所持有的特别表决权股份，或者将特别表决权股份的表决权委托他人行使；

（4）公司的控制权发生变更。

公司的控制权发生变更的，上市公司已发行的全部特别表决权股份均应当转换为普通股份。

发生“失去特别表决权的情形”的，特别表决权股份自相关情形发生时即转换为普通股份，相关股东应当立即通知上市公司，公司应当及时披露具体情形、发生时间、转换为普通股份的特别表决权股份数量、剩余特别表决权股份数量等情况。

3. 特定情形转换

上市公司股东对下列事项行使表决权时，每一特别表决权股份享有的表决权数量应当与每一普通股份的表决权数量相同：

（1）修改公司章程；

（2）改变特别表决权股份享有的表决权数量；

（3）聘请或者解聘独立董事；

（4）聘请或者解聘监事；

（5）聘请或者解聘为上市公司定期报告出具审计意见的会计师事务所；

（6）公司合并、分立、解散或者变更公司形式。

公司章程应当规定，股东大会应当对上述第（1）项、第（2）项、第（6）项事项作出决议，并经出席会议的股东所持表决权的2/3以上通过。但因出现同比例配股、转增股本、分配股票股利、回购股份、失去特别表决权的情形，按照相关规定，将相应数量特别表决权股份转换为普通股份的除外。

4. 特别表决权的决策程序及信息披露

（1）发行人首次公开发行并上市前设置表决权差异安排的，应当经出席股东大会的股东所持2/3以上的表决权通过。

（2）上市公司或持有特别表决权股份的股东应当按照证券交易所及中国结算的有关规定，办理特别表决权股份登记和转换成普通股份登记事宜。

（3）当发生“失去特别表决权的情形”时，特别表决权股份自相关情形发生时即转换为普通股份，相关股东应当立即通知上市公司，公司应当及时披露具体情形、发生时间、转换为普通股份的特别表决权股份数量、剩余特别表决权股份数量等情况。

（4）上市公司表决权差异安排出现重大变化或者调整的，公司和相关信息披露义务人应当及时予以披露，包括但不限于股东所持有的特别表决权股份被质押、冻结、司法标记、司法拍卖、托管、设定信托或者被依法限制表决权等，或者出现被强制过户风险。

（5）公司具有表决权差异安排的，应当在定期报告中披露该等安排在报告期内的实施和变化情况，以及该等安排下保护投资者合法权益有关措施的实施情况。

（6）上市公司具有表决权差异安排的，监事会应当在年度报告中出具专项意见。

（7）持续督导期内，保荐人应当对上市公司特别表决权事项履行持续督导义务，并在年度保荐工作报告中发表意见。

第三章　证券交易及股份变动管理

证券部负责公司股票及其衍生品种变动管理事务。证券部应关注公司股票的异常变动和媒体报道，在未公开重大信息泄漏时，立即向证券交易所报告并及时进行信息披露或发布澄清公告。

董事会秘书有义务在知悉公司、董监高作出或者可能作出违反有关规定的决议时，予以提醒并立即如实向证券交易所报告。

一、股票交易

本节法规导航

颁布机构	规则名称
国务院	《股票发行与交易管理暂行条例》
上交所	《上海证券交易所交易规则（2023年修订）》 《〈上海证券交易所交易规则（2023年修订）〉暂缓实施条文》
	《上海证券交易所主板股票异常交易实时监控细则》
	《上海证券交易所科创板股票异常交易实时监控细则》
	《上海证券交易所科创板股票做市交易业务实施细则》
深交所	《深圳证券交易所交易规则（2023年修订）》
	《深圳证券交易所主板股票异常交易实时监控细则》
	《深圳证券交易所上市公司股份协议转让业务办理指引（2021年修订）》
	《深圳证券交易所创业板股票异常交易实时监控细则（试行）（2023年修订）》
北交所	《北京证券交易所交易规则（试行）》
	《北京证券交易所股票上市规则（试行）》
	《北京证券交易所交易异常情况处理细则》
	《北京证券交易所上市公司股份协议转让细则》
	《北京证券交易所上市公司股份协议转让业务办理指引（2023年修订）》
	《北京证券交易所上市公司股份协议转让业务办理指南（2023年修订）》

（一）交易方式

投资者可以通过盘中竞价交易、大宗交易参与股票交易，科创板和创业板还引入盘后固定价格交易方式。

（二）盘中竞价交易

证券竞价交易采用集合竞价和连续竞价两种方式。集合竞价指在规定时间内接受的买卖申报一次性集中撮合的竞价方式。连续竞价指对买卖申报逐笔连续撮合的竞价方式。当前竞价交易阶段未成交的买卖申报，自动进入当日后续竞价交易阶段。

采用竞价交易方式，每个交易日的9:15—9:25为开盘集合竞价时间，9:30—11:30、13:00—14:57为连续竞价时间，14:57—15:00为收盘集合竞价时间。开市期间停牌并复牌的证券除外。

1. 股票竞价交易规则对比

表2-3-1对各板块关于股票竞价交易的涨跌幅限制、申购限制规则进行了对比。

表2-3-1　各板块股票竞价交易规则对照表

<table>
<tr><td colspan="5">（一）涨跌幅限制</td></tr>
<tr><td></td><td>主　板</td><td>创业板</td><td>科创板</td><td>北交所</td></tr>
<tr><td colspan="5">（1）实行价格涨跌幅限制的</td></tr>
<tr><td>涨跌幅比例</td><td>10%</td><td colspan="2">20%</td><td>30%</td></tr>
<tr><td colspan="5">（2）无价格涨跌幅限制的</td></tr>
<tr><td rowspan="4">适用情形</td><td colspan="3">① 首次公开发行上市后的前5个交易日</td><td>向不特定合格投资者公开发行的股票上市交易首日</td></tr>
<tr><td colspan="4">② 进入退市整理期的首日</td></tr>
<tr><td colspan="2">③ 重新上市首日</td><td>—</td><td>—</td></tr>
<tr><td colspan="4">④ 中国证监会和交易所认定的其他情形</td></tr>
</table>

（续表）

<table>
<tr><th colspan="6">（二）申购限制</th></tr>
<tr><th></th><th>沪市主板</th><th>深市主板</th><th>创业板</th><th>科创板</th><th>北交所</th></tr>
<tr><td colspan="6">（1）连续竞价阶段限价申报的股票</td></tr>
<tr><td>限价申报</td><td colspan="2" rowspan="2">100股或其整数倍单笔申报最大数量应不超过100万股</td><td>单笔申报数量≤30万股</td><td>单笔申报数量≥200股，且≤10万股</td><td rowspan="2">单笔申报数量应当≥100股，且≤100万股</td></tr>
<tr><td>市价申报</td><td>单笔申报数量≤15万股</td><td>单笔≥200股，且≤5万股</td></tr>
<tr><td>买入</td><td colspan="4">买入申报价格≤买入基准价格的102%和买入基准价格以上10个申报价格最小变动单位的孰高值</td><td>买入申报价格≤买入基准价格的105%和买入基准价格以上10个申报价格最小变动单位的孰高值</td></tr>
<tr><td>卖出</td><td colspan="4">卖出申报价格≥卖出基准价格的98%和卖出基准价格以下10个申报价格最小变动单位的孰低值</td><td>卖出申报价格≥卖出基准价格的95%和卖出基准价格以下10个申报价格最小变动单位的孰低值</td></tr>
<tr><td colspan="6">（2）买卖无价格涨跌幅限制的股票</td></tr>
<tr><td rowspan="2">开盘集合竞价阶段</td><td colspan="2">交易申报价格≤即时行情显示的前收盘价格的900%</td><td rowspan="3">同深市主板</td><td rowspan="3">同沪市主板</td><td rowspan="3">同北交所有价格涨跌幅限制要求一致</td></tr>
<tr><td>并且交易申报价格≥前收盘价格50%</td><td>—</td></tr>
<tr><td>收盘集合竞价阶段</td><td colspan="2">交易申报价格≤最新成交价格的110%且≥最新成交价格90%</td></tr>
</table>

注：涨跌幅限制价格=前收盘价×（1±涨跌幅限制比例）。

2. 成交原则

（1）证券竞价交易按价格优先、时间优先的原则撮合成交。

成交时价格优先的原则：较高价格买入申报优先于较低价格买入申报，较低价格卖出申报优先于较高价格卖出申报。

成交时时间优先的原则：买卖方向、价格相同时，先申报者优先于后申报者。先后顺序按交易主机接受申报的时间确定。

（2）集合竞价时，成交价格的确定原则：

① 可实现最大成交量的价格；

② 高于该价格的买入申报与低于该价格的卖出申报全部成交的价格；

③ 与该价格相同的买方或卖方至少有一方全部成交的价格。

两个以上申报价格符合上述条件的，使未成交量最小的申报价格为成交价格；仍有两个以上使未成交量最小的申报价格符合上述条件的，其中间价为成交价格。

集合竞价的所有交易以同一价格成交。

（3）连续竞价时，成交价格的确定原则：

① 最高买入申报价格与最低卖出申报价格相同，以该价格为成交价格；

② 买入申报价格高于即时揭示的最低卖出申报价格的，以即时揭示的最低卖出申报价格为成交价格；

③ 卖出申报价格低于即时揭示的最高买入申报价格的，以即时揭示的最高买入申报价格为成交价格。

（三）大宗交易

大宗交易不纳入证券交易所即时行情和指数的计算，成交量在大宗交易结束后计入该证券成交总量。

大宗交易涉及法定信息披露要求的，买卖双方应依照有关法律法规履行信息披露义务。

1. 符合大宗交易的条件

买卖符合表2-3-2所列条件的股票买卖，可以采用大宗交易方式。

表2-3-2 各交易所大宗交易申购及交易限制对照表

项目		上交所	深交所	北交所
A股	单笔买卖申报数量	≥30万股		≥10万股
	交易金额	≥200万元人民币		≥100万元人民币
B股	单笔买卖申报数量	≥30万股	≥3万股	—
	交易金额	≥20万美元	≥20万元港币	—

2. 大宗交易的交易方式

大宗交易可以采用协议大宗交易和盘后定价大宗交易方式。

协议大宗交易，指大宗交易双方互为指定交易对手方，协商确定交易价格及数量的交易方式。

盘后定价大宗交易，指证券交易收盘后按照时间优先的原则，以证券当日收盘价或证券当日成交量加权平均价格对大宗交易买卖申报逐笔连续撮合的交易方式。

3. 大宗交易的申报方式

大宗交易申报方式有：① 意向申报；② 成交申报；③ 固定价格申报；④ 证券交易所认可的其他大宗交易申报。

意向申报。当意向申报被会员接受（包括其他会员报出比意向申报更优的价格）时，申报方应当至少与一个接受意向申报的会员进行成交申报。买卖双方就大宗交易达成一致后，应当委托会员通过交易业务单元向证券交易所交易系统提出成交申报。

成交申报。买卖双方达成协议后，向证券交易所交易系统提出成交申报，申报的交易价格和数量必须一致。除证券交易所另有规定外，大宗交易的成交申报、成交结果一经证券交易所确认，不得撤销或变更。买卖双方必须承认交易结果、履行清算交收义务。

固定价格申报。提出固定价格申报的，买卖双方可按当日竞价交易市场收盘价格或者当日全天成交量加权平均价格进行申报。在接受固定价格申报期间内，固定价格申报可以撤销；申报时间结束后，证券交易所根据时间优先的原则对固定价格申报进行匹配成交。未成交部分自动撤销。

4. 大宗交易涨跌幅限制

上交所和深交所在大宗交易涨跌幅限制方面的规定一致，北交所关于无价格涨跌幅限制的股票成交价格的规定与前述两交易所不同，三者的规则对比详见表2-3-3。

表2-3-3　各交易所大宗交易涨跌幅限制对照表

股票类型	上交所/深交所	北交所
有价格涨跌幅限制的股票	成交价格，由买方和卖方在当日价格涨跌幅限制范围内确定	
无价格涨跌幅限制的股票	成交价格，不得高于该股票当日竞价交易实时成交均价的120%和已成交最高价的孰低值，且不得低于该证券当日竞价交易实时成交均价的80%和已成交最低价的孰高值	成交价格，应当不高于前收盘价的130%或当日已成交的最高价格中的较高者，且不低于前收盘价的70%或当日已成交的最低价格中的较低者

注：均价=已成交金额/已成交股数。

（四）科创板/创业板盘后固定价格交易

除了盘中竞价交易和大宗交易外，科创板和创业板还引入了盘后固定价格交易方式。

盘后固定价格交易，指在收盘集合竞价结束后，证券交易所交易系统按照时间优先顺序对收盘定价申报进行撮合，并以当日收盘价成交的交易方式。投资者通过盘后固定价格交易买卖股票的，应当向作为会员的证券公司提交收盘定价委托指令。

盘后固定价格交易可以是会员等交易参与人的收盘定价申报。若收盘价高于收盘定价买入申报指令的限价，则该笔买入申报无效；若收盘价低于收盘定价卖出申报指令的限价，则该笔卖出申报无效。

盘后固定价格交易时间是每个交易日的15:05—15:30，当日15:00仍处于停牌状态的股票不进行盘后固定价格交易。交易所接受交易参与人收盘定价申报的时间为每个交易日的9:30—11:30、13:00—15:30。

每个交易日9:30—15:05，收盘定价申报不纳入即时行情；15:05—15:30，盘后固定价格交易阶段的申报及成交纳入即时行情。盘后固定价格交易成交量、成交金额在盘后固定价格交易结束后计入该股票当日总成交量、总成交金额。【科创板】单笔申报数量应当不小于200股，且不超过100万股。卖出股票时，余额不足200股的部分，应当一次性申报卖出。【创业板】申报数量应当为100股或其整数倍。卖出股票时，余额不足100股的部分，应当一次性申报卖出。单笔申报数量不得超过100万股。

（五）除权与除息

上市证券发生权益分派、公积金转增股本、配股等情况，证券交易所在权益登记日次一交易日对该证券作除权除息处理，证券交易所另有规定的除外。

除权（息）参考价格的计算公式如下：

除权（息）参考价格＝（前收盘价格－现金红利+配股价格×流通股份变动比例）/（1+流通股份变动比例）。

证券发行人认为有必要调整上述计算公式的，可向证券交易所提出调整申请并说明理由。证券交易所可以根据申请决定调整除权（息）参考价格计算公式，并予以公布。

除权（息）日即时行情中显示的该证券的前收盘价为除权（息） 参考价。

（六）做市商机制

科创板、北交所股票交易实行在竞价交易制度基础上引入竞争性做市商机制的混合交易制度。科创板股票做市交易业务，是指符合条件的证券公司（以下统称做市商），按照相关规定和做市协议约定，为股票提供双边持续报价、双边回应报价等流动性服务的业务。

二、股票限售及解除限售

本节法规导航

（1）《深圳证券交易所上市公司自律监管指南第1号——业务办理（2023年12月修订）》；

（2）《深圳证券交易所创业板上市公司自律监管指南第1号——业务办理（2023年12月修订）》；

（3）《北京证券交易所上市公司业务办理指南第2号——股票限售及解除限售》；

（4）《上海证券交易所上市公司股东及董事、监事、高级管理人员减持股份实施细则》和《深圳证券交易所上市公司股东及董事、监事、高级管理人员减持股份实施细则》（以下统称《减持细则》）；

（5）各证券交易所制定的《股票上市规则》。

（一）股票限售

1. 股票限售类型

股份限售行为，可以分为强制限售和自愿限售。

（1）强制限售。

强制限售股票，指上市公司股东持有的下列有限售条件的股票，包括：① 首次公开发行前已经发行的股票；② 上市公司向特定对象发行的股票；③ 其他根据法律、行政法规、部门规章、规范性文件及证券交易所相关规定存在限售条件的股票。

（2）自愿限售。

自愿限售股票，指股东基于上市公司章程、相关协议或股东承诺等对上市公司股票约定更长的限售期或更高限售比例。

相关股东自愿限售股票的，应当在自愿限售股票事实发生之日起2个交易日内，通过上市公司披露股票自愿限售的公告，并于同日向证券交易所申请办理股票限售。

股东所持公司股票已限售，需延长限售期的，无需向证券交易所申请办理股票限售。

自愿限售股票达到约定或承诺的解除限售条件后，上市公司应当申请解除限售。股东应严格遵守自愿限售相关约定或承诺，在达到约定或承诺的解除限售条件前，原则上不得提前解除限售。

2. 限售股票的限售期

表2-3-4汇总了各板块关于限售股票的限售期规定。

表2-3-4　限售股的限售期规定汇总表

承诺作出时间	承诺方	限售期限规定
① 通用情形		
成立日	发起人	持有的本公司股份，自公司成立之日起1年内不得转让
上市前	上市前股东	自公司股票在证券交易所上市交易之日起1年内不得转让
	控股股东和实际控制人、比照实际控制人	自发行人股票上市之日起36个月内，不转让或者委托他人管理其直接和间接持有的发行人首次公开发行股票前已发行的股份，也不由发行人回购该部分股份
	申报IPO前6个月内新增股份的持有人	申报前6个月内进行增资扩股的，新增股份的持有人应当承诺，新增股份自发行人完成增资扩股工商变更登记手续之日起锁定3年。在申报前6个月内从控股股东或实际控制人处受让的股份，应比照控股股东或实际控制人所持股份进行锁定
	参与首发配售的战略投资者	参与战略配售的投资者应当承诺获得本次配售的证券持有期限不少于12个月，持有期限自本次公开发行的证券上市之日起计算
	董监高	公司董事、监事及高级管理人员应当承诺，自公司股票重新上市之日起12个月内，不转让其直接和间接持有的公司股份，也不由公司回购该部分股份

（续表）

承诺作出时间	承诺方	限售期限规定
任职期间	董监高	每年转让的股份不得超过其持有本公司股份总数的25%
② 科创板特别规定		
上市前	控股股东、实际控制人	A. 公司上市时未盈利的，在公司实现盈利前，控股股东、实际控制人自公司股票上市之日起3个完整会计年度内，不得减持首发前股份；自公司股票上市之日起第4个会计年度和第5个会计年度内，每年减持的首发前股份不得超过公司股份总数的2%，并应当符合《减持细则》关于减持股份的相关规定。 B. 公司实现盈利后，前款规定的股东可自当年年度报告披露后次日起减持首发前股份，但应遵守证券交易所其他规定
	董监高及核心技术人员	A. 公司上市时未盈利的，在公司实现盈利前，董事、监事、高级管理人员及核心技术人员自公司股票上市之日起3个完整会计年度内，不得减持首发前股份；在前述期间内离职的，应当继续遵守本款规定。 B. 公司实现盈利后，前款规定的股东可自当年年度报告披露后次日起减持首发前股份，但应遵守证券交易所其他规定
	核心技术人员	A. 自公司股票上市之日起12个月内和离职后6个月内不得转让本公司首发前股份。 B. 自所持首发前股份限售期满之日起4年内，每年转让的首发前股份不得超过上市时所持公司首发前股份总数的25%，减持比例可以累积使用
③ 科创板、创业板特别规定		
上市前	参与首发配售的保荐机构相关子公司	获得本次配售的股票持有期限为自发行人首次公开发行并上市之日起24个月
	参与首发配售的网下投资者	发行人和主承销商可以采用摇号限售方式或比例限售方式，安排一定比例的网下发行证券，设置不低于6个月的限售期
	发行人的高级管理人员与核心员工设立的资产管理计划	发行人的高级管理人员与核心员工可以通过设立资产管理计划参与本次发行战略配售，且应当承诺自本次公开发行的证券上市之日起持有配售证券不少于12个月

（续表）

承诺作出时间	承诺方	限售期限规定
④ 股权分置改革特别规定		
股改方案实施前	公司原非流通股股东	自股改方案实施之日起，12个月[1]内不得上市交易或者转让股份
	持有上市公司股份总数5%以上的原非流通股股东	股改方案实施满12个月后，通过证券交易所挂牌交易出售原非流通股股份，出售数量占该公司股份总数的比例在12个月内不得超过5%，在24个月内不得超过10%

注：

1. 对于偿还股东的主体资格、所持股份不存在瑕疵的，可采用以股份偿还的方式。垫付对价股份的偿还视同执行对价安排的后续处理，可在相关股东协商一致后办理有关偿还手续，不受12个月锁定期的限制。

（二）股份解除限售

股份解除限售，指有限售安排的股份在满足相关条件后解除转让限制，可上市流通。

1. 解除限售股票类型

股票解除限售的类别，主要为以下几类：

（1）董事、监事、高级管理人员每年解除限售；

（2）离职董事、监事、高级管理人员解除限售；

（3）自愿限售解除限售；

（4）限制性股票解除限售；

（5）公开发行前特定主体股票解除限售；

（6）参与战略配售取得股票解除限售；

（7）其他。

2. 投资者申请解除限售的条件

（1）基本条件。

投资者申请解除限售应满足以下基本条件：

① 申请解除限售的股票及其衍生品种限售期已满。

② 投资者所持股票及其衍生品种解除限售，不影响该投资者履行其所作出的有关承诺。

③ 申请解除限售的投资者不存在对公司的资金占用，公司对该投资者不存在违规担保等损害上市公司利益的行为。

④ 不存在法律法规及证券交易所相关规定中规定的限制转让情形。

（2）申请对股权分置改革限售股份解除限售（如适用）。

除满足基本条件外，股改后公司原非流通股股份的出售，应当遵守以下规定：

① 自股改方案实施之日起，在12个月内不得上市交易或者转让。

② 持有上市公司股份总数5%以上的原非流通股股东，在前项规定期满后，通过证券交易所挂牌交易出售原非流通股股份，出售数量占该公司股份总数的比例在12个月内不得超过5%，在24个月内不得超过10%。

③ 控股股东、实际控制人在下列情形下不得出售解除限售的股改股份：

A. 上市公司年度报告和半年度报告披露前30日内，季度报告披露前15日内；

B. 上市公司业绩预告或业绩快报披露前10日内；

C. 上市公司披露对公司股票及其衍生品种交易价格可能产生较大影响的信息前5日内。

3. 申请解除限售的程序

投资者持有的股票有限售安排的，相关投资者可以在满足解除限售相关条件时，通过上市公司向证券交易所申请办理解除限售业务。办理流程和信息披露可参见表2-3-5的相关规定执行。

表2-3-5　股票解除限售流程表

环　节	事　项
投资者提出申请	投资者申请限售股票及其衍生品种解除限售的，应当委托上市公司办理相关手续
董事会提交申请	① 上市公司董事会向结算公司申请查询并打印股东名册； ② 上市公司董事会应在有关股票解除限售的3个交易日前向证券交易所递交解除限售申请； ③ 证券交易所经审查无异议后，确定股份解除限售的日期，并将业务表单传递至结算公司； ④ 结算公司对相关材料审查无异议后，将业务表单回传至证券交易所； ⑤ 证券交易所收悉结算公司对材料审查无异议的回复后，通知上市公司
披露公告	上市公司董事会收到证券交易所回复后，应当在限售股份解除限售日前3个交易日内披露股份解除限售的提示性公告，公告日期至迟不得晚于限售股份解除限售日前一交易日

三、股份变动规范

本节所指的股份变动，主要指上市公司大股东或上市公司董监高对其所持本公司股份进行减持、质押或者增持本公司股份等行为。

上市公司股东以及董事、监事和高级管理人员等所持本公司股份，是指登记在其名下的所有本公司股份。

股份变动规范规则参照表2-3-6。

表2-3-6　股份变动规范规则参照表

<table>
<tr><th>分　类</th><th>相关法律法规</th></tr>
<tr><td>控股股东、实际控制人</td><td rowspan="2">《公司法》第一百四十一条；
《证券法》第三十六条；
《上市公司董事、监事和高级管理人员所持本公司股份及其变动管理规则（2022年修订）》；
《上市公司股东、董监高减持股份的若干规定》；
《上海证券交易所上市公司股东及董事、监事、高级管理人员减持股份实施细则》和《深圳证券交易所上市公司股东及董事、监事、高级管理人员减持股份实施细则》（以下合称《减持细则》）；
《〈上海证券交易所上市公司股东及董事、监事、高级管理人员减持股份实施细则〉问题解答（一）》；
《〈上海证券交易所上市公司股东及董事、监事、高级管理人员减持股份实施细则〉问题解答（二）》；
《上海证券交易所上市公司自律监管指引第8号——股份变动管理》（上证发〔2022〕9号）；
《关于进一步规范股份减持行为有关事项的通知（沪市）》；
《关于进一步规范股份减持行为有关事项的通知（深市）》；
《深圳证券交易所上市公司自律监管指引第10号——股份变动管理》（深证上〔2022〕22号）；
《关于完善特定短线交易监管的若干规定（征求意见稿）》；
《北京证券交易所上市公司持续监管指引第3号——股权激励和员工持股计划》；
《北京证券交易所上市公司持续监管指引第8号——股份减持和持股管理（2023年修订）》</td></tr>
<tr><td>董事</td></tr>
<tr><td>员工持股计划</td><td rowspan="2">《上海证券交易所上市公司自律监管指引第1号——规范运作（2023年12月修订）》；
《上海证券交易所科创板上市公司自律监管指引第1号——规范运作（2023年12月修订）》；
《深圳证券交易所上市公司自律监管指引第1号——主板上市公司规范运作（2023年12月修订）》；
《深圳证券交易所上市公司自律监管指引第2号——创业板上市公司规范运作（2023年12月修订）》；
《北京证券交易所上市公司持续监管指引第3号——股权激励和员工持股计划》</td></tr>
<tr><td>股权激励计划</td></tr>
</table>

（一）交易敏感期及过渡期

1. 内幕交易敏感期

根据《最高人民法院、最高人民检察院关于办理内幕交易、泄露内幕信息刑事案件具体应用法律若干问题的解释》，内幕信息敏感期是指内幕信息自形成至公开的期间。

内幕信息的形成之时，是指《证券法》第八十条第二款、第八十一条第二款所列“重大事件”的发生时间；影响内幕信息的动议、筹划、决策或者执行人员，其动议、筹划、决策或者执行初始时间。

内幕信息的公开，是指内幕信息在国务院证券、期货监督管理机构指定的报刊、网站等媒体披露。

2. 敏感期规定汇总

（1）控股股东、实际控制人买卖股票敏感期规定。

表2-3-7收集了各板块关于控股股东、实际控制人买卖股票敏感期的规定。

表2-3-7 各板块控股股东、实际控制人买卖股票敏感期对照表

对照项目	主 板	科创板	创业板	北交所
禁止行为	控股股东、实际控制人在下列情况下不得买卖上市公司股票：	控股股东、实际控制人在下列情况下不得增持科创公司股票：	控股股东、实际控制人在下列情况下不得买卖上市公司股票：	上市公司控股股东、实际控制人在下列情况下不得买卖本公司股票：
① 定期报告敏感期	—	定期报告披露前10日内，因特殊原因推迟定期报告公告日期的，则自原预约公告日期前10日起到定期报告实际公告之日的期间内	公司年度报告公告前30日内，因特殊原因推迟年度报告公告日期的，自原预约公告日前30日起算，直至公告前一日	公司年度报告公告前30日内，因特殊原因推迟年度报告公告日期的，自原预约公告日前30日起算，直至公告日日终
② 业绩预告、业绩快报敏感期	—	公司业绩预告、业绩快报公告前10日内		
③ 重大事项敏感期	自可能对本公司股票及其衍生品种交易价格产生较大影响的重大事件发生之日或者进入决策程序之日，至依法披露之日	自可能对公司股票及其衍生品种交易价格或者投资决策产生较大影响的重大事项发生之日或者进入决策程序之日，至依法披露后2个交易日内		自可能对本公司股票及其衍生品种交易价格产生较大影响的重大事件发生之日或者进入决策程序之日，至依法披露之日

（续表）

对照项目	主　板	科创板	创业板	北交所
④ 承诺事项	控股股东、实际控制人承诺一定期限内不买卖本公司股票且在该期限内			
⑤ 特定短线交易	上市公司、股票在国务院批准的其他全国性证券交易场所交易的公司持有5%以上股份的股东、董事、监事、高级管理人员，将其持有的该公司的股票或者其他具有股权性质的证券在买入后6个月内卖出，或者在卖出后6个月内又买入，由此所得收益归该公司所有，公司董事会应当收回其所得收益			
⑥ 收购事项	通过证券交易所的证券交易，投资者持有或者通过协议、其他安排与他人共同持有一个上市公司已发行的有表决权股份达到5%时，应当在该事实发生之日起3日内，向国务院证券监督管理机构、证券交易所作出书面报告，通知该上市公司，并予公告；在上述期限内，不得再行买卖该上市公司的股票，但国务院证券监督管理机构规定的情形除外			
⑦ 其他	中国证监会、证券交易所认定的其他期间			

（2）上市公司董监高买卖股票敏感期。

上市公司董事、监事和高级管理人员在表2-3-8所列期间不得买卖本公司股票。

表2-3-8　各板块董监高买卖股票敏感期对照表

敏感期	科创板/创业板	主板/北交所
① 定期报告敏感期	公司定期报告公告前30日内，因特殊原因推迟年度报告、半年度报告公告日期的，自原预约公告日前30日起算，至公告前一日	公司年度报告、半年度报告公告前30日内，因特殊原因推迟公告日期的，自原预约公告日前30日起算
	—	公司季度报告公告前10日内
② 业绩预告、业绩快报敏感期	公司业绩预告、业绩快报公告前10日内	
③ 重大事项敏感期	自可能对本公司股票及其衍生品种交易价格或者投资决策产生较大影响的重大事项发生之日或者进入决策程序之日，至依法披露后2个交易日内	自可能对本公司股票及其衍生品种交易价格产生较大影响的重大事件发生之日或者进入决策程序之日，至依法披露之日
④ 其他	中国证监会、证券交易所认定的其他期间	

（3）员工持股计划买卖股票敏感期。

① 沪市主板、科创板。

《上海证券交易所上市公司自律监管指引第1号——规范运作（2023年12月修订）》第6.6.2条、《上海证券交易所科创板上市公司自律监管指引第1号——规范运作（2023年12月修订）》第7.6.1条规定，上市公司公布、实施员工持股计划时，应当遵守中国证监会关于信息敏感期不得买卖股票的规定。

② 深市主板、创业板。

《深圳证券交易所上市公司自律监管指引第1号——主板上市公司规范运作（2023年12月修订）》第6.6.3条、《深圳证券交易所上市公司自律监管指引第2号——创业板上市公司规范运作（2023年12月修订）》第7.8.3条规定，上市公司实施员工持股计划时，应当遵守市场交易规则，不得在法律法规规定的上市公司董事、监事、高级管理人员不得买卖本公司股票的期间买卖本公司股票。

③ 北交所。

《北京证券交易所上市公司持续监管指引第3号——股权激励和员工持股计划》第61条规定，员工持股计划约定有限售安排，或者法律法规、部门规章、规范性文件及证券交易所业务规则对相关股票限售安排另有规定的，上市公司应当按照相关规定办理。

（4）股权激励授予/行权敏感期。

① 深市主板。

《深圳证券交易所上市公司自律监管指南第1号——业务办理（2023年12月修订）》第三部分规定："授予的限制性股票上市日不得在相关法律、行政法规、部门规章、本所规则规定的禁止上市公司董事、高级管理人员买卖本公司股票期间内。""上市公司选择集中统一行权的，行权股份的上市日不得在相关法律、行政法规、部门规章、证券交易所规则规定的禁止上市公司董事、高级管理人员买卖本公司股票期间内。""上市公司选择自主行权的，激励对象不得在相关法律、行政法规、部门规章、本所规则规定的禁止上市公司董事、高级管理人员买卖本公司股票期间内行权。”

② 创业板。

《深圳证券交易所创业板上市公司自律监管指南第1号——业务办理（2023年12月修订）》第二章公司治理的第二节“股权激励”中“上市公司不得在相关法律、行政法规、部门规章、本所规则规定的禁止上市公司董事、高级管理人员买卖本公司股票期间向激励对象授予限制性股票。”就第二类限制性股票而言，“股权激励限制性股票归属日不得在相关法律、行政法规、部门规章、本所规则规定的禁止上市公司董事、高级管理人员买卖本公司股票期间内”。“激励对象不得在相关法律、行政法规、部门规章、本所规则规定的禁止上市公司董事、高级管理人员买卖本公司股票期间内行权。”集中行权的，“行权股份上市日不得在相关法律、行政法规、部门规章、本所规则规定的禁止上市公司董事、高级管理人员买卖本公司股票期间内”。

③ 沪市主板、科创板。

《上市公司股权激励管理办法》（2018年修订）第十六条规定，相关法律、行政法规、部门规章对上市公司董事、高级管理人员买卖本公司股票的期间有限制的，上市公司不得在相关限制期间内向激励对象授出限制性股票，激励对象也不得行使权益。

④ 北交所。

《北京证券交易所上市公司持续监管指引第3号——股权激励和员工持股计划》第二十二条规定，上市公司不得在法律法规、部门规章及本所业务规则规定的禁止上市公司董事、高级管理人员买卖本公司股票期间向激励对象授予限制性股票。第三十七条规定，激励对象不得在法律法规、部门规章、本所业务规则规定的禁止上市公司董事、高级管理人员买卖本公司股票期间内行权。

（二）上市公司股东股份变动规范

1. 股东减持

（1）上市公司大股东、实际控制人减持股份的限制。

上市公司大股东，是上市公司控股股东和持股5%以上股东的统称。

① 触及违法违规的情形。

具有下列情形之一的，上市公司大股东、实际控制人不得减持股份：

A. 上市公司或其大股东、实际控制人因涉嫌证券期货违法犯罪，在被中国证监会立案调查或者被司法机关立案侦查期间，以及在行政处罚决定、刑事判决作出之后未满6个月的；

B. 大股东、实际控制人因违反证券交易所规则，被证券交易所公开谴责未满3个月的；

C. 中国证监会及证券交易所规定的其他情形。

② 触及退市风险的情形。

【上交所、深交所】上市公司存在下列情形之一，触及退市风险警示标准的，自相关决定作出之日起至公司股票终止上市或者恢复上市前，其控股股东、实际控制人及其一致行动人不得减持所持有的公司股份：

A. 上市公司因欺诈发行或者因重大信息披露违法受到中国证监会行政处罚；

B. 上市公司因涉嫌欺诈发行罪或者因涉嫌违规披露、不披露重要信息罪被依法移送公安机关；

C. 其他重大违法退市情形。

【北交所】上市公司可能触及重大违法强制退市情形的，自相关行政处罚事先告知书或者司法裁判作出之日起至下列任一情形发生前，公司控股股东、实际控制人不得减持公司股份：

A. 公司股票终止上市并摘牌；

B. 公司收到相关行政处罚决定或者人民法院司法裁决生效，显示公司未触及重大违法强制退市情形。

③ 与利润分配、财务数据相关情形。

【上交所、深交所】上市公司存在破发[①]、破净[②]情形，或者最近3年未进行现金分红、累计现金分红金额低于最近3年年均净利润30%（以下统称分红不达标）的，控股股东、实际控制人不得通过二级市场减持[③]本公司股份。

【北交所】上市公司控股股东、实际控制人计划通过北交所集中竞价交易或大宗交易减持其所持有的本公司股份的，在首次披露减持计划时，不得存在下列情形：

A. 最近20个交易日内，上市公司任一交易日股票收盘价低于其公开发行股票并上市的发行价格(即破发情形)；

B. 最近20个交易日内，上市公司任一交易日股票收盘价低于最近一个会计年度或者最近一期财务会计报告期末每股净资产（即破净情形）；

C. 上市公司最近一期经审计的财务报告的归属于上市公司股东的净利润为负。

④ 盈利要求。

【科创板/创业板】公司上市时未盈利的，在公司实现盈利前，控股股东、实际控制人自公司股票上市之日起3个完整会计年度内，不得减持首发前股份；自公司股票上市之日起第4个会计年度和第5个会计年度内，每年减持的首发前股份不得超过公司股份总数的2%。

【北交所】公司上市时未盈利的，在实现盈利前，控股股东、实际控制人、董监高自公司股票上市之日起2个完整会计年度内，不得减持公开发行并上市前股份。

---

① 破发，是指减持计划公告前20个交易日中的任一日股票收盘价低于首次公开发行时的股票发行价格。

② 破净，是指减持计划公告前20个交易日中的任一日股票收盘价低于最近一个会计年度或者最近一期的财务会计报告期末每股净资产。

③ 二级市场减持，是指通过证券交易所集中竞价交易或者大宗交易减持股份。

（2）上市公司股东减持股份的方式。

上市公司股东可以通过证券交易所的证券交易卖出，也可以通过协议转让及法律、法规允许的其他方式减持股份。

① 集中竞价交易方式。

上市公司大股东、实际控制人通过集中竞价交易减持股份的，应当及时通知上市公司，并在首次卖出的15个交易日前预先披露减持计划。减持计划的内容，应当包括但不限于拟减持股份的数量、来源、减持时间区间、方式、价格区间、减持原因等信息。控股股东、实际控制人的减持时间区间不得超过3个月，其他持股5%以上主体的减持时间区间不得超过6个月。

在减持时间区间内，大股东、实际控制人减持计划披露的减持数量过半或减持时间过半时，上市公司披露高送转或筹划并购重组等重大事项时，上交所或深交所上市公司的控股股东、实际控制人及其一致行动人减持达到公司股份总数1%时，应当披露减持进展公告。

上市公司大股东、实际控制人应当在股份减持计划实施完毕或者披露的减持时间区间届满后，及时披露减持结果公告。

上市公司股东所持股份应当与其一直行动人所持股份合并计算。

② 大宗交易方式。

大股东减持或者特定股东减持，采取大宗交易方式的，在任意连续90日内，减持股份的总数不得超过公司股份总数的2%。

大宗交易的出让方与受让方，应当明确其所买卖股份的数量、性质、种类、价格，并遵守相关规定。

受让方在受让后6个月内，不得转让所受让的股份。

③ 协议转让方式。

大股东减持或者特定股东减持，采取协议转让方式的，单个受让方的受让比例不得低于公司股份总数的5%，转让价格下限比照大宗交易的规定执行，法律、行政法规、部门规章、规范性文件及证券交易所业务规则另有规定的除外。

大股东减持采取协议转让方式，减持后不再具有大股东身份的，出让方、受让方应当在6个月内共同遵守任意连续90日集中竞价交易减持股份数量合计不得超过公司股份总数1%的规定，即共享该1%的减持额度，并分别履行相应信息披露义务；受让人持股达5%以上或为控股股东或者董监高的，还应当遵守有关大股东减持、董监高减持的规定。

（3）大股东减持后不再具有大股东身份的减持数量限制。

① 大股东持股比例减持至5%时。

大股东减持股份至5%时，应当在该事实发生之日起3个交易日内披露权益变动报告书、权益变动提示性公告，并在上述期间内不得再买卖该公司股票。

② 大股东持股比例减持至低于5%之日起90日内。

A. 大股东减持股份至低于5%，自持股比例减持至低于5%之日起90日内，通过集中竞价交易继续减持的，减持股份的总数不得超过公司股份总数的1%。

持有上市公司非公开发行股份的股东，除遵守前款规定外，自股份解除限售之日起12个月内，减持数量不得超过其持有该次非公开发行股份数量的50%。

B. 大股东减持股份至低于5%，自持股比例减持至低于5%之日起90日内，通过大宗交易继续减持的，减持股份的总数不得超过公司股份总数的2%。受让方在受让后6个月内，不得转让所受让的股份。

C. 大股东减持采取协议转让方式，减持后不再具有大股东身份的，出让方、受让方应当在6个月内共同遵守任意连续90日集中竞价交易减持股份数量合计不得超过公司股份总数1%的规定。

（4）视同大股东减持的情形。

① 员工持股计划减持股份的，员工持股计划持股达5%以上或者构成控股股东的。

② 投资者减持因股权激励获得的股份，投资者构成大股东的。

③ 股东及其一致行动人之间，采取大宗交易、协议转让等方式转让股份，股东及其一致行动人构成大股东的。

④ 大股东减持至低于5%，但仍为控股股东的。

（5）大股东因分配股份进行减持的相关规定。

大股东因离婚、法人或者非法人组织终止、公司分立等形式分配股份后进行减持的，股份过出方和过入方应当合并计算判断大股东身份，适用持续共用大股东集中竞价交易任意连续90个自然日内减持不超过1%、大宗交易任意连续90个交易日内减持不超过2%的减持额度的规定，并分别履行大股东集中竞价减持的预披露义务。

大股东分配股份过户前，上市公司应当督促股份过出方和过入方商定并披露减持额度分配方案；未能商定的，各方应当按照各自持股比例确定后续减持额度并披露。

（6）特定股东减持的相关规定。

特定股东减持，指大股东以外的股东，减持所持有的公司首次公开发行前股份、上市公司非公开发行股份。

特定股东减持，采取集中竞价交易方式的，在任意连续90日内，减持股份的总数不得超过公司股份总数的1%；采取大宗交易方式的，在任意连续90日内，减持股份的总数不得超过公司股份总数的2%，受让方在受让后6个月内，不得转让所受让的股份；采取协议转让方式的，单个受让方的受让比例不得低于公司股份总数的5%。

大股东减持股份至低于5%，自持股比例减持至低于5%之日起90日内，通过集中竞价交易、大宗交易继续减持的，大股东减持至低于5%但持有特定股份的，对特定股份的减持仍应遵守《减持细则》有关特定股东减持的规定。

2. 股东增持

（1）股东增持规范的范围。

《上海证券交易所上市公司自律监管指引第8号——股份变动管理》《深圳证券交易所上市公司自律监管指引第10号——股份变动管理》中规定的股东增持股份行为，适用于：

① 在一个上市公司中拥有权益的股份达到或者超过该公司已发行股份的30%但未达到50%的，自上述事实发生之日起1年后，每12个月内增持不超过该公司已发行股份的2%；

② 在一个上市公司中拥有权益的股份达到或者超过该公司已发行股份的50%的股东及其一致行动人，继续增加其在该公司拥有的权益且不影响该公司的上市地位；

③ 上市公司控股股东、5%以上股东披露的股份增持计划（本条见于深交所，上交所暂无明确规定）。

前款规定的股东及其一致行动人以下简称为“相关股东”。

（2）股东增持应履行的披露义务。

表2-3-9汇总了股东增持上市公司股票中股东和上市公司的披露义务。

表2-3-9　股东增持的信息披露义务

时　点	相关股东行为或义务	上市公司行为或义务
首次增持行为发生之日	将增持情况通知上市公司	及时发布股东增持公司股份的公告
	将后续增持计划一并通知上市公司	在股东增持公司股份公告中披露后续增持计划
	应当同时作出承诺，将在增持实施期限内完成增持计划	
提前披露增持计划之日	相关股东在首次增持股份前，拟提前披露增持计划的，将增持情况通知上市公司	及时发布股东增持公司股份的公告

（续表）

时　点	相关股东行为或义务	上市公司行为或义务
原定增持计划期限过半	【深交所】应当在事实发生之日通知公司，委托公司在次一交易日前披露增持股份进展公告	收到通知的次一交易日前披露增持股份进展公告
	【上交所】相关股东实际增持数量或者金额未过半或者未达到区间下限的50%	应当公告说明原因
	【上交所、深交所】相关股东仍未实施增持计划	应当公告说明原因和后续增持安排，并于此后每月披露1次增持计划实施进展
增持计划实施完毕或者实施期限届满	相关股东应当及时向上市公司通报增持计划的实施情况。 相关股东增持前持股比例30%以上的，还应聘请律师出具专项核查意见	应当及时披露增持计划实施结果和律师核查意见
定期报告时	—	相关增持主体的增持计划尚未实施完毕，或者其实施期限尚未届满的，上市公司应当在定期报告中披露相关增持主体增持计划的实施情况

（3）相关股东不得增持或减持的情形。

① 持股比例在50%以上的相关股东拟通过集中竞价方式继续增持上市公司拥有权益的股份，且不影响该公司的上市地位，自累计增持股份比例达到该公司已发行股份2%的当日起至公司发布公告之日的期间，不得再行增持股份。

② 在上市公司发布相关股东增持计划实施完毕公告前，相关股东不得减持该公司股份。

（4）科创板特别规定。

《上海证券交易所科创板上市公司自律监管指引第1号——规范运作（2023年12月修订）》第2.4.2条规定，控股股东、实际控制人在下列情形下不得增持科创公司股票：

① 科创公司定期报告披露前10日内；科创公司因特殊原因推迟定期报

告公告日期的，则自原预约公告日期前10日起到定期报告实际公告之日的期间内；

② 科创公司业绩快报、业绩预告披露前10日内；

③ 自知悉可能对科创公司股票交易价格产生较大影响的事件发生或在决策过程中，至该事件依法披露后2个交易日内；

④ 控股股东、实际控制人承诺一定期限内不买卖本公司股票且在该期限内；

⑤ 《证券法》第四十四条、第六十三条规定的情形；

⑥ 有关法律法规规定或认定的其他情形。

3. 其他股东股份变动

需要披露权益变动的其他股东情况如下：

（1）持股5%的“三类股东”。

《上海证券交易所股票上市规则（2023年8月修订）》规定，持有上市公司5%以上股份的契约型基金、信托计划或者资产管理计划，应当在权益变动文件中披露支配股份表决权的主体，以及该主体与上市公司控股股东、实际控制人是否存在关联关系。

契约型基金、信托计划或者资产管理计划成为公司控股股东、第一大股东或者实际控制人的，除应当履行前款规定义务外，还应当在权益变动文件中穿透披露至最终投资者。

（2）专项资产管理计划。

发行人的高级管理人员参与设立的专项资产管理计划，通过集中竞价、大宗交易方式减持参与战略配售获配股份的，应当参照上市公司股东减持首次公开发行前股份的规定履行相应信息披露义务。

（3）创投基金。

创投基金在其所投资符合条件的企业上市后，通过集中竞价交易方式减持其持有的首次公开发行前股份的，适用下列比例限制：

① 截至首次公开发行上市日，投资期限不满36个月的，在任意连续90日内减持股份的总数不得超过公司股份总数的1%；

② 截至首次公开发行上市日，投资期限在36个月以上但不满48个月的，在任意连续60日内减持股份的总数不得超过公司股份总数的1%；

③ 截至首次公开发行上市日，投资期限在48个月以上但不满60个月的，在任意连续30日内减持股份的总数不得超过公司股份总数的1%；

④ 截至首次公开发行上市日，投资期限在60个月以上的，减持股份总数不受比例限制。

创投基金在其所投资符合条件的企业上市后，通过大宗交易方式减持其持有的首次公开发行前股份的，适用下列比例限制：

① 截至首次公开发行上市日，投资期限不满36个月的，在任意连续90日内减持股份的总数不得超过公司股份总数的2%；

② 截至首次公开发行上市日，投资期限在36个月以上但不满48个月的，在任意连续60日内减持股份的总数不得超过公司股份总数的2%；

③ 截至首次公开发行上市日，投资期限在48个月以上但不满60个月的，在任意连续30日内减持股份的总数不得超过公司股份总数的2%；

④ 截至首次公开发行上市日，投资期限在60个月以上的，减持股份总数不受比例限制。

（三）董监高股份持股变动管理

1. 董监高股份转让的限制情形

（1）不得转让股份的情形。

上市公司董事、监事和高级管理人员所持本公司股份在下列情形下不得转让：

① 本公司股票上市交易之日起一年内；

② 董事、监事和高级管理人员离职后半年内；

③ 董事、监事和高级管理人员承诺一定期限内不转让并在该期限内的；

④ 法律、法规、中国证监会和证券交易所规定的其他情形。

公司董事、监事和高级管理人员应当在公司股票上市前、任命生效及新增持有公司股份时，按照证券交易所的有关规定申报上述股份的信息。

（2）不得减持股份的情形。

① 触及违法违规情形。

A. 董监高因涉嫌证券期货违法犯罪，在被中国证监会立案调查或者被司法机关立案侦查期间，以及在行政处罚决定、刑事判决作出之后未满6个月的；

B. 董监高因违反证券交易所规则，被证券交易所公开谴责未满3个月的；

C. 中国证监会规定的其他情形。

② 触及退市风险的情形。

【上交所、深交所】上市公司存在下列情形之一，触及退市风险警示标准的，自相关决定作出之日起至公司股票终止上市或者恢复上市前，其董监高不得减持所持有的公司股份：

A. 上市公司因欺诈发行或者因重大信息披露违法受到中国证监会行政处罚；

B. 上市公司因涉嫌欺诈发行罪或者因涉嫌违规披露、不披露重要信息罪被依法移送公安机关；

C. 其他重大违法退市情形。

【北交所】上市公司可能触及重大违法强制退市情形的，自相关行政处罚事先告知书或者司法裁判作出之日起至下列任一情形发生前，其董监高不得减持公司股份：

A. 公司股票终止上市并摘牌；

B. 公司收到相关行政处罚决定或者人民法院司法裁决生效，显示公司未触及重大违法强制退市情形。

③ 盈利要求。

【科创板/创业板】公司上市时未盈利的，在公司实现盈利前，董监高及核心技术人员自公司股票上市之日起3个完整会计年度内，不得减持首发前股份。

【北交所】公司上市时未盈利的，在实现盈利前，控股股东、实际控制人、董监高自公司股票上市之日起2个完整会计年度内，不得减持公开发行并上市前股份。

（3）任职期间转让份额的限制。

上市公司董事、监事和高级管理人员在任职期间，每年通过集中竞价、大宗交易、协议转让等方式转让的股份不得超过其所持本公司股份总数的25%，因司法强制执行、继承、遗赠、依法分割财产等导致股份变动的除外。

上市公司董事、监事和高级管理人员所持股份不超过1000股的，可一次全部转让，不受前款转让比例的限制。

因公司公开或者非公开发行股份、实施股权激励计划，或者因董事、监事和高级管理人员在二级市场购买、可转债转股、行权、协议受让等各种年内新增股份，新增无限售条件股份当年可转让25%，新增有限售条件的股份计入次年可转让股份的计算基数。

因上市公司进行权益分派导致董事、监事和高级管理人所持本公司股份增加的，可以同比例增加当年可转让数量。

2. 董监高股份变动的程序和披露

（1）初始登记。

上市公司董事、监事和高级管理人员应在下列时点或期间内委托上市公司通过证券交易所网站申报其个人信息（包括但不限于姓名、职务、身份证号、证券账户、离任职时间等）：

① 新上市公司的董事、监事和高级管理人员在公司申请股票初始登记时；

② 新任董事、监事在股东大会（或职工代表大会）通过其任职事项、新任高级管理人员在董事会通过其任职事项后2个交易日内；

③ 现任董事、监事和高级管理人员在其已申报的个人信息发生变化后的2个交易日内；

④ 现任董事、监事和高级管理人员在离任后2个交易日内；

⑤ 证券交易所要求的其他时间。

（2）变动程序。

上市公司董事、监事和高级管理人员在买卖本公司股份前，应当将其买卖计划以书面方式通知董事会秘书，董事会秘书应当核查上市公司信息披露及重大事项等进展情况，如该买卖行为可能违反法律法规、证券交易所相关规定、公司章程和其所作承诺的，董事会秘书应当及时通知相关董事、监事和高级管理人员。

上市公司董事、监事和高级管理人员所持本公司股份发生变动的，应当自该事实发生之日起2个交易日内，向上市公司报告并由上市公司在证券交易所网站进行公告。

（3）披露信息的管理。

上市公司应当制定专项制度，加强对董事、监事和高级管理人员持有本公司股份及买卖本公司股票行为的申报、披露与监督。

上市公司董事会秘书负责管理公司董事、监事和高级管理人员的身份及所持本公司股份的数据和信息，统一为董事、监事和高级管理人员办理个人信息的网上申报，并定期检查董事、监事和高级管理人员买卖本公司股票的披露情况。

3. 董监高减持股份的其他规定

（1）减持股份的方式。

① 通过证券交易所的证券交易卖出。

② 通过协议转让。

③ 法律、法规允许的其他方式。

（2）董监高减持股份应履行的披露义务。

① 上市公司董监高计划通过证券交易所集中竞价交易减持股份的，应当在首次卖出的15个交易日前预先披露减持计划。

② 在预先披露的减持时间区间内，董监高应当在减持计划披露的减持数量过半或减持时间过半时及时通知公司，披露减持进展情况。在股份减持计划实施完毕或者披露的减持时间区间届满后，董监高应当及时通知公司，披露减持结果公告。

③ 董监高因离婚分割股份后进行减持的，或者董监高于任期届满前离职的，股份过出方、过入方在该董监高在其就任时确定的任期内和任期届满后6个月内，每年转让的股份不得超过其各自所持有本公司股份总数的25%，并分别履行董监高集中竞价减持的预披露义务等。

董监高于任期届满前离职的，股份过出方、过入方在该董监高离职后6个月内，不得转让其所持有本公司股份。

董监高因离婚拟分配股份的，应当及时披露相关情况。

（四）股权质押

1. 股份质押的禁止行为

根据《上市公司章程指引（2022年修订）》规定，公司不接受本公司的股票作为质押权的标的。

2. 股份质押的信息披露

（1）上市公司股份质押的信息披露要求。

上市公司任一股东所持公司5%以上股份被质押时，应当及时披露。

上述“任一股东”不仅指单一股东，股东及其控制的主体、股东之间均受同一实际控制人控制，股东及其一致行动人的所持股份均应合并计算，统视为“一名股东”。

（2）上市公司控股股东股份质押的信息披露。

① 沪市主板、深市主板、创业板的规定。

A. 控股股东累计质押股份比例达到或超过50%的，本次及后续每笔质押均需予以披露；

B. 控股股东或第一大股东及其一致行动人累计质押股份比例达到或超过80%的，还应当按证券交易所公告模板要求对控股股东或第一大股东及其一致行动人等情况做更详细的披露。

② 科创板、北交所的规定。

A. 上市公司控股股东及其一致行动人质押股份占其所持股份的比例达到50%以上，以及之后质押股份的，应当及时通知公司，并配合公司履行披露义务。

B. 上市公司控股股东及其一致行动人质押股份占其所持股份的比例达到50%以上，且出现债务逾期或其他资信恶化情形的，应当及时通知公司并配合公司履行披露义务。

C. 持续督导期间，控股股东、实际控制人及其一致行动人质押上市公司股份比例超过所持股份80%的，保荐机构、保荐代表人应当发表意见。

（3）解除质押。

上市公司接到股东函告（或通过其他途径），获悉其所持有本公司的部分股份解除质押（解除冻结或拍卖等），应当及时披露公告。

（4）股份质押延期。

① 沪市主板、深市主板、创业板的规定。

上市公司股东及其一致行动人所持公司5%以上的质押股份发生延期等变化的，应当参照公告格式披露该部分股份当时质押的基本情况及当前最新情况，并说明发生延期等变化的主要原因，是否具备履约能力。涉及控股股东或第一大股东及其一致行动人的，还应说明质押股份是否存在平仓风险，对上市公司生产经营、公司治理、业绩补偿义务履行等可能产生的影响，以及拟采取的防范应对措施。

② 科创板、北交所的规定。

没有要求，可参考沪市主板要求。

（五）特定短线交易

特定短线交易行为，指特定身份投资者在6个月内买入后卖出或者卖出后买入同一上市公司、股票在国务院批准的其他全国性证券交易所交易的公司（以下统称新三板挂牌公司）的特定证券的行为。

特定身份投资者，指持有5%以上股份的股东及该公司的董事、监事、高级管理人员。具有特定身份的自然人涉及特定短线交易行为的，应当合并计算其名下账户，其配偶、父母、子女名下账户，以及利用他人账户持有的特定证券数量。

特定证券，指股票以及其他具有股权性质的证券，包括但不限于股票、存托凭证、可交换公司债券、可转换公司债券等。

短线交易行为是《证券法》禁止的交易行为。根据《证券法》第四十四条规定，上市公司、股票在国务院批准的其他全国性证券交易场所交易的公司持有5%以上股份的股东、董事、监事、高级管理人员，将其持有的该公司的股票或者其他具有股权性质的证券在买入后6个月内卖出，或者在卖出后6个月内又买入，由此所得收益归该公司所有，公司董事会应当收回其所得收益。但是，证券公司因购入包销售后剩余股票而持有5%以上股份，以及有国务院证券监督管理机构规定的其他情形的除外。

公司董事会不收回短线交易收益的，股东有权要求董事会在30日内执行。公司董事会未在上述期限内执行的，股东有权为了公司的利益以自己的名义直接向人民法院提起诉讼。

公司董事会不收回短线交易收益的，负有责任的董事依法承担连带责任。

公司董事会在收回短线交易收益的同时，应当及时披露相关人员违规买卖的情况、收益的金额、公司采取的处理措施和公司收回收益的具体情况等。

根据上述规定，短线交易的核心要素归纳如表2-3-10所示。

表2-3-10　短线交易核心要素一览表

要　素	说　明
交易主体	① 持有5%以上股份的股东、上市公司的董监高； ② 持有5%以上股份的自然人股东、上市公司的董监高的配偶、父母、子女和实际控制的他人账户
交易标的	股票、其他具有股权性质的证券，包括但不限于股票、存托凭证、可交换公司债券、可转换公司债券等
交易行为	买入后6个月内卖出、卖出后6个月内买入
交易期间	只约束6个月的行为
交易后果	所得收益上交上市公司；交易主体后续还可能受到监管处罚
董事会职责	① 执行公司收回交易主体收益，并予以信息披露； ② 不按规定执行的，股东有权要求30日内执行； ③ 仍不执行的，股东有权提起代位诉讼
董事责任	董事会不执行收回交易主体收益的，负有责任的董事依法承担连带责任

（六）协议转让

协议转让，指出让方和受让方依据依法订立的协议，办理证券交易所上市公司流通股股份转让业务。

1. 办理协议转让的资格

根据《上海证券交易所上市公司股份协议转让业务办理指引（2021年修订）》第五条，具有以下情形之一的，可以向证券交易所提交协议转让办理申请：

（1）转让股份数量不低于上市公司总股本5%的协议转让；

（2）转让双方存在实际控制关系，或均受同一控制人所控制的协议转让，转让股份数量不受前项不低于5%的限制；

（3）外国投资者战略投资上市公司涉及的协议转让；

（4）法律法规、中国证监会及证券交易所认定的其他情形。

收回股权分置改革中的垫付股份、国有股东转让所持上市公司股份、业绩承诺未达标导致的股份回购或补偿等情形，比照协议转让指引办理。

2. 协议转让业务要求

转让双方办理协议转让业务，应当符合以下要求：

（1）转让协议依法生效；

（2）协议各方为自然人或者依法设立并有效存续的法人、其他组织；

（3）拟转让股份的性质为无限售条件流通股，法律法规以及证券交易所另有规定的除外；

（4）单个受让方的受让比例不低于上市公司总股本的5%，转让双方存在实际控制关系、均受同一控制人所控制及法律法规、证券交易所业务规则另有规定的除外；

（5）股份转让价格不低于转让协议签署日（当日为非交易日的顺延至次一交易日）公司股份大宗交易价格范围的下限，法律法规、证券交易所业务规则另有规定的除外；

（6）转让双方就股份转让协议签订补充协议，涉及变更转让主体、转让价格或者转让股份数量等任一情形的，股份转让价格不低于补充协议签署日（当日为非交易日的顺延至次一交易日）公司股份大宗交易价格范围的下限；

（7）依据相关规定应当经行政审批方可进行的协议转让，已获得有关部门的批准；

（8）转让双方应当披露相关信息的，已经依法合规履行信息披露义务；

（9）中国证监会及证券交易所认定的其他要求。

3. 证券交易所不予办理协议转让业务的情形

转让双方办理协议转让业务存在以下情形之一的，证券交易所不予受理：

（1）不符合证券交易所协议转让业务要求的相关规定；

（2）拟转让股份已经被质押且质权人未书面同意转让；

（3）拟转让股份存在尚未了结的诉讼、仲裁、其他争议或者被司法冻结等权利受限情形，但按照《关于进一步规范人民法院冻结上市公司质押股票工作的意见》取得人民法院准许文件的除外；

（4）拟转让股份存在中国证监会《上市公司股东、董监高减持股份的若干规定》或《减持细则》规定的不得减持的情形；

（5）本次转让可能导致规避股份限售相关规定；

（6）违反转让双方或者任何一方作出的承诺；

（7）协议签署日与提交申请日间隔超过6个月且无正当理由；

（8）本次转让可能构成短线交易或者存在其他违反法律法规或证券交易所业务规则的情形；

（9）转让双方任意一方被中国证监会采取不得在证券交易场所交易证券的市场禁入措施尚在禁入期内的，但根据《证券市场禁入规定》第六条可以交易证券的除外；

（10）证券交易所认定的其他情形。

4. 协议转让的程序

（1）转让双方根据拟办理的协议转让业务类型，向证券交易所提交相应办理材料。

（2）证券交易所对转让双方递交的协议转让办理材料进行完备性核对。

（3）证券交易所对符合规定的协议转让业务出具确认意见，转让双方缴纳费用。

（4）协议转让确认意见自证券交易所出具之日起6个月内有效。转让双方应当按照协议转让确认表中载明的转让股份数量一次性办理过户登记。

（5）转让双方在协议转让办理过程中作出的承诺，达到信息披露要求的，还应当及时在协议转让进展公告中披露承诺内容。

（七）科创板询价转让

询价转让，指科创板上市公司股东以向特定机构投资者询价转让方式减持其所持有的科创板上市公司首次公开发行前已发行股份的行为。

1. 询价转让的双方主体

（1）询价转让的出让方，是持有科创板上市公司首次公开发行前已发行股份的股东。

（2）询价转让的受让方，应当是具备相应定价能力和风险承受能力的机构投资者等。

（3）下列投资者不得参与询价转让的询价及认购：

① 参与转让的股东或者其委托的证券公司，或者与参与转让的股东或者其委托的证券公司存在直接、间接控制关系或者受同一主体控制的机构；

② 前项所列机构的董事、监事、高级管理人员能够实施控制、共同控制或者施加重大影响的机构；

③ 与① 所列人员或者所列机构的控股股东、实际控制人、董事、监事、高级管理人员关系密切的亲属能够实施控制、共同控制或者施加重大影响的机构；

④ 根据《上市公司收购管理办法》与参与转让的股东构成一致行动人，或者参与询价转让可能导致不当行为或者利益输送的其他机构。

前款所列人员或者机构持有权益的金融产品不得参与询价转让的询价及认购，但是依法以公开募集方式设立的证券投资基金和其他资产管理产品除外。

关系密切的亲属是指配偶、子女及其配偶、父母及配偶的父母、兄弟姐妹及其配偶、配偶的兄弟姐妹、子女配偶的父母。

2. 禁止询价转让的情形及窗口期

存在《上市公司股东、董监高减持股份的若干规定》《减持细则》规定的不得减持股份情形的股东，不得进行询价转让。

科创公司控股股东、实际控制人、董事、监事、高级管理人员及核心技术人员不得在下列期间内启动、实施或者参与询价转让：

（1）科创公司年度报告、半年度报告公告前30日内；

（2）科创公司季度报告、业绩预告、业绩快报公告前10日内；

（3）自可能对科创公司股票的交易价格产生较大影响的重大事件发生之日或者在决策过程中，至依法披露之日内；

（4）中国证监会及证券交易所规定的其他期间。

科创公司处于年度报告披露期内但尚未披露年度报告的，控股股东、实际控制人不得参与询价转让。

3. 询价转让的股份数量

股东询价转让首发前股份的，单独或者合计拟转让的股份数量不得低于科创公司股份总数的1%。即：若多个股东批次询价转让，单一股东拟转让数量可以小于1%（合计不低于1%），否则，股东单独转让的股份数量需要大于或等于1%。

4. 询价转让的价格

证券公司向合格投资者发送的认购邀请书载明的询价转让价格下限，不得低于发送认购邀请书之日前20个交易日科创板上市公司股票交易均价的70%。

5. 询价转让的程序

（1）股东委托证券公司组织实施询价转让。

（2）证券公司收到股东委托后，进行核查，并出具核查意见。

（3）证券公司确定询价对象，并向询价对象发送认购邀请书。参与询价转让的股东，不得直接或者间接向证券公司指定询价对象，不得干预证券公司根据事先约定的条件确定询价对象。

（4）参与转让的股东应当向证券公司提交拟转让股份的额度锁定委托，由证券公司通过交易所技术系统填报，并由中国结算实施股份额度锁定。

（5）认购邀请书发出后，证券公司应当在认购邀请书约定的时间内，接收询价对象提交的认购报价表。认购邀请书发出次一交易日，参与转让的股东应当披露询价转让计划书。证券公司对参与转让的股东出具的核查意见，应当作为询价转让计划书的附件一并披露。

（6）认购报价结束后，证券公司确定转让价格的次一交易日，参与转让的股东应当披露提示性公告，披露初步确定的转让价格、转让数量等信息。

（7）证券公司依照规定确认转让价格、受让方及转让数量的，参与转让的股东应当进行转让，受让方应当认购。

（8）转让结果确定后，中国结算办理股份过户。询价转让股份变更登记完成的次一交易日，参与转让的股东应当披露询价转让结果报告书。参与转让的股东因存在不得转让的情形或者其他原因未能转让，或者受让方未认购的，询价转让结果报告书中应当披露。证券公司出具的核查报告，应当作为询价转让结果报告书的附件一并披露。

（八）科创板向股东配售减持股份

股东单独或者合计拟减持首发前股份数量达到科创公司股份总数5%的，可以采取向科创板上市公司现有其他股东配售的方式进行。

1. 参与配售的股东的资格

存在《上市公司股东、董监高减持股份的若干规定》《上海证券交易所上市公司股东及董事、监事、高级管理人员减持股份实施细则》规定的不得减持股份情形的股东，不得通过配售减持首发前股份。

科创板上市公司控股股东、实际控制人、董事、监事、高级管理人员及核心技术人员不得在下列期间内启动、实施或者参与配售减持首发前股份：

（1）科创板上市公司年度报告、半年度报告公告前30日内；

（2）科创板上市公司季度报告、业绩预告、业绩快报公告前10日内；

（3）自可能对科创板上市公司股票的交易价格产生较大影响的重大事件发生之日或者在决策过程中，至依法披露之日内；

（4）中国证监会及证券交易所规定的其他期间。

根据科创板《股票上市规则》的相关规定，科创板上市公司处于年度报告披露期内但尚未披露年度报告的，控股股东、实际控制人不得参与配售。

2. 配售价格

股份配售的价格由参与配售的股东协商确定，但不得低于本次配售首次公告日前20个交易日科创板上市公司股票交易均价的70%；同次配售的股份，价格应当相同。

3. 向股东配售程序及信息披露

（1）股东委托证券公司组织实施配售的，应当出具委托书。证券公司应当对拟参与配售的股东进行核查，并出具核查意见。

（2）股东以配售方式减持股份的，应当向本次配售股权登记日登记在册的科创板上市公司其他股东（以下简称配售对象）进行配售，但参与配售的股东除外。股东应当披露配售计划。

配售对象拟认购配售股份的，应当于本次配售股权登记日后的第5个交易日通过上交所系统进行申购。

股份配售申购结束后，配售对象未全额认购配售股份的，参与配售的股东应当按照配售对象认购的股份数量占拟配售股份总数的比例配售，各股东配售的比例应当相同。

在配售申购日前，参与配售的股东发生规定情形，或者因司法冻结等原因导致没有足额股份可供配售的，相关股东应当立即通知证券公司，证券公司应当终止本次配售。

（3）参与配售的股东应当向证券公司提交拟配售股份的额度锁定委托，由证券公司通过证券交易所系统进行填报，并由中国结算根据填报内容实施股份额度锁定。

（4）股份配售股权登记日的次一交易日，参与配售的股东应当披露提示性公告，披露本次配售的配售权比例。

（5）股份配售变更登记完成的次一交易日，参与配售的股东应当披露配售结果报告书。

四、股权分置改革

根据《关于上市公司股权分置改革的指导意见》，股权分置是指A股市场的上市公司股份按能否在证券交易所上市交易被区分为非流通股和流通股，这是我国经济体制转轨过程中形成的特殊问题。

根据《上市公司股权分置改革管理办法》，上市公司股权分置改革，是通过非流通股股东和流通股股东之间的利益平衡协商机制，消除A股市场股份转让制度性差异的过程。

本节法规导航

（1）《关于上市公司股权分置改革的指导意见》；

（2）《上市公司股权分置改革管理办法》；

（3）《深圳证券交易所上市公司自律监管指南第1号——业务办理（2023年12月修订）》。

（一）股权分置改革操作程序

表2-3-11梳理了上市公司实施股权分置改革的操作流程和披露义务。

表2-3-11　股权分置改革操作流程表

环　节	事项及说明
动议	公司股权分置改革动议，原则上应当由全体非流通股股东一致同意提出；未能达成一致意见的，也可以由单独或者合并持有公司2/3以上非流通股份的股东提出。 非流通股股东提出改革动议，应以书面形式委托公司董事会召集A股市场相关股东大会，审议上市公司股权分置改革方案（以下简称“股改方案”）
董事会会议前	① 董事会收到非流动股股东的书面委托后，应聘请保荐机构协助制定股改方案并出具保荐意见书，聘请律师事务所出具法律意见书。 ② 董事会、非流通股股东、保荐机构及其保荐代表人、律师事务所及其经办律师，签订保密协议。 ③ 董事会就股改方案征求证券交易所意见
董事会召开	① 召开董事会会议。披露董事会决议、股改方案说明书、独立董事意见、保荐意见书、法律意见书、股东大会通知等公告。 ② 申请公司股票停牌
股东大会召开前	① 董事会在股东大会召开前，应当在指定报刊上刊载不少于2次召开相关股东大会的提示公告。 ② 相关股东大会征集投票委托事宜，由公司董事会负责办理。 ③ 非流通股股东执行股权分置改革利益平衡对价安排需经国有资产监督管理机构批准的，应当在股东大会网络投票开始前取得并公告批准文件
股东大会召开	① 上市公司应当开设网络投票方式。 ② 股东大会决议须经参加表决的股东所持表决权的2/3以上通过，并经参加表决的流通股股东所持表决权的2/3以上通过
股东大会后	① 股改方案获股东大会表决通过的，董事会应当在2个工作日内公告股东大会表决结果。董事会应当与证券交易所商定时间安排，公告股改方案实施及公司股票复牌事宜。 持有外商投资企业批准证书的公司、含有外资股份的银行类公司，股改方案涉及外资管理审批事项的，公司应当在公告股改方案实施前取得国务院有关部门的审批文件。 ② 股改方案未获股东大会表决通过的，董事会应当在2个工作日内公告股东大会表决结果，并申请公司股票于公告次日复牌。非流通股股东可以在3个月后，再次委托公司董事会就股权分置改革召集股东大会
股份登记	上市公司应当在非流通股可上市交易变更登记完成后2个工作日内，在指定报刊上刊登公司股改后的股份结构变动报告书
实施方案	股权分置改革方案实施后，原非流通股股东持有的股份限售期届满，上市公司应当提前3个交易日刊登相关提示公告

（二）垫付对价偿还

（1）非流通股股东在上市公司股权分置改革中为其他股东垫付对价的，可通过双方股东协商一致的方式解决垫付对价的偿还问题，如以股份、现金方式或其他双方认同的方式偿还。

（2）对于偿还股东的主体资格、所持股份不存在瑕疵的，可采用以股份偿还的方式。垫付对价股份的偿还视同执行对价安排的后续处理，可在相关股东协商一致后办理有关偿还手续，不受一年锁定期的限制，无需缴纳相关税费。

（3）上市公司董事会应当提交相关材料向证券交易所申请办理垫付对价股份偿还业务。

（4）上市公司股东在垫付对价偿还时，出现以下情况时应当及时告知上市公司并公告：

① 持股5%以上股东因垫付对价的偿还导致持股比例变动累计达到公司总股本 1%；

② 垫付偿还涉及股东众多（50个股东以上）、偿还方式特别（如法院裁决）、偿还股份比例或方式与原《股改说明书》披露的不一致等；

③ 上市公司或股东主动要求履行披露义务。

（5）在垫付对价偿还时属于无需公告情形的，上市公司股东应当在其后解除限售的公告中说明垫付偿还的情况。

（6）国有股东为其他股东垫付对价的，在被垫付对价方要求解除限售时，还需提交国有资产监管机构出具的备案表。

（7）上市公司股东由于获得偿还股份触发要约收购义务的，可免于履行要约收购义务。

（8）如偿还方偿还股份时与原垫付方垫付情形不一致（如原垫付方垫付股份，偿还方偿还现金）时，或者不需要偿还方偿还等情况的，应当说明原因。其中，偿还现金的应当明确定价依据和偿还总额的计算过程。

（三）股改后公司原非流通股股份的出售

（1）根据《上市公司股权分置改革管理办法》，股改后公司原非流通股股份的出售，应当遵守以下规定：

① 自改革方案实施之日起，在12个月内不得上市交易或者转让；

② 持有上市公司股份总数5%以上的原非流通股股东，在前项规定期满后，通过证券交易所挂牌交易出售原非流通股股份的，出售数量占该公司股份总数的比例在12个月内不得超过5%，在24个月内不得超过10%。

原非流通股股东出售所持股份数额较大的，可以采用向特定投资者配售的方式。

股改方案实施后，外资股东所持股份的管理办法另行规定。

（2）《深圳证券交易所上市公司自律监管指南第1号——业务办理（2023年12月修订）》第2.9条股权分置改革相关事项的规定，股改股东出售股份还应当遵循如下规定：

① 垫付方股东出售其所获得的偿还股份时，应当遵守其在股权分置改革方案中所作的承诺。

② 控股股东、实际控制人在下列情形下不得出售解除限售的股改股份：

A. 上市公司年度报告和半年度报告披露前30日内，季度报告披露前15日内；

B. 上市公司业绩预告或业绩快报披露前10日内；

C. 上市公司披露对公司股票及其衍生品种交易价格可能产生较大影响的信息前5日内。

③ 持有、控制公司股份5%以上的原非流通股股东，通过证券交易所集中竞价交易出售的股份数量，每达到该公司股份总数1%时，应当在该事实发生之日起2个交易日内进行公告。

第四章 股权类再融资

一、再融资概述

上市公司再融资是相对于首次公开发行股票并上市而言的融资行为，是公司上市后进行的融资行为。再融资对企业而言非常重要，是企业拓展业务版图、提升自身竞争力的重要手段。

（1）按资金来源来分，融资分为内部融资和外部融资。

（2）按融资工具的资本属性来分，融资分为股权类融资和债权类融资。

（3）按融资过程中资金的需求者与资金的供给者是否直接形成债权债务关系来分，融资分为直接融资和间接融资。

（4）按资金使用及归还年限来分，融资分为短期融资和长期融资。

本书仅讨论股权类融资，包括上市再融资的配股、增发、可转债以及优先股。

二、发行新股

上市公司发行新股，可以向不特定对象发行，也可以向特定对象发行。

向不特定对象发行股票包括上市公司向原股东配售股份（以下简称配股）、向不特定对象公开募集股份（以下简称增发）。

向特定对象发行，又称为定向发行。

本节法规导航

颁布机构	规则名称
证监会	《上市公司证券发行注册管理办法》 《证券发行与承销管理办法》
上交所	《上海证券交易所上市公司证券发行与承销业务实施细则》
深交所	《深圳证券交易所上市公司证券发行与承销业务实施细则》 《深圳证券交易所上市公司自律监管指南第1号——业务办理（2023年12月修订）》 《深圳证券交易所创业板上市公司自律监管指南第1号——业务办理（2023年12月修订）》
北交所	《北京证券交易所上市公司证券发行注册管理办法》 《北京证券交易所上市公司证券发行与承销业务指引》 《北京证券交易所证券发行与承销管理细则》 《北京证券交易所股票向不特定合格投资者公开发行与承销业务实施细则》

（一）发行条件

1. 上交所/深交所

表2-4-1罗列了上交所、深交所上市公司发行新股的条件。

表2-4-1　上交所、深交所上市公司新股发行条件一览表

	发行条件
向不特定对象发行股票	（1）向不特定对象发行股票，应当符合下列规定： ① 具备健全且运行良好的组织机构； ② 现任董监高符合法律、行政法规规定的任职要求； ③ 具有完整的业务体系和直接面向市场独立经营的能力，不存在对持续经营有重大不利影响的情形； ④ 会计基础工作规范，内部控制制度健全且有效执行，财务报表的编制和披露符合企业会计准则和相关信息披露规则的规定，在所有重大方面公允反映了上市公司的财务状况、经营成果和现金流量，最近3年财务会计报告被出具无保留意见审计报告； ⑤ 除金融类企业外，最近一期末不存在金额较大的财务性投资； ⑥【主板】交易所主板上市公司配股、增发的，应当最近3个会计年度盈利；增发还应当满足最近3个会计年度加权平均净资产收益率平均不低于6%；净利润以扣除非经常性损益前后孰低者为计算依据。 （2）向不特定对象发行股票，不存在下列情形： ① 擅自改变前次募集资金用途未作纠正，或者未经股东大会认可； ② 上市公司或者其现任董监高最近3年受到中国证监会行政处罚，或者最近1年受到证券交易所公开谴责，或者因涉嫌犯罪正在被司法机关立案侦查或者涉嫌违法违规正在被中国证监会立案调查；

（续表）

	发行条件
向不特定对象发行股票	③ 上市公司或者其控股股东、实际控制人最近1年存在未履行向投资者作出的公开承诺的情形； ④ 上市公司或者其控股股东、实际控制人最近3年存在贪污、贿赂、侵占财产、挪用财产或者破坏社会主义市场经济秩序的刑事犯罪，或者存在严重损害上市公司利益、投资者合法权益、社会公共利益的重大违法行为
向特定对象发行股票	不存在下列情形： ① 擅自改变前次募集资金用途未作纠正，或者未经股东大会认可； ② 最近1年财务报表的编制和披露在重大方面不符合企业会计准则或者相关信息披露规则的规定；最近1年财务会计报告被出具否定意见或者无法表示意见的审计报告；最近1年财务会计报告被出具保留意见的审计报告，且保留意见所涉及事项对上市公司的重大不利影响尚未消除。本次发行涉及重大资产重组的除外； ③ 现任董监高最近3年受到中国证监会行政处罚，或者最近1年受到证券交易所公开谴责； ④ 上市公司或其现任董监高因涉嫌犯罪正被司法机关立案侦查或者涉嫌违法违规正被中国证监会立案调查； ⑤ 控股股东、实际控制人最近3年存在严重损害上市公司利益或者投资者合法权益的重大违法行为； ⑥ 最近3年存在严重损害投资者合法权益或者社会公共利益的重大违法行为
募集资金使用要求	① 符合国家产业政策和有关环境保护、土地管理等法律、行政法规规定； ② 除金融类企业外，本次募集资金使用不得为持有财务性投资，不得直接或者间接投资于以买卖有价证券为主要业务的公司； ③ 募集资金项目实施后，不会与控股股东、实际控制人及其控制的其他企业构成重大不利影响的同业竞争、显失公平的关联交易，或者严重影响公司生产经营的独立性； ④【科创板】上市公司发行股票募集的资金应当投资于科技创新领域的业务

2. 北交所

表2-4-2罗列了北交所上市公司发行新股的条件。

表2-4-2　北交所上市公司新股发行条件一览表

<table>
<tr><th>发行条件</th><th>向特定对象</th><th>向不特定对象</th></tr>
<tr><td rowspan="2">积极条件</td><td colspan="2">发行人发行股票，应当符合下列规定：
① 具备健全且运行良好的组织机构；
② 具有独立、稳定经营能力，不存在对持续经营有重大不利影响的情形；
③ 合法规范经营，依法履行信息披露义务</td></tr>
<tr><td>④ 最近1年财务会计报告无虚假记载，未被出具否定意见或无法表示意见的审计报告；最近1年财务会计报告被出具保留意见的审计报告，保留意见所涉及事项对上市公司的重大不利影响已经消除。本次发行涉及重大资产重组的除外</td><td>④ 最近3年财务会计报告无虚假记载，被出具无保留意见审计报告</td></tr>
<tr><td>消极条件</td><td colspan="2">上市公司存在下列情形之一的，不得发行股票：
① 上市公司或其控股股东、实际控制人最近3年内存在贪污、贿赂、侵占财产、挪用财产或者破坏社会主义市场经济秩序的刑事犯罪，存在欺诈发行、重大信息披露违法或者其他涉及国家安全、公共安全、生态安全、生产安全、公众健康安全等领域的重大违法行为；
② 上市公司或其控股股东、实际控制人、现任董监高最近1年内受到中国证监会行政处罚、北交所公开谴责；或因涉嫌犯罪正被司法机关立案侦查或者涉嫌违法违规正被中国证监会立案调查，尚未有明确结论意见；
③ 擅自改变募集资金用途，未作纠正或未经股东大会认可；
④ 上市公司或其控股股东、实际控制人被列入失信被执行人名单且情形尚未消除；
⑤ 上市公司利益严重受损的其他情形</td></tr>
</table>

（二）审核程序

上市公司新股发行的审核程序分为普通程序和简易程序。

图2-4-1展示了在两种程序下深交所审核上市公司再融资申请的程序。

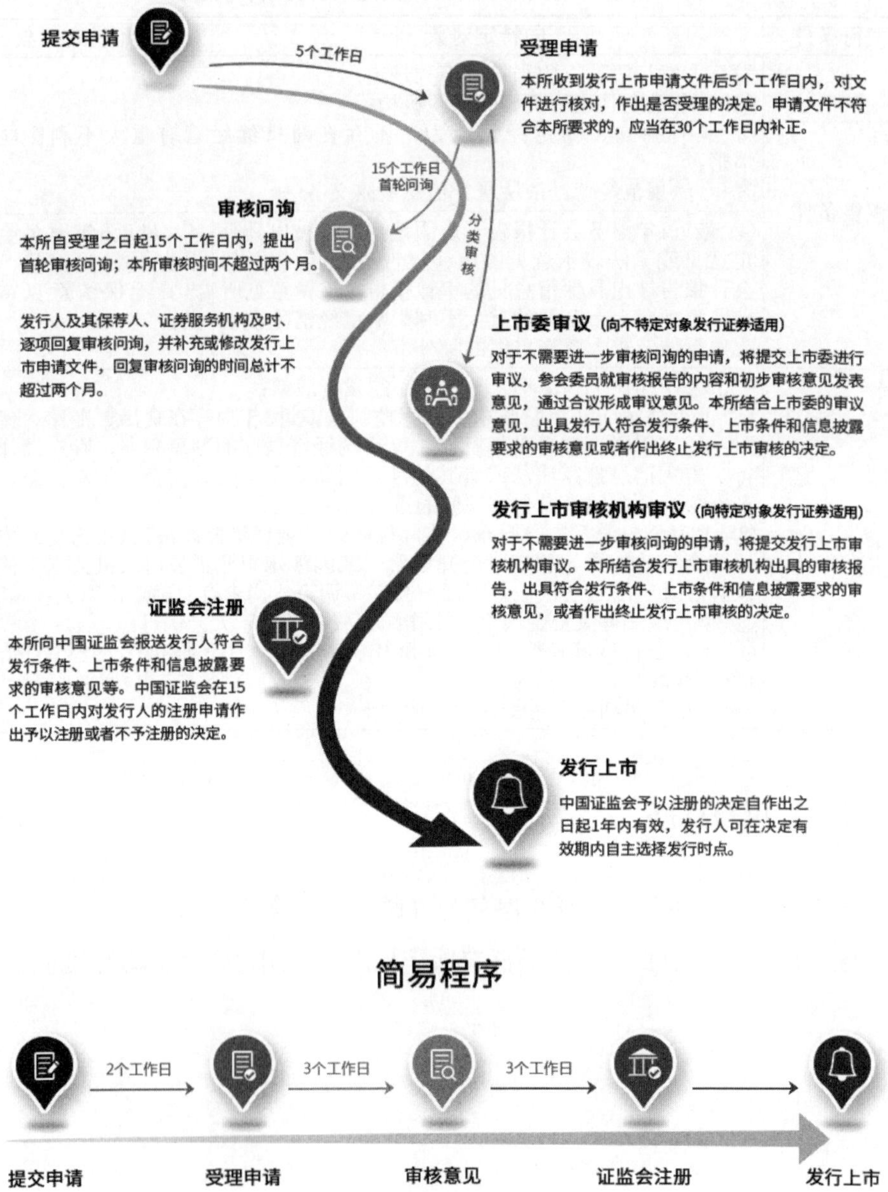

图2-4-1 再融资审核程序图

资料来源：深圳证券交易所。

1. 普通程序

表2-4-3梳理了上市公司按普通程序进行发行新股的流程。

表2-4-3　上市公司按普通程序发行新股流程

<table>
<tr><th>环　节</th><th>上交所、深交所</th><th>北交所</th></tr>
<tr><td>沟通方案</td><td colspan="2">发行人发行证券，存在利润分配方案、公积金转增股本方案尚未提交股东大会表决或者虽经股东大会表决通过但未实施的，应当在方案实施后发行。相关方案实施前，主承销商不得承销发行人发行的证券</td></tr>
<tr><td rowspan="3">内部审议</td><td colspan="2">上市公司召开董事会会议</td></tr>
<tr><td>独立董事发表专项意见</td><td>独立董事发表专项；监事会提出书面审核意见</td></tr>
<tr><td colspan="2">上市公司发行证券事项的股东大会决议，必须经出席会议的股东所持表决权的2/3以上通过，关联股东应当回避。上市公司应当对出席会议的持股比例在5%以下的中小股东表决情况单独计票并予以披露。上市公司应提供网络投票方式。
股东大会对引入战略投资者议案作出决议的，应当就每名战略投资者单独表决</td></tr>
<tr><td>内幕信息知情人管理</td><td colspan="2">上市公司应当做好内幕信息知情人登记管理工作，并向证券交易所提交内幕信息知情人报备文件，包括：① 内幕信息知情人登记表；② 自查报告；③ 进程备忘录；④ 承诺书等</td></tr>
<tr><td>提交申请</td><td colspan="2">上市公司申请公开发行股票，应当按照中国证监会有关规定制作注册申请文件，依法由保荐人保荐并向交易所申报</td></tr>
<tr><td>交易所受理及审核</td><td colspan="2">① 交易所在收到上市申请文件后5个工作日内，对文件进行核对，作出是否受理的决定。申请文件不符合交易所要求的，上市公司应当在30个工作日内补正。
② 交易所主要通过向上市公司提出审核问询、上市公司回答问题方式开展审核工作，判断上市公司发行申请是否符合发行条件和信息披露要求。发行人及其保荐人、证券服务机构回复审核问询时间总计不超过2个月。
③ 交易所上市委负责审议上市公司向不特定合格投资者公开发行证券的申请；交易所发行上市审核机构负责审议上市公司向特定对象发行证券的申请。
④ 上市公司应向交易所报送审核问询回复的相关文件，并以临时公告的形式披露交易所审核问询回复意见。
⑤ 对于向不特定对象发行证券的，交易所上市委通过合议形成审议意见，交易所结合上市委的审议意见，出具发行人符合发行条件、上市条件和信息披露要求的审核意见或者作出终止发行上市审核的决定。
对于向特定对象发行证券的，交易所结合发行上市审核机构出具的审核报告，出具符合发行条件、上市条件和信息披露要求的审核意见，或者作出终止发行上市审核的决定</td></tr>
<tr><td>交易所报送证监会</td><td colspan="2">交易所认为上市公司符合发行条件、上市条件和信息披露要求的，将审核意见、上市公司注册申请文件及相关审核资料报中国证监会注册</td></tr>
</table>

（续表）

<table>
<tr><th>环　节</th><th>上交所、深交所</th><th>北交所</th></tr>
<tr><td>现场检查</td><td colspan="2">中国证监会和交易所可以对上市公司进行现场检查，要求保荐人、证券服务机构对有关事项进行专项核查并出具意见</td></tr>
<tr><td>证监会注册</td><td>中国证监会收到交易所审核意见及相关资料后，基于交易所审核意见，依法履行发行注册程序。在15个工作日内对上市公司的注册申请作出予以注册或不予注册的决定</td><td>中国证监会在20个工作日内对发行人的注册申请作出同意注册或不予注册的决定</td></tr>
<tr><td>发生重大事项（如有）</td><td colspan="2">中国证监会作出予以注册决定后、上市公司证券上市交易前，上市公司应当持续符合发行条件并及时更新信息披露文件；发现可能影响本次发行的重大事项的，中国证监会可以要求上市公司暂缓发行、上市；相关重大事项导致上市公司不符合发行条件的，应当撤销注册</td></tr>
<tr><td>中止/终止情形（如有）</td><td colspan="2">上市公司证券发行上市审核或者注册程序的中止、终止等情形参照适用《首次公开发行股票注册管理办法》或《北京证券交易所向不特定合格投资者公开发行股票注册管理办法》的相关规定。
上市公司证券发行上市审核或者注册程序过程中，存在重大资产重组、实际控制人变更等事项，应当及时申请中止相应发行上市审核程序或者发行注册程序，相关股份登记或资产权属登记完成后，上市公司可以提交恢复申请，因本次发行导致实际控制人变更的情形除外</td></tr>
<tr><td>停止发行（如有）</td><td colspan="2">中国证监会撤销注册后，证券尚未发行的，上市公司应当停止发行；证券已经发行但尚未上市的，上市公司应当按照发行价并加算银行同期存款利息返还证券持有人</td></tr>
<tr><td>重新申请发行（如有）</td><td colspan="2">交易所认为上市公司不符合发行条件或者信息披露要求，作出终止发行上市审核决定，或者中国证监会作出不予注册决定的，自决定作出之日起6个月后，上市公司可以再次提出证券发行申请</td></tr>
<tr><td>发行上市</td><td colspan="2">中国证监会予以注册的决定作出之日起一年内有效，上市公司可在决定有效期内自主选择发行时点</td></tr>
</table>

2. 简易程序

表2-4-4梳理了上市公司按简易程序进行发行新股的流程。

表2-4-4　上市公司按简易程序发行新股流程

环　节	上交所、深交所	北交所
适用条件	上市公司年度股东大会根据公司章程的规定，授权董事会决定向特定对象发行融资总额不超过人民币3亿元且不超过最近一年末净资产20%的股票	上市公司年度股东大会根据公司章程的规定，授权董事会决定向特定对象发行融资总额不超过人民币1亿元且不超过最近一年末净资产20%的股票

（续表）

环　节	上交所、深交所	北交所
不适用情形	（1）存在下列情形之一的，不得适用简易程序： ① 上市公司股票被实施退市风险警示或者其他风险警示； ② 上市公司及其控股股东、实际控制人、现任董监高最近3年受到中国证监会行政处罚，最近1年受到中国证监会行政监管措施、证券交易所或者全国股权公司纪律处分； ③ 本次发行上市申请的保荐人或者保荐代表人、证券服务机构或者相关签字人员最近1年因同类业务受到中国证监会行政处罚，受到证券交易所或者全国股转公司纪律处分。其在各类行政许可事项中提供服务的行为按照同类业务处理，在非行政许可事项中提供服务的行为，不视为同类业务。 （2）简易程序规定的融资总额仅包括通过简易程序募集的资金金额，不通过简易程序募集的资金不纳入计算的范围。 （3）上市公司及其保荐机构未在规定的时限内提交发行上市申请文件的，不再适用简易程序	
内部审议	① 上市公司年度股东大会授权董事会决定向特定对象发行融资总额不超过人民币3亿元且不超过最近一年末净资产20%的股票	① 上市公司年度股东大会授权董事会决定向特定对象发行融资总额不超过人民币1亿元且不超过最近一年末净资产20%的股票
	② 上市公司以竞价方式确定发行价格和发行对象，并与发行对象签订认购合同； ③ 经年度股东大会授权的董事会审议向特定对象发行股票； ⑤ 上市公司及其控股股东、实际控制人、董监高应当在募集说明书中作出承诺	
保荐机构意见	保荐机构应在发行保荐书、上市保荐书中发表明确核查意见	
提交申请	上市公司及其保荐人应当在上市公司年度股东大会授权的董事会通过本次发行上市事项后的20个工作日内向证券交易所提交发行上市申请文件	
交易所受理	交易所采用简易程序的，应在收到注册申请文件后2个工作日内作出是否受理的决定，自受理日起3个工作日内完成审核并形成上市公司是否符合发行条件和信息披露要求的审核意见	
信息披露	交易所受理当日，上市公司应以临时公告的形式披露募集说明书、发行保荐书、上市保荐书、审计报告、法律意见书，并在交易所网站同步披露	
	保荐人就本次发行上市发表明确肯定的核查意见的，还需出具符合发行条件、上市条件和信息披露要求的审核意见，并向中国证监会报送相关文件	
证监会注册	中国证监会收到交易所送的审核意见、上市公司注册申请文件及相关审核资料后，3个工作日内作出予以注册或者不予注册的决定	
完成缴款	上市公司应当在中国证监会作出予以注册决定后10个工作日内完成发行缴款，未完成的，本次发行批文失效	
终止审核（如有）	如发行上市审核机构发现本次发行上市申请明显不符合简易程序适用条件的，交易所将作出终止发行上市审核的决定	
发行上市	中国证监会予以注册的决定作出之日起一年内有效，上市公司可在决定有效期内自主选择发行时点	

（三）向不特定对象发行股票（增发）

表2-4-5对各板块股票增发的发行与承销机制相关规定进行了对比。

表2-4-5　股票增发的发行与承销机制规定一览表

对比项目	上交所、深交所	北交所
发售方式	应当由证券公司承销	
发行规模	无发行数量限制	拟发行数量不得超过本次发行前股本总额的30%，本次发行涉及上市公司收购、发行股份购买资产或发行人向原股东配售股份的除外
定价方式	直接定价、网下询价等方式	直接定价、网上竞价或网下询价等方式
定价原则	发行价格应当不低于公告招股意向书前20个交易日或者前1个交易日公司股票均价	
配售机制	① 上市公司可以全部或者部分向原股东优先配售，优先配售比例应当在发行公告中披露。 ② 主承销商可以对参与网下配售的机构投资者进行分类，对不同类别的投资者设定不同的配售比例，对同一类别的机构投资者应当按相同的比例进行配售。主承销商应在发行公告中明确机构投资者分类标准	① 上市公司公开发行的，可以向原股东优先配售，优先配售比例应当在发行公告中披露。 ② 发行人通过网下询价方式确定股票发行价格和发行对象的，询价对象应当是经中国证券业协会注册的网下投资者。 ③ 发行人和主承销商可以设置网下投资者的具体条件，并在发行公告中预先披露
战略配售	上市公司董事会拟引入战略投资者的，应当将引入战略投资者的事项作为单独议案，就每名战略投资者单独审议，并提交股东大会批准。 上市公司董事会拟引入战略投资者的，董事会决议日与首次公开发行股票上市日的时间间隔不得少于6个月	公开发行股票可以向战略投资者配售。发行人的高级管理人员、核心员工可以参与战略配售。核心员工，应由董事会提名、全体员工公示、监事会发表意见、股东大会审议批准。 发行人应与战略投资者事先签署配售协议。发行人和主承销商应在发行公告中披露战略配售情况
超额配售选择	发行人和主承销商可在增发发行方案中采用超额配售选择权	股票公开发行，发行人和主承销商可采用超额配售选择权
回拨机制	上市公司和主承销商应当在网下配售和网上发行之间建立回拨机制，回拨后网上发行中签率和网下发行的最低获配比例趋于一致	
申购	网下投资者不得超资产规模申购	
二次配售	市场发生重大变化，投资者弃购数量占本次公开发行证券数量的比例较大的，发行人和主承销商可以就投资者弃购部分向网下投资者进行二次配售	

（四）向特定对象发行股票

1. 竞价规则

表2-4-6对上市公司向特定对象发行股票的竞价规则进行了归整。

表2-4-6　上市公司向特定对象发行股票竞价规则一览表

分　类	情形描述	竞价规则
情形一	董事会决议提前确定全部发行对象，且属于下列情形之一： ① 上市公司的控股股东、实际控制人或其控制的关联人。 ② 通过认购本次发行的股份取得上市公司实际控制权的投资者。 ③ 董事会拟引入的境内外战略投资者。 ④【北交所】上市公司前十名股东、董事、监事、高级管理人员及核心员工	① 定价基准日可以为关于本次非公开发行股票的董事会决议公告日、股东大会决议公告日或者发行期首日。 ② 发行价格由上市公司和承销商协商确定。 ③【主板】发行对象认购的股份自发行结束之日起18个月内不得转让； 【北交所】发行对象认购的股份自发行结束之日起12个月内不得转让
情形二	由董事会决议确定，但不属于情形一的	① 上市公司应当以竞价方式确定发行价格和发行对象。 ② 发行对象不得参与竞价，但应当接受竞价结果，并明确在通过竞价方式未能产生发行价格的情况下，是否继续参与认购、认购价格确定原则及认购数量。 ③ 发行对象认购的股份自发行结束之日起6个月内不得转让
情形三	由股东大会确立的发行对象	① 上市公司应当以竞价方式确定发行价格和发行对象。 ② 发行对象参与竞价。 ③ 发行对象认购的股份自发行结束之日起6个月内不得转让
情形四	上市公司和承销商的控股股东、实际控制人、董事、监事、高级管理人员及其控制或者施加重大影响的关联方	不得参与竞价

2. 发行与承销

表2-4-7就各板块关于上市公司向特定对象发行股票的发行与承销机制相关规则进行了归整和对比。

表2-4-7　上市公司向特定对象发行股票的发行与承销机制一览表

<table>
<tr><th>项　目</th><th>上交所、深交所</th><th>北交所</th></tr>
<tr><td>发售方式</td><td colspan="2">应由证券公司承销，但董事会决议提前确定全部发行对象的，可以由上市公司自销</td></tr>
<tr><td>发行规模</td><td>无发行数量限制</td><td>拟发行数量不得超过本次发行前股本总额的30%，本次发行涉及上市公司收购、发行股份购买资产或发行人向原股东配售股份的除外</td></tr>
<tr><td>定价方式</td><td colspan="2">以竞价方式为主</td></tr>
<tr><td rowspan="2">发行对象</td><td>符合股东大会决议规定的条件，且每次发行对象不超过35名</td><td>符合股东大会决议规定的条件</td></tr>
<tr><td colspan="2">发行对象确定后，上市公司应当与发行对象签订认购合同，上市公司向原股东配售股份的除外</td></tr>
<tr><td>定价原则</td><td colspan="2">上市公司应当以不低于发行底价的价格发行股票。
发行价格应当不低于定价基准日前20个交易日公司股票均价的80%</td></tr>
<tr><td>一次注册，分期发行</td><td>—</td><td>上市公司申请向特定对象发行股票，可申请一次注册，分期发行。自中国证监会予以注册之日起，公司应当在3个月内首期发行，剩余数量应当在12个月内发行完毕。首期发行数量应当不少于总发行数量的50%，剩余各期发行的数量由公司自行确定，每期发行后5个工作日内将发行情况报交易所备案</td></tr>
<tr><td>禁止事项</td><td colspan="2">上市公司及其控股股东、实际控制人、主要股东不得向发行对象做出保底保收益或者变相保底保收益承诺，也不得直接或者通过利益相关方向发行对象提供财务资助或者其他补偿</td></tr>
</table>

3. 定价基准日

定价基准日，指计算发行底价的基准日。

（1）向特定对象发行股票的定价基准日为发行期首日。

（2）上市公司董事会决议提前确定全部发行对象，且发行对象属于下列情形之一的，定价基准日可以为关于本次非公开发行股票的董事会决议公告日、股东大会决议公告日或者发行期首日：

① 上市公司的控股股东、实际控制人或其控制的关联人；

② 通过认购本次发行的股份取得上市公司实际控制权的投资者；

③ 董事会拟引入的境内外战略投资者；

④【北交所特别规定】上市公司前10名股东、董事、监事、高级管理人员及核心员工。

（3）向特定对象发行股票的定价基准日为本次发行股票的董事会决议公告日或者股东大会决议公告日的，在向特定对象发行股票的董事会决议公告后，出现下列情况需要重新召开董事会的，应当由董事会重新确定本次发行的定价基准日：

① 本次发行股票股东大会决议的有效期已过；

② 本次发行方案发生重大变化；

③ 其他对本次发行定价具有重大影响的事项。

4. 战略投资者

上市公司的战略投资者，是指具有同行业或者相关行业较强的重要战略性资源，与上市公司谋求双方协调互补的长期共同战略利益，愿意长期持有上市公司较大比例股份，愿意并且有能力认真履行相应职责，委派董事实际参与公司治理，提升上市公司治理水平，帮助上市公司显著提高公司质量和内在价值，具有良好诚信记录，最近三年未受到中国证监会行政处罚或者被追究刑事责任，且符合下列情形之一的投资者：

① 能够给上市公司带来国际国内领先的核心技术资源，显著增强上市公司的核心竞争力和创新能力，带动上市公司的产业技术升级，显著提升上市公司的盈利能力；

② 能够给上市公司带来国际国内领先的市场、渠道、品牌等战略性资源，大幅促进上市公司市场拓展，推动实现上市公司销售业绩大幅提升。

5. 竞价申购程序

表2-4-8展示了上市公司向特定对象发行股票的竞价申购流程。

表2-4-8　上市公司向特定对象发行股票竞价申购流程表

环　节	事　项
发送邀请书	在发行期首日前一工作日，上市公司及承销商可以向符合条件的特定对象提供认购邀请书
收集申购报价表	认购邀请书发送后，上市公司及承销商应当在认购邀请书约定的时间内收集特定投资者签署的申购报价表
确定发行信息	申购报价结束后，上市公司及承销商应当对有效申购按照报价高低进行累计统计，按照价格优先等董事会确定的原则合理确定发行对象、发行价格和发行股数
签订认购合同	发行对象确定后，上市公司应当与发行对象签订认购合同，上市公司向原股东配售股份的除外

6. 向特定对象发行股票的限售期

表2-4-9对各板块关于上市公司向特定对象发行股票限售期规则进行了汇总和对比。

表2-4-9　上市公司向特定对象发行股票限售期规则汇总表

<table>
<tr><th>序　号</th><th>上交所、深交所</th><th>北交所</th></tr>
<tr><td>1</td><td colspan="2">向特定对象发行的股票，自发行结束之日起6个月内不得转让</td></tr>
<tr><td>2</td><td>—</td><td>做市商为取得做市库存股参与发行认购的除外，但做市商应当承诺自发行结束之日起6个月内不得申请退出为上市公司做市</td></tr>
<tr><td rowspan="5">3</td><td>上市公司董事会决议提前确定全部发行对象，且发行对象属于下列情形之一的，其认购的股票自发行结束之日起18个月内不得转让：</td><td>上市公司董事会决议提前确定全部发行对象，且发行对象属于下列情形之一的，其认购的股票自发行结束之日起12个月内不得转让：</td></tr>
<tr><td colspan="2">① 上市公司的控股股东、实际控制人或其控制的关联人</td></tr>
<tr><td colspan="2">② 通过认购本次发行的股份取得上市公司实际控制权的投资者</td></tr>
<tr><td colspan="2">③ 董事会拟引入的境内外战略投资者</td></tr>
<tr><td>—</td><td>④ 参与认购的上市公司前10名股东、董事、监事、高级管理人员及核心人员</td></tr>
</table>

7. 北交所关于豁免出具法律意见书的规定

上市公司向前10名股东、实际控制人、董事、监事、高级管理人员及核心员工发行股票，连续12个月内发行的股份未超过公司总股本10%且融资总额不超过2000万元的，无需提供保荐人出具的保荐文件以及律师事务所出具的法律意见书。

按照前款规定发行股票的，董事会决议中应当明确发行对象、发行价格和发行数量，且不得存在以下情形：

（1）上市公司采用简易程序发行；

（2）认购人以非现金资产认购；

（3）发行股票导致上市公司控制权发生变动；

（4）本次发行中存在特殊投资条款安排；

（5）上市公司或其控股股东、实际控制人，现任董事、监事、高级管理人员最近一年内被中国证监会给予行政处罚或采取监管措施、被北交所采取纪律处分。

（五）配股

1. 配股机制

表2-4-10展示了上市公司配售机制的相关安排。

表2-4-10　配股机制一览表

项　目	事　项
发售方式	应当采用代销方式
发行数量	拟配售股份数量不超过本次配售前股本总额的50%
定价方式	由上市公司与承销商协商确定。配股价格不得低于1元/股
发行对象	股权登记在册的股东
配售安排	上市公司向不特定对象募集股份（即增发）或向不特定对象发行可转债，向股权登记日登记在册的原股东优先配售的，优先配售比例应当在发行公告中披露。原股东参与优先配售后的剩余部分可全部用于网上发行，或用于网上和网下发行。上市公司应当向股权登记日登记在册的股东配售，且配售比例应当相同
承诺	控股股东应当在股东大会召开前公开承诺认配股份的数量
发行失败	控股股东不履行认配股份的承诺，或者代销期限届满，原股东认购股票的数量未达到拟配售数量70%的，上市公司应当按照发行价并加算银行同期存款利息返还已经认购的股东

2. 配股认购日

配股认购日为股权登记日之后的5个交易日，有配股资格的股东可在这5个交易日内的任何一天认购其可配售股份。

3. 配股上市除权

上市证券发生配股的，证券交易所将在权益登记日次一交易日（即配股上市日）对该证券作除权除息处理，证券交易所另有规定的除外。

配股除权价的计算公式如下：

配股除权价=（权益登记日收盘价+配股价格×流通股份变动比例）÷（1+流通股份变动比例）

4. 配股发行程序

以下以北交所为例，参照《北京证券交易所上市公司证券发行业务办理指南第3号——向原股东配售股份》，简述配股发行的主要程序。其他板块与北交所的大致相同。

表2-4-11展示了北交所上市公司配股流程。

表2-4-11　北交所上市公司配股流程一览表

时　间	具体事项
发行前准备	① 提交发行方案； ② 上市公司与主承销商提前与中国结算北京分公司相关部门联系，沟通配股发行的相关工作
R-3日	披露发行公告及募集说明书
R日	披露配股提示性公告（在缴款截止日前，至少披露两次提示性公告）； 当日办理停牌手续，申请上市公司股票及其衍生品种在R+1日至R+6日期间停牌
R+1日至R+5日	参与配售的股东认购缴款
R+5日	主承销商查看配股是否成功。 控股股东不履行认配股份的承诺，或者约定期限届满，原股东认购股票的数量未达到拟配售数量70%的，认定为本次配股失败

（续表）

时　间	具体事项
R+6日	披露配股结果公告； 无论配股是否成功，上市公司和主承销商应于当日办理复牌手续，申请于次一交易日（R+7日）公司股票及其衍生品复牌
R+7日	复牌及认购资金划转； 会计师事务所完成验资； 上市公司与主承销商、商业银行签订募集资金专户三方监管协议

5. 配股股份登记及上市

表2-4-12展示了各板块关于上市公司配股股份登记与上市的流程。

表2-4-12　配股股份登记及上市流程一览表

环　节	上交所、深交所	北交所
提交申请	上市公司应当在本次发行验资完成后的2个交易日内，通过审核系统向证券交易所递交上市申请材料	
交易所核实	证券交易所核实无误后，将股份登记相关信息推送中国结算，并通知上市公司和保荐机构办理股份登记手续	
新增股份登记	保荐机构应当协助上市公司按照中国结算相关规定办理新增股份登记，与中国结算协商确定新增股票上市并公开交易日期，并按照相关要求披露新增股票上市并公开交易的公告、上市保荐书等文件	
收购事项（如有）	特定对象拟认购本次发行股票，属于《上市公司收购管理办法》（以下简称《收购管理办法》）所规范的收购及股份权益变动的，应当按照《收购管理办法》及相关法律法规、规范性文件要求履行程序，在董事会作出申请股票发行的决议后3个交易日内披露简式权益变动报告书或详式权益变动报告书，收购报告书或要约收购报告书等文件。董事会未确定发行对象的，应当在发行情况报告书公告之日起3个交易日内披露上述权益变动公告	
限售安排	上市公司股东认购公司发行的新股，应当遵守关于股份转让的限制性规定，在规定的期限内不得转让，但同一实际控制人控制的不同主体之间转让公司股份并承继不得转让限制的除外。股东认购公司发行的新股，就限制股份转让作出承诺的，在承诺的期限内不得转让，但依法依规履行承诺变更程序的除外	
信息披露	发行人应当在增发股份上市流通前5个交易日内披露《股份变动及增发上市公告》。 上市公司新增股份上市首日，上市公司总股本按《股份变动及增发上市公告》中的相关指标进行调整。因增发导致部分股东持股比例触及《收购管理办法》所规范的收购及股份权益变动披露标准的，应当按《收购管理办法》及相关法律法规要求，履行权益变动披露义务。相关股东应当在披露增发发行结果之日起3日内披露《简式权益变动报告书》《详式权益变动报告书》等文件	

三、可转换公司债券

可转换公司债券（以下简称可转债），指上市公司依法发行、在一定期间内依据约定的条件可以转换成股份的公司债券，属于《证券法》规定的具有股权性质的证券，包括向不特定对象发行的可转债和向特定对象发行的可转债。

向特定对象发行的可转债（以下简称定向可转债），包括根据中国证监会相关规定向特定对象发行可转债募集资金、购买资产及募集配套资金。

本节法规导航

颁布机构	规则名称
证监会	《可转换公司债券管理办法》 《上市公司证券发行注册管理办法》 《证券发行与承销管理办法》 《北京证券交易所上市公司证券发行注册管理办法》
上交所	《上海证券交易所上市公司可转换公司债券发行实施细则（2018年修订）》； 《上海证券交易所可转换公司债券交易实施细则》 《上海证券交易所上市公司自律监管指引第12号——可转换公司债券》 《关于可转换公司债券适当性管理相关事项的通知》
深交所	《深圳证券交易所可转换公司债券交易实施细则》 《深圳证券交易所上市公司自律监管指引第15号——可转换公司债券》 《关于完善可转换公司债券投资者适当性管理相关事项的通知》
北交所	《北京证券交易所证券发行与承销管理细则》 《北京证券交易所上市公司证券发行与承销业务指引》 《北京证券交易所上市公司证券发行上市审核规则》 《北京证券交易所上市公司向特定对象发行可转换公司债券业务细则》 《北京证券交易所上市公司向特定对象发行可转换公司债券业务办理指南第1号——发行与挂牌》 《北京证券交易所上市公司向特定对象发行可转换公司债券业务办理指南第2号——存续期业务办理》

（一）发行与上市/挂牌

1. 发行可转债的条件

表2-4-13汇总了各板块关于上市公司发行可转债的条件。

表2-4-13　可转债发行条件一览表

<table>
<tr><th>发行条件</th><th>主　板</th><th>科创板、创业板</th><th>北交所</th></tr>
<tr><td rowspan="3">积极条件</td><td colspan="3">① 具备健全且运行良好的组织机构；
② 最近三年平均可分配利润足以支付公司债券一年的利息；
③ 具有合理的资产负债结构和正常的现金流量</td></tr>
<tr><td>④ 向不特定对象发行可转债的，应当最近三个会计年度盈利，且最近三个会计年度加权平均净资产收益率平均不低于6%；净利润以扣除非经常性损益前后孰低者为计算依据</td><td>—</td><td>—</td></tr>
<tr><td colspan="3">除前款规定条件外，上市公司向不特定对象或特定对象发行可转债，还应当分别遵守《上市公司证券发行注册管理办法》《北京证券交易所上市公司证券发行注册管理办法》中对上市公司向不特定对象或特定对象发行股票的规定。但是，按照公司债券募集办法，上市公司通过收购本公司股份的方式进行公司债券转换的除外</td></tr>
<tr><td rowspan="2">消极条件</td><td colspan="3">上市公司存在下列情形之一的，不得发行可转债：
① 对已公开发行的公司债券或者其他债务有违约或者延迟支付本息的事实，仍处于继续状态；
② 违反《证券法》规定，改变公开发行公司债券所募资金用途</td></tr>
<tr><td colspan="2">上市公司发行可转债，募集资金使用应当符合规定，且不得用于弥补亏损和非生产性支出</td><td>上市公司及其控股股东、实际控制人、主要股东不得向发行对象作出保底保收益或者变相保底保收益承诺，也不得直接或者通过利益相关方向发行对象提供财务资助或者其他补偿。
上市公司应当将募集资金主要投向主业</td></tr>
</table>

2. 发行方式

发行可转债可向特定对象发行，也可向不特定对象发行。

上市公司向特定对象发行的可转债不得采用公开的集中交易方式转让。

上市公司向特定对象发行的可转债转股的，所转换股票自可转债发行结束之日起18个月内不得转让。

3. 可转债发行程序

表2-4-14展示了各板块关于上市公司发行可转债的流程。

表2-4-14　可转债发行流程一览表

<table>
<tr><th>环　节</th><th>主板、科创板、创业板</th><th>北交所</th></tr>
<tr><td>沟通方案</td><td colspan="2">发行人发行可转债，存在利润分配方案、公积金转增股本方案尚未提交股东大会表决或者虽经股东大会表决通过但未实施的，应当在方案实施后发行。相关方案实施前，主承销商不得承销发行人发行的可转债。上市公司做好内幕信息知情人登记工作</td></tr>
<tr><td rowspan="3">内部审议</td><td colspan="2">上市公司召开董事会会议</td></tr>
<tr><td>独立董事发表专项意见</td><td>独立董事发表专项；
监事会提出书面审核意见</td></tr>
<tr><td colspan="2">上市公司召开股东大会。发行可转债事项的决议，必须经出席会议的股东所持表决权的2/3以上通过，关联股东应当回避。上市公司应当对出席会议的持股比例在5%以下的中小股东表决情况单独计票并予以披露。上市公司应当提供网络投票方式。股东大会对引入战略投资者议案作出决议的，应当就每名战略投资者单独表决</td></tr>
<tr><td>申报材料</td><td colspan="2">上市公司申请公开发行可转债，应当按照中国证监会有关规定制作注册申请文件，依法由保荐人保荐并向交易所申报</td></tr>
<tr><td>证券交易所受理及审核</td><td colspan="2">① 证券交易所收到注册申请文件后，在5个工作日内作出是否受理的决定。
② 证券交易所主要通过向上市公司提出审核问询、上市公司回答问题方式开展审核工作，判断上市公司发行申请是否符合发行条件和信息披露要求。
③ 证券交易所设立独立的审核部门，负责审核上市公司证券发行上市申请。证券交易所上市委员会负责对上市公司向不特定合格投资者公开发行证券的申请文件和审核部门出具的审核报告提出审议意见。
④ 上市公司应向证券交易所报送审核问询回复的相关文件，并以临时公告的形式披露交易所审核问询回复意见。
证券交易所应当自受理注册申请文件之日起2个月内形成审核意见，但交易所另有规定的除外</td></tr>
<tr><td>证券交易所报送中国证监会</td><td colspan="2">证券交易所按照规定的条件和程序，形成上市公司是否符合发行条件和信息披露要求的审核意见，认为上市公司符合发行条件和信息披露要求的，将审核意见、上市公司注册申请文件及相关审核资料报中国证监会注册；认为上市公司不符合发行条件或者信息披露要求的，作出终止发行上市审核决定</td></tr>
</table>

（续表）

<table>
<tr><th>环　节</th><th>主板、科创板、创业板</th><th>北交所</th></tr>
<tr><td rowspan="2">中国证监会注册</td><td colspan="2">① 证券交易所认为上市公司符合发行条件和信息披露要求的，将审核意见、上市公司注册申请文件及相关审核资料报中国证监会注册；认为上市公司不符合发行条件或者信息披露要求的，作出终止发行上市审核决定</td></tr>
<tr><td>② 中国证监会收到交易所审核意见及相关资料后，基于证券交易所审核意见，依法履行发行注册程序。在15个工作日内对上市公司的注册申请作出予以注册或不予注册的决定</td><td>② 中国证监会在20个工作日内对发行人的注册申请作出同意注册或不予注册的决定</td></tr>
<tr><td>予以注册</td><td colspan="2">中国证监会的予以注册决定，自作出之日起1年内有效，上市公司应当在注册决定有效期内发行可转债，发行时点由上市公司自主选择</td></tr>
<tr><td>组织发行</td><td colspan="2">① 上市公司应当在注册批文的有效期内，按照有关规定组织发行。
② 上市公司应当在认购结束后，与保荐机构、存放募集资金的商业银行签订募集资金专户三方监管协议。
③ 上市公司应当在认购结束后10个工作日内，聘请符合《证券法》规定的会计师事务所对募集资金到位情况进行验资</td></tr>
<tr><td>上市/挂牌</td><td colspan="2">① 符合可转债发行条件的上市公司，可以向证券交易所申请可转债上市或者挂牌。上市公司向证券交易所申请存在限售条件的可转债挂牌时，应当已有部分可转债满足解除限售条件，并至少提前10个交易日向证券交易所提交申请。
② 上市公司在证券交易所同意其可转债上市或者挂牌的申请后，应当于可转债上市或者挂牌至少3个交易日前披露上市或者挂牌转让公告书</td></tr>
<tr><td>中止发行</td><td colspan="2">无有效报价时，上市公司和主承销商可以中止发行。
网下和网上投资者缴款认购的可转换公司债券数量合计不足本次公开发行数量的70%时，可以中止发行</td></tr>
<tr><td>终止发行</td><td colspan="2">上市公司股票被终止上市的，可转债同步终止上市或者挂牌。可转债终止上市或者挂牌事宜，参照股票终止上市的有关规定执行。
可转债全部完成转股、回售、赎回或者到期兑付的，应当同时向证券交易所申请摘牌</td></tr>
</table>

4. 发行与承销

发行可转换为股票的公司债券，应当在债券上标明可转换公司债券字样，并在公司债券存根簿上载明可转换公司债券的数额。

上市公司发行可转债，应当由证券公司承销。

（1）向不特定对象公开发行可转债。

北交所没有就上市公司向不特定对象公开发行可转债制定特别详细的规

定，因此表2-4-15以上交所和深交所的规定为依据，展示上市公司向不特定对象公开发行可转债机制。

表2-4-15　向不特定对象公开发行可转债机制一览表

项　目	上交所、深交所
转股价格和票面利率	转股价格和票面利率由上市公司与主承销商依法协商确定，但转股价格应当不低于募集说明书公告日前20个交易日上市公司股票交易均价和前一个交易日均价，利率应当符合国家有关规定
面值	债券每张面值100元
配股	可以全部或者部分向原股东有限配售，优先配售比例应当在发行公告中披露。原股东参与优先配售后的剩余部分可全部用于网上发行，或用于网上和网下发行
配售机制	① 主承销商可以对参与网下配售的机构投资者进行分类，对不同类别的机构投资者设定不同的配售比例，对同一类别的机构投资者应当按相同的比例进行配售。主承销商应当在发行公告中明确机构投资者的分类标准。 ② 主承销商可以对不同类别网下机构投资者或配售对象设定不同的配售比例，但对同一类别网下机构投资者或配售对象应当按相同的比例配售。 ③ 主承销商未对机构投资者进行分类的，应当在网下配售和网上发行之间建立回拨机制，回拨后两者的获配比例应当一致
申购报价	① 上市公司和主承销商应当在认购邀请书约定的时间内收集符合条件的特定对象签署的申购报价表。 ② 申购报价过程应当由发行人律师现场见证
网下申购	参与可转债网下申购的同一配售对象只能使用一个证券账户。同一网下机构投资者管理多个证券投资产品的，每个产品可视作一个配售对象；其他投资者，每个投资者视作一个配售对象
网上申购	网上投资者在申购时无需缴付申购资金
保证金	① 上市公司和主承销商可以在发行公告中明确，参与优先配售的原股东在申购时全额缴纳申购资金，参与网下发行的单一申购账户在申购时缴纳不超过50万元的保证金，明确网下机构投资者在申购后未足额缴付资金时保证金的处理方式。 ② 主承销商对网下机构投资者分类配售的，可以根据投资者或其管理的配售对象类别设定不同的保证金金额
二次配售	市场发生重大变化，投资者弃购数量占发行总数比例超过10%的，上市公司和主承销商可以将投资者弃购部分向网下机构投资者二次配售。 安排二次配售的，上市公司和主承销商应当将弃购部分按照发行公告预先确定的原则优先向初次配售全额缴款的网下机构投资者配售。上市公司和主承销商应当发布二次配售公告，披露网下机构投资者二次配售及缴款安排。二次缴款后仍存在弃购部分的，按照事先公告的方式处理

（2）向特定对象发行可转债。

表2-4-16展示各交易所关于上市公司向特定对象发行可转债的相关规定。

表2-4-16　上市公司向特定对象发行可转债机制一览表

<table>
<tr><th>项　目</th><th>上交所、深交所</th><th>北交所</th></tr>
<tr><td>定价方式</td><td colspan="2">应当采用竞价方式确定利率和发行对象，本次发行涉及发行可转债购买资产的除外</td></tr>
<tr><td>保证金</td><td>主承销商可以向符合条件的特定对象收取不超过拟申购金额20%的保证金</td><td>—</td></tr>
<tr><td rowspan="2">申购报价</td><td colspan="2">① 上市公司和主承销商应当在认购邀请书约定的时间内收集符合条件的特定对象签署的申购报价表</td></tr>
<tr><td>② 申购报价过程应当由发行人律师现场见证</td><td>—</td></tr>
<tr><td>确定利率和发行对象的原则</td><td colspan="2">申购报价结束后，上市公司和主承销商应当对有效申购按照利率由低到高进行累计统计，按照利率优先及董事会决议确定的其他原则合理确定利率和发行对象</td></tr>
</table>

(二)转股

1. 转股流程

表2-4-17展示了上市公司可转债在转股期间应履行的程序及披露义务。

表2-4-17　可转债转股流程表

<table>
<tr><th>序　号</th><th>环　节</th><th>上市公司履行程序及披露义务</th></tr>
<tr><td colspan="3">（一）开始转股（开始转股日不得早于发行结束日后6个月的第一个交易日）</td></tr>
<tr><td rowspan="2">1</td><td rowspan="2">实施转股</td><td>【上交所、深交所】上市公司披露可转债实施转股的公告</td></tr>
<tr><td>【北交所】上市公司披露可转债开始转股的公告</td></tr>
<tr><td>2</td><td>持续披露</td><td>① 转股数额每达到转股前公司已发行股份总额10%时，上市公司应及时履行信息披露义务；
② 上市公司应当在每一季度结束后及时披露因可转债转换为股票所引起的股份变动情况</td></tr>
<tr><td colspan="3">（二）暂停转股</td></tr>
<tr><td>1</td><td>披露公告</td><td>经交易所审查，上市公司披露可转债暂停转股公告</td></tr>
<tr><td>2</td><td>暂停转股</td><td>暂停转股</td></tr>
</table>

（续表）

序　号	环　节	上市公司履行程序及披露义务
（三）恢复转股		
1	披露公告	经交易所审查，上市公司披露可转债恢复转股公告
2	恢复转股	恢复转股
因可转债调整转股价格导致暂停与恢复转股的，依照调整转股价格流程办理因可转债赎回导致暂停与恢复转股的，依照赎回流程办理		
（四）调整转股价格		
情形一：权益分派导致的转股价格调整（R日为实施权益分派的股权登记日，R+1日为除权除息日。仅适用于进入转股期）		
1	权益分派实施申请、暂停转股申请	① 董事会、股东大会审议通过权益分派方案； ② 上市公司向中国结算提交权益分派实施申请； ③ 中国结算审核通过后，上市公司向证券交易所提出申请
2	披露权益分派实施公告	① 上市公司向证券交易所提交除权除息业务申请、可转债转股价格调整申请； ② 上市公司披露权益分派实施公告、可转债转股价格调整的公告、可转债暂停转股的公告
3	暂停转股	（R-3日）暂停转股
4	划拨款项	（R-1日）上市公司向中国结算的指定账户划拨款；并向证券交易所提交可转债恢复转股申请
5	股权登记	R日为实施权益分派的股权登记日
6	恢复转股申请	（R+1日）上市公司披露可转债恢复转股的公告
7	调整生效	① 中国结算完成权益分派，证券交易所完成除权除息； ② 转股价格调整生效；恢复转股
未进入转股期拟进行权益分派的，上市公司应当在披露权益分派实施公告、转股价格调整公告，R+1日，完成权益分派，转股价格调整生效。不涉及暂停与恢复转股		
情形二：转股价格修正（仅适用于已进入转股期）		
（1）【适用于上交所、深交所】		
1	披露提示性公告	上市公司应当在预计触发转股价格修正条件的5个交易日前及时披露提示性公告
2	董事会审议；暂停转股	① 在转股价格修正条件触发当日，上市公司董事会审议决定是否修正转股价格； ② 暂停转股
3	调整生效；恢复转股	① 上市公司在开市前披露修正或者不修正可转债转股价格的提示性公告； ② 若修正转股价格的，转股价格修正生效，披露转股价格修正公告，同时恢复转股； ③ 若不修正转股价格的，恢复转股，下一个触发转股价格修正条件的期间从本次触发修正条件的次一交易日重新起算

（续表）

序　号	环　节	上市公司履行程序及披露义务
（2）【适用于北交所】		
1	披露公告	触发募集说明书或重组报告书约定的转股价格修正条款后，经证券交易所审查，上市公司披露可转债转股价格调整暨暂停转股的公告
2	暂停转股	暂停转股
3	调整生效	次一交易日，转股价格修正生效，恢复转股
未进入转股期拟进行价格修正的，触发募集说明书或重组报告书约定的转股价格修正条款后，及时披露董事会决议、转股价格修正提示性公告；股东大会审议通过修正议案后，及时披露股东大会决议、转股价格修正公告		
进入转股期的，上市公司未按规定履行审议程序及信息披露义务的，视为本次不修正转股价格。上市公司不修正转股价格的，下一触发转股价格修正条件的期间从本次触发修正条件的次一交易日重新起算		
情形三：股票发行引发的价格调整（仅适用于已进入转股期）		
1	披露公告	经交易所审查，上市公司披露可转债转股价格调整暨暂停转股的公告
2	暂停转股	暂停转股并调整转股价格
3	调整生效，恢复转股	次一交易日，转股价格调整生效，恢复转股
未进入转股期，因发行股票导致转股价格调整的，上市公司应当在披露新增股票上市并公开交易公告的同时，披露转股价格修正公告		

2. 债券持有人的转股权利

债券持有人对转股或者不转股有选择权，并于转股的次日成为上市公司股东。

3. 可转债转股的上市交易时间

（1）可转债自发行结束之日起不少于6个月后方可转换为上市公司股票，转股期限由公司根据可转债的存续期限及公司财务状况确定。可转债持有人对转股或者不转股有选择权，并于转股的次日成为上市公司股东。

（2）投资者当日买入的可转债当日可申报转股。投资者可于当日交易时间内撤销转股申请。

（3）向不特定对象发行的可转债转换后的股票将于转股后的次一交易日上市交易。

向特定对象发行的可转债，转换后的股票无限售期要求的，将于转股后的次一交易日上市交易；转换后的股票有限售期要求的，上市公司可在有关股票满足解除限售相关条件后，按照交易所相关规定申请办理解除股份限售业务，并在解除限售的3个交易日前披露公告。

4. 转股原则

（1）上市公司可以将回购股份用于转股，拟新增使用回购股份作为转股来源方式的，应当按照相关规定以及约定履行相应审议程序。

（2）上市公司同时采用增发股份与回购股份作为转股来源的，按照以下原则转股：

① 投资者使用无限售的可转债转股，且转股所得股份为无限售条件流通股的，优先使用回购股份作为转股来源，回购股份不足时使用增发股份作为转股来源；

② 投资者使用限售的可转债转股的，或者转股所得股份为有限售条件流通股的，仅使用增发股份作为转股来源。

5. 转股实施顺序

向特定对象发行的可转债持有人同时持有已解除限售的可转债和限售可转债的，按照以下顺序实施转股：① 已解除限售的可转债；② 剩余限售期限较短的可转债；③ 剩余限售期限较长的可转债。

6. 可转债转股价格

可转换公司债券自发行结束之日起不少于6个月后方可转换为上市公司股票，转股期限由公司根据可转换公司债券的存续期限及公司财务状况确定。可转债持有人对转换股票或者不转换股票有选择权，并于转股的次日成为发行公司的股东。

转股价格，指募集说明书事先约定的可转换公司债券转换为每股股份所支付的价格。向不特定对象发行可转债的转股价格应当不低于募集说明书公告日前20个交易日上市公司股票交易均价和前一个交易日均价。向特定对象发行可转债的转股价格应当不低于认购邀请书发出前20个交易日上市公司股票交易均价和前一个交易日的均价，且不得向下修正，发行可转债购买资产的除外。

募集说明书应当约定转股价格调整的原则及方式。发行可转换公司债券后，因配股、增发、送股、派息、分立及其他原因引起上市公司股份变动的，应当同时调整转股价格。

募集说明书约定转股价格向下修正条款的，应当同时约定：

（1）转股价格修正方案须提交公司股东大会表决，且须经出席会议的股东所持表决权的2/3以上同意。股东大会进行表决时，持有公司可转换债券的股东应当回避。

（2）修正后的转股价格不低于前项规定的股东大会召开日前20个交易日该公司股票交易均价和前一个交易日均价。

【科创板、创业板特别规定】向不特定对象发行可转债的转股价格应当不低于募集说明书公告日前20个交易日上市公司股票交易均价和前一个交易日均价。

向特定对象发行可转债的转股价格应当不低于认购邀请书发出前20个交易日上市公司股票交易均价和前一个交易日均价，且不得向下修正。

(三)赎回

1. 赎回流程

表2-4-18展示了上市公司可转债在赎回期间应履行的程序及披露义务。

表2-4-18　可转债赎回流程表

<table>
<tr><th>环　节</th><th>上市公司履行程序及披露义务</th></tr>
<tr><td rowspan="3">董事会决议阶段</td><td>上市公司应在赎回条件满足的5个交易日前及时披露提示性公告</td></tr>
<tr><td>董事会审议是否赎回</td></tr>
<tr><td>上市公司披露董事会决议公告、赎回或者不赎回的公告</td></tr>
<tr><td rowspan="5">实施赎回阶段</td><td>【上交所、深交所】上市公司行使赎回权的，应当及时办理赎回相关业务并披露实施赎回公告，此后在赎回登记日前每个交易日披露1次赎回提示性公告。
【北交所】满足赎回条件后5个交易日内累计披露3次可转债赎回的提示性公告</td></tr>
<tr><td>披露可转债赎回暨暂停转让、暂停转股的公告</td></tr>
<tr><td>实施赎回，可转债暂停转让并暂停转股</td></tr>
<tr><td>上市公司将赎回资金划入中国结算指定的收款银行账户</td></tr>
<tr><td>上市公司收到中国结算出具的赎回结果确认证明后披露可转债赎回结果公告，恢复转股；如全部赎回的，应披露可转债赎回结果暨终止挂牌公告，并履行可转债终止挂牌程序</td></tr>
<tr><td colspan="2">赎回条件触发日与赎回资金发放日的间隔期限应当不少于15个交易日且不超过30个交易日。公司股票在赎回资金发放日前4个交易日内出现全天停牌情形的，上市公司应当重新办理赎回相关业务</td></tr>
<tr><td colspan="2">上市公司不行使赎回权的，应当充分说明不赎回的具体原因，且在未来至少3个月内不得再次行使赎回权，并在公告中说明下一满足赎回条件期间的起算时间</td></tr>
</table>

（四）回售

表2-4-19展示了上市公司可转债在回售期间应履行的程序及披露义务。

表2-4-19　可转债回售流程表

<table>
<tr><th>环　节</th><th>上市公司履行程序及披露义务</th></tr>
<tr><td colspan="2">对于改变募集资金用途或普通股终止上市的，满足回售条件日为审议回售事项的股东大会决议公告日；对于触发约定条件的，满足回售条件日为触发回售条款的最后一个交易日</td></tr>
<tr><td colspan="2">（一）改变募集资金用途/普通股终止上市</td></tr>
<tr><td rowspan="2">满足回售条件</td><td>上市公司召开股东大会审议回售事宜</td></tr>
<tr><td>在回售实施前、股东大会决议公告后5个交易日内披露可转债回售的公告（第一次回售公告）</td></tr>
<tr><td colspan="2">变更可转债募集资金投资项目的，上市公司应当在股东大会通过决议后20个交易日内赋予可转债持有人一次回售的权利，有关回售公告至少发布3次。其中，在回售实施前、股东大会决议公告后5个交易日内至少发布1次，在回售实施期间至少发布1次，余下1次回售公告的发布时间视需要而定</td></tr>
</table>

（续表）

环　节	上市公司履行程序及披露义务
回售实施期间	① 上市公司在回售实施期间披露一次可转债回售公告（第二次回售公告）； ② 第三次回售公告的发布时间视需要而定
可转债回售申报期间不得少于5个交易日	
划拨资金	上市公司将回售所需资金划拨至中国结算指定银行收款账户
披露回售结果	上市公司收到中国结算出具的回售结果确认证明后，披露可转债回售结果公告；如全部回售的，应披露可转债回售结果暨终止挂牌公告，并履行终止挂牌程序
（二）触发约定条件	
触发回售条件	上市公司披露回售公告，此后在回售期结束前每个交易日披露一次回售提示性公告
回售条件触发日与回售申报期首日的间隔期限应当不超过15个交易日	
划拨资金	上市公司将回售所需资金划拨至中国结算指定银行收款账户
披露回售结果	上市公司收到中国结算出具的回售结果确认证明后，披露可转债回售结果公告；如全部回售的，应披露可转债回售结果暨终止挂牌公告，并履行可转债终止挂牌程序

(五)付息

表2-4-20展示了上市公司可转债在支付利息应履行的程序及披露义务。

表2-4-20　可转债付息流程表

环节	上市公司履行程序及披露义务
披露公告	【上交所、深交所】上市公司应当在可转债约定的付息日前3至5个交易日内披露付息公告。 【北交所】上市公司应于R-4日前披露可转债付息公告
划拨资金	上市公司向中国结算指定账户划拨付息所需资金
权益登记	（R日）可转债付息的权益登记日
完成付息与除息	（R+1日）中国结算完成付息，证券交易所完成除息

(六)本息兑付

表2-4-21展示了上市公司可转债在本息兑付期间应履行的程序及披露义务。

表2-4-21　可转债本息兑付流程表

环　节	上市公司履行程序及披露义务
披露本息兑付公告	上市公司披露可转债本息兑付公告
申请兑付	上市公司向中国结算申请办理本息兑付业务
提交终止挂牌申请	上市公司向证券交易所提交本息兑付业务暨终止挂牌申请
划拨资金	上市公司向中国结算划拨兑付所需资金
终止挂牌	上市公司办理完毕偿还债券余额本息的事项； 证券交易所实施可转债终止挂牌

(七)交易规则

1. 向不特定对象发行的可转债的交易

（1）交易方式。

【深交所】向不特定对象发行的可转债采用匹配成交（竞价交易）、协商成交（协议大宗交易）、盘后定价成交（盘后定价大宗交易）。

【上交所】向不特定对象发行的可转债采用匹配成交、协商成交等交易方式。

【北交所】向不特定对象发行可转债的交易方式没有特别约定。

向不特定对象发行的可转债最后一个交易日证券简称首位字母为“Z”。上市公司股票因交易类强制退市被终止上市，其向不特定对象发行的可转债被终止上市的情形除外。

表2-4-22展示了上交所和深交所在不同成交方式下关于上市公司向不特定对象发行可转债规则的对比。

表2-4-22 上市公司向不特定对象发行可转债成交方式对照表

项 目	匹配成交	协商成交	盘后定价成交
适用板块	上交所、深交所	上交所、深交所	深交所
定义	指交易系统按价格优先、时间优先的原则，对向不特定对象发行的可转债交易申报自动匹配成交的交易方式	指交易双方互为指定交易对手方，协商确定交易价格及数量的交易方式	指可转债交易收盘后按照时间优先的原则，以可转债当日收盘价或者当日匹配成交量加权平均价格对买卖申报逐笔连续撮合的交易方式
交易时间	每个交易日9:15—9:25为开盘集合匹配时间，9:30—11:30、13:00—14:57为连续匹配时间，14:57—15:00为收盘集合匹配时间	【深交所】每个交易日的9:15—11:30、13:00—15:30。【上交所】每个交易日的15:00—15:30	每个交易日的15:05—15:30
申报数额限制	买入申报数量应当为1000元面额或者其整数倍，单笔申报最大申报数量不得超过1亿元面额	单笔交易数量不低于50万元面额，或者交易金额不低于50万元	
上市首日涨跌幅比例	涨幅比例为57.3%； 跌幅比例为43.3%	发行价的上下30%范围内确定	盘后定价成交的价格类型包括可转债当日收盘价和当日匹配成交量加权平均价格
除上市首日外的涨跌幅范围	涨跌幅限制比例为20%； 设有临时停牌机制，当可转债涨跌幅达到20%时停牌30分钟，当可转债涨跌幅达到30%时停牌至14:57，若可转债停牌时间超过14:57时，14:57会自动复牌		
交易所即时行情和指数计算	证券交易所实时发布向不特定对象发行的可转债匹配成交的即时行情	协商成交及盘后定价成交不纳入证券交易所即时行情和指数的计算，成交量在协商成交及盘后定价成交结束后计入当日该可转债成交总量	

（2）匹配成交有效申报价格范围。

向不特定对象发行的可转债采用匹配成交方式的，其上市后的首个交易日，集合匹配阶段的有效申报价格范围为发行价的上下30%范围内。连续匹配阶段的交易申报价格不高于即时揭示的最低卖出价格的110%且不低于即时揭示的最高买入价格的90%；同时不高于上述最高申报价与最低申报价平均数的130%且不低于该平均数的70%；即时揭示中无买入申报价格的，即时揭示的最低卖出价格、最新成交价格中较低者视为前项最高买入价格；即时揭示中无卖出申报价格的，即时揭示的最高买入价格、最新成交价格中较高者视为前项最低卖出价格。当日无交易的，前收盘价格视为最新成交价格。

除上市首日外，有效申报价格范围与涨跌幅限制范围一致。

买卖可转债申报价格应当符合价格涨跌幅限制及有效申报价格范围要求，否则为无效申报。

（3）结算方式。

向不特定对象发行的可转债交易以多边净额方式结算。

（4）除息。

向不特定对象发行的可转债发生付息的，证券交易所在权益登记日次一交易日对该可转债作除息处理。

除息日即时行情中显示的该可转债的前收盘价为除息参考价，其中除息参考价=前收盘价－本次支付的利息。

向不特定对象发行的可转债在除息日的交易，以其除息参考价作为计算涨跌幅的基准。

（5）盘中临时停牌。

向不特定对象发行的可转债上市首日匹配成交出现下列情形的，证券交易所可以对其实施盘中临时停牌：

① 盘中成交价较发行价首次上涨或者下跌达到或者超过20%的，临时停牌时间为30分钟；

② 盘中成交价较发行价首次上涨或者下跌达到或者超过30%的，临时停牌至14:57。

盘中临时停牌的具体时间以证券交易所公告为准，临时停牌时间超过14:57的，于当日14:57复牌。

（6）交易价格异常波动。

向不特定对象发行的可转债匹配成交出现下列情形之一的，属于异常波动：

① 连续3个交易日内日收盘价涨跌幅偏离值累计达到±30%的；

② 中国证监会或者证券交易所认定属于异常波动的其他情形。

上市公司应当于可转债发生异常波动次一交易日披露可转债交易异常波动公告，明确异常波动的具体情况与相关核查结果，向市场充分提示风险。

（7）交易价格严重异常波动。

向不特定对象发行的可转债匹配成交出现下列情形之一的，属于严重异常波动：

① 连续10个交易日内三次出现同向异常波动情形；

② 连续10个交易日内日收盘价涨跌幅偏离值累计达到+100%（–50%）；

③ 连续30个交易日内日收盘价涨跌幅偏离值累计达到+200%（–70%）；

④ 证监会或者证券交易所认定属于严重异常波动的其他情形。

可转债交易出现严重异常波动情形时，应当披露核查公告；无法披露的，应当申请其可转债自次一交易日起停牌核查，直至披露核查公告后复牌。

可转债交易涨跌幅、交易换手率、转股溢价率等指标出现异常时，证券交易所可以视情况要求上市公司进行核查。上市公司应当在核查公告中充分提示可转债交易风险。

（8）异常波动监管措施。

证券交易所可以根据异常波动程度和监管需要，采取下列措施：

① 要求上市公司披露可转债异常波动公告；

② 要求上市公司停牌核查并披露核查公告；

③ 向市场提示异常波动可转债投资风险；

④ 对可转债实施盘中强制停牌；

⑤ 证券交易所认为必要的其他措施。

（9）可转债适当性管理。

① 个人投资者参与向不特定对象发行的可转债申购、交易，应当同时符合下列条件：

A. 申请权限开通前20个交易日证券账户及资金账户内的资产日均不低于人民币 10 万元（不包括该投资者通过融资融券融入的资金和证券）；

B. 参与证券交易24个月以上。

② 参与向特定对象发行的可转债转让的投资者，应当为符合《证券期货投资者适当性管理办法》规定条件的专业投资者。

③ 上市公司控股股东、实际控制人、持有5%以上股份的股东、董事、监事、高级管理人员参与本公司可转债申购、交易、转让的，不适用上述①和②的规定。

2. 向特定对象发行的可转债的转让

向特定对象发行的可转债不得采用公开的集中交易方式，可以在证券交易所进行转让。

无限售期要求的可转债，在挂牌首日即可以转让；有限售期要求的可转债，上市公司可以在满足解除限售相关条件后，申请办理解除限售业务，并在解除限售前3个交易日内披露提示性公告。

转让申报时间为每个交易日的9:15 —11:30、13:00 — 15:30，转让申报当日有效。

证券交易所按照时间先后顺序对向特定对象发行的可转债转让申报进行成交确认。可转债转让经证券交易所交易系统确认成交后不得撤销或者变更，转让双方应当承认转让结果，并履行交收义务。

向特定对象发行的可转债的转让以逐笔全额方式结算。

证券交易所在交易时间内通过交易系统即时公布向特定对象发行的可转债的报价信息。在每日交易结束后，证券交易所通过证券交易所网站公布向特定对象发行的可转债转让每笔成交信息。

【北交所】向特定对象发行可转债转股的，所转股票自可转债发行结束之日起18个月内不得转让。

3. 其他交易事项

可转债交易或者转股、赎回、回售是否适用短线交易的相关规定：

上市公司持有5%以上股份的股东、董事、监事、高级管理人员申购或者认购、交易或者转让本公司发行的可转债，应当遵守《证券法》第四十四条短线交易的相关规定。可转债转股、赎回及回售不适用短线交易的相关规定。

（八）暂停/恢复转让

表2-4-23展示了上市公司可转债暂停/恢复转让的流程及应尽的披露义务。

表2-4-23　上市公司可转债暂停/恢复转让流程表

序 号	环　节	上市公司履行程序及披露义务
		发行可转债的上市公司涉及下列事项时，应当向证券交易所申请暂停可转债转股： ① 修正或者调整转股价格；② 向不特定对象发行新股或者可转债；③ 实施权益分派方案；④ 可转债实施回售；⑤ 中国证监会和证券交易所认为应当暂停转股的其他事项
情形一：转股期结束前的10个交易日暂停转让		
1	披露提示性公告	转股期结束的20个交易日前，上市公司至少披露3次可转债暂停转让的提示性公告
2	披露可转债暂停转让的公告	上市公司在经证券交易所同意后、暂停转让日前披露可转债暂停转让的公告
3	暂停转让	暂停转让
情形二：赎回期间暂停/恢复转让		
因可转债赎回导致暂停转让的，依照赎回流程办理		
因可转债部分赎回导致恢复转让的，经证券交易所审核后，T日前披露可转债恢复转让的公告，T日恢复转让		
情形三：普通股停复牌引起的可转债暂停/恢复转让		
普通股停复牌的，可转债同步暂停/恢复转让，无需提交可转债暂停/恢复转让申请。停复牌公告中说明可转债同步暂停/恢复转让的情况		

注：T日为恢复转让生效日。

（九）与可转债相关的其他事项

1. 债券持有人会议

公开发行可转换公司债券，应当约定保护债券持有人权利的办法，以及债券持有人会议的权利、程序和决议生效条件。存在下列事项之一的，应当召开债券持有人会议：

（1）拟变更募集说明书的约定；

（2）发行人不能按期支付本息；

（3）发行人减资、合并、分立、解散或者申请破产；

（4）保证人、担保物或者其他偿债保障措施发生重大变化；

（5）其他影响债券持有人重大权益的事项。

2. 可转债评级结果

公开发行可转换公司债券，应当委托具有资格的资信评级机构进行信用评级和跟踪评级。

资信评级机构每年至少公告一次跟踪评级报告。

3. 可转债募集说明书的约定事项

（1）在可转债募集说明书中应当约定如下事项：

① 上市公司改变公告的募集资金用途的，赋予债券持有人一次回售的权利。

② 转股价格调整的原则及方式。

③ 约定转股价格向下修正条款的，应当同时约定：

A. 转股价格修正方案须提交公司股东大会表决，且须经出席会议的股东所持表决权的2/3以上同意。股东大会进行表决时，持有公司可转换债券的股东应当回避；

B. 修正后的转股价格不低于前项规定的股东大会召开日前20个交易日该

公司股票交易均价和前一个交易日的均价。

（2）在可转债募集说明书中可以约定的事项：

① 赎回条款，规定上市公司可按事先约定的条件和价格赎回尚未转股的可转换公司债券。

② 回售条款，规定债券持有人可按事先约定的条件和价格将所持债券回售给上市公司。

4. 可转债相关的其他披露事项

（1）投资者持有上市公司已发行的可转债达到发行总量的20%时，应当在事实发生之日起2个交易日内通知上市公司予以公告。

投资者持有上市公司已发行的可转债达到发行总量的20%后，每增加或者减少10%时，应当依照前款规定履行通知公告义务。

（2）上市公司持有5%以上股份的股东、董事、监事、高级管理人员申购或者认购、交易或者转让本公司发行的可转债，应当遵守《证券法》第四十四条短线交易的相关规定。可转债转股、赎回及回售不适用短线交易的相关规定。

（3）投资者因持有或者买卖可转债中有权转股部分导致所持上市公司权益发生变动的，应当根据《上市公司收购管理办法》的相关规定及时履行权益变动报告、公告和其他法定义务。

（4）发生可能对可转债的价格产生较大影响的其他重大事件时，上市公司应当及时向证券交易所报告并披露，说明事件的起因、目前的状态和可能产生的法律后果。

（5）因重组业绩承诺未实现等原因，上市公司需对向特定对象发行的可转债实施回购注销的，上市公司应当及时办理并披露。

（6）可转债受托管理、持有人会议等事项，按照中国证监会相关规定执行。

四、优先股

优先股，指依照《公司法》，在一般规定的普通种类股份之外，另行规定的其他种类股份，其股份持有人优先于普通股股东分配公司利润和剩余财产，但其参与公司决策管理等权利受到限制。

上市公司可以发行优先股，非上市公众公司可以向特定对象发行优先股。

优先股每股票面金额为100元人民币，优先股的发行价格不得低于优先股票面金额。

本节法规（文件）导航

（1）《国务院关于开展优先股试点的指导意见》（国发〔2013〕46号）；

（2）《优先股试点管理办法》；

（3）《上海证券交易所优先股试点业务实施细则》；

（4）《深圳证券交易所优先股试点业务实施细则（2023年修订）》；

（5）《北京证券交易所上市公司向特定对象发行优先股业务细则》；

（6）《北京证券交易所上市公司向特定对象发行优先股业务办理指南》系列；

（7）《上市公司公开发行优先股注册（北京证券交易所）》。

（一）优先股概述

1. 优先股的特征

（1）较之普通股，优先股的优先性体现在以下几个方面。

① 优先分配利润。优先股股东按照约定的票面股息率，优先于普通股股

东分配公司利润。公司应当以现金的形式向优先股股东支付股息，在完全支付约定的股息之前，不得向普通股股东分配利润。

② 优先分配剩余财产。公司因解散、破产等原因进行清算时，公司财产在按照公司法和破产法有关规定进行清偿后的剩余财产，应当优先向优先股股东支付未派发的股息和公司章程约定的清算金额，不足以支付的按照优先股股东持股比例分配。

③ 优先转换和回购。公司可以在公司章程中规定优先股转换为普通股、发行人回购优先股的条件、价格和比例。转换选择权或回购选择权可规定由发行人或优先股股东行使。发行人要求回购优先股的，必须完全支付所欠股息，但商业银行发行优先股补充资本的除外。优先股回购后相应减记发行在外的优先股股份总数。

（2）优先股股份所享有的表决权受到限制。

① 表决权限制。除以下情况外，优先股股东不出席股东大会会议，所持股份没有表决权：

A. 修改公司章程中与优先股相关的内容；

B. 一次或累计减少公司注册资本超过10%；

C. 公司合并、分立、解散或变更公司形式；

D. 发行优先股；

E. 公司章程规定的其他情形。

上述事项的决议，除须经出席会议的普通股股东（含表决权恢复的优先股股东）所持表决权的2/3以上通过之外，还须经出席会议的优先股股东（不含表决权恢复的优先股股东）所持表决权的2/3以上通过。

② 表决权恢复。公司累计3个会计年度或连续2个会计年度未按约定支付优先股股息的，优先股股东有权出席股东大会，每股优先股股份享有公司章程规定的表决权。对于股息可累积到下一会计年度的优先股，表决权恢复直至公司全额支付所欠股息。对于股息不可累积的优先股，表决权恢复直至公司全额支付当年股息。公司章程可规定优先股表决权恢复的其他情形。

2. 优先股的分类标准

根据不同的股息分配方式，优先股可以分为多个种类：

（1）按股息是否调整，可分为固定股息率优先股、浮动股息率优先股；

（2）按公司有可分配税后利润是否必须向优先股股东分配利润，可分为强制分红优先股、非强制分红优先股；

（3）按应付股息可否累积，可分为累积优先股、非累积优先股；

（4）按优先股持有人可否参与公司额外分红，可分为参与优先股、非参与优先股；

（5）按是否可以转换成普通股，可分为可转换优先股、不可转换优先股；

（6）按是否享有要求公司赎回优先股的权利，可分为可赎回优先股、不可赎回优先股。

3. 优先股的股息率

公司应当在公司章程中明确优先股股息率是采用固定股息率还是浮动股息率，并相应明确固定股息率水平或浮动股息率计算方法。

公司章程中规定优先股采用固定股息率的，可以在优先股存续期内采取相同的固定股息率，或明确每年的固定股息率，各年度的股息率可以不同；公司章程中规定优先股采用浮动股息率的，应当明确优先股存续期内票面股息率的计算方法。

上市公司向不特定对象发行优先股的，应当采取固定股息率。

（二）优先股发行与上市

1. 优先股的发行条件

表2-4-24罗列了上市公司优先股的发行条件。

表2-4-24　优先股发行条件一览表

情　形	规　定
一般条件	（1）具有独立性。 （2）内部控制制度健全且运行有效。 （3）最新3年会计年度实现的年均可分配利润应当不少于优先股一年的股息。 （4）最近3年现金分红情况合法合规。 （5）报告期不存在重大会计违规事项。 ① 公开发行优先股，出具3年标准审计报告或带强调事项段的无保留意见的审计报告； ② 非公开发行优先股，若最近一年财务报表被注册会计师出具的审计报告为非标准审计报告的，所涉及事项对公司无重大不利影响或者在发行前重大不利影响已经消除。 （6）募集资金使用合法合规。 （7）已发行的优先股不得超过公司普通股股份总数的50%，且筹资金额不得超过发行前净资产的50%，已回购、转换的优先股不纳入计算。 （8）每次优先股发行完毕前，不得再次发行优先股
不得发行优先股的情形	上市公司存在下列情形之一的，不得发行优先股： ① 本次发行申请文件有虚假记载、误导性陈述或重大遗漏； ② 最近12个月内受到过中国证监会的行政处罚； ③ 因涉嫌犯罪正被司法机关立案侦查或涉嫌违法违规正被中国证监会立案调查； ④ 上市公司的权益被控股股东或实际控制人严重损害且尚未消除； ⑤ 上市公司及其附属公司违规对外提供担保且尚未解除； ⑥ 存在可能严重影响公司持续经营的担保、诉讼、仲裁、市场重大质疑或其他重大事项； ⑦ 其董事和高级管理人员不符合法律、行政法规和规章规定的任职资格； ⑧ 严重损害投资者合法权益和社会公共利益的其他情形。 上市公司不得发行可以转换为普通股的优先股。但商业银行可以根据有关规定和商业银行资本监管规定，非公开发行触发事件发生时强制转换为普通股的优先股
向不特定对象发行优先股的特别规定	（1）发行主体限制。只有三类上市公司可以公开发行优先股： ① 其普通股为上证50指数成份股（中国证监会同意向不特定对象发行优先股注册后不再符合此条款的，上市公司仍可实施本次发行）； ② 以向不特定对象发行优先股作为支付手段收购或吸收合并其他上市公司； ③ 以减少注册资本为目的回购普通股的，可以向不特定对象发行优先股作为支付手段，或者在回购方案实施完毕后，可向不特定对象发行不超过回购减资总额的优先股。 （2）上市公司向不特定对象发行优先股的，可以向原股东优先配售。 （3）上市公司最近36个月内因违反工商、税收、土地、环保、海关法律、行政法规或规章，受到行政处罚且情节严重的，不得向不特定对象发行优先股。 （4）上市公司向不特定对象发行优先股的，公司及其控股股东或实际控制人最近12个月内应当不存在违反向投资者作出的公开承诺的行为。 （5）上市公司不得发行可转换为普通股的优先股。 （6）最近3年财务报表被注册会计师出具的审计报告应当为标准审计报告或带强调事项段的无保留意见的审计报告。

（续表）

情　形	规　定
向不特定对象发行优先股的特别规定	（7）应当在公司章程中规定以下事项： ① 采取固定股息率； ② 在有可分配税后利润的情况下必须向优先股股东分配股息； ③ 未向优先股股东足额派发股息的差额部分应当累积到下一会计年度； ④ 优先股股东按照约定的股息率分配股息后，不再同普通股股东一起参加剩余利润分配。 商业银行发行优先股补充资本的，可就第②项和第③项事项另行约定
向特定对象发行优先股特别规定	（1）票面股息率不得高于最近2个会计年度的年均加权平均净资产收益率。 （2）仅向合格投资者发行，每次发行对象不得超过200人，且相同条款优先股的发行对象累计不得超过200人。发行对象为境外战略投资者的，还应当符合国务院相关部门的规定。 （3）最近1年财务报表被注册会计师出具的审计报告为非标准审计报告的，所涉及事项对公司无重大不利影响或者在发行前重大不利影响已经消除

2. 优先股发行程序及披露义务

（1）内部审议。

上市公司申请发行优先股，董事会应当对本次优先股发行相关事项进行决议，并提请股东大会批准。上市公司独立董事应当就上市公司本次发行对公司各类股东权益的影响发表专项意见。上市公司股东大会就发行优先股进行审议表决。

（2）审核注册。

上市公司申请发行优先股应当聘请具有证券承销和保荐业务资格的证券公司承销与保荐。上市公司董事会提前确定全部发行对象的、向特定对象发行优先股的，无需由证券公司承销。

保荐机构向证券交易所递交申请文件。证券交易所收到申请文件后，对申请文件的齐备性进行核对，并在5个工作日内出具受理或不予受理的通知。

自受理之日起15个工作日内，证券交易所审核机构发出首轮审核问询。上市公司、保荐机构及证券服务机构等对审核问询事项进行落实、核查、提交回复文件。上市公司应当以临时公告的形式及时披露审核问询的回复。

交易所进行发行上市审核，认为发行人符合发行条件、上市条件和信息披露要求的，报送证监会履行注册程序；认为不符合要求的，交易所作出终止发行上市审核决定。

中国证监会收到交易所审核意见及相关资料后，依法履行发行注册程序，并作出予以注册或者不予注册的决定。

（3）【北交所】一次注册，分次发行。

北交所上市公司向特定对象发行优先股，可以申请一次注册，分次发行，不同次发行的优先股除票面股息率外，其他条款应当相同。自中国证监会同意注册之日起，公司应在6个月内实施首次发行，剩余数量应当在24个月内发行完毕。超过注册文件时限的，须申请中国证监会重新注册。首次发行数量应当不少于总发行数量的50%，剩余各次发行的数量由公司自行确定，每次发行完毕后5个工作日内报中国证监会备案。

3. 优先股上市

（1）优先股上市条件。

向不特定对象发行的优先股，同时符合下列条件的，可以申请在证券交易所上市：

① 优先股经中国证监会注册并已向不特定对象发行；

② 【深交所】要求本次优先股发行后实际募集资金总额不少于5000万元；【上交所】要求本次优先股发行后实际募集资金总额不少于2.5亿元；

③ 申请优先股上市时仍符合法定的优先股发行条件；

④ 证券交易所要求的其他条件。

（2）优先股上市流程。

① 发行人向证券交易所提交优先股上市申请；

② 证券交易所上市委员会对优先股上市申请进行审核，证券交易所根据上市委员会意见作出是否同意上市的决定；

③ 优先股上市申请经证券交易所审核同意后，发行人应与证券交易所签订上市协议，发行人和保荐人（财务顾问）应当自收到上市通知书之日起30

日内安排优先股上市事项。

4. 优先股的风险警示、终止上市和重新上市

上市优先股的风险警示事宜，参照证券交易所《股票上市规则》的有关规定执行，但上市公司普通股股权分布不符合上市条件的风险警示情形，不适用于其优先股。

上市优先股的终止上市和重新上市事宜，参照证券交易所《股票上市规则》的有关规定执行。

上市公司因普通股的累计股票成交量、每日股票收盘价、股本总额或者股权分布触及《股票上市规则》规定的标准，被证券交易所作出终止上市或者重新上市决定的，不适用于其优先股。

同一优先股连续20个交易日收盘市值均低于5000万元的，证券交易所可以决定终止该优先股上市，并参照《股票上市规则》关于普通股因每日收盘价触及相关标准被终止上市的规定执行。

（三）优先股的登记、交易与转让

1. 优先股的登记

中国证券登记结算公司为优先股提供登记、存管、清算、交收等服务。

2. 优先股的交易

优先股发行后可以申请上市交易不设限售期。

上市公司向不特定对象发行的优先股上市交易可以采用竞价交易和大宗交易方式。

向不特定对象发行的优先股交易（含上市首日）实行价格涨跌幅限制，涨跌幅限制比例为10%。优先股被实行风险警示的，交易的价格涨跌幅限制比例为5%。优先股上市首日涨跌幅价格的计算，以该优先股的发行价格为

基准。

同一发行人发行的普通股停复牌的，优先股同步停牌或者暂停转让、复牌或者恢复转让，证券交易所另有要求的除外。

（1）优先股竞价交易规则。

通过竞价交易买入优先股的，申报数量应为100股或者其整数倍。卖出优先股时，余额不足100股的部分，应当一次性申报卖出。

【深交所】优先股竞价交易单笔申报最大数量不得超过100万股。

优先股竞价交易纳入证券交易所即时行情，但不纳入指数计算。

（2）优先股竞价交易的异常波动。

优先股竞价交易出现下列情形之一的，属于异常波动：

① 主板上市优先股连续3个交易日内收盘价格涨跌幅累计达到±20%的；

② 主板上市优先股单一交易日换手率达到 20%的；

③ 科创板、创业板上市优先股连续3个交易日收盘价格涨跌幅累计达到±30%的；

④ 中国证监会或者证券交易所认为属于异常波动的其他情形。

异常波动指标自相关信息披露义务人发布异常波动公告或者复牌之日起重新计算。

（3）优先股大宗交易。

【深交所】优先股进行大宗交易的，单笔申报数量不低于5000股，或者交易金额不低于50万元；【上交所】优先股单笔买卖申报交易金额不低于200万元的，可以采用大宗交易方式。

【深交所】优先股大宗交易采用协议大宗交易方式。

【深交所】优先股协议大宗交易的成交确认时间为每个交易日的9:15—11:30、13:00—15:30。【上交所规定】转让申报的时间为每个交易日9:15—9:25、9:30—11:30、13:00—15:00。

3. 优先股的转让

优先股发行后可以申请上市交易或转让，不设限售期。

上市公司向特定对象发行的优先股，可以在证券交易所上市转让。

【深交所】优先股进行转让的，单笔申报数量（金额）、申报时间、申报类型、成交确认时间参照优先股协议大宗交易有关规定执行；【上交所】转让优先股可以采用意向申报、成交申报方式。

优先股转让环节的投资者适当性标准应当与发行环节保持一致；向特定对象发的相同条款优先股经转让后，投资者不得超过200人。证券交易所对导致优先股持有账户数超过200户的转让不予确认。

（四）优先股的披露事项

1. 我国发行优先股的公司应在章程中明确的事项

根据《上市公司章程指引（2022年修订）》及《优先股试点管理办法》的规定，发行优先股的公司应当在章程中明确以下事项：

表2-4-25　优先股应在章程中明确的事项列表

情　形	应在章程中明确的事项
发行优先股	（一）一般事项 ① 优先股股息率采用固定股息率或浮动股息率，并相应明确固定股息率水平或浮动股息率的计算方法； ② 公司在有可分配税后利润的情况下是否必须分配利润； ③ 如果公司因本会计年度可分配利润不足而未向优先股股东足额派发股息，差额部分是否累积到下一会计年度； ④ 优先股股东按照约定的股息率分配股息后，是否有权同普通股股东一起参加剩余利润分配，以及参与剩余利润分配的比例、条件等事项； ⑤ 其他涉及优先股股东参与公司利润分配的事项； ⑥ 除利润分配和剩余财产分配外，优先股是否在其他条款上具有不同的设置； ⑦ 优先股表决权恢复时，每股优先股股份享有表决权的具体计算方法。 （二）发行优先股事项 公司已发行的优先股不得超过公司普通股股份总数的50%，且筹资金额不得超过发行前净资产的50%，已回购、转换的优先股不纳入计算。 公司不得发行可转换为普通股的优先股。但商业银行可以根据商业银行资本监管规定，非公开发行触发事件发生时强制转换为普通股的优先股，并遵守有关规定。

(续表)

情　形	应在章程中明确的事项
发行优先股	（三）回购优先股事项 发行优先股的公司，还应当在公司章程中对回购优先股的选择权由发行人或股东行使、回购的条件、价格和比例等作出具体规定。发行人按章程规定要求回购优先股的，必须完全支付所欠股息，但商业银行发行优先股补充资本的除外。 公司回购优先股后，应当相应减记发行在外的优先股股份总数。 （四）优先股股东表决权事项 发行优先股的公司，应当在章程中明确优先股股东不出席股东大会会议，所持股份没有表决权，但以下情况除外： ① 修改公司章程中与优先股相关的内容； ② 一次或累计减少公司注册资本超过10%； ③ 公司合并、分立、解散或变更公司形式； ④ 发行优先股； ⑤ 公司章程规定的其他情形。 发行优先股的公司，还应当在章程中明确规定：公司累计3个会计年度或者连续2个会计年度未按约定支付优先股股息的，优先股股东有权出席股东大会，每股优先股股份享有公司章程规定的表决权。对于股息可以累积到下一会计年度的优先股，表决权恢复直至公司全额支付所欠股息。对于股息不可累积的优先股，表决权恢复直至公司全额支付当年股息。公司章程可以规定优先股表决权恢复的其他情形
发行优先股	（五）破产清算事项 已发行优先股的公司因解散、破产等原因进行清算时，公司财产在按照公司法和破产法有关规定进行清偿后的剩余财产，应当优先向优先股股东支付未派发的股息和公司章程约定的清算金额，不足以全额支付的，按照优先股股东持股比例分配
上市公司向不特定对象发行优先股	① 采取固定股息率； ② 在有可分配税后利润的情况下必须向优先股股东分配股息； ③ 未向优先股股东足额派发股息的差额部分应当累积到下一会计年度； ④ 优先股股东按照约定的股息率分配股息后，不再同普通股股东一起参加剩余利润分配。 商业银行发行优先股补充资本的，可就第②项和第③项事项另行约定

2. 优先股的信息披露

（1）发行上市。

① 上市公司召开董事会审议发行优先股相关事项的，应当及时刊登董事会决议公告，并及时披露本次优先股发行预案。

② 上市公司独立董事应当就本次发行优先股对公司各类股东权益的影响发表专项意见，并与董事会决议一同披露。

③ 上市公司召开股东大会审议发行优先股相关事项的，应当提供网络投

票。优先股相关事项应当逐项进行表决。相关议案须经出席会议的普通股股东（含表决权恢复的优先股股东）所持表决权的2/3以上通过。已发行优先股的，还须经出席会议的优先股股东（不含表决权恢复的优先股股东）所持表决权的2/3以上通过。上市公司向公司特定股东及其关联人发行优先股的，股东大会就发行方案进行表决时，关联股东应当回避。上市公司应当在股东大会决议公告中披露普通股股东和优先股股东分别对上述每项议案同意、反对和弃权的股份数及其所占比例。

④ 上市公司应当在取得证券交易所受理通知书当日披露关于收到证券交易所受理通知书的公告，同时披露募集说明书、发行保荐书、审计报告、法律意见书等文件。

⑤ 上市公司应当以临时公告的形式及时披露中国证监会或者证券交易所审核问询的回复。

⑥ 上市公司向不特定对象发行优先股的，应当在其优先股发行日前5个交易日内，披露发行公告和募集说明书全文。上市公司向特定对象发行优先股时，应当在收到中国证监会同意注册决定后的2个交易日内，披露中国证监会同意注册的募集说明书等相关文件。

⑦ 上市公司应当在其优先股上市（转让）日前5个交易日内，披露上市（转让）公告书全文。

⑧ 上市公司提出发行申请后，出现下列情形之一的，应当在次一工作日予以公告：

A. 收到交易所不予受理或者终止发行上市审核的决定；

B. 收到中国证监会终止发行注册的决定；

C. 收到中国证监会予以注册或者不予注册的决定；

D. 上市公司撤回优先股发行申请。

（2）定期报告。

发行优先股的上市公司披露定期报告时，应当在定期报告中以专门章节的形式披露优先股有关情况。

(3) 重大事项临时报告。

发行优先股的上市公司，发生以下可能对其普通股或者优先股的交易或者转让价格产生较大影响的情况，应当及时履行披露义务：公司信用状况发生重大变化，可能影响其向优先股股东分配股息的；优先股股东表决权恢复、行使及其变动情况；对优先股股东进行利润分配的；回购普通股或者优先股的；优先股的收盘市值低于5000万元的；等等。

(4) 表决权恢复及相关公告。

① 发行优先股的上市公司累计3个会计年度或连续2个会计年度未按约定支付优先股股息的，应当在股东大会批准当年分配利润方案次日发布表决权恢复提示性公告；

② 对于股息可累积到下一会计年度的优先股，公司应当在其全额支付所欠股息的次日发布表决权终止提示性公告；

③ 对于股息不可累积的优先股，公司应当在其全额支付当年股息的次日发布表决权终止提示性公告；

④ 上市公司出现公司章程规定的其他优先股表决权恢复、终止情形的，应当及时发布提示性公告。

(5) 持股变动披露义务。

投资者持有上市公司已发行的优先股达到该公司优先股股本总额的20%时，应当在该事实发生之日起2个交易日内向证券交易所报告，并通知上市公司予以公告。

持有上市公司已发行的优先股占该公司优先股股本总额20%以上的，其所持上市公司已发行的优先股比例每增加或者减少10%时，应当在该事实发生之日起2个交易日内依照前款规定履行报告和公告义务。

(6) 回购普通股公开发行优先股。

上市公司以减少注册资本为目的回购普通股向不特定对象发行优先股的，或者以向特定对象发行优先股为支付手段向公司特定股东回购普通股的，除应当符合优先股发行条件和程序外，还应当在董事会审议通过回购股份相关事项后，及时披露董事会决议和回购股份预案。

发行人回购优先股，包括发行人要求赎回优先股和投资者要求回售优先股，优先股回购后相应减记发行在外的优先股股份总数。

（7）发行优先股购买资产。

上市公司按照《上市公司重大资产重组管理办法》规定的条件发行优先股购买资产的，应当按照《上市公司重大资产重组管理办法》的相关规定履行相关报告、公告义务。

（8）付息公告。

上市公司应当在优先股派息前5个交易日内刊登付息公告。

（9）赎回公告。

优先股存续期内，募集说明书约定的赎回条件满足且所欠股息已支付的，发行人可以行使赎回权，按约定的价格赎回全部或者部分优先股。

发行人决定行使赎回权的，应当在赎回日前至少发布3次赎回提示性公告。

（10）回售公告。

在优先股存续期内，募集说明书约定的回售条件满足时，优先股股东可回售部分或者全部优先股。

发行人应当在募集说明书约定的回售条件满足日前至少发布3次回售提示性公告。

第五章　停复牌、退市及重新上市

本章法规导航

（1）《上市公司股票停复牌规则》；

（2）《上海证券交易所上市公司自律监管指引第4号——停复牌》；

（3）《深圳证券交易所上市公司自律监管指引第6号——停复牌（2023年修订）》；

（4）《北京证券交易所上市公司业务办理指南第1号——股票停复牌》；

（5）各证券交易所制定的《股票上市规则》。

一、停复牌

（一）停复牌分类

在证券交易所上市交易的股票及其衍生品种，原则上都可以停复牌。根据证券品种的不同，停复牌可以分为股票停复牌、可转债停复牌、公司债券停复牌、优先股停复牌、基金停复牌等。本章节仅讨论股票停复牌事项。

股票停复牌情形多样，可以按照以下几个维度对停复牌进行分类。

（1）股票复牌的时间由停牌时间的长短来决定。根据停牌时间的长短，股票停牌大致分为盘中临时停牌、临时停牌、连续停牌和紧急停牌。

① 盘中临时停牌，是指股票交易出现盘中异常波动，由证券交易所实施的盘中临时停牌。在无价格涨跌幅限制股票竞价交易期间，上市公司股票出

现异常波动的，证券交易所可以对其实施盘中临时停牌。停牌及复牌的具体时间以证券交易所公告为准。

② 临时停牌，是指上市公司在交易日提交的，于次一交易日停牌1天的证券停牌。公司股票于停牌日的次日起复牌。

③ 连续停牌，是指上市公司在交易日提交的，于次一交易日或之后开始停牌，停牌期间为1天以上的证券停牌。公司股票的复牌时间，根据停牌事由决定。复牌的具体时间以证券交易所公告及上市公司公告为准。

④ 紧急停牌，是指上市公司在交易日早间和午间提交的，仅于当日停牌的证券停牌。停牌时间结束的下一交易时段起，公司股票复牌。

（2）按照停牌事由分，停牌大致可以分为技术性停复牌、特别停复牌、股价异常波动停复牌、规定事项停复牌、重大事项类停复牌、风险警示与终止上市的停复牌等。

（3）按照上市公司停牌意愿，停复牌可以分为由证券交易所实施的强制停复牌，以及上市公司主动申请的停复牌。

以下将按照上市公司停牌意愿分类为主轴，介绍上市公司股票的各种停复牌情况。

（二）证券交易所实施的强制停复牌

上市公司被证券交易所实施的强制停复牌可以分为：① 技术性停复牌；② 特别停复牌；③ 股价异常波动停复牌；④ 规定事项停复牌。

1. 技术性停复牌

因不可抗力、意外事件、重大技术故障、重大人为差错等突发性事件而影响证券交易正常进行时，为维护证券交易正常秩序和市场公平，证券交易所可以按照业务规则采取技术性停牌、临时停市等处置措施，并应当及时向国务院证券监督管理机构报告。

2. 特别停复牌

证券交易所可以对涉嫌违法违规交易的证券实施特别停牌并予以公告。特别停牌及复牌的时间和方式由证券交易所决定。

3. 股价异常波动停复牌

无价格涨跌幅限制股票竞价交易出现下列情形之一的，证券交易所实施盘中临时停牌，单次盘中临时停牌时间为10分钟：

① 盘中交易价格较当日开盘价格首次上涨或下跌达到或超过30%的；

② 盘中交易价格较当日开盘价格首次上涨或下跌达到或超过60%的；

③ 中国证监会或者证券交易所认定的其他情形。

盘中临时停牌具体时间以交易所公告为准。

4. 规定事项停复牌

规定事项停复牌是指上市公司发生了触及证券交易所《股票上市规则》中规定的停复牌事由而被证券交易所强制实施停复牌的情形，主要包括上市公司违反规定且未在规定期限披露定期报告或财务报告、违反规范运作要求、股本总额或股权分布不再符合上市条件、因媒体报道或传闻导致上市公司股价重大异常、公司股票被证券交易所实施风险警示或出现终止上市的情形、北交所上市公司申请转板等。其中，公司股票因被证券交易所实施风险警示或出现终止上市的情形而停复牌的，参照本章“二、风险警示与强制退市”“三、退市整理期”“四、主动退市”章节的介绍。

表2-5-1汇总了各板块关于停复牌的事项及相关规定。

表2-5-1　规定事项停复牌汇总

<table>
<tr><th>分　类</th><th>停牌事项</th><th>停复牌安排</th><th>板　块</th></tr>
<tr><td rowspan="3">与定期报告、财务报告相关</td><td>上市公司未在法定期限内披露年度报告或者半年度报告的，或者公司半数以上董事无法保证年度报告或者半年度报告真实、准确、完整且在法定期限届满前仍有半数以上董事无法保证的</td><td rowspan="2">法定期限届满后次一交易日（科创板：届满日当日）起停牌，停牌期限不超过2个月。
2个月内依规改正的，公司股票复牌；未能依规改正的，于2个月届满的次一交易日披露被实施退市风险警示的公告，公司股票继续停牌1天，自复牌之日起被证券交易所实施退市风险警示</td><td rowspan="2">通用</td></tr>
<tr><td>上市公司财务会计报告因存在重大会计差错或者虚假记载，被中国证监会责令改正但未在规定期限内改正的</td></tr>
<tr><td>上市公司未在规定的期限内披露季度报告的</td><td>法定期限届满后次一交易日（科创板：届满日当日）停牌1天</td><td>科创板、创业板、北交所</td></tr>
<tr><td>与上市条件相关</td><td>上市公司因股本总额、股权分布发生变化导致连续20个交易日不具备上市条件的</td><td>法定期限届满后次一交易日（科创板：届满日当日）起停牌，停牌期限不超1个月（深主板未明确时限）。
在此期间公司披露股本总额、股权分布重新符合上市条件公告的，公司股票复牌；未在期限内披露的，证券交易所实施退市风险警示</td><td>通用</td></tr>
<tr><td rowspan="7">与规范运作相关</td><td>上市公司信息披露或规范运作等方面涉嫌违反法律法规或者交易所规定，情节严重而被有关部门调查的</td><td>法定期限届满后次一交易日（科创板：届满日当日）起停牌，停牌期限不超2个月（深主板未明确时限）。
依规改正的，股票复牌；未依规改正的，证券交易所实施退市风险警示</td><td>通用</td></tr>
<tr><td>在规定期限内，上市公司无正当理由不召开股东大会的</td><td>证券交易所有权对公司股票及衍生品种予以停牌</td><td>通用</td></tr>
<tr><td>上市公司股东大会无法正常召开会议并形成决议，且未披露相关情况的[1]</td><td>股东大会原定召开日的次一交易日停牌，公司披露相关信息后复牌</td><td>深市主板</td></tr>
<tr><td>严重违反法律法规、停复牌规则及交易所其他规定，且在规定期限内拒不按要求改正的</td><td rowspan="4">交易所可以视情况决定公司股票的停牌和复牌</td><td rowspan="4">科创板、创业板、北交所</td></tr>
<tr><td>定期报告或者临时公告披露存在重大遗漏或者误导性陈述，但拒不按照要求就有关内容进行解释或者补充的</td></tr>
<tr><td>在公司运作和信息披露方面涉嫌违反法律法规、本规则或者交易所其他规定，情节严重而被有关部门调查的</td></tr>
<tr><td>无法保证与交易所的有效联系，或者拒不履行信息披露义务的</td></tr>
</table>

（续表）

分　类	停牌事项	停复牌安排	板　块
媒体报道或传闻	媒体报道或者传闻中出现上市公司尚未披露的信息，可能或者已经对公司股票交易价格产生较大影响的	交易所可以在交易时间对公司股票实施停牌，公司披露相关公告后复牌	通用
转板	上市公司向境内其他证券交易所申请股票转板的	申请股票于向境内其他证券交易所提交申报材料的次一交易日停牌。在收到境内其他证券交易所不予受理决定、终止审核决定等文书后，应当申请股票复牌	北交所

注：

1．上市公司股东大会无法正常召开会议并形成决议，且未披露相关情况的，如①深市主板的处理：深交所与股东大会原定召开日的次一交易日，对该公司股票及其衍生品种实施停牌，公司披露相关信息后复牌；②沪市主板、创业板的处理：作为交易所对上市公司股票实施其他风险警示之一情形，公司股票及其衍生品种于公告披露后停牌一天，自复牌之日起，交易所对公司股票交易实施其他风险警示；③科创板的处理：作为重大风险事项之一，上市公司应当及时披露具体情况及其影响。

（三）上市公司主动申请的停复牌

上市公司主动申请的停复牌可以分为：

（1）重大资产重组停复牌；

（2）其他重大事项停复牌；

（3）其他风险停复牌。

1. 停复牌原则

上市公司申请停复牌应当遵循如下原则：

（1）审慎停复牌原则。

上市公司应审慎停牌，以不停牌为原则、停牌为例外，短期停牌为原则、长期停牌为例外，间断性停牌为原则、连续性停牌为例外，不得随意停牌或者无故拖延复牌时间，并应采取有效措施防止出现长期停牌等情况。

（2）分阶段信息披露原则。

上市公司发生重大事项，持续时间较长的，应当按照及时披露的原则，分阶段披露有关事项进展的具体情况。上市公司不应以相关事项结果尚不确定为由随意申请股票停牌。

（3）不得以停牌代替相关各方保密义务。

上市公司及其股东、实际控制人，董事、监事、高级管理人员和其他交易各方，以及提供服务的证券公司、证券服务机构等相关主体，在筹划、实施可能对公司股票交易价格产生较大影响的重大事项过程中，应当切实履行法定保密义务，建立健全保密制度，做好信息管理和内幕信息知情人登记工作。不得以申请上市公司股票停牌代替相关各方的保密义务。

2. 停复牌注意事项

上市公司筹划重大事项，应当分阶段披露有关事项的具体情况，不得仅以相关事项结果尚不确定为由申请停牌。公司难以分阶段披露所筹划重大事项，确有需要申请停牌的，应当明确停牌事由，合理确定停牌时间，缩短停牌时长，并及时申请复牌。

上市公司因筹划重大事项申请停牌，应当根据证券交易所的规定，披露重大事项类型、交易标的名称、交易对手方、中介机构情况、停牌期限、预计复牌时间等信息。信息披露内容应当明确、具体，不得含糊、笼统。

停牌期间，公司应当分阶段详细披露筹划重大事项的进展情况，并至少每5个交易日披露一次进展公告。

公司完成重大事项筹划、停牌期限届满或者终止筹划重大事项的，应当立即申请复牌。公司应当披露停牌期间筹划重大事项的主要工作、事项进展、对公司的影响以及后续安排等，并充分提示相关事项的风险和不确定性。终止筹划重大事项的，还应当披露终止筹划的具体原因及决策程序。

上市公司无法在停牌期限届满前完成相关事项筹划，但国家有关部门对相关事项的停复牌时间另有要求的，公司可以向证券交易所申请延期复牌，但连续停牌时间原则上不得超过25个交易日。涉及国家重大战略项目、国家军工机密等事项，对停复牌时间另有要求的从其要求。表2-5-2汇总了证券交易所对上市公司主动申请停复牌的相关规定。

表2-5-2　上市公司主动申请停复牌事项汇总表

分　类	停牌事项	停牌安排
（一）重大资产重组停复牌		
发行股份购买资产	筹划发行股份购买资产拟申请停牌	在首次提交披露有关事项的同时申请停牌，停牌时间不超过10个交易日
	停牌期间更换重组标的	其累计停牌时间也不得超过10个交易日
	在披露重组预案或者报告书后，以对方案作出重大调整为由申请停牌	停牌时间不超过5个交易日
	上市公司筹划发行股份购买资产信息已经泄漏的	上市公司应当立即披露发行股份购买资产预案及报告书，或者申请停牌
	上市公司股票交易价格因重大资产重组传闻发生异常波动的	上市公司应当及时向证券交易所申请停牌，核实有无重组事项并予以澄清
重大资产重组涉及发行股份	上市公司筹划涉及发行股份的重大资产重组拟申请停牌	在首次提交披露有关事项的同时申请停牌，停牌时间不超过10个交易日
不涉及发行股份的重大资产重组	上市公司筹划不涉及发行股份的重大资产重组	应当分阶段披露相关情况，不得申请停牌
（二）其他重大事项停复牌		
破产重整	上市公司破产重整期间原则上股票不停牌，公司应当分阶段披露重整事项的进展。确需申请停牌的	停牌期限不得超过2个交易日。确有必要的，可以延长至5个交易日
被收购事项	上市公司因收购人履行要约收购义务，或收购人以终止上市公司上市地位为目的而发出全面要约的	要约收购期满后的次一交易日至要约收购结果公告前，公司股票应当停牌。 根据收购结果，被收购上市公司股本总额、股权分布具备上市条件的，公司股票应当于要约结果公告后复牌。 股本总额、股权分布不具备上市条件的，且收购人以终止上市公司上市地位为目的的，公司股票应当于要约结果公告日继续停牌，直至证券交易所终止其上市。 股本总额、股权分布不具备上市条件，但收购人不以终止上市公司上市地位为目的的，公司股票应当于要约结果公告日继续停牌，公司披露股本总额、股权分布重新符合上市条件公告后复牌

（续表）

分　类	停牌事项	停牌安排
涉及上市公司股东的其他重大事项	上市公司股东筹划控制权变更、要约收购等事项的，原则上应当分阶段披露筹划进展。确需公司申请停牌的	可以申请停牌不超过2个交易日。确有必要的，可以延长至5个交易日
（三）其他风险停复牌		
实施现金选择权业务	上市公司实施现金选择权义务的	应当申请停牌（沪市主板）；可以申请停牌（深市主板）
其他未明确的风险事项	上市公司风险事项存在重大不确定性，可能严重影响市场秩序、损害投资者合法权益，中国证监会或者交易所认为有必要的	可以申请停牌

二、风险警示与强制退市

上市公司出现财务状况异常情况或者其他异常情况，导致其股票存在被强制终止上市的风险，或者投资者难以判断公司前景，投资者权益可能受到损害，存在其他重大风险的，证券交易所会对该公司股票实施风险警示。

风险警示分为警示存在强制终止上市风险的风险警示（以下简称退市风险警示）和警示存在其他重大风险的其他风险警示。

上市公司股票被实施退市风险警示的，在公司股票简称前冠以“*ST”字样；上市公司股票被实施其他风险警示的，在公司股票简称前冠以“ST”字样。公司股票同时被实施退市风险警示和其他风险警示的，在公司股票简称前冠以“*ST”字样。

退市风险警示股票和其他风险警示股票进入风险警示板交易。

（一）风险警示板

上交所和深交所设立上市公司股票风险警示板（以下简称风险警示板），主要目的是向投资者提示重大风险，根据风险警示的需要，风险警示板股票在交易安排、市场监控措施、投资者适当性管理、行情显示及交易信息公开等方面与普通股票有所区分。被实施风险警示的股票、被交易所作出终止上市决定但处于退市整理期尚未摘牌的股票（以下称退市整理期股票），进入风险警示板进行交易。

科创板股票处于退市整理期尚未摘牌的，不进入风险警示板交易。

（二）其他风险警示

1. 触及其他风险警示

沪市主板、深市主板和创业板关于其他风险警示的规定相似；科创板、北交所没有对其他风险警示作详细规定。表2-5-3收集了沪市主板、深市主板和创业板关于上市公司其他风险事项应履行的程序和披露要求。

表2-5-3　其他风险警示表

触及情形	应尽义务
公司被控股股东（无控股股东的，则为第一大股东）及其关联人非经营性占用资金，余额达到最近一期经审计净资产绝对值的5%以上，或金额超过1000万元，未能在1个月内完成清偿或整改；或公司违反规定决策程序对外提供担保（担保对象为上市公司合并报表范围内子公司的除外），余额达到最近一期经审计净资产绝对值的5%以上，或金额超过1000万元，未能在1个月内完成清偿或整改	（1）应当在事实发生之日及时向交易所报告，提交董事会的书面意见，同时进行公告并申请其股票及其衍生品种于事实发生次一交易日起开始停牌。交易所在收到公司报告之日后5个交易日内，根据实际情况，对公司股票实施其他风险警示。 （2）在被实施其他风险警示期间，公司应当至少每月发布1次提示性公告，披露资金占用或违规担保的解决进展情况。 （3）被实施其他风险警示后，相关情形已完全消除的，公司应当及时公告，并可以向交易所申请撤销对其股票实施的其他风险警示。 公司关联人资金占用情形已完全消除，向交易所申请撤销对其股票实施的其他风险警示的，应当提交会计师事务所出具的专项审核报告、独立董事出具的专项意见等文件。 公司违规担保情形已完全消除，向交易所申请撤销对其股票实施的其他风险警示的，应当提交律师事务所出具的法律意见书、独立董事出具的专项意见等文件

（续表）

<table>
<tr><th>触及情形</th><th>应尽义务</th></tr>
<tr><td>董事会、股东大会无法正常召开会议并形成有效决议</td><td rowspan="4">（1）应当在事实发生之日及时向交易所报告，提交董事会的书面意见，同时进行公告并申请其股票及其衍生品种于事实发生次一交易日起开始停牌。交易所在收到公司报告之日后5个交易日内，根据实际情况，对公司股票实施其他风险警示。
（2）在被实施其他风险警示期间，公司应当至少每月发布1次提示性公告，分阶段披露涉及事项的解决进展情况。
（3）被实施其他风险警示后，相关情形已完全消除的，公司应当及时公告，并可以向交易所申请撤销对其股票实施的其他风险警示。
（4）公司股票因“最近一个会计年度内部控制被出具无法表示意见或否定意见审计报告，或未按照规定披露内部控制审计报告”被实施其他风险警示后，公司内部控制缺陷整改完成，内控有效运行，向交易所申请撤销对其股票实施的其他风险警示的，应当提交会计师事务所对其最近一年内部控制出具的标准无保留意见的审计报告、独立董事出具的专项意见等文件</td></tr>
<tr><td>最近一个会计年度内部控制被出具无法表示意见或否定意见审计报告，或未按照规定披露内部控制审计报告</td></tr>
<tr><td>公司生产经营活动受到严重影响且预计在3个月内不能恢复正常</td></tr>
<tr><td>主要银行账户被冻结</td></tr>
<tr><td>最近连续三个会计年度扣除非经常性损益前后净利润孰低者均为负值，且最近一个会计年度财务会计报告的审计报告显示公司持续经营能力存在不确定性</td><td>（1）应当在事实发生之日及时向交易所报告，提交董事会的书面意见，同时进行公告并申请其股票及其衍生品种于事实发生次一交易日起开始停牌。
（2）被实施其他风险警示后，相关情形已完全消除的，公司应当及时公告，并可以向交易所申请撤销对其股票实施的其他风险警示。
（3）被实施其他风险警示后，公司最近一年经审计的财务报告显示，其扣除非经常性损益前后的净利润孰低者为正值或者持续经营能力不确定性已消除，向交易所申请撤销对其股票实施的其他风险警示的，应当提交会计师事务所出具的最近一年审计报告和独立董事出具的专项意见等文件</td></tr>
<tr><td>公司存在严重失信，或持续经营能力明显存在重大不确定性等投资者难以判断公司前景，导致投资者权益可能受到损害的其他情形</td><td>被实施其他风险警示后，相关情形已完全消除的，公司应当及时公告，并可以向交易所申请撤销对其股票实施的其他风险警示</td></tr>
</table>

2. 撤销其他风险警示

（1）撤销其他风险警示的条件。

上市公司满足以下条件时，可以向证券交易所申请撤销对其股票实施的其他风险警示：

① 被实施其他风险警示后，上市公司相关风险情形已完全消除；

② 上市公司股票被实施其他风险警示的，在其他风险警示期间，公司按照中国证监会相关规定进行重大资产重组且同时满足以下条件的，可以向证券交易所申请撤销对其股票实施的其他风险警示：

A. 根据中国证监会有关上市公司重大资产重组规定，出售全部经营性资产和负债，同时购买其他资产且已实施完毕；

B. 通过购买进入公司的资产是一个完整经营主体，该经营主体在进入公司前已在同一管理层之下持续经营3年以上；

C. 会计师事务所出具的专项说明显示，预计公司完成重大资产重组当年的年度财务会计报告符合本节规定的撤销其他风险警示条件；

D. 已披露完成重大资产重组后最近一期定期报告；

E. 证券交易所规定的其他条件。

（2）撤销触发其他风险警示时提交的资料。

表2-5-4汇总了在不同情形下上市公司申请撤销其他风险警示所需的材料。

表2-5-4 撤销其他风险警示所需材料汇总表

被实施其他风险警示的情形	撤销警示所需材料
关联方资金占用	会计师事务所出具的专项审核报告、独立董事出具的专项意见等文件
违规对外担保	律师事务所出具的法律意见书、独立董事出具的专项意见等文件
内部控制缺陷整改	会计师事务所对其最近一年内部控制出具的标准无保留意见的审计报告、独立董事出具的专项意见等文件
扣除非经常性损益前后的净利润孰低者为正值或者持续经营能力不确定性已消除	会计师事务所出具的最近一年审计报告和独立董事出具的专项意见等文件

（3）上市公司申请撤销其他风险警示的披露义务。

① 上市公司向交易所申请撤销对其股票实施的其他风险警示，应同时作出公告。

② 交易所决定撤销其他风险警示的，上市公司应按照交易所要求在撤销其他风险警示的前一个交易日作出公告。公司股票在公告披露日停牌一天。自复牌之日起，交易所撤销对公司股票实施的其他风险警示。

③ 交易所决定不予撤销其他风险警示的，上市公司应当在收到交易所有关书面通知后的次一交易日作出公告。

（三）退市风险警示

退市风险警示是证券交易所实施的警示上市公司股票存在强制终止上市风险的一种风险警示。

上市公司存在股票终止上市风险的，应当按照相关规定披露风险提示公告。证券交易所可以视情况要求公司增加风险提示公告的披露次数。

上市公司披露公司股票被实施风险警示的公告，公告应当包括实施风险警示的起始日、触及情形、实施风险警示的主要原因、董事会关于争取撤销风险警示的意见及具体措施、股票可能被终止上市的风险提示、实施风险警示期间公司接受投资者咨询的主要方式等。

上市公司申请撤销风险警示的，应当向证券交易所提交申请书、董事会决议、符合撤销风险警示条件的说明及相应证明材料等文件。

上市公司出现两项以上风险警示、终止上市情形的，证券交易所按照先触及先适用的原则对其股票实施风险警示、终止上市。公司同时存在两项以上退市风险警示情形的，已满足其中一项退市风险警示撤销条件的，公司应当在规定期限内申请撤销相关情形对应的退市风险警示。公司同时存在两项以上风险警示情形的，须满足全部风险警示的撤销条件，方可撤销风险警示。

（四）强制退市

上市公司触及证券交易所规定的退市情形，导致其股票存在被终止上市风险的，证券交易所对该公司股票启动退市程序。

强制退市分为交易类、财务类、规范类和重大违法类四类情形。其中，财务类强制退市考察期为2年，指标不交叉适用。

上市公司出现财务状况异常情况或者其他异常情况，导致其股票存在被强制终止上市的风险，或者投资者难以判断公司前景，投资者权益可能受到损害，存在其他重大风险的，证券交易所对该公司股票实施风险警示。

证券交易所决定不对上市公司股票实施终止上市的，公司应当在收到证券交易所相关决定后及时公告。证券交易所作出上市公司股票终止上市决定的，公司应当及时披露股票终止上市公告。

上市公司股票被证券交易所强制终止上市后，进入退市整理期，因触及交易类退市情形终止上市的除外。上市公司股票被强制终止上市后，应当聘请具有主办券商业务资格的证券公司，立即安排股票转入全国中小企业股份转让系统等证券交易场所进行股份转让相关事宜，保证公司股票在摘牌之日起45个交易日内可以转让。

1. 交易类强制退市

表2-5-5汇总了各板块对于交易类强制退市的相关规定。

表2-5-5　交易类强制退市规定一览表

指标	板块	仅发行A股股票	仅发行B股股票	既发行A股股票又发行B股股票	发行存托凭证的红筹企业
（1）出现下列风险情形时，上市公司应当在次一交易日发布公司股票（或存托凭证）可能被终止上市的风险提示公告：					
股价	主板	首次出现股票收盘价＜1元		其A、B股股票首次同时出现股票收盘价均＜1元	首次出现基础股票数值＜1元

（续表）

<table>
<tr><th>指标</th><th>板块</th><th>仅发行A股股票</th><th>仅发行B股股票</th><th>既发行A股股票又发行B股股票</th><th>发行存托凭证的红筹企业</th></tr>
<tr><td colspan="6">（2）出现下列风险情形之一时，上市公司应当在次一交易日发布公司股票（或存托凭证）可能被终止上市的风险提示公告，其后每个交易日披露一次（北交所每5个交易日披露一次），直至相关风险情形消除或者证券交易所作出公司股票（或存托凭证）终止上市的决定之日：</td></tr>
<tr><td rowspan="3">累计成交量</td><td>沪市主板</td><td>连续90个交易日累计股票成交量＜375万股</td><td>连续90个交易日累计股票成交量＜75万股</td><td>其A、B股股票的成交量同时触及前两款规定的标准</td><td>连续90个交易日累计股票成交量＜375万份</td></tr>
<tr><td>深市主板</td><td>连续90个交易日累计股票成交量＜500万股</td><td>连续90个交易日累计股票成交量＜100万股</td><td>其A、B股股票的成交量同时触及前两款规定的标准</td><td>连续90个交易日累计股票成交量＜500万份</td></tr>
<tr><td>科创板、创业板</td><td colspan="3">连续90个交易日累计股票成交量＜150万股</td><td>—</td></tr>
<tr><td rowspan="3">股价</td><td>主板</td><td colspan="2">连续10个交易日每日股票收盘价均＜1元</td><td>A、B股股票同时出现连续10个交易日每日股票收盘价均＜1元</td><td>连续10个交易日每日基础股票数值均＜1元</td></tr>
<tr><td>科创板、创业板</td><td colspan="3">连续10个交易日每日股票收盘价均＜1元</td><td>—</td></tr>
<tr><td>北交所</td><td colspan="3">连续30个交易日每日股票收盘价均＜每股面值</td><td>—</td></tr>
<tr><td rowspan="3">股东人数</td><td>主板</td><td colspan="3">连续10个交易日每日股东数量均＜2000人</td><td>—</td></tr>
<tr><td>科创板、创业板</td><td colspan="3">连续10个交易日每日股东数量均＜400人</td><td>—</td></tr>
<tr><td>北交所</td><td colspan="3">连续30个交易日每日股东数量均＜200人</td><td>—</td></tr>
<tr><td rowspan="3">市值</td><td>主板</td><td colspan="3">连续10个交易日每日股票收盘总市值均＜3亿元</td><td>连续10个交易日每日存托凭证收盘市值均＜3亿元</td></tr>
<tr><td>科创板创业板</td><td colspan="3">连续10个交易日每日股票收盘市值均＜3亿元</td><td>—</td></tr>
<tr><td>北交所</td><td colspan="3">连续30个交易日每日股票交易市值均＜3亿元</td><td>—</td></tr>
<tr><td colspan="6">（3）出现下列情形之一，证券交易所决定终止其股票（或存托凭证）上市，并应当在事实发生的次一交易日开市前披露公告和停牌。证券交易所在公告上市公司股票终止上市决定之日后5个交易日内对其予以摘牌，公司股票（或存托凭证）终止上市：</td></tr>
</table>

（续表）

指标	板块	仅发行A股股票	仅发行B股股票	既发行A股股票又发行B股股票	发行存托凭证的红筹企业
累计成交量	主板	连续120个交易日累计股票成交量＜500万股	连续120个交易日累计股票成交量＜100万股	其A、B股股票的成交量同时触及前两款规定的标准	连续120个交易日累计存托凭证成交量＜500万份
	科创板、创业板	连续120个交易日累计股票成交量＜200万股			连续120个交易日累计存托凭证成交量＜200万份
股价	主板	连续20个交易日的每日股票收盘价均＜1元		A、B股股票的股价同时出现连续20个交易日每日股票收盘价均＜1元	连续20个交易日每日基础股票数值均＜1元
	科创板、创业板	连续20个交易日的每日股票收盘价均＜1元			连续20个交易日每日基础股票数值均＜1元
	北交所	连续60个交易日每日股票收盘价均＜每股面值			—
股东人数	主板	连续20个交易日每日股东数量均＜2000人			—
	科创板、创业板	连续20个交易日每日股东数量均＜400人			—
	北交所	连续60个交易日股东人数＜200人			—
市值	主板、科创板、创业板	连续20个交易日每日股票收盘价总市值均＜3亿元			连续20个交易日每日存托凭证收盘市值均＜3亿元
	北交所	连续60个交易日股票交易市值均＜3亿元			—

注：上述交易日均不含公司股票停牌日或红筹企业的存托凭证停牌日；存托凭证的基础股票数值是指存托凭证收盘价乘存托凭证与基础股票转换比例后的数值。

2. 财务类强制退市

（1）财务类强制退市风险警示、撤销退市风险警示及终止上市。

沪市主板、深市主板、创业板和北交所规则相似；科创板增加了退市指标和研发型上市公司的相关规定。

表2-5-6汇总了各板块关于财务类强制退市的规定，其中科创板在本表中仅列出了一般的非研发型上市公司的规定。

表2-5-6　财务类强制退市规定一览表

环　节	板　块	指　标
① 上市公司最近一个会计年度经审计的财务会计报告相关财务指标触及退市风险警示情形的，证券交易所对其股票实施退市风险警示		
退市风险警示情形	通用	上市公司出现下列情形之一的，证券交易所对其股票实施退市风险警示： A.最近一个会计年度经审计的净利润为负值且营业收入低于1亿元（北交所5000万元），或追溯重述后最近一个会计年度净利润为负值且营业收入低于1亿元(北交所5000万元)； B.最近一个会计年度经审计的期末净资产为负值，或追溯重述后最近一个会计年度期末净资产为负值； C.最近一个会计年度的财务会计报告被出具无法表示意见或否定意见的审计报告； D.中国证监会行政处罚决定书表明公司已披露的最近一个会计年度经审计的年度报告存在虚假记载、误导性陈述或者重大遗漏，导致该年度相关财务指标实际已触及第①项、第②项情形的； E.证券交易所认定的其他情形
风险提示公告	通用	上市预计将出现退市风险警示情形之一的，应当在相应的会计年度结束后1个月内，发布股票可能被实施退市风险警示的风险提示公告，并在披露年度报告前至少再发布2次风险提示公告。 公司预计因追溯重述导致可能出现退市风险警示情形第A项和第B项规定情形的，或者可能出现第D项规定情形的，应当在知悉相关风险情况时，及时发布股票可能被实施退市风险警示的风险提示公告
停复牌	通用	上市公司出现退市风险警示情形第A项至第C项的，公司股票于年度报告或者财务报告更正公告披露后停牌一个交易日，自复牌之日起，证券交易所对公司股票交易实施退市风险警示。 上市公司出现退市风险情形警示第D项的，公司股票于行政处罚决定书披露日停牌一个交易日，自复牌之日起，证券交易所对公司股票实施退市风险警示。 公司扣除相关营业收入后公司触及退市风险警示情形的，公司应当立即披露纠正情况或在收到证券交易所通知的次一交易日披露有关内容，公司股票于公告披露日期停牌一个交易日，自复牌之日起，证券交易所对公司股票交易实施退市风险警示
被实施退市风险警示期间的公告	通用	上市公司因出现退市风险警示情形第A项至第C项情形，其股票交易被实施退市风险警示的，应当在其股票交易被实施退市风险警示当年会计年度结束后1个月内，披露股票可能被终止上市的风险提示公告，并在披露该年年度报告前至少再披露2次风险提示公告。 公司因追溯重述导致出现退市风险警示情形第A项、第C项、第D项情形，其股票交易被实施退市风险警示的，应当在披露实际触及退市风险警示指标相应年度次一年度的年度报告前至少披露2次风险提示公告

（续表）

环　节	板　块	指　标
② 撤销退市风险警示		
撤销退市风险警示满足的条件	通用	上市公司同时满足下列条件的，可以在年度报告披露后5个交易日内，向证券交易所申请撤销对其股票实施的退市风险警示： A. 最近一个会计年度经审计的财务会计报告不存在退市风险警示情形第A项至第C项规定的任一情形； B. 最近一个会计年度经审计的财务会计报告未被出具保留意见审计报告； C. 已在法定期限内披露最近一年年度报告； D. 超过半数董事保证公司所披露年度报告的真实性、准确性和完整性
因重大资产重组撤销退市风险警示满足的条件	沪市主板、深市主板、创业板、北交所	退市风险警示期间，公司进行重大资产重组且同时满足以下条件的，可以向证券交易所申请撤销对其股票实施的退市风险警示： A. 出售全部经营性资产和负债，同时购买其他资产且已实施完毕； B. 通过购买进入公司的资产是一个完整经营主体，该经营主体在进入公司前已在同一管理层之下持续经营3年（创业板、北交所为2年）以上； C. 会计师事务所出具的专项说明显示，预计公司完成重大资产重组当年的年度财务会计报告符合撤销退市风险警示条件； D. 已披露完成重大资产重组后的最近一期定期报告； E. 证券交易所规定的其他条件
公告及停牌	通用	上市公司在申请撤销退市风险警示时，应当同时作出公告。 证券交易所同意撤销退市风险警示的，上市公司应当在撤销退市风险警示前一交易日作出公告，并于同日停牌1天。 证券交易所不予撤销退市风险警示的，上市公司应当在收到书面通知的次一交易日发布公司股票可能被终止上市的风险提示公告
③ 上市公司最近连续2个会计年度经审计的财务会计报告相关财务指标触及退市风险情形的，证券交易所决定终止其股票上市		
终止股票上市情形	通用	上市公司股票被实施退市风险警示后，公司出现下列情形之一的，证券交易所决定终止其股票上市： A. 公司披露的最近一个会计年度经审计的财务会计报告存在退市风险警示情形第A项至第C项规定的任一情形或财务会计报告被出具保留意见审计报告； B. 公司未在法定期限内披露过半数董事保证真实、准确、完整的最近一年年度报告； C. 公司未在规定的期限内向证券交易所申请撤销退市风险警示； D. 公司撤销退市风险警示申请未获证券交易所同意
公告及停牌	通用	上市公司出现退市风险警示情形第A项至第C项的，应当在年度报告披露的同时披露公司股票可能被终止股票上市的风险提示公告。公司股票于公告后停牌。 公司出现终止股票上市情形第B项至第D项的，应当在发生上述情形次一交易日开始前披露公司股票可能被终止股票上市的风险提示公告。公司股票于公告后停牌

（续表）

环 节	板 块	指 标
终止公司股票上市	通用	证券交易所对公司股票实施停牌的，自停牌之日起5个交易日内，向公司发出拟终止其股票上市的事先告知书。 上市公司可以申请听证，提出陈述和申辩。 证券交易所根据上市委员会的审议意见作出是否终止公司股票上市的决定
不实施终止上市	通用	证券交易所决定不对上市公司股票实施终止上市的，公司应当在收到相关决定后，及时披露并申请股票及其衍生品种复牌。公司股票不存在其他的退市风险警示情形的，自复牌之日起，证券交易所撤销对公司股票实施的退市风险警示

（2）科创板研发型上市公司财务类强制退市。

表2-5-7罗列了科创板研发型上市公司财务类强制退市的相关规定。

表2-5-7　科创板研发型上市公司财务类强制退市规定一览表

项 目	指 标
退市风险警示情形	科创板研发型上市公司自上市之日起第4个完整会计年度起适用以下情形： ① 最近一个会计年度经审计的净利润为负值且营业收入低于1亿元，或追溯重述后最近一个会计年度净利润为负值且营业收入低于1亿元； ② 最近一个会计年度经审计的期末净资产为负值，或追溯重述后最近一个会计年度期末净资产为负值； ③ 中国证监会行政处罚决定书表明公司已披露的最近一个会计年度经审计的年度报告存在虚假记载、误导性陈述或者重大遗漏，导致该年度相关财务指标实际已触及第①项、第②项情形的； ④ 证券交易所认定的其他情形
退市指标	上市公司出现下列情形之一，明显丧失持续经营能力，证券交易所将对其股票启动退市程序： ① 主营业务大部分停滞或者规模极低； ② 经营资产大幅减少导致无法维持日常经营； ③ 营业收入或者利润主要来源于不具备商业实质的交易； ④ 营业收入或者利润主要来源于与主营业务无关的业务； ⑤ 其他明显丧失持续经营能力的情形
公告及停复牌	研发型上市公司主要产品、业务或者所依赖的基础技术宣告研发失败或者被禁止使用的，公司应当自相关事实发生之日起申请股票停牌，并发布股票可能被实施退市风险警示的风险提示公告。 公司应当在股票停牌之日起10个交易日内，核查公司其他产品或者业务是否符合科创板定位规定要求、公司是否出现证券交易所实施退市风险警示的情形，并提交报告及披露。公司股票于证券公司出具的专项意见披露日起复牌

（续表）

项　目	指　标
证券交易所实施退市风险警示	研发型上市公司主要业务、产品或者所依赖的基础研发失败或者被禁止使用，且公司无其他业务或者产品符合科创板定位应满足的条件的，证券交易所决定对公司股票实施退市风险警示的，公司应当在被实施退市风险警示前及时发布公告，公司股票自公告披露后的次一交易日起复牌。自复牌之日起，证券交易所对公司股票实施退市风险警示
申请撤销退市风险警示	研发型上市公司自股票被实施退市风险警示之日起6个月内，公司市值及相关产品、业务等指标符合科创板定位规定要求的，应当在符合条件时及时披露，并说明是否向证券交易所申请撤销退市风险警示。公司可在披露之日起的5个交易日内，向证券交易所申请撤销对其股票实施的退市风险警示并披露
终止股票上市情形	上市公司不符合撤销退市风险警示条件或者未在规定期限内申请撤销退市风险警示的，证券交易所决定终止其股票上市
公告及停牌	研发型上市公司在被实施退市风险警示后6个月内未满足退市风险警示撤销条件的，应当在该期限届满日次一交易日披露公司股票可能被终止上市的风险提示公告。公司股票自公告披露之日起停牌。 公司虽满足退市风险警示撤销条件，但未在该条件规定的相应期限内申请撤销退市风险警示的，公司应在相应期限届满的次一交易日披露公司股票可能被终止上市的风险提示公告。公司股票自公告披露之日起停牌

3. 规范类强制退市

（1）规范类退市风险警示。

表2-5-8汇总了各板块关于规范类强制退市风险警示的相关规定。

表2-5-8　规范类强制退市风险警示规定汇总表（B、C、D、E列均对应A列）

序号	触及退市风险警示的情形（A）	首次公告及停复牌（B）	退市风险警示期间公告及停复牌（C）	符合撤销退市风险警示的条件（D）	撤销退市风险警示的公告及停复牌（E）
1	因财务会计报告存在重大会计差错或者虚假记载，被中国证监会责令改正但公司未在规定期限内改正，公司股票及其衍生品种自前述期限届满的次一交易日起停牌，此后公司在股票及其衍生品种停牌2个月内仍未改正	公司应在股票及其衍生品种停牌2个月届满的次一交易日披露股票被实施退市风险警示的公告。公司股票及其衍生品种自公告披露日后的次一交易日起复牌。自复牌之日起，证券交易所对公司股票实施退市风险警示。 停牌期间，公司应当至少发布3次风险提示公告。停牌期间前述情形消除的，公司应当及时披露并申请股票及其衍生品种复牌	被实施退市风险警示的，在股票被实施退市风险警示期间，公司应当每5个交易日披露1次风险提示公告，提示公司股票可能终止上市的风险	被实施退市风险警示之日后2个月内，披露经改正的财务会计报告	上市公司符合申请撤销退市风险警示条件的，应当于相关情形出现后及时披露。公司可以在披露之日后的5个交易日内，向交易所申请撤销对其股票实施的退市风险警示，并应当同时作出公告。 交易所决定撤销退市风险警示的，上市公司应当在撤销退市风险警示之前1个交易日作出公告。公司股票及其衍生品种于公告披露日停牌1天。自复牌之日起，交易所撤销对公司股票实施的退市风险警示。 交易所决定不予撤销退市风险警示的，上市公司应当在收到书面通知后的次一交易日发布公司股票可能被终止上市的风险提示公告
2	未在法定期限内披露半年度报告或者经审计的年度报告，公司股票及其衍生品种自前述期限届满的次一交易日起停牌，此后公司在股票及其衍生品种停牌2个月内仍未披露			被实施退市风险警示之日后2个月内，披露半年度报告或者经审计的年度报告，且不存在半数以上董事无法保证真实性、准确性和完整性的情形	
3	因半数以上董事无法保证公司所披露半年度报告或年度报告的真实性、准确性和完整性，且未在法定期限内改正，公司股票及其衍生品种自前述期限届满次一交易日起停牌，此后公司在股票及其衍生品种停牌2个月内仍未改正			被实施退市风险警示之日后2个月内，超过半数董事保证公司所披露半年度报告或年度报告的真实性、准确性和完整性	
4	因信息披露或者规范运作等方面存在重大缺陷，被证券交易所要求限期改正但公司未在规定期限内改正，公司股票及其衍生品种自前述期限届满的次一交易日起停牌，此后公司在股票及其衍生品种停牌2个月内仍未改正			被实施退市风险警示之日后2个月内，公司已按要求完成整改，具备健全的治理结构，运作规范，信息披露和内控制度无重大缺陷	

（续表）

序号	触及退市风险警示的情形（A）	首次公告及停复牌（B）	退市风险警示期间公告及停复牌（C）	符合撤销退市风险警示的条件（D）	撤销退市风险警示的公告及停复牌（E）
5	【上交所、深交所】因公司股本总额、股权分布发生变化，导致连续20个交易日不再具备上市条件，公司股票及其衍生品种自前述期限届满的次一交易日起停牌，此后公司在股票及其衍生品种停牌1个月内仍未解决。 【北交所】公司股本总额或公众股东持股比例发生变化，导致连续60个交易日不再具备上市条件，且公司在股票停牌1个月内仍未解决	公司应在股票及其衍生品种自停牌1个月届满的次一交易日披露股票被实施退市风险警示的公告。公司股票及其衍生品种自公告披露日后的次一交易日起复牌。自复牌之日起，交易所对公司股票实施退市风险警示。 停牌期间，公司应至少发布3次风险提示公告。停牌期间股本总额、股权分布重新具备上市条件的，公司应及时披露并申请股票及其衍生品种复牌	同上	被实施退市风险警示之日后6个月内，解决股本总额、股权分布问题，股本总额、股权分布重新具备上市条件	同上
6	公司可能被依法强制解散	公司应及时披露相关情况，公司股票及其衍生品种自该情形出现次一交易日起停牌。交易所在停牌之日后5个交易日内，对股票实施退市风险警示。 公司应在其股票被实施退市风险警示之前一个交易日作出公告。公司股票及其衍生品种自公告披露日后次一交易日起复牌。自复牌之日起，交易所对股票实施退市风险警示		被实施退市风险警示后，公司可能被依法强制解散的情形已消除	
7	法院依法受理公司重整、和解和破产清算申请		公司应分阶段及时披露法院裁定批准公司重整计划、和解协议或终止重整、和解程序等重整事项进展，并充分提示相关风险	符合下列条件之一的，公司可申请撤销退市风险警示：①重整计划执行完毕；②和解协议执行完毕；③法院受理破产申请后至破产宣告前，作出驳回破产申请的裁定，且申请人在法定期限内未提起上诉；④因公司已清偿全部到期债务、第三人为公司提供足额担保或者清偿全部到期债务，法院受理破产申请后至破产宣告前，作出终结破产程序的裁定	
8	交易所认定的其他情形				

（2）规范类终止上市。

表2-5-9汇总了各板块关于规范类终止上市的相关规定。

表2-5-9 规范类终止上市规定汇总表

<table>
<tr><th>序 号</th><th>终止上市的情形</th><th>终止上市的公告及停复牌</th></tr>
<tr><td>1</td><td>因财务会计报告存在重大会计差错或者虚假记载，被中国证监会责令改正但公司未在规定期限内改正，公司股票及其衍生品种自前述期限届满的次一交易日起停牌，此后公司在股票及其衍生品种停牌2个月内仍未改正的，被实施退市风险警示之日后2个月内，仍未披露经改正的财务会计报告</td><td rowspan="5">公司应当及时发布公司股票可能被终止上市的风险提示公告。证券交易所自相应期限届满的次一交易日起，对公司股票及其衍生品种实施停牌</td></tr>
<tr><td>2</td><td>未在法定期限内披露半年度报告或者经审计的年度报告，公司股票及其衍生品种自前述期限届满的次一交易日起停牌，此后公司在股票及其衍生品种停牌2个月内仍未披露的，被实施退市风险警示之日后2个月内，仍未披露符合要求的年度报告或者半年度报告</td></tr>
<tr><td>3</td><td>因半数以上董事无法保证公司所披露半年度报告或年度报告的真实性、准确性和完整性，且未在法定期限内改正，公司股票及其衍生品种自前述期限届满的次一交易日起停牌，此后公司在股票及其衍生品种停牌2个月内仍未改正的，被实施退市风险警示之日后2个月内，半数以上董事仍然无法保证公司所披露半年度报告或年度报告的真实性、准确性和完整性</td></tr>
<tr><td>4</td><td>因信息披露或者规范运作等方面存在重大缺陷，被证券交易所要求限期改正但公司未在规定期限内改正，公司股票及其衍生品种自前述期限届满的次一交易日起停牌，此后公司在股票及其衍生品种停牌2个月内仍未改正的，被实施退市风险警示之日后2个月内，仍未按要求完成整改</td></tr>
<tr><td>5</td><td>因公司股本总额、股权分布发生变化，导致连续20个交易日不再具备上市条件，公司股票及其衍生品种自前述期限届满的次一交易日起停牌，此后公司在股票及其衍生品种停牌1个月内仍未解决的，被实施退市风险警示之日后6个月内，仍未解决股本总额、股权分布问题</td></tr>
</table>

（续表）

序　号	终止上市的情形	终止上市的公告及停复牌
6	公司可能被依法强制解散，或法院依法受理公司重整、和解和破产清算申请的，被实施退市风险警示后，公司依法被吊销营业执照、被责令关闭或者被撤销等强制解散条件成就，或者法院裁定公司破产	公司应当最迟于知悉公司依法被吊销营业执照、被责令关闭或者被撤销等强制解散条件成就，或者收到法院宣告公司破产的裁定书的次一交易日披露有关情况，同时发布公司股票可能被终止上市的风险提示公告。公司股票及其衍生品种自披露之日起停牌
7	公司未在规定期限内向证券交易所申请撤销退市风险警示	公司应当在规定的撤销退市风险警示申请期限届满后，及时发布公司股票可能被终止上市的风险提示公告。证券交易所自规定的撤销退市风险警示申请期限届满的次一交易日起，对公司股票及其衍生品种实施停牌
8	公司撤销退市风险警示申请未被证券交易所同意	公司应当在收到证券交易所通知后的次一交易日发布公司股票可能被终止上市的风险提示公告。证券交易所自公告披露之日起，对公司股票及其衍生品种实施停牌

4. 重大违法类强制退市

表2-5-10汇总了重大违法类强制退市的相关规定。

表2-5-10　重大违法类强制退市规则汇总表

重大违法强制退市类型	（一）上市公司存在欺诈发行、重大信息披露违法或者其他严重损害证券市场秩序的重大违法行为，且严重影响上市地位，其股票应当被终止上市的情形	（二）上市公司存在涉及国家安全、公共安全、生态安全、生产安全和公众健康安全等领域的违法行为，情节恶劣，严重损害国家利益、社会公共利益，或者严重影响上市地位，其股票应当被终止上市的情形
股票被终止上市的情形	上市公司首次公开发行股票，申请或者披露文件存在虚假记载、误导性陈述或重大遗漏，被中国证监会依据《证券法》第一百八十一条作出行政处罚决定，或者被人民法院依据《刑法》第一百六十条作出有罪生效判决	上市公司或其主要子公司被依法吊销营业执照、责令关闭或者被撤销

（续表）

重大违法强制退市类型	（一）上市公司存在欺诈发行、重大信息披露违法或者其他严重损害证券市场秩序的重大违法行为，且严重影响上市地位，其股票应当被终止上市的情形	（二）上市公司存在涉及国家安全、公共安全、生态安全、生产安全和公众健康安全等领域的违法行为，情节恶劣，严重损害国家利益、社会公共利益，或者严重影响上市地位，其股票应当被终止上市的情形
股票被终止上市的情形	上市公司发行股份购买资产并构成重组上市，申请或者披露文件存在虚假记载、误导性陈述或者重大遗漏，被中国证监会依据《证券法》第一百八十一条作出行政处罚决定，或者被人民法院依据《刑法》第一百六十条作出有罪生效判决	上市公司或其主要子公司被依法吊销主营业务生产经营许可证，或者存在丧失继续生产经营法律资格的其他情形
	上市公司披露的年度报告存在虚假记载、误导性陈述或者重大遗漏，根据中国证监会行政处罚决定认定的事实，导致连续会计年度财务类指标已实际触及有关规定的退市标准	证券交易所根据上市公司重大违法行为损害国家利益、社会公共利益的严重程度，结合公司承担法律责任类型、对公司生产经营和上市地位的影响程度等情形，认为公司股票应当终止上市的
	根据中国证监会行政处罚决定认定的事实，上市公司披露的营业收入连续两年均存在虚假记载，虚假记载的营业收入金额合计达到5亿元以上，且超过该两年披露的年度营业收入合计金额的50%；或者公司披露的净利润连续两年均存在虚假记载，虚假记载的净利润金额合计达到5亿元以上，且超过该两年披露的年度净利润合计金额的50%；或者公司披露的利润总额连续两年均存在虚假记载，虚假记载的利润总额金额合计达到5亿元以上，且超过该两年披露的年度利润总额合计金额的50%；或者公司披露的资产负债表连续两年均存在虚假记载，资产负债表虚假记载金额合计达到5亿元以上，且超过该两年披露的年度期末净资产合计金额的50%	
	证券交易所根据上市公司违法行为的事实、性质、情节及社会影响等因素认定的其他严重损害证券市场秩序的情形	
首次公告及停复牌	上市公司可能触及有关规定的重大违法强制退市情形的，应当于知悉相关行政机关行政处罚事先告知书或者人民法院作出司法裁判当日向证券交易所报告，及时披露有关内容，就其股票可能被实施重大违法强制退市进行风险提示。公司股票于公告披露日停牌一天，公告披露日为非交易日的，于披露日次一交易日停牌一天。证券交易所自复牌之日起对公司股票实施退市风险警示。 被实施退市风险警示期间，公司应当每5个交易日披露一次相关事项进展，并就公司股票可能被实施重大违法强制退市进行风险提示	上市公司可能触及有关规定的重大违法强制退市情形的，应当于知悉相关行政机关行政处罚事先告知书或者人民法院作出司法裁判当日向证券交易所报告，及时披露有关内容，就其股票可能被实施重大违法强制退市进行风险提示。公司股票于公告披露日停牌一天，公告披露日为非交易日的，于披露日次一交易日停牌一天。证券交易所自复牌之日起对公司股票实施退市风险警示

（续表）

重大违法强制退市类型	（一）上市公司存在欺诈发行、重大信息披露违法或者其他严重损害证券市场秩序的重大违法行为，且严重影响上市地位，其股票应当被终止上市的情形	（二）上市公司存在涉及国家安全、公共安全、生态安全、生产安全和公众健康安全等领域的违法行为，情节恶劣，严重损害国家利益、社会公共利益，或者严重影响上市地位，其股票应当被终止上市的情形
撤销退市风险警示	上市公司可能触及有关规定的重大违法强制退市情形的，应当于知悉相关行政机关行政处罚事先告知书或者人民法院作出司法裁判当日向证券交易所报告，及时披露有关内容，就其股票可能被实施重大违法强制退市进行风险提示。公司股票于公告披露日停牌一天，公告披露日为非交易日的，于披露日次一交易日停牌一天。证券交易所自复牌之日起对公司股票实施退市风险警示	
终止上市	上市公司在股票被实施退市风险警示期间，收到相关行政机关相应行政处罚决定或者人民法院生效司法裁判，可能触及有关规定的重大违法强制退市情形的，应当及时披露有关内容，就其股票可能被实施重大违法强制退市进行风险提示。公司股票自公告披露日起停牌。自停牌之日起的5个交易日内，证券交易所向公司发出拟终止其股票上市的事先告知书，公司应当及时披露。 上市公司可以提出听证、陈述和申辩。 证券交易所决定不对上市公司股票实施终止上市的，公司应当在收到证券交易所相关决定后，及时披露并申请股票复牌。公司股票不存在其他退市风险警示情形的，自复牌之日起，证券交易所撤销对公司股票实施的退市风险警示。 证券交易所在作出终止股票上市决定之日起2个交易日内，通知上市公司并发布相关公告，同时报中国证监会备案。 上市公司应当在收到证券交易所关于终止其股票上市决定后，及时披露股票终止上市公告	
终止上市后的撤销终止上市	上市公司因重大违法强制退市情形，其股票被终止上市后，作为上市公司重大违法强制退市认定依据的行政处罚决定、司法裁判被依法撤销、确认无效或者因对违法行为性质、违法事实等的认定发生重大变化被依法变更的，公司可以在知道相关行政机关决定或者人民法院生效司法裁判后的10个交易日内，向证券交易所申请撤销对公司股票作出的终止上市决定。 证券交易所根据上市委员会的审核意见，作出是否撤销对公司股票作出的终止上市决定的决定。 证券交易所作出撤销终止上市决定的，公司股票相应还原上市地位。公司股票同时具有其他退市风险警示或者终止上市情形的，证券交易所对其股票实施相应退市风险警示或者终止上市。 证券交易所在作出撤销决定之日起2个交易日内，通知公司并发布相关公告，同时报中国证监会备案	

（五）听证程序

上市公司可以在收到或者证券交易所公告送达终止上市事先告知书之日（以在先者为准，下同）起5个交易日内，以书面形式向证券交易所提出听证要求，并载明具体事项及理由。有关听证程序和相关事宜，适用证券交易所有关规定。

公司对终止上市有异议的，可以在收到或者证券交易所公告终止上市事先告知书之日起10个交易日内，向证券交易所提交相关书面陈述和申辩，并提供相关文件。

公司未在有关规定期限内提出听证要求、书面陈述和申辩的，视为放弃相应权利。

（六）财务类退市指标：营业收入扣除相关事项

本节法规导航

（1）《上海证券交易所上市公司自律监管指南第2号——财务类退市指标：营业收入扣除》；

（2）《深圳证券交易所上市公司业务办理指南第12号——营业收入扣除相关事项》。

最近一个会计年度经审计归属母公司所有者的净利润为负值的公司，应当在年度报告中披露营业收入扣除情况及扣除后的营业收入金额；负责审计的会计师事务所应当就公司营业收入扣除事项是否合规及扣除后的营业收入金额出具专项核查意见。

营业收入扣除项包括与主营业务无关的业务收入和不具备商业实质的收入。

① 与主营业务无关的业务收入是指与上市公司正常经营业务无直接关系，或者虽与正常经营业务相关，但由于其性质特殊、具有偶发性和临时性，影响报表使用者对公司持续经营能力做出正常判断的各项收入。包括但不限于以下项目：

A. 正常经营之外的其他业务收入；

B. 不具备资质的类金融业务收入、本会计年度以及上一会计年度新增的类金融业务所产生的收入，为销售主营产品而开展的融资租赁业务除外；

C. 本会计年度以及上一会计年度新增贸易业务所产生的收入；

D. 与上市公司现有正常经营业务无关的关联交易产生的收入；

E. 同一控制下企业合并的子公司期初至合并日的收入；

F. 未形成或难以形成稳定业务模式的业务所产生的收入。

② 不具备商业实质的收入是指未导致未来现金流发生显著变化等不具有商业合理性的各项交易和事项产生的收入。包括但不限于以下项目：

A. 未显著改变企业未来现金流量的风险、时间分布或金额的交易及事项产生的收入；

B. 不具有真实业务的交易产生的收入；

C. 交易价格显失公允的业务产生的收入；

D. 本会计年度以显失公允的对价或非交易方式取得的企业合并的子公司或业务产生的收入；

E. 审计意见中非标准审计意见涉及的收入；

F. 其他不具有商业合理性的交易或事项产生的收入。

③ 与主营业务无关或不具备商业实质的其他收入。

三、退市整理期

上市公司股票被证券交易所作出强制终止上市决定后，自证券交易所公告终止上市决定之日后5个交易日届满的次一交易日复牌，进入退市整理期交易，并在股票简称前冠以“退市”标识。

交易类强制退市公司股票和主动退市公司股票不进入退市整理期交易。

1. 退市整理期的交易期限

退市整理期的交易期限为15个交易日。上市公司股票及其衍生品种在退市整理期内全天停牌的，停牌期间不计入退市整理期，但停牌天数累计不得超过5个交易日。

累计停牌达到5个交易日后，证券交易所不再接受公司的停牌申请；公司未在累计停牌期满前申请复牌的，证券交易所于累计停牌期满后的次一交易日恢复公司股票交易。

退市整理期届满后5个交易日内，证券交易所对上市公司股票予以摘牌，公司股票终止上市。

2. 风险警示股票价格涨跌幅

主板风险警示股票价格涨跌幅限制比例为5%，退市整理股票价格涨跌幅限制比例为10%。创业板风险警示股票、退市整理股票价格涨跌幅限制比例为20%。进入退市整理期的首日不实行价格涨跌幅限制。

3. 风险警示股票异常波动

【沪市主板】风险警示股票连续3个交易日内日收盘价格涨跌幅偏离值累计达到±12%的，属于异常波动。

【深市主板、创业板】股票退市整理期间交易不纳入证券公开信息披露、异常波动指标和严重异常波动指标的计算。ST 和*ST 主板股票连续3个交易日内日收盘价涨跌幅偏离值累计达到±12%的，属于异常波动。

4. 退市整理期的相关公告

表2-5-11汇总了退市整理期上市公司应当发布的各类公告。

表2-5-11　退市整理期公告汇总表

公告类型	披露时点及注意事项
首次股票终止上市公告	上市公司应当在收到证券交易所关于终止其股票上市的决定后及时披露股票终止上市公告，并同时披露其股票进入退市整理期交易的相关情况
终止上市决定的风险提示公告	上市公司应当于退市整理期交易首日，发布公司股票已被证券交易所作出终止上市决定的风险提示公告，说明公司股票在退市整理期交易的起始日和终止日等事项
股票将被终止上市的风险提示公告	公司应当在退市整理期前10个交易日内，每5个交易日发布1次股票将被终止上市的风险提示公告，在最后5个交易日内每日发布1次股票将被终止上市的风险提示公告
澄清公告	退市整理股票在一段时期内偏离同期可比指数涨跌幅较大，且期间上市公司未有重大事项公告的，证券交易所可以要求上市公司进行停牌核查。上市公司应当对公司信息披露情况和相关市场传言等进行核查，并及时予以公告
再次股票终止上市公告	上市公司应当在其股票的退市整理期届满当日再次发布终止上市公告，说明公司股票进入全国中小企业股份转让系统等证券交易场所的具体事宜

公告注意事项：

上市公司在退市整理期间对外发布公告时，应当在公告的“重要提示”中特别说明：“本公司股票将在退市整理期交易15个交易日，截至本公告日已交易*X*个交易日，剩余*Y*个交易日，交易期满将被终止上市，敬请投资者审慎投资、注意风险。”

四、主动退市

上市公司主动退市，是指上市公司基于实现发展战略、维护合理估值、稳定控制权及成本效益法则等方面的考虑，认为不再需要继续维持上市地位，或者继续维持上市地位不再有利于公司发展，主动向证券交易所申请其股票终止上市交易。

表2-5-12汇总了上市公司在各种情形下主动退市应履行的程序。

表2-5-12　上市公司主动退市程序一览表

<table>
<tr><th>序　号</th><th>情　形</th><th>应履行的程序</th></tr>
<tr><td>1</td><td>上市公司股东大会决议主动撤回其股票在证券交易所上市交易，并决定不再在交易所交易</td><td rowspan="2">进行股东大会决议时，除须经出席会议的全体股东所持有效表决权的2/3以上通过外，还须经出席会议的除下列股东以外的其他股东所持有效表决权的2/3以上通过：
① 上市公司的董事、监事和高级管理人员；
② 单独或者合计持有上市公司5%以上股份的股东。
独立董事发表独立意见。
公司应当聘请财务顾问和律师为主动终止上市提供专业服务，发表专业意见。
公司股票及其衍生品种自股东大会股权登记日的次一交易日起停牌，并于股东大会作出终止上市决议后15个交易日内，公司向证券交易所提交主动终止上市申请</td></tr>
<tr><td>2</td><td>上市公司股东大会决议主动撤回其股票在证券交易所上市交易，并转而申请在其他交易场所交易或转让</td></tr>
<tr><td>3</td><td>上市公司股东大会决议解散</td><td rowspan="6">公司应当按照相关规定，及时向证券交易所提交主动终止上市申请。
上市公司向证券交易所提出主动终止上市申请的，至少应当提交以下文件：
① 主动终止上市申请书；
② 董事会决议及独立董事意见（如适用）；
③ 股东大会决议（如适用）；
④ 主动终止上市的方案；
⑤ 主动终止上市后去向安排的说明；
⑥ 异议股东保护的专项说明；
⑦ 财务顾问出具的关于公司主动终止上市的专项意见；
⑧ 律师出具的关于公司主动终止上市的专项法律意见；
⑨ 证券交易所要求的其他材料</td></tr>
<tr><td>4</td><td>上市公司因新设合并或者吸收合并，不再具有独立主体资格并被注销</td></tr>
<tr><td>5</td><td>上市公司以终止公司股票上市为目的，向公司所有股东发出回购全部股份或者部分股份的要约，导致公司股本总额、股权分布等发生变化不再具备上市条件</td></tr>
<tr><td>6</td><td>上市公司股东以终止公司股票上市为目的，向公司所有其他股东发出收购全部股份或者部分股份的要约，导致公司股本总额、股权分布等发生变化不再具备上市条件</td></tr>
<tr><td>7</td><td>上市公司股东以外的其他收购人以终止公司股票上市为目的，向公司所有股东发出收购全部股份或者部分股份的要约，导致公司股本总额、股权分布等发生变化不再具备上市条件</td></tr>
<tr><td>8</td><td>中国证监会或交易所认可的其他主动终止上市情形</td></tr>
</table>

A股股票和B股股票同时在证券交易所上市交易的上市公司，依照上述规定申请主动终止上市的，如无特殊理由，其A股股票和B股股票应当同时终止上市。

五、主板重新上市

1. 符合重新上市的情形

主板上市公司的股票被终止上市后，其终止上市情形（不包括交易类终止上市情形）已消除，且同时符合下列条件的，可以向证券交易所申请重新上市：

（1）符合《证券法》、中国证监会规定的发行条件；

（2）公司股本总额不低于5000万元；

（3）社会公众股东持有的股份占公司股份总数的比例为25%以上；公司股本总额超过4亿元的，社会公众股东持有的股份占公司股份总数的比例为10%以上；

（4）市值及财务指标应当至少符合下列标准中的一项：

① 最近三年净利润均为正，且最近三年净利润累计不低于1.5亿元，最近一年净利润不低于6000万元，最近三年经营活动产生的现金流量净额累计不低于1亿元或营业收入累计不低于10亿元；

② 预计市值不低于50亿元，且最近一年净利润为正，最近一年营业收入不低于6亿元，最近三年经营活动产生的现金流量净额累计不低于1.5亿元；

③ 预计市值不低于80亿元，且最近一年净利润为正，最近一年营业收入不低于8亿元。

（5）公司董事、监事和高级管理人员具备法律法规、证券交易所相关规定及公司章程规定的任职资格，且不存在影响其任职的情形[①]；

(6) 证券交易所规定的其他条件。

2. 申请重新上市的时间

主动退市公司可以随时向证券交易所提出重新上市申请。

强制退市公司向证券交易所申请重新上市的，其申请时间应当符合下列规定：

(1) 因市场交易类指标强制退市的公司，自其股票进入全国股转系统等证券交易场所转让之日起满3个月；

(2) 因欺诈发行被实施重大违法类强制退市的公司，其股票被终止上市后，不得向证券交易所申请重新上市；

(3) 因欺诈发行之外的其他违法行为被实施重大违法类强制退市的公司，除证券交易所另行规定的情形外，自其股票进入全国股转系统等证券交易场所转让之日起满5个完整会计年度；

(4) 除上述第（1）项、第（2）项、第（3）项强制退市公司之外的其他强制退市公司，自其股票进入全国股转系统等证券交易场所转让之日起满12个月。

3. 重新上市履行的程序

退市公司拟申请重新上市的，应当召开董事会和股东大会，就申请重新上市事宜作出决议。股东大会决议须经出席会议的股东所持表决权的2/3以上通过。

公司应当提供按照企业会计准则编制并经会计师事务所审计的最近3年财务会计报告。

---

① 影响董监高任职的情形，包括：被中国证监会采取证券市场禁入措施尚在禁入期；最近36个月内受到中国证监会行政处罚，或者最近12个月内受到证券交易场所公开谴责；因涉嫌犯罪被司法机关立案侦查或者涉嫌违法违规被中国证监会立案调查，尚未有明确结论意见；证券交易所规定的其他情形。

退市公司申请重新上市，应当由保荐人保荐，并向证券交易所申报重新上市申请文件及重新上市申请书。

律师应当在尽职调查基础上出具法律意见书和律师工作报告。

退市公司的重新上市申请未获得证券交易所同意的，可于证券交易所作出相应决定之日起6个月后再次提出重新上市申请。

退市公司的重新上市申请获得证券交易所同意后，应当在3个月内办理完毕公司股份的重新确认、登记、托管等相关手续。证券交易所在公司办理完成相关手续后安排其股票上市交易。

公司未在上述期间内办理完毕重新上市相关手续的，应当向证券交易所提交申请延期重新上市的说明并公告，证券交易所可以根据具体情况决定是否同意延期。

公司未在上述期间内办理完毕重新上市相关手续，也未获得证券交易所同意延期的，证券交易所关于同意公司股票重新上市的决定自期限届满之日起失效，公司可于该决定失效之日起6个月后再次提出重新上市申请。

第六章　转板

根据《中国证监会关于北京证券交易所上市公司转板的指导意见》，就北交所向上交所、深交所转板事宜，允许符合条件的北交所上市公司自主作出转板决定，自主选择转入的交易所及板块。

目前，北交所转板，分别在科创板、创业板上试行。

本章法规导航

（1）《中国证监会关于北京证券交易所上市公司转板的指导意见》；

（2）《首次公开发行股票注册管理办法》；

（3）《北京证券交易所上市公司向上海证券交易所科创板转板办法（试行）》；

（4）《深圳证券交易所关于北京证券交易所上市公司向创业板转板办法（试行）》；

（5）《北京证券交易所上市公司持续监管指引第7号——转板》。

一、转板条件

北交所上市公司申请转板，应当已在北交所连续上市1年以上，转板公司在北交所上市前，已在全国股转系统原精选层挂牌的，原精选层挂牌时间与北交所上市时间合并计算。

转板公司申请转板至科创板/创业板上市，还应当符合表2-6-1所列出的条件。

表2-6-1　北交所上市公司转板条件规定一览表

项　目	科创板	创业板
前提条件	符合《首次公开发行股票注册管理办法》规定的发行条件	
合规要求	转板公司及其控股股东、实际控制人不存在最近3年受到中国证监会行政处罚，因涉嫌违法违规被中国证监会立案调查，尚未有明确结论意见，或者最近12个月受到北交所、全国股转公司公开谴责等情形	
股本总数	股本总额≥3000万元	
股东人数	股东人数≥1000人	
公众持股量	公众股东持股比例＞转板公司股份总数的25%； 转板公司股本总额＞4亿元，公众股东持股比例＞10%	
成交量	董事会审议通过转板相关事宜决议公告日前连续60个交易日（不包括股票停牌日）通过竞价交易方式实现的股票累计成交量≥1000万股	
不具有表决权安排的企业的市值及财务指标	五选一： ① 预计市值≥10亿元，最近两年净利润均为正且累计净利润5000万元，或者预计市值≥10亿元，最近一年净利润为正且营业收入≥1亿元； ② 预计市值≥15亿元，最近一年营业收入≥2亿元，且最近三年累计研发投入占最近三年累计营业收入的比例≥15%； ③ 预计市值≥20亿元，最近一年营业收入≥3亿元，且最近三年经营活动产生的现金流量净额累计≥1亿元； ④ 预计市值≥30亿元，且最近一年营业收入≥3亿元； ⑤ 预计市值≥40亿元，主要业务或产品需经国家有关部门批准，市场空间大，目前已取得阶段性成果。医药行业企业需至少有一项核心产品获准开展二期临床试验，其他符合科创板定位的企业需具备明显的技术优势并满足相应条件	三选一： ① 最近2年净利润均为正且累计净利润≥5000万元； ② 预计市值≥10亿元，最近一年净利润为正且营业收入≥1亿元； ③ 预计市值≥50亿元，且最近一年营业收入≥3亿元
具有表决权安排的企业的市值及财务指标	二选一： ① 预计市值≥200亿元，且最近一年净利润为正； ② 预计市值≥100亿元，且最近一年净利润为正，最近一年营业收入≥10亿元	二选一： ① 预计市值≥200亿元，且最近一年净利润为正； ② 预计市值≥100亿元，且最近一年净利润为正，最近一年营业收入≥10亿元
板块定位	符合科创板定位	符合创业板定位
其他条件	证券交易所规定的其他上市条件	

注：相关市值指标中的预计市值，以转板公司向证券交易所提交转板申请日前20个交易日、60个交易日、120个交易日（不包括股票停牌日）收盘市值算术平均值的孰低值为准。

二、转板审核注册程序

转板属于股票上市地的变更，不涉及股票公开发行，依法无须经中国证监会核准或注册，由上交所/深交所依据上市规则进行审核并作出决定。

图2-6-1展示了深圳证券交易所转板审核注册的基本流程。

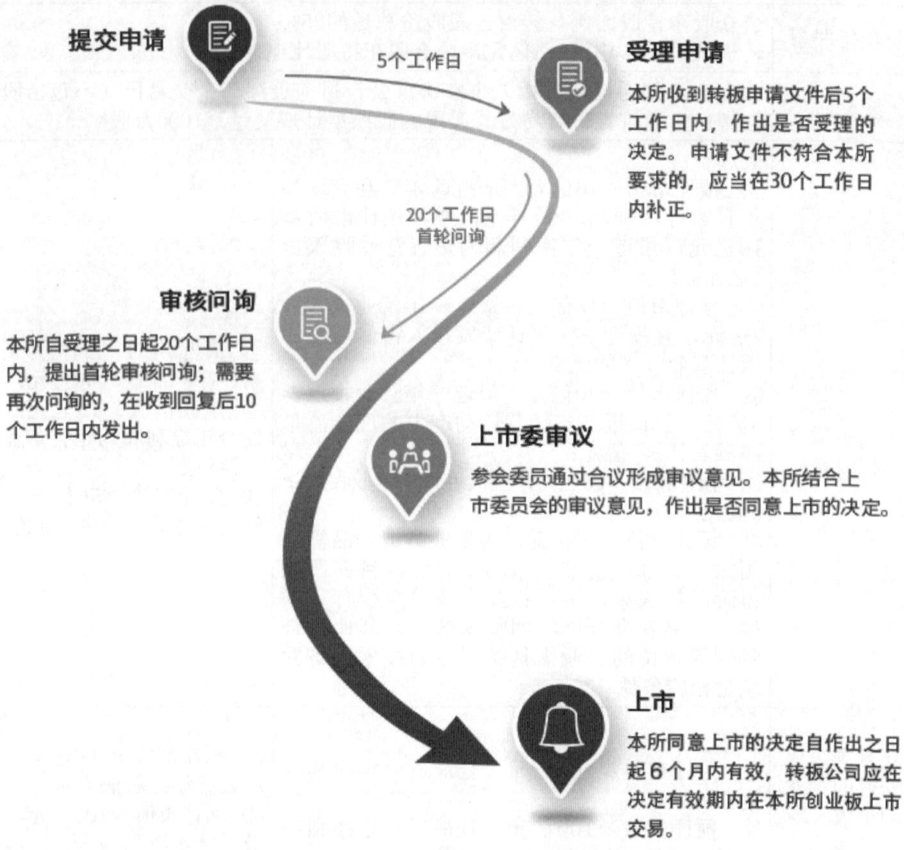

图2-6-1 转板审核流程图

资料来源：深圳证券交易所。

表2-6-2展示了上市公司申请转板的具体流程及应尽的披露义务。

表2-6-2　转板流程一览表

环　节	事　项
内部决策	拟转板公司董事会应依法就转板事宜作出决议，并提请股东大会批准。股东大会应当就转板事宜作出决议
提交申请	拟转板公司申请转板的，应当聘请保荐人。拟转板公司应当在向上交所/深交所提交转板申请材料的次一交易日申请股票在北交所停牌
上交所/深交所受理	（1）上交所/深交所收到申请文件后，在5个工作日内对申请文件的齐备性进行审查，作出是否受理的决定。 （2）上交所/深交所受理转板申请文件当日，拟转板公司应当通过上交所/深交所网站披露转板报告书、上市保荐书、审计报告、法律意见书等文件。 （3）上交所/深交所受理转板申请后至作出同意上市的决定前，拟转板公司应当对申请文件予以更新并披露。 （4）在收到上交所/深交所不予受理决定、终止审核决定等文书后，拟转板公司应当申请股票复牌
上交所/深交所审核	（1）上交所/深交所自受理之日起20个工作日内，提出首轮审核问询；需要再次问询的，在收到回复后10个工作日内发出。 （2）上交所/深交所上市委员会召开审议会议。上交所/深交所结合上市委员会的审议意见，作出是否同意拟转板企业上市的决定
企业在北交所终止上市	（1）拟转板公司转板申请获上交所/深交所同意的，应向北交所申请终止其股票上市。拟转板公司向北交所申请终止股票上市，还应符合下列条件： ① 终止上市决策程序、信息披露和股票停复牌安排符合北交所业务规则的规定； ② 转板公司已在法定期内披露最近一期年度报告或中期报告，或未在法定期限内披露最近一期年度报告或中期报告，但已在期满后2个月内补充披露； ③ 北交所要求的其他条件。 （2）北交所同意股票终止上市的，出具同意终止上市函，发布相关公告，并报中国证监会备案。 （3）拟转板公司应当最晚于终止上市日前一个交易日在北交所披露股票终止上市公告。 （4）北交所不同意终止上市申请的，拟转板公司应当在收到北交所相关书面决定当日披露相应公告，并申请其股票在2个交易日内复牌
在上交所/深交所上市交易	（1）上交所/深交所同意上市的决定自作出之日起6个月有效，拟转板公司应当在决定有效期内完成上市的所有准备工作并向上交所/深交所申请股票在科创板/创业板上市交易。 （2）拟转板公司应当在科创板/创业板上市前，按照中国结算的相关规定，办理转板证券登记相关业务。 （3）拟转板公司应当在其股票在科创板/创业板上市交易前与上交所/深交所签订上市协议。 （4）拟转板公司股票在科创板/创业板上市首日的开盘参考价为其股票在向上交所/深交所申报转板前最后一个有成交交易日的收盘价

三、转板股份限售安排

北交所上市公司申请转板的，股份限售应当遵守法律法规及上交所/深交所规定。在计算北交所上市公司转板后的股份限售期时，原则上可以扣除在全国股转系统原精选层和北交所已经限售的时间。

表2-6-3汇总了转板前后上市公司及相关人员应履行的股份限售事项。

表2-6-3　股份限售承诺事项汇总表

承诺方	承诺事项
（一）一般情形	
控股股东、实际控制人及其一致行动人	自公司在科创板/创业板上市之日（以下简称新上市日）起12个月内，不得转让或者委托他人管理其直接和间接持有的本公司在科创板/创业板上市前已经发行股份，也不得提议由转板公司回购该部分股份；限售期届满后6个月内减持股份的，不得导致公司控制权发生变更
没有或难以认定控股股东、实际控制人的	参照控股股东、实际控制人进行股份限售的股东范围，股份限售期为公司在新上市日起12个月
董监高	所持本公司转板前股份，自公司在新上市日起12个月内不得转让
科创板的核心技术人员	自公司在新上市日起4年内，每年转让的本公司转板前股份不得超过上市时所持公司转板前股份总数的25%，减持比例可以累积使用
（二）公司在科创板/创业板上市时未盈利的	
控股股东、实际控制人及其一致行动人	在实现盈利前，自公司在新上市日起3个完整会计年度内，不得减持本公司转板前股份；自公司在新上市日起第4个会计年度和第5个会计年度内，每年减持本公司转板前股份不得超过公司股份总数的2%，并应符合交易所股份减持与限售相关规定。 公司实现盈利后，股东可以自当年年度报告披露后次日起减持转板前股份，但应当遵守交易所其他有关股份减持与限售和股份变动管理的规定
董监高及科创板的核心技术人员	在实现盈利前，自公司在新上市日起3个完整会计年度内，不得减持本公司转板前股份；在前述期间内离职的，应当继续遵守本款规定。 公司实现盈利后，股东可以自当年年度报告披露后次日起减持转板前股份，但应当遵守交易所其他有关股份减持与限售和股份变动管理的规定
（三）限售股的限售期尚未届满的	
持有限售股的股东	转板公司股东所持股份在转板公司申请转板时有限售条件且在新上市日限售期尚未届满的，该部分股份的剩余限售期自转板公司在新上市日起连续计算直至限售期届满

第七章　股权激励与员工持股计划

为了吸进、激励和留住员工，与员工共享企业发展成果，同时形成有效的公司激励机制，保障公司中长期战略的顺利实施，通常公司会使用股权激励和员工持股计划这两类重要的激励工具。

股权激励是指上市公司以本公司股票为标的，对其董事、高级管理人员及其他员工进行的长期性激励。股权激励也包括上市公司以限制性股票、股票期权实行股权激励的情形。

员工持股计划是指上市公司根据员工意愿，通过合法方式使员工获得本公司股票并长期持有，股份权益按约定分配给员工的制度安排。

无论是股权激励还是员工持股计划，方案的制定、实施、行权都需要严格遵循《证券法》及相关法律法规、证券交易所制定的规则，上市公司也应当将其作为重大事项进行及时披露和持续披露。

本章法规导航

（1）《上市公司股权激励管理办法》（2018年修订）；

（2）《关于上市公司实施员工持股计划试点的指导意见》；

（3）《上海证券交易所上市公司自律监管指南第2号——业务办理（2023年12月修订）》；

（4）《深圳证券交易所上市公司自律监管指南第1号——业务办理（2023年12月修订）》；

（5）《深圳证券交易所创业板上市公司自律监管指南第1号——业务办理（2023年12月修订）》；

（6）《北京证券交易所上市公司持续监管指引第3号——股权激励和员工持股计划》；

（7）《财政部 国家税务总局关于完善股权激励和技术入股有关所得税政策的通知》（财税〔2016〕101号）；

（8）各证券交易所制定的《股票上市规则》。

一、员工持股计划vs股权激励

虽然员工持股计划和股权激励都是公司激励员工的工具，但两者在法律依据、概念、方案内容、实施程序等方面都存在很大的差异。

表2-7-1对上述两种激励工具进行了对比分析。

表2-7-1 员工持股计划与股权激励规则对比

对比项目	员工持股计划	股权激励
法律依据	《关于上市公司实施员工持股计划试点的指导意见》（以下简称《指导意见》）	《上市公司股权激励管理办法》（2018年修订）（以下简称《管理办法》）
概念	员工持股计划是指上市公司根据员工意愿，通过合法方式使员工获得本公司股票并长期持有，股份权益按约定分配给员工的制度安排	股权激励是指上市公司以本公司股票为标的，对其董事、高级管理人员及其他员工进行的长期性激励。股权激励也包括上市公司以限制性股票、股票期权实行股权激励的情形
参加对象	公司员工，包括管理层人员。 可以包括员工监事，但不包括独立董事	可以包括上市公司的董事、高级管理人员、核心技术人员或者核心业务人员，以及公司认为应当激励的对公司经营业绩和未来发展有直接影响的其他员工，但不应当包括独立董事和监事
股票来源	① 上市公司回购本公司股票； ② 二级市场购买； ③ 认购非公开发行股票； ④ 股东自愿赠与； ⑤ 法律、行政法规允许的其他方式	① 向激励对象发行股份； ② 回购本公司股份； ③ 法律、行政法规允许的其他方式
资金来源	员工持股计划可以通过以下方式解决所需资金： ① 员工的合法薪酬； ② 法律、行政法规允许的其他方式	上市公司不得为激励对象依股权激励计划获取有关权益提供贷款以及其他任何形式的财务资助，包括为其贷款提供担保

（续表）

对比项目	员工持股计划	股权激励
计划有效期	—	有效期从首次授予权益日起不得超过10年
激励价格	《指导意见》未对员工持股计划受让价格做出明确规定，而是强调风险自担原则，即员工持股计划参与人盈亏自负，风险自担，与其他投资者权益平等。从法规设立的基本原则来看，员工持股计划更加强调持有人自愿参与、风险自担	《管理办法》对限制性股票和股票期权的激励价格做出了明确的定价规定。 限制性股票的授予价格不得低于股票票面金额，且原则上不得低于下列价格较高者：① 股权激励计划草案公布前1个交易日的公司股票交易均价的50%；② 股权激励计划草案公布前20个交易日、60个交易日或者120个交易日的公司股票交易均价之一的50%。 股票期权的行权价格与上述定价逻辑相同，只不过不存在折扣，即以确定的交易均价授出
持股期限	每期员工持股计划的持股期限不低于12个月。 以非公开发行方式实施员工持股计划的，持股期限不得低于36个月。 持股期限自上市公司公告标的股票过户至本期持股计划名下时起算。 上市公司应当在员工持股计划届满前6个月，公告到期计划持有的股票数量	限制性股票授予日与首次解除限售日之间的间隔不得少于12个月。在限制性股票有效期内，上市公司应当规定分期解除限售，每期时限不得少于12个月，各期解除限售的比例不得超过激励对象获授限制性股票总额的50%
总额度	上市公司全部有效的员工持股计划所持有的股票总数累计不得超过公司股本总额的10%	上市公司全部在有效期内的股权激励计划所涉及的标的股票总数累计不得超过公司股本总额的10%
员工最高额度	单个员工所获股份权益对应的股票总数累计不得超过公司股本总额的1%。 员工持股计划持有的股票总数不包括员工在公司首次公开发行股票上市前获得的股份、通过二级市场自行购买的股份及通过股权激励获得的股份	非经股东大会特别决议批准，任何一名激励对象通过全部在有效期内的股权激励计划获授的本公司股票，累计不得超过公司股本总额的1%
考核指标	《指导意见》未对员工持股计划设置考核指标做出明确规定	激励对象为董事、高级管理人员的，上市公司应当设立绩效考核指标作为激励对象行使权益的条件。 绩效考核指标应当包括公司业绩指标和激励对象个人绩效指标。 上市公司可以公司历史业绩或同行业可比公司相关指标作为公司业绩指标对照依据。 激励对象个人绩效指标由上市公司自行确定

（续表）

对比项目	员工持股计划	股权激励
管理方式	上市公司可以自行管理本公司的员工持股计划，也可以将本公司员工持股计划委托给下列具有资产管理资质的机构管理：①信托公司；②保险资产管理公司；③证券公司；④基金管理公司；⑤其他符合条件的资产管理机构	股权激励没有对管理方式做出硬性要求，激励对象个人直接持有获授权益并自行管理

二、股权激励

股权激励是指上市公司以本公司股票为标的，对其董事、高级管理人员及其他员工进行的长期性激励。股权激励计划的激励对象不应当包括独立董事和监事。

（一）实行股权激励计划应具备的条件

上市公司具有下列情形之一的，不得实行股权激励：

（1）最近一个会计年度财务会计报告被注册会计师出具否定意见或者无法表示意见的审计报告；

（2）最近一个会计年度财务报告内部控制被注册会计师出具否定意见或无法表示意见的审计报告；

（3）上市后最近36个月内出现过未按法律法规、公司章程、公开承诺进行利润分配的情形；

（4）法律法规规定不得实行股权激励的；

（5）中国证监会认定的其他情形。

（二）股权激励的内容

1. 股权激励的核心内容

股权激励的核心内容可归纳为“八个定”：定模式、定对象、定来源、定方案、定价格、定条件、定数量、定时间。

（1）定模式。

股权激励有多种模式：业绩股票、股票期权、虚拟股票、股票增值权、限制性股票等。企业可以根据行业特征、业务模式、企业盈利能力、现金流状况等情况选择适合的股权激励模式。

（2）定对象。

定对象，包括确定本次股权激励的授予条件、激励对象人数、激励对象名单。

（3）定来源。

股权激励的资金，可以是股东出资、大股东转让股份、公司回购、公司定向增发等。

（4）定方案。

定方案，既包括制定本次股权激励的框架方案，也包括具体每个股权激励对象签署的激励协议。

框架方案包括本次计划的有效期、授予条件、实施条件、变更或提前终止实施等内容。

具体激励协议包括激励对象的授予日、授予价格、可行权价格、行权条件、成熟机制、争议解决方式等。

（5）定价格。

股权激励的价格主要包括授予价格和行权价格。

（6）定条件。

对于股票期权模式，定条件，是指确定激励对象行权须满足的绩效考核指标；对于限售性股票模式，定条件，是指股票解锁条件和成熟机制。

绩效考核指标应当包括公司业绩指标和激励对象个人绩效指标。

解锁条件不仅与绩效考核指标挂钩，激励对象还需要待锁定年限届满才能获得被授予的股票。

成熟机制，是指每期解锁的比例，上市公司一般选择匀速成熟或加速成熟方式。

（7）定数量。

定数量，既包括本次股权激励的总股数，还包括激励对象个人激励股数。

（8）定时间。

股权激励涉及的日期包括计划制定日、股权激励授予日、限售期、解锁日、行权日、计划终止日。

2. 股权激励的模式

在多种股权激励模式中，上市公司常用的股权激励模式是限制性股票和股票期权。

表2-7-2就限制性股票和股票期权这两种股票激励模式进行了对比。

表2-7-2　限制性股票和股票期权对比表

对比项目	限制性股票	股票期权
定义	限制性股票是指激励对象按照股权激励计划规定的条件，获得的转让等部分权利受到限制的本公司股票	股票期权是指上市公司授予激励对象在未来一定期限内以预先确定的条件购买本公司一定数量股份的权利
禁止行为	限制性股票在解除限售前不得转让、用于担保或偿还债务	激励对象获授的股票期权不得转让、用于担保或偿还债务

（续表）

对比项目	限制性股票	股票期权
价格	上市公司在授予激励对象限制性股票时，应当确定授予价格或授予价格的确定方法。授予价格不得低于股票票面金额，且原则上不得低于下列价格较高者： ① 股权激励计划草案公布前1个交易日的公司股票交易均价的50%； ② 股权激励计划草案公布前20个交易日、60个交易日或者120个交易日的公司股票交易均价之一的50%。 上市公司采用其他方法确定限制性股票授予价格的，应当在股权激励计划中对定价依据及定价方式作出说明	上市公司在授予激励对象股票期权时，应当明确行权价格或者行权价格的确定方法。行权价格不得低于股票票面金额，且原则上不得低于下列价格较高者： ① 股权激励计划草案公布前1个交易日的公司股票交易均价； ② 股权激励计划草案公布前20个交易日、60个交易日或者120个交易日的公司股票交易均价之一。 上市公司采用其他方法确定行权价格的，应当在股权激励计划中对定价依据及定价方式作出说明
锁定期	限制性股票授予日与首次解除限售日之间的间隔不得少于12个月。 在限制性股票有效期内，上市公司应当规定分期解除限售，每期时限不得少于12个月，各期解除限售的比例不得超过激励对象获授限制性股票总额的50%	股票期权授权日与获授股票期权首次可行权日之间的间隔不得少于12个月。 在股票期权有效期内，上市公司应当规定激励对象分期行权，每期时限不得少于12个月，后一行权期的起算日不得早于前一行权期的届满日。每期可行权的股票期权比例不得超过激励对象获授股票期权总额的50%
条件未成就的处理	当期解除限售的条件未成就的，限制性股票不得解除限售或递延至下期解除限售，上市公司应当回购尚未解除限售的限制性股票，并按照《公司法》的规定进行处理（即减少公司注册资本，或将股份用于员工持股计划或者股权激励）	当期行权条件未成就的，股票期权不得行权或递延至下期行权，上市公司应当注销对应的股票期权

3. 股权激励对象

股权激励对象，应当是认可公司企业文化、对公司经营业绩和未来发展有直接影响的人员。

激励对象可以包括上市公司的董事、高级管理人员、核心技术人员或者核心业务人员，以及公司认为应当激励的对公司经营业绩和未来发展有直接影响的其他员工，但不应当包括独立董事和监事。外籍员工任职上市公司董事、高级管理人员、核心技术人员或者核心业务人员的，可以成为激励对象。

单独或合计持有上市公司5%以上股份的股东或实际控制人及其配偶、父母、子女，不得成为激励对象。

下列人员也不得成为激励对象：

（1）最近12个月内被证券交易所认定为不适当人选；

（2）最近12个月内被中国证监会及其派出机构认定为不适当人选；

（3）最近12个月内因重大违法违规行为被中国证监会及其派出机构行政处罚或者采取市场禁入措施的；

（4）具有《公司法》规定的不得担任公司董事、高级管理人员情形的；

（5）法律法规规定不得参与上市公司股权激励的；

（6）中国证监会认定的其他情形。

持股5%以上的主要股东或实际控制人原则上不得成为激励对象。除非经股东大会表决通过，且股东大会对该事项进行投票表决时，关联股东须回避表决。

激励对象不能同时参加两个或以上上市公司的股权激励计划。

4. 股权激励的考核指标

激励对象为董事、高级管理人员的，上市公司应当设立绩效考核指标作为激励对象行使权益的条件。

绩效考核指标应当包括公司业绩指标和激励对象个人绩效指标。

上市公司可以公司历史业绩或同行业可比公司相关指标作为公司业绩指标的对照依据，公司选取的业绩指标可以包括净资产收益率、每股收益、每股分红等能够反映股东回报和公司价值创造的综合性指标，以及净利润增长率、主营业务收入增长率等能够反映公司盈利能力和市场价值的成长性指标。以同行业可比公司相关指标作为对照依据的，选取的对照公司应当不少于3家。

激励对象个人绩效指标由上市公司自行确定。

（三）股权激励的流程

股权激励的一般流程包括股权激励计划的制定与审议、股权激励计划的授予登记、股票期权行权或限制性股票过户。

股权激励的特殊流程包括股票回购流程、股权激励计划的变更、股权激励计划的终止实施、股票期权自主行权等。

1. 股权激励计划的制定与审议

表2-7-3展示了上市公司股权激励计划制定与审议的流程。

表2-7-3　股权激励计划制定与审议流程表

环　节	事　项
拟订股权激励计划草案	薪酬与考核委员会负责拟订股权激励计划草案
董事会和监事会决议	董事会决议，关联董事应当回避表决
	独立董事和监事会应当发表意见
	上市公司应当在董事会审议通过股权激励计划草案后，及时公告董事会决议、股权激励计划草案、独立董事意见及监事会意见。上市公司实行股权激励计划依照规定需要取得有关部门批准的，应当在取得有关批复文件后的2个交易日内进行公告
股东大会通知公告及其他公示及说明	上市公司应当在召开股东大会前，通过公司网站或者其他途径，在公司内部公示激励对象的姓名和职务，公示期不少于10天
	上市公司应当在股东大会审议股权激励计划前5日披露监事会对激励名单审核及公示情况的说明
	上市公司应当对内幕信息知情人在股权激励计划草案公告前6个月内买卖本公司股票及其衍生品种的情况进行自查，说明是否存在内幕交易行为
	上市公司应当聘请律师事务所对股权激励计划出具法律意见书
	上市公司在发出召开股东大会审议股权激励计划的通知时，应当同时公告法律意见书；聘请独立财务顾问的，还应当同时公告独立财务顾问报告

（续表）

环　节	事　项
股东大会决议	上市公司召开股东大会审议股权激励计划时，独立董事应当就股权激励计划向所有的股东征集委托投票权；拟为激励对象的股东或者与激励对象存在关联关系的股东，应当回避表决
	股东大会应当对股权激励计划内容进行表决，并经出席会议的股东所持表决权的2/3以上通过。除上市公司董事、监事、高级管理人员、单独或合计持有上市公司5%以上股份的股东以外，其他股东的投票情况应当单独统计并予以披露
	股东大会审议通过股权激励计划及相关议案后，上市公司应当及时披露股东大会决议公告、经股东大会审议通过的股权激励计划、内幕信息知情人买卖本公司股票情况的自查报告。股东大会决议公告中应当包括中小投资者单独计票结果

2. 股权激励计划的授予与登记

表2-7-4展示了股权激励计划授予登记的流程。

表2-7-4　股权激励计划授予登记流程表

事　项	说　明
授予权益期限	股权激励计划经股东大会审议通过后，上市公司应当在60日内授予权益并完成公告、登记；有获授权益条件的，应当在条件成就后60日内授出权益并完成公告、登记。上市公司未能在60日内完成上述工作的，应当及时披露未完成的原因，并宣告终止实施股权激励，自公告之日起3个月内不得再次审议股权激励计划。 授出权益前，董事会应当就股权激励计划设定的激励对象获授权益的条件是否成就进行审议，独立董事及监事会应当同时发表明确意见。律师事务所应当对激励对象获授权益的条件是否成就出具法律意见。监事会应当对限制性股票授予日及期权授予日激励对象名单进行核实并发表意见
分次授出权益（如有）	分次授出权益的，在每次授出权益前，上市公司应当召开董事会，按照股权激励计划的内容及首次授出权益时确定的原则，决定授出的权益价格、行使权益安排等内容。当次授予权益的条件未成就时，上市公司不得向激励对象授予权益，未授予的权益也不得递延下期授予。 上市公司分次授出权益的，分次授出权益的议案经董事会审议通过后，上市公司应当及时披露董事会决议公告，对拟授出的权益价格、行使权益安排、是否符合股权激励计划的安排等内容进行说明
开设证券账户	上市公司应当按照证券登记结算机构的业务规则，在证券登记结算机构开设证券账户，用于股权激励的实施。激励对象为外籍员工的，可向证券登记结算机构申请开立证券账户
设定锁定期	尚未行权的股票期权，以及不得转让的标的股票，应当予以锁定

（续表）

结算登记	授予权益前，上市公司应当向证券交易所提出申请，经证券交易所确认后，由证券登记结算机构办理登记结算事宜
披露公告	上市公司向激励对象授出权益时，应再次披露股权激励会计处理方法、公允价值确定方法、涉及估值模型重要参数取值的合理性、实施股权激励应当计提的费用及对上市公司业绩的影响。 上市公司董事会应当在授予权益登记完成后及时披露相关实施情况的公告
预留权益（如有）	公司在股权激励方案中设置了预留权益的，在首次授予时无需对该部分预留权益进行登记。该部分预留权益在明确授予对象后应提交董事会审议后披露。在对预留权益进行授予及股份登记时，应启用新的期权简称和期权代码

3. 股票期权行权

表2-7-5展示了股权激励计划行权的流程。

表2-7-5 股权激励计划行权流程表

环 节	事 项
董事会审议股票期权行权条件是否成立	激励对象在行使权益前，董事会应当就股权激励计划设定的激励对象行使权益的条件是否成就进行审议。股票期权授权日与获授股票期权首次可行权日之间的间隔不得少于12个月。在股票期权有效期内，上市公司应当规定激励对象分期行权，每期时限不得少于12个月，后一行权期的起算日不得早于前一行权期的届满日。每期可行权的股票期权比例不得超过激励对象获授股票期权总额的50%。 独立董事及监事会应当同时发表明确意见。律师事务所应当出具法律意见。 上市公司应当及时披露董事会决议公告，同时公告独立董事、监事会、律师事务所意见以及独立财务顾问意见（如有）
激励对象向董事会提出行权申请	激励对象行权前应事先向上市公司董事会或董事会授权的机构申请。激励对象应事先向上市公司足额缴纳行权资金，上市公司不得通过借款、担保等任何方式为激励对象行权提供财务资助
上市公司向证券交易所提出行权申请，并办理登记结算	上市公司激励对象行使权益前，上市公司应当向证券交易所提出申请，经证券交易所确认后，由证券登记结算机构办理登记结算事宜
上市公司披露行权完成公告	上市公司董事会应当在股票期权行权登记完成后，及时披露相关实施情况的公告
股票期权的注销	股票期权各行权期结束后，激励对象未行权的当期股票期权应当终止行权，上市公司应当及时注销。 当期行权条件未成就的，股票期权不得行权或递延至下期行权，上市公司应当注销对应的股票期权。 出现上市公司触发不得实行股权激励的情形，或者激励对象不再符合成为激励对象的条件的情形，或者其他终止实施股权激励计划的情形或激励对象不符合行权条件的，上市公司应当注销对应的股票期权

4. 限制性股票回购

（1）触发上市公司回购尚未解除限售的限制性股票的情形。

出现以下情形之一的，上市公司应当回购尚未解除限售的限制性股票，并按照《公司法》的规定进行处理（即减少公司注册资本，或将股份用于员工持股计划或者股权激励）：

① 上市公司触发不得实行股权激励的情形，或者激励对象不再符合成为激励对象的条件的；

② 上市公司分期解除限售的，当期解除限售的条件未成就的限制性股票；

③ 其他终止实施股权激励计划的情形或激励对象未达到解除限售条件的。

（2）回购方案。

回购股份方案包括但不限于以下内容：

① 回购股份的原因；

② 回购股份的价格及定价依据；

③ 拟回购股份的种类、数量及占股权激励计划所涉及的标的股票的比例、占总股本的比例；

④ 拟用于回购的资金总额及资金来源；

⑤ 回购后公司股本结构的变动情况及对公司业绩的影响。

律师事务所应当就回购股份方案是否符合相关法律法规的规定和股权激励计划的安排出具专业意见。

（3）回购价格。

① 对出现令上市公司触发不得实行股权激励情形负有个人责任的激励对象，或不再符合激励对象条件的激励对象，公司回购价格不得高于授予价格；

② 出现其他情形的，公司回购价格不得高于授予价格加上银行同期存款

利息之和。

（4）回购流程。

上市公司董事会审议限制性股票回购方案的，应当及时公告回购股份方案及律师事务所意见。回购股份方案经股东大会批准后，上市公司应当及时公告股东大会决议。

上市公司回购限制性股票前，上市公司应当向证券交易所提出申请，经证券交易所确认后，由证券登记结算机构办理登记结算事宜。

5. 股权激励计划的变更

（1）股权激励计划原则、方式和程序的调整。

因标的股票除权、除息或者其他原因需要调整权益价格或者数量的，上市公司董事会应当按照股权激励计划规定的原则、方式和程序进行调整。

律师事务所应当就上述调整是否符合相关规定、公司章程的规定和股权激励计划的安排出具专业意见。

因标的股票除权、除息或者其他原因调整权益价格或者数量的，调整议案经董事会审议通过后，上市公司应当及时披露董事会决议公告，同时公告律师事务所意见。

（2）股权激励方案的变更。

上市公司在股东大会审议通过股权激励方案之前可对其进行变更。股东大会审议股权激励计划前，上市公司拟对股权激励方案进行变更的，变更议案经董事会审议通过后，上市公司应当及时披露董事会决议公告，同时披露变更原因、变更内容及独立董事、监事会、律师事务所意见。

上市公司对已通过股东大会审议的股权激励方案进行变更的，应当及时公告并提交股东大会审议，且不得包括下列情形：① 导致加速行权或提前解除限售的情形；② 降低行权价格或授予价格的情形。

独立董事、监事会应当就变更后的方案是否有利于上市公司的持续发展，是否存在明显损害上市公司及全体股东利益的情形发表独立意见。律师事务所应当就变更后的方案是否符合相关法律法规的规定、是否存在明显损害上市公司及全体股东利益的情形发表专业意见。

6. 股权激励计划的终止实施

上市公司在股东大会审议股权激励计划之前拟终止实施股权激励的，需经董事会审议通过。

上市公司在股东大会审议通过股权激励计划之后终止实施股权激励的，应当由股东大会审议决定。

律师事务所应当就上市公司终止实施股权激励发表专业意见。

上市公司股东大会或董事会审议通过终止实施股权激励计划决议，或者股东大会审议未通过股权激励计划的，自决议公告之日起3个月内，上市公司不得再次审议股权激励计划。

上市公司终止实施股权激励的，终止实施议案经股东大会或董事会审议通过后，上市公司应当及时披露股东大会决议公告或董事会决议公告，并对终止实施股权激励的原因、股权激励已筹划及实施进展、终止实施股权激励对上市公司的可能影响等作出说明，并披露律师事务所意见。

7. 股票期权自主行权

股票期权自主行权业务，是指上市公司股权激励计划中股票期权激励对象在规定的行权期间内，自主选择行权时间和行权数量，在缴纳行权资金和相关税费后，获得上市公司无限售流通股股票。自主行权只适用于激励股份来源于上市公司向激励对象增发股份的情形。

表2-7-6展示了股票期权自主行权流程。

表2-7-6　股票期权自主行权流程

环　节	事　项
准备工作	① 上市公司向中国结算申请办理股权激励计划股票期权自主行权业务。 ② 上市公司聘请符合要求的主办券商。 ③ 上市公司召开董事会，审议行权条件成就、股权激励对象名单、行权期、采取自主行权模式等事项，并及时披露董事会决议及股票期权符合行权条件等公告
业务办理	① 上市公司向中国结算提交股权激励计划股票期权自主行权业务通知。 ② 上市公司披露自主行权实施公告
股份登记	① 在行权期内，上市公司激励对象通过主办券商系统申报行权（T日），中国结算于次一交易日（T+1日）办理清算交收和新增股份登记。 ② 行权新增的股份于交收日的下一交易日（T+2日）上市交易
暂停行权	① 窗口期暂停行权。对于定期报告等中国结算规定的有关限制行权的交易窗口期，上市公司应于限制行权起始日前及时披露有关限制行权的提示公告。 ② 股本变动暂停行权。在自主行权期内，上市公司发生权益分派、配股、股票注销、可转债发行等情形，导致期权行权价格、数量等相关要素发生变化的，上市公司应当向中国结算申请调整自主行权相关要素，并及时披露因行权相关要素调整限制行权的公告、相关要素调整后自主行权实施公告等。限制行权期为自主行权实施公告前3个交易日至权益登记日
行权结果及股本变动	自主行权期间，上市公司应当于每季度结束后2个交易日内，披露上一季度股票期权行权结果暨股本结构变动公告，并向证券交易所提交“其他股本变动变动申请表”
董事、高管的自主行权管理	上市公司董事、高级管理人员对所获股权激励计划股票期权自主申报行权后，应当按照证券交易所的要求，及时报告上市公司，并在证券交易所网站披露。 上市公司董事、高级管理人员对股权激励计划股票期权自主申报行权后所获股份进行交易的，应当符合相关法律法规有关董事、高级管理人员减持股份的规定

（四）股权激励的其他注意事项

1. 预留权益机制

预留权益，指股权激励计划推出时未明确激励对象、实施过程中确定激励对象的权益。

上市公司在推出股权激励计划时，可以设置预留权益，预留比例不得超过本次股权激励计划拟授予权益数量的20%。上市公司应当在股权激励计划经股东大会审议通过后12个月内明确预留权益的授予对象；超过12个月未明确激励对象的，预留权益失效。

2. 股权激励的窗口期

相关法律、行政法规、部门规章对上市公司董事、高级管理人员买卖本公司股票的期间有限制的，上市公司不得在相关限制期间内向激励对象授出限制性股票，激励对象也不得行使权益。

上市公司启动及实施增发新股、并购重组、资产注入、发行可转债、发行公司债券等重大事项期间，可以实行股权激励计划。

3. 回购股份用于股权激励的要求

公司回购股份用于员工持股计划或者股权激励，可以依照公司章程的规定或者股东大会的授权，经2/3以上董事出席的董事会会议决议。

公司收购本公司股份后，公司合计持有的本公司股份数不得超过本公司已发行股份总额的10%，并应当在3年内转让或者注销。

上市公司收购本公司股份用于员工持股计划或者股权激励的，应当通过公开的集中交易方式进行。

4. 股权激励的持续披露

上市公司应当在定期报告中披露报告期内股权激励的实施情况，包括：

（1）报告期内激励对象的范围；

（2）报告期内授出、行使和失效的权益总额；

（3）至报告期末累计已授出但尚未行使的权益总额；

（4）报告期内权益价格、权益数量历次调整的情况以及经调整后的最新权益价格与权益数量；

（5）董事、高级管理人员各自的姓名、职务以及在报告期内历次获授、行使权益的情况和失效的权益数量；

（6）因激励对象行使权益所引起的股本变动情况；

（7）股权激励的会计处理方法及股权激励费用对公司业绩的影响；

（8）报告期内激励对象获授权益、行使权益的条件是否成就的说明；

（9）报告期内终止实施股权激励的情况及原因。

三、员工持股计划

（一）员工持股计划的管理模式

员工持股计划既可以由上市公司自行管理，也可以由委托资产管理机构管理。参加员工持股计划的员工应当通过员工持股计划持有人会议选出代表或设立相应机构，监督员工持股计划的日常管理，代表员工持股计划持有人行使股东权利或者授权资产管理机构行使股东权利。

上市公司自行管理本公司员工持股计划的，应当明确持股计划的管理方，制定相应的管理规则，切实维护员工持股计划持有人的合法权益。

上市公司可以将本公司员工持股计划委托给下列具有资产管理资质的机构管理：① 信托公司；② 保险资产管理公司；③ 证券公司；④ 基金管理公司；⑤ 其他符合条件的资产管理机构。

上市公司委托资产管理机构管理本公司员工持股计划的，应当与资产管理机构签订资产管理协议。资产管理协议应当明确当事人的权利义务，切实维护员工持股计划持有人的合法权益，确保员工持股计划的财产安全。资产管理机构应当根据协议约定管理员工持股计划，同时应当遵守资产管理业务相关规则。

员工持股计划管理机构应当以员工持股计划的名义开立证券交易账户。员工持股计划持有的股票、资金为委托财产，员工持股计划管理机构不得将委托财产归入其固有财产。员工持股计划管理机构因依法解散、被依法撤销或者被依法宣告破产等原因进行清算的，委托财产不属于其清算财产。

（二）员工持股计划的推出及实施程序

根据《关于上市公司实施员工持股计划试点的指导意见》，上市公司实施员工持股计划需要履行表2-7-7所列的程序和披露义务。

表2-7-7　员工持股计划实施流程表

环　节	事　项
召开职工代表大会	实施员工持股计划前，上市公司应当通过职工代表大会等组织充分征求员工意见
董事会决议、独立董事和监事会意见、相关公告	董事会审议时，关联董事应当回避表决。 独立董事和监事会应当发表意见。 上市公司应当在董事会审议通过员工持股计划草案后的2个交易日内，公告董事会决议、员工持股计划草案摘要、独立董事及监事会意见及与资产管理机构签订的资产管理协议
律师出具法律意见书	上市公司应聘请律师事务所就员工持股计划事项发表法律意见，并在召开股东大会前公告法律意见书
股东大会决议及相关公告	上市公司应在提供现场投票方式的同时提供网络投票，并对中小投资者的表决单独计票并公开披露。关联股东、关联董事应当回避表决；股东大会应当经出席会议的非关联股东所持表决权的半数以上通过。 股东大会审议通过员工持股计划后2个交易日内，上市公司应当披露股东大会决议及员工持股计划方案
回购股份用于员工持股计划（如有）	采取二级市场购买方式实施员工持股计划的，员工持股计划管理机构应当在股东大会审议通过员工持股计划后6个月内，根据员工持股计划的安排，完成标的股票的购买。上市公司应当每月公告一次购买股票的时间、数量、价格、方式等具体情况。 上市公司实施员工持股计划的，在完成标的股票的购买或将标的股票过户至员工持股计划名下的2个交易日内，及时披露获得标的股票的时间、数量等情况
员工权益变动（如有）	员工因参加员工持股计划，其股份权益发生变动，依据法律应当履行相应义务的，应当依据法律履行；员工持股计划持有公司股票达到公司已发行股份总数的5%时，应当依据法律规定履行相应义务
其他重大事项（如有）	上市公司在员工持股计划存续期内，发生下列情形且对员工持股计划造成重大影响时，应及时披露： ① 员工持股计划变更、提前终止，或者相关当事人未按照约定实施员工持股计划的； ② 员工持股计划持有人出现离职、退休、死亡或其他不再适合参与持股计划等情形，且合并持有股份份额达到员工持股计划总额10%以上的； ③ 员工持股计划持有人之外的第三人对员工持股计划的股票和资金提出权利主张的； ④ 证券交易所认定的其他情形

第八章　投资者关系管理

投资者关系管理，是指上市公司通过便利股东权利行使、信息披露、互动交流和诉求处理等工作，加强与投资者及潜在投资者之间的沟通，增进投资者对上市公司的了解和认同，以提升上市公司治理水平和企业整体价值，实现尊重投资者、回报投资者、保护投资者目的的相关活动。

投资者关系管理是证券部除了合规外的另一重要职能。证券部在董事会秘书的带领下，负责投资者关系管理，协调公司与证券监管机构、投资者及实际控制人、中介机构、媒体等之间的信息沟通。

同时，证券部应当关注媒体报道并主动求证真实情况，督促公司等相关主体及时回复证券交易所问询。

本章法规导航

（1）《上市公司投资者关系管理工作指引》；

（2）各证券交易所制定的《股票上市规则》；

（3）上交所、深交所分别制定的《上市公司自律监管指引——规范运作》。

一、上市前的投资者关系及媒体沟通

（一）法定披露媒体

根据中国证监会的规定，上市公司和主承销商在发行过程中公告的信息需要选择一家中国证监会指定的报刊披露，同时将其刊登在中国证监会指定的互联网网站，并置备于中国证监会指定的场所，供公众查询。

中国证监会于2020年9月11日发布了《具备证券市场信息披露条件的媒体名单》（证监会公告〔2020〕61号），首次披露了根据《关于证券市场信息披露媒体条件的规定》规定的条件下，可以从事证券市场信息披露业务的媒体名单。名单如下：

金融时报、经济参考报、中国日报、中国证券报、证券日报、上海证券报、证券时报，及其依法开办的互联网网站：www.financialnews.com.cn，www.jjckb.cn，www.chinadaily.com.cn，www.cs.com.cn，www.zqrb.cn，www.cnstock.com，www.stcn.com。

（二）IPO期间的媒体沟通应注意的事项

（1）公司应当建立切实有效的信息披露机制和媒体沟通机制。董事会秘书负责组织和协调公司的信息披露事务，负责公司信息对外公布的相关事宜。保荐机构、财经公告等专业机构对拟上市公司与媒体沟通等环节提供有针对性的指导和支持。

（2）公司应当制定特定、唯一的新闻发言人。除非得到明确授权，公司高级管理人员和其他员工不得代表公司发言。

（3）公司在接受媒体舆论监督的同时，也应懂得维护自身权益。证券部应当安排人员每天监控公司有关的媒体报道，将媒体报道事件第一时间上报董事会秘书，并对事件进行调查分析。如果遇到媒体连续报道且属于实质性范畴，董事会秘书应第一时间通知核心管理层和保荐机构，并向监管部门汇报情况，提供有说服力的反馈材料，争取监管层的理解和支持。如遇到虚假、恶意报道，或者利用负面稿件要挟企业的，证券部可以记录下对方的详细信息、沟通记录，向有关媒体主管单位进行举报和投诉，积极维护企业形象。

（三）IPO期间的来电处理机制

公司上市前，证券部应配备电话专机作为投资者咨询和媒体采访诉求的窗口。电话专机最好具备录音功能。公司证券部应当基于《信息披露管理制度》完善信息披露机制。

1. 证券部接听媒体来电的基本原则

（1）礼貌热情、态度友善诚恳，切勿与来电人发生争执。

（2）仔细聆听对方诉求，了解其通话的用意。

2. 来电应对措施

（1）对方诉求为约见采访的。

首先，需要辨别媒体从业者身份的真伪；其次，了解来电方所属部门，是属于经营层面（销售部、广告部、运营部）还是采编层面（记者、编辑）。

若确属记者或编辑人员，则留下对方的采访提纲、基本信息和联系方式，提请管理层和中介机构甄选。

（2）对方诉求为问题求证的。

首先，秉持谨慎应对原则，不直接回复敏感问题，留下对方的联系电话和基本信息。

同时，立即告知董事会秘书和核心管理层。由董事会秘书主导，对问题进行自查考证，进而作出有针对性的回应。

（3）对方利用媒体负面报道要挟企业的。

首先，在录音电话里详细了解对方的真实身份、对方提及的材料和对方的诉求；其次，搜集、整理相关的沟通痕迹和通话记录；最后，在公司法务部门的协助下向媒体主管部门举报或投诉，情节严重的可以直接向公安机关报案。

（4）对方有销售意向的。

首先，记下对方的工作单位、身份信息和联系方式；然后，衡量自身企业是否有需求，如有需求，转介相关部门回复。

3. 投资者来电沟通

了解来电者的身份和电话诉求；根据公司已公开的信息进行回复，指引投资者参加网下发行路演、网上发行路演、一对一路演、反路演等活动。

二、上市后的投资者关系管理

（一）投资者关系管理的总体要求

（1）上市公司及其董事、监事、高级管理人员和工作人员开展投资者关系管理工作，应当严格审查向外界传达的信息，遵守法律法规及证券交易所相关规定，体现公平、公正、公开原则，客观、真实、准确、完整地介绍和反映公司的实际状况。

（2）上市公司应当建立投资者关系管理机制，指定董事会秘书担任投资者关系管理负责人。

（3）公司应当定期对控股股东、实际控制人、董事、监事、高级管理人员及相关人员进行投资者关系管理的系统培训。

（4）上市公司开展投资者关系管理活动，应当以已公开披露的信息作为交流内容。

(5) 上市公司应当建立投资者关系管理档案。

(6) 上市公司应当在定期报告中公布公司网址和咨询电话号码。当网址或者咨询电话号码发生变更后，公司应当及时进行公告。

(7) 上市公司应当建立、健全投资者关系管理活动的相关制度及程序，保证信息披露的公平性。

(二) 投资者关系管理具体工作

1. 与投资者的沟通机制

(1) 投资者关系管理中上市公司与投资者沟通的内容主要有以下几点：

① 公司的发展战略；

② 法定信息披露内容；

③ 公司的经营管理信息；

④ 公司的环境、社会和治理信息；

⑤ 公司的文化建设；

⑥ 股东权利行使的方式、途径和程序等；

⑦ 投资者诉求处理的信息；

⑧ 公司正在或者可能面临的风险和挑战；

⑨ 公司的其他相关信息。

(2) 上市公司与投资者的互动交流方式主要有以下几种：

① 安排投资者、基金经理、分析师等到公司现场参观、座谈沟通；

② 通过路演、分析师会议等方式，沟通交流公司情况；

③ 设立投资者联系电话、传真和电子邮箱等；

④ 通过证券交易所投资者关系互动平台等进行互动交流。

2. 业绩说明会

召开业绩说明会是上市公司与投资者，特别是与中小投资者进行近距离沟通的重要途径，也是上市公司投资者关系管理的重要内容。

（1）业绩说明会规则。

表2-8-1比较了各板块关于业绩说明会召开规则的异同。

表2-8-1　各板块业绩说明会规则对照表

<table>
<tr><th colspan="2">对比项目</th><th>沪市主板</th><th>深市主板</th><th>科创板</th><th>创业板</th><th>北交所</th></tr>
<tr><td rowspan="2">适用对象</td><td>应当召开</td><td colspan="2">沪深300指数公司、A+H上市公司、央企控股上市公司</td><td colspan="3">上市公司应当召开</td></tr>
<tr><td>参照执行</td><td colspan="2">其他公司</td><td colspan="3">—</td></tr>
<tr><td colspan="2" rowspan="5">出席人员</td><td colspan="5">董事长（或总经理）</td></tr>
<tr><td colspan="5">财务负责人</td></tr>
<tr><td colspan="5">董事会秘书</td></tr>
<tr><td>独立董事（至少1名）</td><td>独立董事</td><td>独立董事（至少1名）</td><td>独立董事</td><td>—</td></tr>
<tr><td colspan="4">鼓励持续督导期间保荐代表人或独立财务顾问主办人出席</td><td>保荐代表人（如有）</td></tr>
<tr><td colspan="2">召开时间</td><td>年报披露后</td><td>年报披露后15个交易日内</td><td>年报披露后，年度股东大会登记日前</td><td>年报披露后15个交易日内</td><td>不晚于年度股东大会召开之日</td></tr>
</table>

（2）业绩说明会流程。

以下以深交所规则为例，简要介绍业绩说明会召开流程，如表2-8-2所示。

表2-8-2　业绩说明会召开流程

时　点	事　项
T-10日前	上市公司可向中小投资者、机构投资者、行业分析师或媒体记者发出参会邀请
T-5日前	上市公司发布召开业绩说明会的预告公告，说明召开方式、召开地点或网址、公司出席人员名单、问题征集方式等，并向投资者公开征集问题
T-2日	鼓励上市公司披露投资者关注的主要问题

（续表）

时　点	事　项
T日	上市公司董事长（或总经理）、财务负责人、独立董事、董事会秘书等上市公司管理层出席业绩说明会。 上市公司保障投资者尤其是中小投资者参与互动的权利，平等对待全体投资者，确保信息发布公平，全体投资者可接入并实时互动。 上市公司对公司所处行业状况、发展战略、生产经营、财务状况、分红情况、风险与困难及其他投资者关心的内容进行真实、准确、完整的说明。 上市公司将积极回答投资者提出的问题。鼓励上市公司通过直播、语音、图文等多种形式进行互动，并利用可视化年报、云参观等方式帮助投资者更好了解上市公司
T+2日内	上市公司应当及时编制并披露投资者关系活动记录表，并在证券交易所和公司网站刊载。 鼓励公司披露业绩说明会内容、回放业绩说明会

注：T日为业绩说明会召开日，原则上应当安排在非交易时段召开。

3. 投资者说明会

（1）上市公司召开投资者说明会的，应注意如下事项：

① 上市公司召开投资者说明会的，应当采取便于投资者参与的方式进行，现场召开的应当同时通过网络等渠道进行直播。公司应当在投资者说明会召开前发布公告。投资者说明会原则上应当安排在非交易时段召开。

② 参与投资者说明会的上市公司人员应当包括公司董事长（或者总经理）、财务负责人、至少1名独立董事、董事会秘书。

③ 一般情况下董事长或者总经理应当出席投资者说明会，不能出席的应当公开说明原因。

（2）存在下列情形的，公司应当按照有关规定召开投资者说明会：

① 公司当年现金分红水平未达相关规定，需要说明原因的；

② 公司在披露重组预案或重组报告书后终止重组的；

③ 公司证券交易出现相关规则规定的异常波动，公司核查后发现存在未披露重大事件的；

④ 公司相关重大事件受到市场高度关注或者质疑的；

⑤ 公司在年度报告披露后按照中国证监会和证券交易所相关要求应当召

开年度报告业绩说明会的；

⑥ 其他按照中国证监会、证券交易所相关要求应当召开投资者说明会的情形。

4. 投资者调研

上市公司接受投资者调研的，应当注意如下事项：

（1）上市公司接受从事证券分析、咨询及其他证券服务业的机构及个人、从事证券投资的机构及个人（以下简称调研机构及个人）的调研时，应当妥善开展相关接待工作，并按规定履行相应的信息披露义务。

（2）上市公司、调研机构及个人不得利用调研活动从事市场操纵、内幕交易或者其他违法违规行为。

（3）上市公司控股股东、实际控制人、董事、监事、高级管理人员及其他员工在接受调研前，应当知会董事会秘书，原则上董事会秘书应当全程参与调研。

（4）上市公司与调研机构及个人进行直接沟通的，除应邀参加证券公司研究所等机构举办的投资策略分析会等情形外，还应当要求调研机构及个人出具单位证明和身份证等资料，并要求与其签署承诺书。

（5）上市公司应当就调研过程和交流内容形成书面调研记录，参加调研的人员和董事会秘书应当签字确认。具备条件的，可以对调研过程进行录音录像。

（6）上市公司应当建立接受调研的事后核实程序，明确未公开重大信息被泄露的应对措施和处理流程，要求调研机构及个人将基于交流沟通形成的投资价值分析报告等研究报告、新闻稿等文件在发布或者使用前知会公司。

（7）媒体、市场或投资者对公司发布调研记录提出质疑的，证券交易所可以视情况要求公司对有关问题作出解释和说明，并予以披露。

（三）投资者关系管理的信息披露

上市公司进行投资者关系管理事项的信息披露，应当注意如下事项：

（1）上市公司应当制定投资者关系管理相关制度（包括投资者关系管理档案制度、接待和推广制度、信息披露备查登记制度等）。

（2）投资者管理活动中的调研机构及个人在与上市公司直接沟通时，上市公司应要求其签署承诺书并交由公司妥善保管。

（3）上市公司在投资者说明会、业绩说明会、分析师会议、路演等投资者关系活动结束后应当及时编制投资者关系活动记录表，并及时在证券交易所指定网站和公司网站刊载。

（4）投资者关系管理相关文件披露后，原则上不得撤回、替换或删除。上市公司如发现已披露的文件存在错误或遗漏，应及时披露更正后的文件，并申请在文件名上添加标注，对更正前后的文件进行区分。

第三篇

并购重组

并购重组是指上市公司的收购、重大资产重组、合并、分立、股份回购等对上市公司股权结构、资产和负债、收入和利润等具有重大影响的公司行动。并购有公司合并和收购的含义。

上市公司筹划、实施并购重组事项，通常需要董事会秘书和证券部核心人员的重度参与。证券部应当详细记载筹划并购重组的每一具体环节的进展情况，制作书面的交易进程备忘录和内幕信息知情人档案，就并购重组事项筹备“三会”，制作文件材料报送中国证监会、证券交易所审核注册，并及时、准确进行信息披露。

第一章 重大资产重组

重大资产重组，是指上市公司及其控股或者控制的公司在日常经营活动之外购买、出售资产或者通过其他方式进行资产交易达到规定的比例，导致上市公司的主营业务、资产、收入发生重大变化的资产交易行为。

本章所述的重大资产重组，包括上市公司发行股份购买资产，不包括上市公司使用募集资金购买资产、对外投资的行为。

本章法规导航

（1）《上市公司重大资产重组管理办法》（以下简称《重组管理办法》）；

（2）《公开发行证券的公司信息披露内容与格式准则第26号——上市公司重大资产重组（2023年修订）》；

（3）《〈上市公司收购管理办法〉第六十二条、第六十三条及〈上市公司重大资产重组管理办法〉第四十六条有关限制股份转让的适用意见——证券期货法律适用意见第4号》；

（4）《〈上市公司重大资产重组管理办法〉第十四条、第四十四条的适用意见——证券期货法律适用意见第12号》；

（5）《〈上市公司重大资产重组管理办法〉第二十九条、第四十五条的适用意见——证券期货法律适用意见第15号》；

（6）《上市公司监管指引第1号——上市公司实施重大资产重组后存在未弥补亏损情形的监管要求》；

（7）《上市公司监管指引第7号——上市公司重大资产重组相关股票异常交易监管》；

（8）《上市公司监管指引第9号——上市公司筹划和实施重大资产重组的监管要求》。

一、重大资产重组概述

（一）重大资产重组界定标准

1. 构成重大资产重组

根据《重组管理办法》第十二条，上市公司及其控股或者控制的公司购买、出售资产，达到下列标准之一的，构成重大资产重组：

（1）购买、出售的资产总额占上市公司最近一个会计年度经审计的合并财务会计报告期末资产总额的比例达到50%以上；

（2）购买、出售的资产在最近一个会计年度所产生的营业收入占上市公司同期经审计的合并财务会计报告营业收入的比例达到50%以上，且超过5000万元；

（3）购买、出售的资产净额占上市公司最近一个会计年度经审计的合并财务会计报告期末净资产额的比例达到50%以上，且超过5000万元。

购买、出售资产未达到前款规定标准，但中国证监会发现涉嫌违反国家产业政策、违反法律和行政法规、违反中国证监会的规定、可能损害上市公司或者投资者合法权益等重大问题的，可以根据审慎监管原则，责令上市公司暂停交易、按照《重组管理办法》的规定补充披露相关信息、聘请符合《证券法》规定的独立财务顾问或者其他证券服务机构补充核查并披露专业意见。

2. 构成“借壳上市”

根据《重组管理办法》第十三条规定，上市公司自控制权发生变更之日起36个月内，向收购人及其关联人购买资产，导致上市公司发生以下根本变化情形之一的，构成重大资产重组（即通常所说的“借壳上市”的情形）：

（1）购买的资产总额占上市公司控制权发生变更的前一个会计年度经审计的合并财务会计报告期末资产总额的比例达到100%以上；

（2）购买的资产在最近一个会计年度所产生的营业收入占上市公司控制权发生变更的前一个会计年度经审计的合并财务会计报告营业收入的比例达到100%以上；

（3）购买的资产净额占上市公司控制权发生变更的前一个会计年度经审计的合并财务会计报告期末净资产额的比例达到100%以上；

（4）为购买资产发行的股份占上市公司首次向收购人及其关联人购买资产的董事会决议前一个交易日的股份的比例达到100%以上；

（5）上市公司向收购人及其关联人购买资产虽未达到本款第（1）项至第（4）项标准，但可能导致上市公司主营业务发生根本变化；

（6）中国证监会认定的可能导致上市公司发生根本变化的其他情形。

上市公司实施前款规定的重大资产重组，涉及发行股份的，应当报经中国证监会注册。

（二）重大资产重组计算标准的规定

1. 重大资产重组计算标准

表3-1-1列示了各种情形下的重大资产重组计算标准。

表3-1-1　重大资产重组计算标准一览表

情　形	计算标准
购买的资产为股权	① 资产总额以被投资企业的资产总额与该项投资所占股权比例的乘积和成交金额二者中的较高者为准； ② 营业收入以被投资企业的营业收入与该项投资所占股权比例的乘积为准； ③ 资产净额以被投资企业的资产净额与该项投资所占股权比例的乘积和成交金额二者中的较高者为准
出售的资产为股权	资产总额、营业收入、资产净额分别以被投资企业的资产总额、营业收入、资产净额与该项投资所占股权比例的乘积为准
购买股权导致上市公司取得被投资企业控股权	① 资产总额以被投资企业的资产总额和成交金额二者中的较高者为准； ② 营业收入以被投资企业的营业收入为准； ③ 资产净额以被投资企业的资产净额和成交金额二者中的较高者为准
出售股权导致上市公司丧失被投资企业控股权	资产总额、营业收入、资产净额分别以被投资企业的资产总额、营业收入、资产净额为准
购买的资产为非股权资产	① 资产总额以该资产的账面值和成交金额二者中的较高者为准； ② 资产净额以相关资产与负债的账面值和成交金额二者中的较高者为准
出售的资产为非股权资产	资产总额、资产净额分别以该资产的账面值、相关资产与负债账面值的差额为准。非股权资产不涉及负债的，不适合“购买、出售的资产金额占上市公司最近一个会计年度经审计的合并财务会计报告期末净资产额的比例达到50%以上，且超过5000万元人民币”的资产净额标准
上市公司同时购买、出售资产	应当分别计算购买、出售资产的相关比例，并以二者中比例较高者为准
上市公司在12个月内连续对同一或者相关资产进行购买、出售	以其累计数分别计算相应数额。已按规定编制并披露重大资产重组报告书的资产交易行为，无须纳入累计计算的范围。中国证监会另有规定的，从其规定
交易标的的资产属于同一交易方所有或者控制，或者属于相同或者相近的业务范围，或者中国证监会认定的其他情形下，可以认定为同一或者相关资产	

2. 重大资产重组的累计计算规定

根据《重组管理办法》第十四条第一款第（四）项以及《〈上市公司重大资产重组管理办法〉第十四条、第四十四条的适用意见——证券期货法律适用意见第 12 号》，表3-1-2汇总了重大资产重组累计计算规则。

表3-1-2 重大资产重组累计计算规则汇总表

情 形	适用建议
在上市公司股东大会作出购买或者出售资产的决议后12个月内，股东大会再次或者多次作出购买、出售同一或者相关资产的决议的	以其累计数分别计算相应数额。已按照相关规定编制并披露重大资产重组报告书的资产交易行为，无须纳入累计计算的范围
上市公司控制权发生变更之日起36个月内（含上市公司控制权发生变更的同时），向收购人及其关联人购买的资产所对应的资产总额、资产净额、营业收入，占上市公司控制权发生变更的前一个会计年度经审计的合并财务会计报告的相应指标的比例累计首次达到100%以上的，或者所对应的发行股份的数量，占上市公司首次向收购人及其关联人购买资产的董事会决议前一个交易日的股份比例累计首次达到100%以上的	合并视为一次重大资产重组，涉及发行股份的应当按规定申请注册；36个月内分次购买资产的，每次所购买资产对应的资产总额、资产净额、营业收入，以该购买事项首次公告日的前一个会计年度经审计的相应指标为准
上市公司按累计首次原则编制并披露重大资产重组方案时，如存在同业竞争或非正常关联交易等问题，则对于收购人及其关联人为解决该等问题所制定的承诺方案，涉及上市公司控制权发生变更之日起36个月内向上市公司注入资产的	合并计算

3. 重大资产重组的资产交易

重大资产重组的资产交易，除了“上市公司及其控股或者控制的公司在日常经营活动之外购买、出售资产”，还包括《重组管理办法》第十五条规定的“其他方式进行资产交易”：

① 与他人新设企业、对已设立的企业增资或者减资；

② 受托经营、租赁其他企业资产或者将经营性资产委托他人经营、租赁；

③ 接受附义务的资产赠与或者对外捐赠资产；

④ 中国证监会根据审慎监管原则认定的其他情形。

（三）重大资产重组的披露文件

1. 重大资产重组披露文件汇总

表3-1-3汇总了重大资产重组过程中所涉披露文件的相关规定。

表3-1-3　重大资产重组披露文件汇总表

涉及文件	主要内容/注意事项	披露时点
董事会决议	① 重大资产重组事项； ② 重大资产重组是否构成关联交易	董事会作出重大资产重组决议后的次一工作日公告
独立董事意见	① 对重大资产重组发表独立意见； ② 可以另聘独立财务顾问就本次交易对上市公司非关联股东的影响发表意见	
重组预案	① 重大事项提示、重大风险提示； ② 交易背景和目的； ③ 交易的方案概况； ④ 控制权变动情况； ⑤ 主要交易对方基本情况； ⑥ 交易标的基本情况； ⑦ 重组支付方式情况； ⑧ 其他重大不确定因素； ⑨ 控股股东及其一致行动人的意见及股份减持计划； ⑩ 证券服务机构核查意见（如有）	上市公司在董事会作出重大资产重组决议后的次一工作日披露
重组报告书	① 重大事项提示； ② 重大风险提示； ③ 本次交易概况； ④ 交易各方基本情况； ⑤ 交易标的情况； ⑥ 交易标的评估或估值； ⑦ 本次交易主要合同； ⑧ 交易的合规性分析； ⑨ 管理层讨论与分析； ⑩ 财务会计信息； ⑪ 同业竞争和关联交易； ⑫ 风险因素； ⑬ 其他重大事项； ⑭ 重组上市； ⑮ 重组支付方式； ⑯ 换股吸收合并； ⑰ 募集配套资金； ⑱ 重组报告书摘要	至迟与召开股东大会的通知同时公告

（续表）

涉及文件	主要内容/注意事项	披露时点
证券服务机构报告	① 独立财务顾问报告； ② 法律意见书； ③ 相关财务资料； ④ 资产评估报告及估值报告	至迟与召开股东大会的通知同时公告
股东大会决议	① 本次重大资产重组的方式、交易标的和交易对方； ② 交易价格或者价格区间； ③ 定价方式或者定价依据； ④ 相关资产自定价基准日至交割日期间损益的归属； ⑤ 相关资产办理权属转移的合同义务和违约责任； ⑥ 决议的有效期； ⑦ 对董事会办理本次重大资产重组事宜的具体授权； ⑧ 其他需要明确的事项	股东大会决议后的次一工作日公告
重组实施情况报告书	① 重组实施情况； ② 实际情况与此前披露信息是否存在差异； ③ 交易标的董监高更换及其他相关人员调整情况； ④ 资金占用及关联担保情况； ⑤ 相关协议及承诺履行情况； ⑥ 后续事项合规性及风险	实施完毕之日起3个工作日内编制，向证券交易所提交书面报告，并予公告
独立财务顾问和律师事务所意见	应当对重大资产重组的实施过程、资产过户事宜和相关后续事项的合规性及风险进行核查，发表明确的结论性意见	与实施情况报告书同时报告、公告
实施进展公告	自完成相关批准程序之日起60日内，本次重大资产重组未实施完毕的，上市公司应当于期满后次一工作日将实施进展情况报告，并予以公告	首次在期满后次日公告； 此后每30日公告一次，直至实施完毕

2. 重大资产重组的交易合同

上市公司首次召开董事会审议重大资产重组事项的，应当在召开董事会的当日或者前一日与相应的交易对方签订附条件生效的交易合同。重大资产重组涉及发行股份购买资产的，交易合同应当载明本次重大资产重组事项一经上市公司董事会、股东大会批准并经中国证监会注册，交易合同即应生效。

重大资产重组涉及发行股份购买资产的，交易合同应当载明特定对象拟认购股份的数量或者数量区间、认购价格或者定价原则、限售期，以及目标资产的基本情况、交易价格或者定价原则、资产过户或交付的时间安排和违约责任等条款。

3. 交易进程备忘录与内幕信息知情人档案

根据《重组管理办法》第四十二条规定，上市公司筹划重大资产重组事项，应当详细记载筹划过程中每一具体环节的进展情况，包括商议相关方案，形成相关意向，签署相关协议或者意向书的具体时间、地点、参与机构和人员、商议和决议内容等，制作书面的交易进程备忘录并予以妥当保存。参与每一具体环节的所有人员应当即时在备忘录上签名确认。

《关于上市公司建立内幕信息知情人登记管理制度的规定》第十条规定，上市公司进行收购、重大资产重组、发行证券、合并、分立、回购股份等重大事项，除填写上市公司内幕信息知情人档案外，还应当制作重大事项进程备忘录，内容包括但不限于筹划决策过程中各个关键时点的时间、参与筹划决策人员名单、筹划决策方式等。上市公司应当督促重大事项进程备忘录涉及的相关人员在备忘录上签名确认。

4. 二级市场自查报告

上市公司董事会应当就本次重组申请股票停牌前或首次作出决议前（以最早时间为节点）6个月至重组报告书披露之前一日止，上市公司及其董事、监事、高级管理人员，上市公司控股股东、实际控制人及其董监高（或主要负责人），交易对方及其控股股东、实际控制人、董监高（或主要负责人），相关专业机构及其他知悉本次重大资产交易内幕信息的法人和自然人，以及上述相关人员的直系亲属买卖该上市公司股票及其他相关证券情况进行自查，并制作自查报告。

（四）重大资产重组的程序

1. 重大资产重组审核流程

重大资产审核流程见图3-1-1。

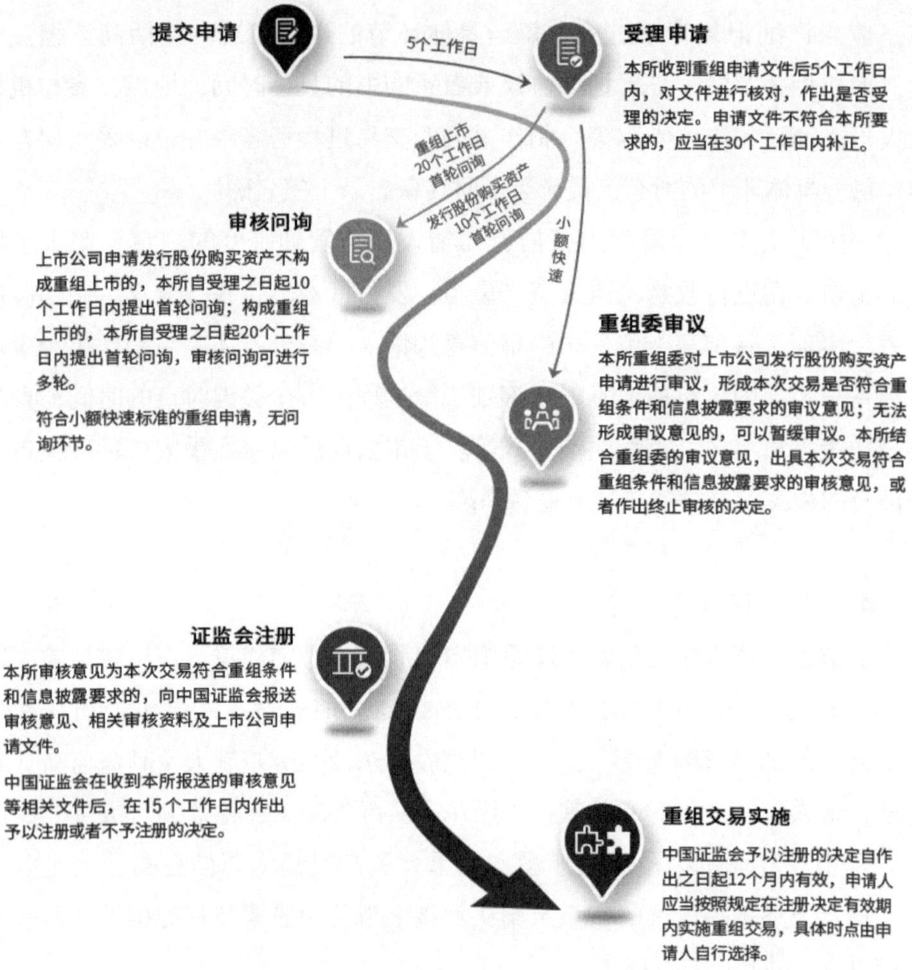

图3-1-1　重大资产重组审核流程图

资料来源：深圳证券交易所。

重大资产重组的流程及注意事项见表3-1-4。

表3-1-4　重大资产重组流程表

环　节	事　项
初步磋商	交易双方初步磋商。上市公司应做好保密工作，与相关方签署相关保密协议，及时做好内幕信息知情人登记，编制交易进程备忘录
尽职调查	上市公司聘请中介机构协助进行尽职调查、资产评估；上市公司与交易对方达成交易意向
内部审议	① 上市公司召开董事会会议；② 独立董事出具意见；③ 上市公司召开股东大会
中介机构出具报告	证券服务机构出具报告
涉及发行股份的重组的审核及注册	① 上市公司拟实施涉及发行股份的重组，应当在股东大会决议后3个工作日内向证券交易所提出申请。 ② 证券交易所受理后基于并购重组委审议意见形成审核意见，决定报中国证监会注册或者终止审核。 ③ 证监会在收到交易所报送材料后，15个工作日内对上市公司的注册申请作出予以注册或者不予注册的决定。 ④ 上市公司收到证监会就其申请作出的予以注册或者不予注册的决定后，应当在次一工作日予以公告。 证监会予以注册的，上市公司应当在公告注册决定的同时，按照相关信息披露准则的规定补充披露相关文件
问询核查	① 交易所通过问询、现场检查、现场督导、要求独立财务顾问和其他证券服务机构补充核查并披露专业意见等方式进行自律管理。 ② 中国证监会基于交易所的审核意见依法履行注册程序，发现存在影响重组条件的新增事项，可以要求交易所问询并就新增事项形成审核意见
重大调整（如有）	① 股东大会决议后的重大调整，上市公司应当在董事会表决通过后重新提交股东大会审议，并及时公告相关文件。 ② 交易所审核或证监会注册期间的重大调整，上市公司应当依规向交易所重新提出申请，予以公告
撤回申请（如有）	交易所审核或证监会注册期间，上市公司撤回申请的，应当说明原因，向交易所提出申请，予以公告
终止交易（如有）	交易所审核或中国证监会注册期间，上市公司董事会决议终止本次交易的，应当按照公司章程的规定提交股东大会审议，股东大会就重大资产重组事项作出决议时已具体授权董事会可以决议终止本次交易的除外
实施重组方案	① 上市公司重大资产重组完成相关批准程序后，应当及时实施重组方案，并于实施完毕之日起3个工作日内编制实施情况报告书，向交易所提交书面报告，予以公告。 ② 上市公司聘请的独立财务顾问和律师事务所出具意见
实施进展报告	自完成相关批准程序之日起60日内，本次重大资产重组未实施完毕的，上市公司应当于期满后次一工作日将实施进展情况报告，并予以公告；此后每30日应当公告一次，直至实施完毕

2. 重大资产重组的董事会审议事项

上市公司董事会审议上市公司进行重大资产重组的会议议案至少应当包括表3-1-5所列内容。

表3-1-5 重大资产重组董事会会议议案列表

序 号	议案名称
1	《关于公司进行重大资产重组的议案》[1]
2	《关于本次重组符合〈关于规范上市公司重大资产重组若干问题的规定（2016年修订）〉第四条[2]规定的议案》
3	《关于评估机构或估值机构的独立性、评估（估值）假设前提的合理性、评估（估值）方法与评估（估值）目的的相关性以及评估（估值）定价的公允性的议案》（如有）
4	《关于本次重组是否构成关联交易的议案》
5	《关于签订重组相关协议的议案》（如有）
6	《关于批准本次重组有关审计、评估和盈利预测报告的议案》（如有）
7	《重大资产重组预案》或《重大资产重组报告书及其摘要》
8	《关于提请股东大会审议同意相关方免于按照有关规定向全体股东发出（全面）要约的议案》（如适用）
9	《关于本次重组符合〈重组办法〉第十三条规定的议案》（适用于构成重组上市的情形）
10	《关于召开上市公司股东大会的议案》（如有）

注：

1. 至少应当包括：本次重大资产重组的方式、交易标的和交易对方，交易价格或者价格区间（如有），定价方式或者定价依据，相关资产自定价基准日至交割日期间损益的归属，相关资产办理权属转移的合同义务和违约责任，决议的有效期，对董事会办理本次重大资产重组事宜的具体授权，以及其他需要明确的事项（需逐项表决）。

2. 《关于规范上市公司重大资产重组若干问题的规定（2016年修订）》第四条：

上市公司拟实施重大资产重组的，董事会应当就本次交易是否符合下列规定作出审慎判断，并记载于董事会决议记录中：

① 交易标的资产涉及立项、环保、行业准入、用地、规划、建设施工等有关报批事项的，在本次交易的首次董事会决议公告前应当取得相应的许可证书或者有关主管部门的批复文件；本次交易行为涉及有关报批事项的，应当在重大资产重组预案和报告书中详细披露已向有关主管部门报批的进展情况和尚需呈报批准的程序，并对可能无法获得批准的风险作出特别提示。

② 上市公司拟购买资产的，在本次交易的首次董事会决议公告前，资产出售方必须已经合法拥有标的资产的完整权利，不存在限制或者禁止转让的情形。

上市公司拟购买的资产为企业股权的，该企业应当不存在出资不实或者影响其合法存续的情况；上市公司在交易完成后成为持股型公司的，作为主要标的资产的企业股权应当为控股权。

上市公司拟购买的资产为土地使用权、矿业权等资源类权利的，应当已取得相应的权属证书，并具备相应的开发或者开采条件。

③ 上市公司购买资产应当有利于提高上市公司资产的完整性(包括取得生产经营所需要的商标权、专利权、非专利技术、采矿权、特许经营权等无形资产)，有利于上市公司在人员、采购、生产、销售、知识产权等方面保持独立。

④ 本次交易应当有利于上市公司改善财务状况、增强持续盈利能力，有利于上市公司突出主业、增强抗风险能力，有利于上市公司增强独立性、减少关联交易、避免同业竞争。

3. 重大资产重组股东大会注意事项

重大资产重组股东大会的注意事项详见表3-1-6。

表3-1-6　重大资产重组股东大会注意事项列表

事　项	具体内容
决议内容	① 本次重大资产重组的方式、交易标的和交易对方； ② 交易价格或者价格区间； ③ 定价方式或者定价依据； ④ 相关资产自定价基准日至交割日期间损益的归属； ⑤ 相关资产办理权属转移的合同义务和违约责任； ⑥ 决议的有效期； ⑦ 对董事会办理本次重大资产重组事宜的具体授权； ⑧ 其他需要明确的事项
表决通过票数	上市公司股东大会就重大资产重组事项作出决议，必须经出席会议的股东所持表决权的2/3以上通过
关联股东回避	上市公司重大资产重组事宜与本公司股东或者其关联人存在关联关系的，股东大会就重大资产重组事项进行表决时，关联股东应当回避表决。 交易对方已经与上市公司控股股东就受让上市公司股权或者向上市公司推荐董事达成协议或者默契，可能导致上市公司的实际控制权发生变化的，上市公司控股股东及其关联人应当回避表决
召开方式及计票	上市公司就重大资产重组事宜召开股东大会，应当以现场会议形式召开，并应当提供网络投票和其他合法方式为股东参加股东大会提供便利。除上市公司的董事、监事、高级管理人员、单独或者合计持有上市公司5%以上股份的股东以外，其他股东的投票情况应当单独统计并予以披露
披露要求	上市公司应当在股东大会作出重大资产重组决议后的次一工作日公告该决议，以及律师事务所对本次会议的召集程序、召集人和出席人员的资格、表决程序以及表决结果等事项出具的法律意见书
发行股份购买资产	涉及发行股份购买资产的，上市公司应当按照中国证监会的规定委托独立财务顾问在作出决议后3个工作日内向证券交易所提出申请

（五）重组方案的重大调整

1. 重组方案重大调整的认定标准

根据《重组管理办法》的规定，股东大会作出重大资产重组的决议后，上市公司拟对交易对象、交易标的、交易价格等作出变更，构成对原交易方案重大调整的，应当在董事会表决通过后重新提交股东大会审议，并及时公告相关文件。

如何认定是否构成重组方案的重大调整，《〈上市公司重大资产重组管理办法〉第二十九条、第四十五条的适用意见——证券期货法律适用意见第15号》进行了明确规定。

表3-1-7罗列了重组方案重大调整的认定要素及认定标准。

表3-1-7　重组方案重大调整认定标准

认定要素	认定标准
交易对象	拟对交易对象进行变更的，原则上视为构成对重组方案重大调整，但是有以下两种情况的，可以视为不构成对重组方案重大调整： ① 拟减少交易对象的，如交易各方同意将该交易对象及其持有的标的资产份额剔除出重组方案，且剔除相关标的资产后按照第②条所述有关交易标的变更的规定不构成重组方案重大调整的； ② 拟调整交易对象所持标的资产份额的，如交易各方同意交易对象之间转让标的资产份额，且转让份额不超过交易作价20%的
交易资产	拟对标的资产进行变更的，原则上视为构成对重组方案重大调整，但是同时满足以下条件的，可以视为不构成对重组方案重大调整： ① 拟增加或减少的交易标的的交易作价、资产总额、资产净额及营业收入占原标的资产相应指标总量的比例均不超过20%； ② 变更标的资产对交易标的的生产经营不构成实质性影响，包括不影响交易标的资产及业务完整性等
配套募集资金	① 新增或调增配套募集资金，应当视为构成对重组方案重大调整； ② 调减或取消配套募集资金不构成重组方案的重大调整。证券交易所并购重组委员会会议可以提出本次交易符合重组条件和信息披露要求的审议意见，但要求申请人调减或取消配套募集资金

2. 重组方案重大调整的处理

上市公司在股东大会审议通过重大资产重组议案后，对重组方案有重大调整的应按照如下原则进行处理：

（1）股东大会作出重大资产重组的决议后，上市公司拟对交易对象、交易标的、交易价格等作出变更，构成对原交易方案重大调整的，应当在董事会审议通过后重新提交股东大会审议，并及时公告相关文件。上市公司应当及时披露并提示相关风险。

（2）上市公司披露重组报告书后重组方案重大调整、终止重组的，应当补充披露股票交易自查报告。股票交易自查期间为披露重组报告书至披露重组方案重大调整或终止重组。

（3）中国证监会审核期间，上市公司拟对交易对象、交易标的、交易价格等作出变更，构成对重组方案重大调整的，应当在董事会表决通过后重新提交股东大会审议，并按照《重组管理办法》的规定向中国证监会重新报送重大资产重组申请文件，同时作出公告。

（4）上市公司重大资产重组申请取得中国证监会核准文件后，若因实施利润分配或者资本公积转增股本方案需要调整股份发行价格及发行数量的，上市公司应当在办理新增股份登记托管及上市手续前，根据重组方案规定的调整办法对股份发行价格及发行数量进行调整，并对外披露调整公告，同时聘请律师出具专项法律意见书。

（六）重大资产重组问答

1. 上市公司重大资产重组是否需要证监会审核

根据《重组管理办法》第十三条的规定，上市公司实施《重组管理办法》第十三条第一款规定的重大资产重组，涉及发行股份的，适用《证券法》和中国证监会的相关规定，应当报经中国证监会注册。

另外，根据《证券法》的规定，上市公司发行新股，应当报国务院证券监督管理机构或者国务院授权的部门核准。伴随全面实行股票发行注册制改革的推进，上市公司发行新股由证监会核准改成证监会注册。

因此，凡是涉及发行股份的重大资产重组，都应当提交证券交易所并购重组委审核，并报经中国证监会注册。除上述两种情形外，上市公司的其他交易虽构成重大资产重组，但不需要中国证监会行政许可或注册。

2. 可否中途更换中介机构

上市公司及交易对方与中介机构签订聘用合同后，非因正当事由不得更换中介机构。确有正当事由需要更换中介机构的，应当披露更换的具体原因以及中介机构的陈述意见。

3. 上市公司重大资产重组涉及其他主管部门批复有何要求

《重组管理办法》第十一条规定，“上市公司实施重大资产重组，应当就本次交易符合下列要求作出充分说明，并予以披露：（一）符合国家产业政策和有关环境保护、土地管理、反垄断、外商投资、对外投资等法律和行政法规的规定……”。对于涉及其他主管部门批复的，中介机构应当就本次交易涉及哪些部门批复、是否为前置审批、批复进度、不确定性风险，以及无法获取相关批复对本次交易的影响等事项发表明确意见并予以披露。

4. 如何进行重大资产重组股票异常交易监管

上市公司向证券交易所提出发行股份购买资产申请，如该重大资产重组事项涉嫌内幕交易被中国证监会立案调查或者被司法机关立案侦查，尚未受理的，证券交易所不予受理；已经受理的，证券交易所暂停审核、中国证监会暂停注册。

重大资产重组涉嫌《重组管理办法》第五十条、第五十一条、第五十二条、第五十三条规定情形的，中国证监会可以责令上市公司作出公开说明、聘请独立财务顾问或者其他证券服务机构补充核查并披露专业意见，在公开说明、披露专业意见之前，上市公司应当暂停重组活动；上市公司涉嫌前述情形被司法机关立案侦查或者被中国证监会立案调查的，在案件调查结论明确之前应当暂停重组活动。

涉嫌《重组管理办法》第五十一条、第五十二条、第五十三条规定情形，被司法机关立案侦查或者被中国证监会立案调查的，有关单位和个人应当严格遵守其所作的公开承诺，在案件调查结论明确之前，不得转让其在该上市公司拥有权益的股份。

发行股份购买资产申请因上市公司控股股东及其实际控制人存在内幕交易被证券交易所、中国证监会依照规定终止审核或者终止注册的，上市公司应当同时承诺自公告之日起至少12个月内不再筹划重大资产重组，并予以披露。

《上市公司监管指引第7号——上市公司重大资产重组相关股票异常交易监管》第六条所列主体因涉嫌本次重大资产重组相关的内幕交易被立案调查或者立案侦查的，自立案之日起至责任认定前不得参与任何上市公司的重大资产重组。中国证监会作出行政处罚或者司法机关依法追究刑事责任的，上述主体自中国证监会作出行政处罚决定或者司法机关作出相关裁判生效之日起至少36个月内不得参与任何上市公司的重大资产重组。

二、重大资产重组涉及发行股份购买资产

（一）发行股份购买资产应满足的要求

根据《重组管理办法》第四十三条规定，上市公司发行股份购买资产，应当符合下列规定：

（1）充分说明并披露本次交易有利于提高上市公司资产质量、改善财务状况和增强持续经营能力，有利于上市公司减少关联交易、避免同业竞争、增强独立性；

（2）上市公司最近一年及一期财务会计报告被注册会计师出具无保留意见审计报告；被出具保留意见、否定意见或者无法表示意见的审计报告的，

须经注册会计师专项核查确认，该保留意见、否定意见或者无法表示意见所涉及事项的重大影响已经消除或者将通过本次交易予以消除；

（3）上市公司及其现任董事、高级管理人员不存在因涉嫌犯罪正被司法机关立案侦查或涉嫌违法违规正被中国证监会立案调查情形，但涉嫌犯罪或违法违规的行为已经终止满3年，交易方案有助于消除该行为可能造成的不良后果，且不影响对相关行为人追究责任的除外；

（4）充分说明并披露上市公司发行股份所购买的资产为权属清晰的经营性资产，并能在约定期限内办理完毕权属转移手续；

（5）中国证监会规定的其他条件。

上市公司为促进行业的整合、转型升级，在其控制权不发生变更的情况下，可以向控股股东、实际控制人或者其控制的关联人之外的特定对象发行股份购买资产。所购买资产与现有主营业务没有显著协同效应的，应当充分说明并披露本次交易后的经营发展战略和业务管理模式，以及业务转型升级可能面临的风险和应对措施。

特定对象以现金或者资产认购上市公司发行的股份后，上市公司用同一次发行所募集的资金向该特定对象购买资产的，视同上市公司发行股份购买资产。

（二）发行股份购买资产的特殊程序

上市公司发行股份购买资产，除了应当履行上市公司重大资产重组的程序和披露义务外，还应当履行以下特殊程序，见表3-1-8。

表3-1-8　上市公司发行股份购买资产特殊程序表

环　节	事　项
确定发行价格	本次发行股份购买资产的董事会决议应当说明市场参考价的选择依据。董事会决议可以明确，在中国证监会注册前，上市公司的股票价格相比最初确定的发行价格发生重大变化的，董事会可以按照已经设定的调整方案对发行价格进行一次调整
编制材料	上市公司发行股份购买资产应当编制发行股份购买资产预案、发行股份购买资产报告书，并向证券交易所提出申请
审核及注册	① 上市公司拟实施涉及发行股份的重组，应当在股东大会决议后3个工作日内向证券交易所提出申请。 ② 证券交易所受理后基于并购重组委审议意见形成审核意见，决定报中国证监会注册或者终止审核。 ③ 证监会在收到证券交易所报送材料后，15个工作日内对上市公司的注册申请作出予以注册或者不予注册的决定。 ④ 上市公司收到证监会就其申请作出的予以注册或者不予注册的决定后，应当在次一工作日予以公告。 证监会予以注册的，上市公司应当在公告注册决定的同时，按照相关信息披露准则的规定补充披露相关文件
问询核查	① 证券交易所通过问询、现场检查、现场督导、要求独立财务顾问和其他证券服务机构以补充核查并披露专业意见等方式进行自律管理。 ② 中国证监会基于证券交易所的审核意见依法履行注册程序，发现存在影响重组条件的新增事项，可以要求证券交易所问询并就新增事项形成审核意见
实施重组方案	① 上市公司重大资产重组完成相关批准程序后，应当及时实施重组方案，并于实施完毕之日起3个工作日内编制实施情况报告书，向证券交易所提交书面报告，予以公告。 ② 上市公司聘请的独立财务顾问和律师事务所出具意见
实施进展报告	自完成相关批准程序之日起60日内，本次重大资产重组未实施完毕的，上市公司应当于期满后次一工作日将实施进展情况报告，并予以公告；此后每30日应当公告一次，直至实施完毕
资产过户	向特定对象购买的相关资产过户至上市公司后，上市公司聘请的独立财务顾问和律师事务所应当对资产过户事宜和相关后续事项的合规性及风险进行核查，并发表明确意见。上市公司应当在相关资产过户完成后3个工作日内就过户情况作出公告，公告中应当包括独立财务顾问和律师事务所的结论性意见
股份登记	上市公司完成资产过户情况的公告、报告后，可以到证券交易所、证券登记结算机构为认购股份的特定对象申请办理证券登记手续

（三）发行股份购买资产股份定价基准日及发行价格

1. 定价基准日

根据《上市公司监管指引第9号——上市公司筹划和实施重大资产重组的

监管要求》第三条规定，发行股份购买资产的首次董事会决议公告后，董事会在6个月内未发布召开股东大会通知的，上市公司应当重新召开董事会审议发行股份购买资产事项，并以该次董事会决议公告日作为发行股份的定价基准日。

发行股份购买资产事项提交股东大会审议未获批准的，上市公司董事会如再次作出发行股份购买资产的决议，应当以该次董事会决议公告日作为发行股份的定价基准日。

2. 发行价格

根据《重组管理办法》的规定，上市公司发行股份的价格不得低于市场参考价的80%。市场参考价为本次发行股份购买资产的董事会决议公告日前20个交易日、60个交易日或者120个交易日的公司股票交易均价之一。本次发行股份购买资产的董事会决议应当说明市场参考价的选择依据。

前款所称交易均价的计算公式如下：

董事会决议公告日前若干个交易日公司股票交易均价＝决议公告日前若干个交易日公司股票交易总额/决议公告日前若干个交易日公司股票交易总量。

3. 价格调整机制

本次发行股份购买资产的董事会决议可以明确，在中国证监会核准前，上市公司的股票价格相比最初确定的发行价格发生重大变化的，董事会可以按照已经设定的调整方案对发行价格进行一次调整。

前款规定的发行价格调整方案应当明确、具体、可操作，详细说明是否相应调整拟购买资产的定价、发行股份数量及其理由，在首次董事会决议公告时充分披露，并按照规定提交股东大会审议。股东大会作出决议后，董事会按照已经设定的方案调整发行价格的，上市公司无需向中国证监会重新提出申请。

《〈上市公司重大资产重组管理办法〉第二十九条、第四十五条的适用意见——证券期货法律适用意见第15号》提出适用意见：

（1）发行价格调整方案应当建立在市场和同行业指数变动基础上，且上市公司的股票价格相比最初确定的发行价格须同时发生重大变化。

（2）发行价格调整方案应当有利于保护股东权益，设置双向调整机制；若仅单向调整，应当说明理由，是否有利于中小股东保护。

（3）调价基准日应当明确、具体。股东大会授权董事会对发行价格调整进行决策的，在调价条件触发后，董事会应当审慎、及时履职。

（4）董事会决定在重组方案中设置发行价格调整机制时，应对发行价格调整方案可能产生的影响以及是否有利于股东保护进行充分评估论证并做信息披露。

（5）董事会在调价条件触发后根据股东大会授权对是否调整发行价格进行决议。决定对发行价格进行调整的，应对发行价格调整可能产生的影响、价格调整的合理性、是否有利于股东保护等进行充分评估论证并做信息披露，并应同时披露董事会就此决策的勤勉尽责情况。决定不对发行价格进行调整的，应当披露原因、可能产生的影响以及是否有利于股东保护等，并应同时披露董事会就此决策的勤勉尽责情况。

（6）独立财务顾问和律师事务所应对以上情况进行核查并发表明确意见。

（四）发行股份购买资产同时募集配套资金的相关规定

根据《重组管理办法》规定，上市公司发行股份购买资产的，可以同时募集部分配套资金。

根据《〈上市公司重大资产重组管理办法〉第十四条、第四十四条的适用意见——证券期货法律适用意见第12号》的适用意见，上市公司发行股份购买资产同时募集配套资金，所配套资金比例不超过拟购买资产交易价格

100%的，一并适用发行股份购买资产的审核、注册程序；超过100%的，一并适用上市公司发行股份融资的审核、注册程序。不属于发行股份购买资产项目配套融资的再融资，按照中国证监会相关规定办理。

（五）限售与承诺

1. 上市公司发行股份购买资产的限制股份转让规定

表3-1-9收集了有关上市公司发行股份购买资产的限制股份转让的相关规定。

表3-1-9　上市公司发行股份购买资产的限制股份转让规定

特定对象	锁定期
上市公司控股股东、实际控制人或者其控制的关联人[1]	自股份发行结束之日起36个月
通过认购本次发行的股份取得上市公司的控制权	
取得本次发行的股份时，对其用于认购股份的资产持续拥有权益的时间不足12个月	
以资产认购而取得上市公司股份的特定对象[2]	自股份发行结束之日起12个月
丧失控制权的上市公司原控股股东、原实际控制人及其控制的关联人，以及在交易过程中从该等主体直接或间接受让该上市公司股份的特定对象	本次交易完成之日起36个月
除收购及其关联人以外的特定对象	自以资产认购而取得的上市公司股份发行结束之日起24个月

注：

1.《证券期货法律适用意见第4号》明确规定，在控制关系清晰明确，易于判断的情况下，同一实际控制人控制之下不同主体之间转让上市公司股份，不属于上述规定限制转让的范围。上市公司的实际控制人、控股股东及相关市场主体不得通过持股结构调整进行利益输送等损害上市公司及投资者利益的行为。

前述在同一实际控制人控制之下不同主体之间转让上市公司股份行为完成后，受让方或实际控制人仍应当按照诚实信用原则忠实履行相关承诺义务，不得擅自变更、解除承诺义务。

律师事务所应当就上市公司的股份转让是否属于同一实际控制人之下不同主体之间的转让出具法律意见书。

上述股份转让中，涉及股份过户登记的，应按照有关股份协议转让规则办理。

2. 重大资产重组中的特定对象，是指向上市公司出售资产的除控股股东、实际控制人或者其控制的关联人以外的交易方。

2. 承诺事项

（1）上市公司向控股股东、实际控制人或者其控制的关联人发行股份购买资产，或者发行股份购买资产将导致上市公司实际控制权发生变更的，认购股份的特定对象应当在发行股份购买资产报告书中公开承诺：本次交易完成后6个月内如上市公司股票连续20个交易日的收盘价低于发行价，或者交易完成后6个月期末收盘价低于发行价的，其持有公司股票的锁定期自动延长至少6个月。

前款规定的特定对象还应当在发行股份购买资产报告书中公开承诺：如本次交易因涉嫌所提供或披露的信息存在虚假记载、误导性陈述或者重大遗漏，被司法机关立案侦查或者被中国证监会立案调查的，在案件调查结论明确以前，不转让其在该上市公司拥有权益的股份。

（2）上市公司披露重大资产重组预案或者草案后主动终止重大资产重组进程的，上市公司应当同时承诺自公告之日起至少一个月内不再筹划重大资产重组，并予以披露。

第二章　收购

本章所述的收购，是指投资者收购上市公司。

根据《证券法》的规定，投资者可以采取要约收购、协议收购及其他合法方式收购上市公司。

本章法规导航

（1）《证券法》；

（2）《上市公司收购管理办法》（以下简称《收购办法》）；

（3）《深圳证券交易所上市公司自律监管指南第1号——业务办理（2023年12月修订）》；

（4）《深圳证券交易所创业板上市公司自律监管指南第1号——业务办理（2023年12月修订）》；

（5）《北京证券交易所上市公司持续监管指引第5号——要约收购》。

一、收购概述

（一）收购人的限定条件

任何人不得利用上市公司的收购损害被收购公司及其股东的合法权益。有下列情形之一的，不得收购上市公司：

① 收购人负有数额较大债务，到期未清偿，且处于持续状态；

② 收购人最近3年有重大违法行为或者涉嫌有重大违法行为；

③ 收购人最近3年有严重的证券市场失信行为；

④ 收购人为自然人的，存在《公司法》第一百四十六条规定情形（即不得担任公司董监高的情形）；

⑤ 法律、行政法规规定以及中国证监会认定的不得收购上市公司的其他情形。

（二）一致行动人及权益计算

1. 一致行动人的定义

一致行动人是指在上市公司的收购及相关股份权益变动活动中有一致行动情形的投资者。一致行动是指投资者通过协议、其他安排与其他投资者共同扩大其所能够支配的一个上市公司股份表决权数量的行为或者事实。

投资者有下列情形之一的，为一致行动人：

（1）投资者之间有股权控制关系；

（2）投资者受同一主体控制；

（3）投资者的董事、监事或者高级管理人员中的主要成员，同时在另一投资者处担任董事、监事或者高级管理人员；

（4）投资者参股另一投资者，可以对参股公司的重大决策产生重大影响；

（5）银行以外的其他法人、其他组织和自然人为投资者取得相关股份提供融资安排；

（6）投资者之间存在合伙、合作、联营等其他经济利益关系；

（7）持有投资者30%以上股份的自然人，与投资者持有同一上市公司股份；

（8）在投资者任职的董事、监事及高级管理人员，与投资者持有同一上市公司股份；

（9）持有投资者30%以上股份的自然人和在投资者任职的董事、监事及高级管理人员，其父母、配偶、子女及其配偶、配偶的父母、兄弟姐妹及其配偶、配偶的兄弟姐妹及其配偶等亲属，与投资者持有同一上市公司股份；

（10）在上市公司任职的董事、监事、高级管理人员及其前项所述亲属同时持有本公司股份，或者与其自己或其前项所述亲属直接或者间接控制的企业同时持有本公司股份；

（11）上市公司董事、监事、高级管理人员和员工与其所控制或者委托的法人或者其他组织持有本公司股份；

（12）投资者之间具有其他关联关系。

2. 一致行动人拥有权益的计算方法

根据《收购办法》第十二条、第八十三条的规定，投资者在一个上市公司中拥有的权益，包括登记在其名下的股份和虽未登记在其名下但该投资者可以实际支配表决权的股份。投资者及其一致行动人在一个上市公司中拥有的权益应当合并计算。一致行动人应当合并计算其所持有的股份。投资者计算其所持有的股份，应当包括登记在其名下的股份，也包括登记在其一致行动人名下的股份。

例如：A投资者直接持有C上市公司25%的股份，并通过B公司拥有C上市公司的权益，A投资者持有B公司70%的股份，B公司持有C上市公司10%的股份，则A投资者在C上市公司中拥有权益的股份比例应为直接持有的25%与间接控制的10%之和即35%，而不是32%。

3. 投资者在股份减持行为中适用一致行动人的定义以及合并计算相关股份的原则

按照《证券法》第六十三条规定，投资者持有或者通过协议、其他安排与他人共同持有上市公司的股份达到5%时，或达到5%后增加或减少5%时，均应当履行报告和公告义务。《收购办法》第十二条、第十三条、第十四条以及第八十三条进一步规定，投资者及其一致行动人持有的股份应当合并计算，其增持、减持行为都应当按照规定履行相关信息披露及报告义务。

《收购办法》所称一致行动情形，包括第八十三条所列举的12种情形，如无相反证据，即互为一致行动人，该种一致行动关系不以相关持股主体增持或减持上市公司股份为前提。

4. 权益比例的计算

根据《收购办法》第八十五条的规定，信息披露义务人涉及计算其拥有权益比例的，应当将其所持有的上市公司已发行的可转换为公司股票的证券中有权转换部分与其所持有的同一上市公司的股份合并计算，并将其持股比例与合并计算非股权类证券转为股份后的比例相比，以二者中的较高者为准；行权期限届满未行权的，或者行权条件不再具备的，无需合并计算。

前款所述二者中的较高者，应当按下列公式计算：

（1）投资者持有的股份数量[①] / 上市公司已发行股份总数[②]。

（2）（投资者持有的股份数量＋投资者持有的可转换为公司股票的非股权类证券所对应的股份数量）/（上市公司已发行股份总数＋上市公司发行的可转换为公司股票的非股权类证券所对应的股份总数）。

二、收购方式

上市公司的收购可以采取多种方式。

可以采取单一模式。《证券法》第六十二条规定，投资者可以采取要约收购、协议收购及其他合法方式收购上市公司。一般的单一模式包括举牌收购、要约收购、协议收购、管理层收购、间接收购、认购非公开发行股票等。

也可以采取混合模式。《收购办法》第五条规定，收购人可以通过取得

① 投资者持有的股份数量，包括投资者拥有的普通股数量和优先股恢复的表决权数量。

② 上市公司已发行股份总数，包括上市公司已发行的普通股总数和优先股恢复的表决权总数。

股份的方式成为一个上市公司的控股股东，可以通过投资关系、协议、其他安排的途径成为一个上市公司的实际控制人，也可以同时采取上述方式和途径取得上市公司控制权。

（一）举牌收购

1. 举牌与举牌收购的概念

我国法律法规中都没有明确“举牌”的概念。根据《证券法》和《收购办法》的规定，投资者从证券交易所购入上市公司股票变动量达到规定的比例须履行权益变动报告、公告等法定义务。金融界一般认为，投资者通过证券交易所交易取得上市公司股份且所持股份比例达到5%标准的行为，称为“举牌”。

《证券法》和《收购办法》都并未明确“举牌收购”的概念，但业界普遍认为，投资者及其一致行动人拥有权益的股份达到一个上市公司已发行股份的5%以后，继续通过在证券交易所的证券交易收购上市公司股票，最终获得上市公司控制权的收购方式，称为“举牌收购”。

2. 举牌慢走规则

举牌行为的权益披露规则，一般被称为“举牌慢走”规则，它是指投资者及其一致行动人拥有权益的股份达到一个上市公司已发行股份的5%后，通过证券交易所的证券交易，其拥有权益的股份占该上市公司已发行股份的比例每增加或者减少5%，应当编制权益变动报告书，向中国证监会、证券交易所提交书面报告，通知该上市公司并予公告。在该事实发生之日起至公告后3日内，不得再行买卖该上市公司的股票；前述投资者及其一致行动人拥有权益的股份达到一个上市公司已发行股份的5%后，其拥有权益的股份占该上市公司已发行股份的比例每增加或者减少1%，应当在该事实发生的次日通知该上市公司，并予公告。

表3-2-1对举牌慢走规则进行了归纳。

表3-2-1　举牌慢走规则一览表

投资者及其一致行动人拥有权益的股份	简化理解
股份达到一个上市公司已发行股份的5%时，应当在该事实发生之日起3日内编制权益变动报告书，向中国证监会、证券交易所提交书面报告，通知该上市公司，并予公告；在上述期限内，不得再行买卖该上市公司的股票，但中国证监会规定的情形除外	① 条件：达到5%。 ② 应尽义务： A. 3日内书面报告（中国证监会、证券交易所）； B. 通知上市公司发公告； C. 3日内禁止买卖该上市公司股票
股份达到一个上市公司已发行股份的5%后，通过证券交易所的证券交易，其拥有权益的股份占该上市公司已发行股份的比例每增加或者减少5%，应当依照前款规定进行报告和公告。在该事实发生之日起至公告后3日内，不得再行买卖该上市公司的股票，但中国证监会规定的情形除外	① 条件：达到5%后，每增加或减少5%。 ② 应尽义务： A. 3日内书面报告（中国证监会、证券交易所）； B. 通知上市公司发公告； C. 公告后3日内禁止买卖该上市公司股票
股份达到一个上市公司已发行股份的5%后，其拥有权益的股份占该上市公司已发行股份的比例每增加或者减少1%，应当在该事实发生的次日通知该上市公司，并予公告	① 条件：达到5%后，每增加或减少1%。 ② 应尽义务：次日通知上市公司发公告

（二）要约收购

1. 要约收购的概念

要约收购是指投资者向被收购上市公司的全部股东发出收购其所持有的股份的收购行为。根据《收购办法》的规定，投资者自愿选择以要约方式收购上市公司股份的，可以向被收购公司所有股东发出收购其所持有的全部股份的要约（即全面要约），也可以向被收购公司所有股东发出收购其所持有的部分股份的要约（即部分要约）。

通过证券交易所的证券交易，收购人持有一个上市公司的股份达到该公司已发行股份的30%时，继续增持股份的，应当采取要约方式进行，发出全面要约或者部分要约。

以要约方式收购一个上市公司股份的，其预定收购的股份比例均不得低于该上市公司已发行股份的5%。

2. 要约收购中买卖双方应履行的披露义务

（1）收购人。

收购人应履行的披露义务如下：

① 要约收购提示公告。

② 进展公告。收购人自作出要约收购提示性公告起60日内，未公告要约收购报告书的，收购人应当在期满后次一个工作日通知被收购公司，并予公告；此后每30日应当公告一次，直至公告要约收购报告书。

③ 要约收购报告书摘要。

④ 取消收购计划公告（如有）。收购人作出要约收购提示性公告后，在公告要约收购报告书之前，拟自行取消收购计划的，应当公告原因；自公告之日起12个月内，该收购人不得再次对同一上市公司进行收购。

⑤ 要约收购报告书。

⑥ 要约事项重大变动公告（如有）。要约收购报告书所披露的基本事实发生重大变化的，收购人应当在该重大变化发生之日起2个工作日内作出公告，并通知被收购公司。

（2）被收购人。

在收购人公告要约收购报告书后20日内，被收购公司董事会应当公告被收购公司董事会报告书与独立财务顾问的专业意见。

收购人对收购要约条件做出重大变更的，被收购公司董事会应当在3个工作日内公告董事会及独立财务顾问就要约条件的变更情况出具的补充意见。

3. 要约收购期间买卖双方被禁止的行为

（1）收购人。

在收购要约约定的承诺期限内，收购人不得撤销其收购要约。

采取要约收购方式的，收购人作出公告后至收购期限届满前，不得卖出被收购公司的股票，也不得采取要约规定以外的形式和超出要约的条件买入被收购公司的股票。

变更收购要约不得存在下列情形：① 降低收购价格；② 减少预定收购股份数额；③ 缩短收购期限；④ 中国证监会规定的其他情形。

收购要约期限届满前15日内，收购人不得变更收购要约；但是出现竞争要约的除外。出现竞争要约时，发出初始要约的收购人变更收购要约距初始要约收购期限届满不足15日的，应当延长收购期限，延长后的要约期应当不少于15日，不得超过最后一个竞争要约的期满日，并按规定追加履约保证。

除要约方式外，投资者不得在证券交易所外公开求购上市公司的股份。

（2）被收购人。

收购人作出提示性公告后至要约收购完成前，被收购公司除继续从事正常的经营活动或者执行股东大会已经作出的决议外，未经股东大会批准，被收购公司董事会不得通过处置公司资产、对外投资、调整公司主要业务、担保、贷款等方式，对公司的资产、负债、权益或者经营成果造成重大影响。

在要约收购期间，被收购公司董事不得辞职。

4. 要约价格

收购人按照《收购办法》规定进行要约收购的，对同一种类股票的要约价格，不得低于要约收购提示性公告日前6个月内收购人取得该种股票所支付的最高价格。

要约价格低于提示性公告日前30个交易日该种股票的每日加权平均价格的算术平均值的，收购人聘请的财务顾问应当就该种股票前6个月的交易情况进行分析，说明是否存在股价被操纵、收购人是否有未披露的一致行动人、收购人前6个月取得公司股份是否存在其他支付安排、要约价格的合理性等。

5. 要约收购期限

收购要约约定的收购期限不得少于30日，并不得超过60日；但是出现竞争要约的除外。在收购要约约定的承诺期限内，收购人不得撤销其收购要约。

6. 竞争要约

出现竞争要约时，发出初始要约的收购人变更收购要约距初始要约收购期限届满不足15日的，应当延长收购期限，延长后的要约期应当不少于15日，不得超过最后一个竞争要约的期满日，并按规定追加履约保证。

发出竞争要约的收购人最迟不得晚于初始要约收购期限届满前15日发出要约收购的提示性公告，并应当履行披露要约收购报告书及其摘要的公告义务。

7. 预受

预受，是指被收购公司股东同意接受要约的初步意思表示，在要约收购期限内不可撤回之前不构成承诺。

预受股东，是指同意接受收购要约的股东。

预受股东应当委托证券公司办理预受要约的相关手续。收购人应当委托证券公司向证券登记结算机构申请办理预受要约股票的临时保管。证券登记结算机构临时保管的预受要约的股票，在要约收购期间不得转让。

在要约收购期限届满3个交易日前，预受股东可以委托证券公司办理撤回预受要约的手续，证券登记结算机构根据预受要约股东的撤回申请解除对预受要约股票的临时保管。在要约收购期限届满前3个交易日内，预受股东不得撤回其对要约的接受。在要约收购期限内，收购人应当每日在证券交易所网站上公告已预受要约的股份数量。

出现竞争要约时，接受初始要约的预受股东撤回全部或者部分预受的股份，并将撤回的股份售予竞争要约人的，应当委托证券公司办理撤回预受初始要约的手续和预受竞争要约的相关手续。

8.要约收购期限届满的安排

收购期限届满，发出部分要约的收购人应当按照收购要约约定的条件购买被收购公司股东预受的股份，预受要约股份的数量超过预定收购数量时，收购人应当按照同等比例收购预受要约的股份；以终止被收购公司上市地位为目的的，收购人应当按照收购要约约定的条件购买被收购公司股东预受的全部股份；因不符合《收购办法》第六章的规定而发出全面要约的收购人应当购买被收购公司股东预受的全部股份。

收购期限届满，被收购公司股权分布不符合证券交易所规定的上市交易要求的，该上市公司的股票由证券交易所依法终止上市交易。在收购行为完成前，其余仍持有被收购公司股票的股东，有权在收购报告书规定的合理期限内向收购人以收购要约的同等条件出售其股票，收购人应当收购。

收购期限届满后3个交易日内，接受委托的证券公司应当向证券登记结算机构申请办理股份转让结算、过户登记手续，解除对超过预定收购比例的股票的临时保管；收购人应当公告本次要约收购的结果。

收购期限届满后15日内，收购人应当向证券交易所提交关于收购情况的书面报告，并予以公告。

（三）协议收购

1. 协议收购的概念

根据《证券法》的规定，采取协议收购方式的，收购人可以依照法律、行政法规的规定同被收购公司的股东以协议方式进行股份转让。

2. 协议收购遵循的披露规则

协议收购的披露规则既遵循举牌慢走规则，又遵循要约收购规则，表3-2-2对协议收购信息披露的规则要求进行了归总。

表3-2-2 协议收购遵循规则一览表

收购人持股比例	遵循的规则
5%≤收购人持股比例<30%	举牌慢走规则
收购人持股比例＝30%	继续进行收购的，应当依法发出全面要约或者部分要约。符合豁免规定的，可以免于发出要约
收购人持股比例>30%	超出部分适用要约收购规则。符合豁免规定的，可以免于发出要约

3. 收购人改以要约收购后，要约收购报告书的编制和公告

根据《收购办法》的规定，收购人拥有权益的股份达到该公司已发行股份的30%时，继续进行收购的，应当依法向该上市公司的股东发出全面要约或者部分要约。收购人拟通过协议方式收购一个上市公司的股份超过30%的，超过30%的部分，应当改以要约方式进行。

收购人不符合免于以要约方式增持股份及免于发出要约的豁免条件的，投资者及其一致行动人应当在30日内将其或者其控制的股东所持有的被收购公司股份减持到30%或者30%以下；拟以要约以外的方式继续增持股份的，应当发出全面要约。

收购人符合免于以要约方式增持股份及免于发出要约的豁免条件的，应当在与上市公司股东达成收购协议之日起3日内编制上市公司收购报告书，通知被收购公司，并公告上市公司收购报告书摘要。收购人应当在收购报告书摘要公告后5日内，公告其收购报告书、财务顾问专业意见和律师出具的法律意见书。

收购人收购一个上市公司的股份超过30%，须改以要约方式进行收购，收购人应当在达成收购协议或者作出类似安排的3日内对要约收购报告书摘要作提示性公告，并按照上述规定履行报告和公告义务；依法应当取得国家

相关部门批准的，应当在公告中特别提示本次要约须取得相关批准后方可进行。未取得批准的，收购人应当在收到通知之日起2个工作日内，向中国证监会提交取消收购计划的报告，同时抄报派出机构，抄送证券交易所，通知目标公司，并予公告。

4. 收购人的披露义务

协议收购的收购人应履行如下披露义务：

（1）公告上市公司收购报告书摘要。以协议方式收购上市公司股份超过30%，收购人拟按规定免于发出要约的，应当在与上市公司股东达成收购协议之日起3日内编制上市公司收购报告书，通知被收购公司，并公告上市公司收购报告书摘要。

（2）公告收购报告书、财务顾问专业意见和律师出具的法律意见书。收购人应当在收购报告书摘要公告后5日内，公告其收购报告书、财务顾问专业意见和律师出具的法律意见书；不符合免于发出要约情形的，应当予以公告，投资者及其一致行动人应当在30日内将其或者其控制的股东所持有的被收购公司股份减持到30%或者30%以下；拟以要约以外的方式继续增持股份的，应当发出全面要约。

（3）已披露收购报告书的收购人在披露之日起6个月内，因权益变动需要再次报告、公告的，可以仅就与前次报告书不同的部分作出报告、公告；超过6个月的，应当重新履行报告、公告义务。

（4）收购人在收购报告书公告后30日内仍未完成相关股份过户手续的，应当立即作出公告，说明理由；在未完成相关股份过户期间，应当每隔30日公告相关股份过户办理进展情况。

5. 上市公司收购过渡期

上市公司收购过渡期，是指以协议方式进行上市公司收购的，自签订收购协议起至相关股份完成过户的期间。

（1）收购人的禁止行为。

在过渡期内，收购人不得通过控股股东提议改选上市公司董事会，确有充分理由改选董事会的，来自收购人的董事不得超过被收购上市公司董事会成员数量的1/3。

（2）被收购公司的禁止行为。

被收购公司在上市收购过渡期不得从事如下事项：

① 被收购公司不得为收购人及其关联方提供担保。

② 被收购公司不得公开发行股份募集资金，不得进行重大购买、出售资产及重大投资行为或者与收购人及其关联方进行其他关联交易，但收购人为挽救陷入危机或者面临严重财务困难的上市公司的情形除外。

③ 收购人作出提示性公告后至要约收购完成前，被收购公司除继续从事正常的经营活动或者执行股东大会已经作出的决议外，未经股东大会批准，被收购公司董事会不得通过处置公司资产、对外投资、调整公司主要业务、担保、贷款等方式，对公司的资产、负债、权益或者经营成果造成重大影响。

④ 在要约收购期间，被收购公司董事不得辞职。

（四）管理层收购

1. 管理层收购的概念

管理层收购，是指上市公司董事、监事、高级管理人员、员工或者其所控制或者委托的法人或者其他组织，拟对本公司进行收购或者通过间接收购的方式取得本公司控制权的收购行为。

2. 管理层收购应符合的条件

符合管理层收购的被收购公司应符合的条件：

（1）该上市公司应当具备健全且运行良好的组织机构以及有效的内部控制制度；

（2）公司董事会成员中独立董事的比例应当达到或者超过1/2；

（3）上市公司董事、监事、高级管理人员不存在《公司法》第一百四十八条规定情形，或者最近3年不存在证券市场不良诚信记录。

3. 管理层收购的程序

上市公司实施管理层收购，应履行以下程序披露义务：

（1）公司应当聘请符合《证券法》规定的资产评估机构提供公司资产评估报告。

（2）本次收购应当经董事会非关联董事作出决议，且取得2/3以上的独立董事同意。

（3）本次收购应当经股东大会审议，经出席股东大会的非关联股东所持表决权过半数通过。

（4）独立董事发表意见前，应当聘请独立财务顾问就本次收购出具专业意见，独立董事及独立财务顾问的意见应当一并予以公告。

三、收购的其他注意事项

1. 权益变动披露文件

根据《收购办法》的规定，投资者及其一致行动人在一个上市公司中拥有权益的股份达到或者超过规定份额时，应当在该事实发生之日起3日内编制权益变动报告书。

权益变动报告书分为简式权益变动报告书和详式权益变动报告书。

表3-2-3罗列了上市收购期间需要披露的权益变动文件及内容要求。

表3-2-3　上市公司收购权益变动文件一览表

条　件	披露文件	内　容
同时具备： ① 不是上市公司第一大股东或者实际控制人； ② 5%≤拥有的权益股份比例＜20%	简式权益变动报告书	① 投资者及其一致行动人的姓名、住所；投资者及其一致行动人为法人的，其名称、注册地及法定代表人； ② 持股目的，是否有意在未来12个月内继续增加其在上市公司中拥有的权益； ③ 上市公司的名称，股票的种类、数量、比例； ④ 在上市公司中拥有权益的股份达到或者超过上市公司已发行股份的5%或者拥有权益的股份增减变化达到5%的时间及方式、增持股份的资金来源； ⑤ 在上市公司中拥有权益的股份变动的时间及方式； ⑥ 权益变动事实发生之日前6个月内通过证券交易所的证券交易买卖该公司股票的简要情况； ⑦ 中国证监会、证券交易所要求披露的其他内容
二选一： ① 为上市公司第一大股东或者实际控制人，且5%≤拥有的权益股份比例＜20%； ② 20%≤拥有的权益股份比例＜30%	① 详式权益变动报告书； ② 财务顾问核查意见（条件①适用）	① 投资者及其一致行动人的控股股东、实际控制人及其股权控制关系结构图； ② 取得相关股份的价格、所需资金额，或者其他支付安排； ③ 投资者、一致行动人及其控股股东、实际控制人所从事的业务与上市公司的业务是否存在同业竞争或者潜在的同业竞争，是否存在持续关联交易；存在同业竞争或者持续关联交易的，是否已做出相应的安排，确保投资者、一致行动人及其关联方与上市公司之间避免同业竞争以及保持上市公司的独立性； ④ 未来12个月内对上市公司资产、业务、人员、组织结构、公司章程等进行调整的后续计划； ⑤ 前24个月内投资者及其一致行动人与上市公司之间的重大交易； ⑥ 不存在《收购办法》第六条规定的情形； ⑦ 能够按照《收购办法》第五十条的规定提供相关文件

（续表）

条　件	披露文件	内　容
持有的股份比例≥30%	要约收购报告书及其摘要	①　收购人的姓名、住所；收购人为法人的，其名称、注册地及法定代表人，与其控股股东、实际控制人之间的股权控制关系结构图； ②　收购人关于收购的决定及收购目的，是否拟在未来12个月内继续增持； ③　上市公司的名称、收购股份的种类； ④　预定收购股份的数量和比例； ⑤　收购价格； ⑥　收购所需资金额、资金来源及资金保证，或者其他支付安排； ⑦　收购要约约定的条件； ⑧　收购期限； ⑨　公告收购报告书时持有被收购公司的股份数量、比例； ⑩　本次收购对上市公司的影响分析，包括收购人及其关联方所从事的业务与上市公司的业务是否存在同业竞争或者潜在的同业竞争，是否存在持续关联交易；存在同业竞争或者持续关联交易的，收购人是否已作出相应的安排，确保收购人及其关联方与上市公司之间避免同业竞争以及保持上市公司的独立性； ⑪　未来12个月内对上市公司资产、业务、人员、组织结构、公司章程等进行调整的后续计划； ⑫　前24个月内收购人及其关联方与上市公司之间的重大交易； ⑬　前6个月内通过证券交易所的证券交易买卖被收购公司股票的情况； ⑭　中国证监会要求披露的其他内容

2. 收购的豁免事项

投资者及其一致行动人符合表3-2-4所列情形的，可以豁免相关义务。

表3-2-4　投资者及其一致行动人豁免义务规定对照表

收购人免于以要约方式增持股份的情形	投资者可以免于发出要约的情形
① 收购人与出让人能够证明本次股份转让是在同一实际控制人控制的不同主体之间进行，未导致上市公司的实际控制人发生变化； ② 上市公司面临严重财务困难，收购人提出的挽救公司的重组方案取得该公司股东大会批准，且收购人承诺3年内不转让其在该公司中所拥有的权益； ③ 中国证监会为适应证券市场发展变化和保护投资者合法权益的需要而认定的其他情形	① 经政府或者国有资产管理部门批准进行国有资产无偿划转、变更、合并，导致投资者在一个上市公司中拥有权益的股份占该公司已发行股份的比例超过30%； ② 因上市公司按照股东大会批准的确定价格向特定股东回购股份而减少股本，导致投资者在该公司中拥有权益的股份超过该公司已发行股份的30%； ③ 经上市公司股东大会非关联股东批准，投资者取得上市公司向其发行的新股，导致其在该公司拥有权益的股份超过该公司已发行股份的30%，投资者承诺3年内不转让本次向其发行的新股，且公司股东大会同意投资者免于发出要约； ④ 在一个上市公司中拥有权益的股份达到或者超过该公司已发行股份的30%的，自上述事实发生之日起一年后，每12个月内增持不超过该公司已发行的2%的股份； ⑤ 在一个上市公司中拥有权益的股份达到或者超过该公司已发行股份的50%的，继续增加其在该公司拥有的权益不影响该公司的上市地位； ⑥ 证券公司、银行等金融机构在其经营范围内依法从事承销、贷款等业务导致其持有一个上市公司已发行股份超过30%，没有实际控制该公司的行为或者意图，并且提出在合理期限内向非关联方转让相关股份的解决方案； ⑦ 因继承导致在一个上市公司中拥有权益的股份超过该公司已发行股份的30%； ⑧ 因履行约定购回式证券交易协议购回上市公司股份导致投资者在一个上市公司中拥有权益的股份超过该公司已发行股份的30%，并且能够证明标的股份的表决权在协议期间未发生转移； ⑨ 因所持优先股表决权依法恢复导致投资者在一个上市公司中拥有权益的股份超过该公司已发行股份的30%； ⑩ 中国证监会为适应证券市场发展变化和保护投资者合法权益的需要而认定的其他情形

投资者及其一致行动人不符合上述豁免情形的，投资者及其一致行动人应当在30日内将其或者其控制的股东所持有的被收购公司股份减持到30%或者30%以下；拟以要约以外的方式继续增持股份的，应发出全面要约。

3. 关于上市公司“面临严重财务困难”的认定标准

根据《〈上市公司收购管理办法〉第六十二条有关上市公司严重财务困

难的适用意见——证券期货法律适用意见第7号（2022年修订）》的规定，上市公司存在以下情形之一的，可以认定其面临严重财务困难：

（1）最近两年连续亏损；

（2）最近一年期末股东权益为负值；

（3）最近一年亏损且其主营业务已停顿半年以上；

（4）中国证监会认定的其他情形。

第三章 合并与分立

公司合并，是指将两个或者两个以上单独的公司合并形成一个公司。公司合并可以采取两种形式：一种是吸收合并，指一个公司吸收其他公司，被吸收的公司解散；另一种是新设合并，指两个或两个以上公司合并设立一个新的公司，合并各方解散。公司合并时，合并各方的债权、债务，应当由合并后存续的公司或者新设的公司承继。投资者采取要约收购、协议收购或其他合法方式收购公司，收购行为完成后，收购人与被收购公司合并。

公司分立是和公司合并相反的行为，是指原有的一个公司分成两个或两个以上单独的公司。公司分立也可以采取两种形式：一种是存续分立，指一个公司分出一个或者一个以上新公司，原公司存续；另一种是解散分立，指一个公司分为两个或者两个以上新公司，原公司解散。

本章法规导航

（1）《公司法》；

（2）《关于做好公司合并分立登记支持企业兼并重组的意见》（工商企字〔2011〕226号）；

（3）《企业会计准则第20号——企业合并》（财会〔2006〕3号）。

一、企业合并

（一）企业合并注册资本、股东出资份额的相关规定

根据国家工商行政管理总局《关于做好公司合并分立登记支持企业兼并重组的意见》（工商企字〔2011〕226号）的规定：

“支持公司自主约定注册资本数额。因合并而存续或者新设的公司，其注册资本、实收资本数额由合并协议约定，但不得高于合并前各公司的注册资本之和、实收资本之和。合并各方之间存在投资关系的，计算合并前各公司的注册资本之和、实收资本之和时，应当扣除投资所对应的注册资本、实收资本数额。

“支持公司自主约定股东出资份额。因合并、分立而存续或者新设的公司，其股东（发起人）的出资比例、认缴或者实缴的出资额，由合并协议、分立决议或者决定约定。法律、行政法规或者国务院决定规定公司合并、分立涉及出资比例、认缴或者实缴的出资额必须报经批准的，应当经过批准。

“合并、分立前注册资本未足额缴纳的公司，合并、分立后存续或者新设公司的注册资本应当根据合并协议、分立决议或者决定的约定，按照合并、分立前规定的出资期限缴足。”

（二）上市公司合并的流程及信息披露

上市公司合并流程主要分为公司内部审议、签订协议、编制报表、通知债权人、变更注册资本、公司股份登记上市、公司工商登记等主要环节。上市公司合并的流程要点详见表3-3-1。

表3-3-1　上市公司合并流程一览表

环　节	事　项
内部审议	上市公司召开股东大会审议合并事项相关议案的，应当经出席股东大会的股东所持表决权的2/3以上通过
签订协议、编制报表	公司合并，应当由合并各方签订合并协议，并编制资产负债表及财务清单
通知债权人	① 公司应当自合并决议之日起10日内通知债权人，并于30日内在报纸上公告。 ② 债权人自接到通知书之日起30日内，未接到通知书的自公告之日起45日内，可以要求公司清偿债务或者提供相应的担保
变更注册资本	① 公司需要减少注册资本时，必须编制资产负债表及财产清单。公司应当自作出减少注册资本决议之日起10日内通知债权人，并于30日内在报纸上公告。债权人自接到通知书之日起30日内，未接到通知书的自公告之日起45日内，有权要求公司清偿债务或者提供相应的担保。公司减资后的注册资本将不低于法定的最低限额。 ② 公司增加或者减少注册资本，应当依法向公司登记机关办理变更登记
股份登记上市	合并完成后，公司应当办理股份变更登记，按照有关规定向证券交易所申请合并后的公司股票及其衍生品种上市
工商登记	公司合并，登记事项发生变更的，应当依法向公司登记机关办理变更登记；公司解散的，应当依法办理公司注销登记；设立新公司的，应当依法办理公司设立登记

（三）企业合并的会计处理要点

企业合并是指将两个或者两个以上单独的企业合并形成一个报告主体的交易或事项。企业合并分为同一控制下的企业合并和非同一控制下的企业合并。

1. 同一控制下的企业合并

参与合并的企业在合并前后均受同一方或相同的多方最终控制且该控制并非暂时性的，为同一控制下的企业合并。

合并方在企业合并中取得的资产和负债，应当按照合并日在被合并方的账面价值计量。合并方取得的净资产账面价值与支付的合并对价账面价值（或发行股份面值总额）的差额，应当调整资本公积；资本公积不足冲减的，调整留存收益。

企业合并形成母子公司关系的，母公司应当编制合并日的合并资产负债表、合并利润表和合并现金流量表。合并资产负债表中被合并方的各项资产、负债，应当按其账面价值计量。合并利润表应当包括参与合并各方自合并当期期初至合并日所发生的收入、费用和利润。合并现金流量表应当包括参与合并各方自合并当期期初至合并日的现金流量。

2. 非同一控制下的企业合并

参与合并的各方在合并前后不受同一方或相同的多方最终控制的，为非同一控制下的企业合并。

购买方在购买日对作为企业合并对价付出的资产、发生或承担的负债应当按照公允价值计量，公允价值与其账面价值的差额，计入当期损益。

企业合并形成母子公司关系的，母公司应当编制购买日的合并资产负债表，因企业合并取得的被购买方各项可辨认资产、负债及或有负债应当以公允价值列示。母公司的合并成本与取得的子公司可辨认净资产公允价值份额的差额，应按照《企业会计准则》规定处理的结果列示。

3. 反向购买

非同一控制下的企业合并，以发行权益性证券交换股权的方式进行的，通常发行权益性证券的一方为购买方。但在某些企业合并中，发行权益性证券的一方因其生产经营决策在合并后被参与合并的另一方所控制，发行权益性证券的一方虽然为法律上的母公司，但其为会计上的被购买方，该类企业合并通常称为“反向购买”。

反向购买是一种特殊的企业合并，在形式上由上市主体发行权益性工具“购买”非上市主体，而实质上“被购买”的非上市主体通过互换反向取得上市主体的控制权。

反向购买后，法律上的母公司（上市主体）在编制合并财务报表时，法律上子公司的资产、负债应以其在合并前的账面价值进行确认和计量。法律上子公司的有关股东在合并过程中未将其持有的股份转换为对法律上母公司股份的，该部分股东享有的权益份额在合并财务报表中应作为少数股东权益列示。对于法律上母公司的所有股东，虽然该项合并中其被认为是被购买方，但其享有合并形成报告主体的净资产及损益，不应作为少数股东权益列示。

二、企业分立

（一）企业分立注册资本数额的相关规定

根据国家工商行政管理总局《关于做好公司合并分立登记支持企业兼并重组的意见》（工商企字〔2011〕226号）的规定：

“因分立而存续或者新设的公司，其注册资本、实收资本数额由分立决议或者决定约定，但分立后公司注册资本之和、实收资本之和不得高于分立前公司的注册资本、实收资本。

“支持公司自主约定股东出资份额。因合并、分立而存续或者新设的公司，其股东（发起人）的出资比例、认缴或者实缴的出资额，由合并协议、分立决议或者决定约定。法律、行政法规或者国务院决定规定公司合并、分立涉及出资比例、认缴或者实缴的出资额必须报经批准的，应当经过批准。

“合并、分立前注册资本未足额缴纳的公司，合并、分立后存续或者新设公司的注册资本应当根据合并协议、分立决议或者决定的约定，按照合并、分立前规定的出资期限缴足。”

（二）公司分立的流程及信息披露

公司分立和公司合并是一对相反的业务，两者在流程中有相似之处。

上市公司分立流程主要分为公司内部审议、财产分割、编制报表、通知债权人、变更注册资本、股票终止上市、公司工商登记等主要环节。上市公司分立的流程要点详见表3-3-2。

表3-3-2　分立流程一览表

环　节	事　项
公司内部审议	上市公司召开董事会、股东大会审议分立事项。 上市公司召开股东大会审议分立事项相关议案的，应当经出席股东大会的股东所持表决权的2/3以上通过
财产分割、编制报表	公司分立，其财产作相应的分割。公司应当编制资产负债表及财产清单
通知债权人	公司应当自作出分立决议之日起10日内通知债权人，并于30日内在报纸上公告
变更注册资本	①　公司需要减少注册资本时，必须编制资产负债表及财产清单。公司应当自作出减少注册资本决议之日起10日内通知债权人，并于30日内在报纸上公告。债权人自接到通知书之日起30日内，未接到通知书的自公告之日起45日内，有权要求公司清偿债务或者提供相应的担保。公司减资后的注册资本将不低于法定的最低限额。 ②　公司增加或者减少注册资本，应当依法向公司登记机关办理变更登记
股票终止上市	分立完成后，原上市公司股票终止上市。公司持有的本公司股份由分立后的公司分别按拆分比例持有
公司工商登记	公司分立，登记事项发生变更的，应当依法向公司登记机关办理变更登记；公司解散的，应当依法办理公司注销登记；设立新公司的，应当依法办理公司设立登记

第四章 分拆上市

上市公司分拆，是指上市公司将部分业务或资产，以其直接或间接控制的子公司的形式，在境内或境外证券市场首次公开发行股票并上市或者实现重组上市的行为。

本章法规导航

（1）《上市公司分拆规则（试行）》；

（2）各证券交易所制定的《股票上市规则》。

一、分拆条件

上市公司分拆，应当同时符合以下条件：

（1）上市公司股票境内上市已满3年。

（2）上市公司最近3个会计年度连续盈利。

（3）上市公司最近3个会计年度扣除按权益享有的拟分拆所属子公司的净利润[①]后，归属于上市公司股东的净利润累计不低于人民币6亿元。

（4）上市公司最近一个会计年度合并报表中按权益享有的拟分拆所属子公司的净利润不得超过归属于上市公司股东的净利润的50%；上市公司最近一个会计年度合并报表中按权益享有的拟分拆所属子公司的净资产不得超过归属于上市公司股东的净资产的30%。

① 净利润计算以扣除非经常性损益前后孰低值为依据。

二、禁止上市公司分拆的情形

1. 上市公司存在以下情形之一的，不得分拆

（1）资金、资产被控股股东、实际控制人及其关联方占用或者上市公司权益被控股股东、实际控制人及其关联方严重损害。

（2）上市公司或其控股股东、实际控制人最近36个月内受到过中国证监会的行政处罚。

（3）上市公司或其控股股东、实际控制人最近12个月内受到过证券交易所的公开谴责。

（4）上市公司最近一年或一期财务会计报告被注册会计师出具保留意见、否定意见或者无法表示意见的审计报告。

（5）上市公司董事、高级管理人员及其关联方持有拟分拆所属子公司股份，合计超过所属子公司分拆上市前总股本的10%，但董事、高级管理人员及其关联方通过该上市公司间接持有的情形除外。

2. 上市公司所属子公司存在以下情形之一的，上市公司不得分拆

（1）主要业务或资产是上市公司最近3个会计年度内发行股份及募集资金投向[①]的，但子公司最近3个会计年度使用募集资金合计不超过子公司净资产10%的除外。

（2）主要业务或资产是上市公司最近3个会计年度内通过重大资产重组购买的。

（3）主要业务或资产是上市公司首次公开发行股票并上市时的主要业务或资产。

（4）主要从事金融业务的。

（5）子公司董事、高级管理人员及其关联方持有拟分拆所属子公司股

① 募集资金投向包括上市公司向子公司出资或者提供借款，并以子公司实际收到募集资金作为判断标准。上市公司向子公司提供借款的，子公司使用募集资金金额，可以按照每笔借款使用时间长短加权平均计算。

份，合计超过该子公司分拆上市前总股本的30%，但董事、高级管理人员及其关联方通过该上市公司间接持有的除外。

三、分拆上市程序

表3-4-1列示了上市公司进行分拆上市过程中的决策程序。

表3-4-1 分拆上市的决策程序

环 节	程 序
董事会决议	① 上市公司所属子公司拟首次公开发行股票并上市的，上市公司董事会应当就所属子公司本次股票发行的具体方案作出决议，并提请股东大会审议。 ② 上市公司所属子公司拟重组上市的，上市公司董事会应当就本次重组上市的具体方案作出决议，并提请股东大会审议
独立董事专门会议	上市公司董事、高级管理人员在拟分拆所属子公司安排持股计划的，该事项应当召开独立董事专门会议，作为独立议案提交股东大会表决
股东大会决议	① 上市公司股东大会应当就董事会提案中有关所属子公司分拆是否有利于维护股东和债权人合法权益、上市公司分拆后能否保持独立性及持续经营能力等进行逐项审议并表决。 ② 上市公司召开股东大会审议分拆事项相关议案的，应当经出席股东大会的股东所持表决权的2/3以上通过；还应当经出席会议的除公司董事、监事和高级管理人员以及单独或者合计持有公司5%以上股份的股东以外的其他股东所持表决权的2/3以上通过

此外，上市公司分拆，应当聘请符合《证券法》规定的独立财务顾问、律师事务所、会计师事务所等证券服务机构就分拆事项出具意见。独立财务顾问应在所属子公司在境内上市当年剩余时间及其后一个完整会计年度，持续督导上市公司维持独立上市地位。

第五章　回购股份

本章法规导航

（1）《关于支持上市公司回购股份的意见》；

（2）《上市公司股份回购规则》；

（3）《上海证券交易所上市公司自律监管指引第7号——回购股份》；

（4）《深圳证券交易所上市公司自律监管指引第9号——回购股份》；

（5）《北京证券交易所上市公司持续监管指引第4号——股份回购》；

（6）各证券交易所制定的《股票上市规则》。

一、回购股份的概况

1. 上市公司回购本公司股份的情形

上市公司回购股份，是指上市公司因下列情形之一收购本公司股份的行为：

（1）减少公司注册资本；

（2）将股份用于员工持股计划或者股权激励；

（3）将股份用于转换上市公司发行的可转换为股票的公司债券；

（4）为维护公司价值及股东权益所必需。

前款第（4）项所指情形，应当符合以下条件之一：

① 公司股票收盘价格低于最近一期每股净资产。

② 【上交所】连续20个交易日内公司股票收盘价格跌幅累计达到30%；

【深交所】连续20个交易日内公司股票收盘价格跌幅累计达到25%。

③ 中国证监会规定的其他条件。

2. 上市公司回购股份的基本要求

上市公司回购股份应当同时符合以下条件：

①【上交所】公司股票上市已满1年；【深交所】公司股票上市已满6个月。

② 公司最近1年无重大违法行为。

③ 回购股份后，上市公司具备持续经营能力和债务履行能力。

④ 回购股份后，上市公司的股权分布原则上应当符合上市条件；公司拟通过回购股份终止其股票上市交易的，应当符合证券交易所的相关规定。

⑤ 中国证监会、证券交易所规定的其他条件。

上市公司因为维护公司价值及股东权益所必需回购股份并减少注册资本的，不适用前款关于公司股票上市已满1年（或6个月）的要求。

3. 回购股份的限制

上市公司实施回购方案前，应当在证券登记结算机构开立由证券交易所监控的回购专用账户；该账户仅可用于存放已回购的股份。

上市公司回购的股份自过户至上市公司回购专用账户之日起即失去其权利，不享有股东大会表决权、利润分配、公积金转增股本、认购新股和可转换公司债券等权利，不得质押和出借。上市公司在计算相关指标时，应当从总股本中扣减已回购的股份数量。

4. 回购股份方案

上市公司应当在董事会作出回购股份决议后2个交易日内，按照交易所的规定至少披露下列文件：① 董事会决议及独立董事的意见；② 回购股份方案。

回购股份方案须经股东大会决议的，上市公司应当及时发布召开股东大会的通知。

以要约方式回购股份的，还应当披露股东预受要约的方式和程序、股东撤回预受要约的方式和程序，以及股东委托办理要约回购中相关股份预受、撤回、结算、过户登记等事宜的证券公司名称及其通信方式。

上市公司应当在披露回购股份方案后5个交易日内，披露董事会公告回购股份决议的前一个交易日登记在册的前10大股东和前10大无限售条件股东的名称及持股数量、比例。

回购方案需经股东大会决议的，上市公司应当在股东大会召开前3日，披露股东大会的股权登记日登记在册的前10大股东和前10大无限售条件股东的名称及持股数量、比例。

上市公司股东大会审议回购股份方案的，应当对回购股份方案披露的事项逐项进行表决。

上市公司应当在董事会或者股东大会审议通过最终回购股份方案后及时披露回购报告书。

二、回购方式

1. 上市公司回购股份的方式

上市公司回购股份可以采取以下方式之一进行：

① 集中竞价交易方式（竞价回购）；

② 要约方式（要约回购）；

③ 中国证监会认可的其他方式；

④ 在符合证券交易所规定的情形下向特定对象回购股份（定向回购）（此条仅适用于北交所）。

表3-5-1对上述①~③条回购方式进行了对比。

表3-5-1　上市公司回购股份方式对照表

<table>
<tr><th>情　形</th><th>回购方式</th><th>回购期限</th><th>回购股份注销</th><th>履行程序</th></tr>
<tr><td>减少公司注册资本</td><td>①、②或③</td><td rowspan="3">自董事会或股东大会审议通过最终回购股份方案之日起不超过12个月</td><td>自回购之日起10日内注销</td><td>应当由董事会依法作出决议，并提交股东大会审议，经出席会议的股东所持表决权的2/3以上通过</td></tr>
<tr><td>将股份用于员工持股计划或者股权激励</td><td rowspan="3">①或②</td><td rowspan="3">公司合计持有的本公司股份数不得超过本公司已发行股份总额的10%，并应当在3年内按照依法披露的用途进行转让，未按照披露用途转让的，应当在3年期限届满前注销</td><td rowspan="3">可以依照公司章程的规定或者股东大会的授权，经2/3以上董事出席的董事会会议决议</td></tr>
<tr><td>将股份用于转换上市公司发行的可转换为股票的公司债券</td></tr>
<tr><td>为维护公司价值及股东权益所必需</td><td>自董事会或股东大会审议通过最终回购股份方案之日起不超过3个月</td></tr>
</table>

2. 以集中竞价交易方式回购股份

（1）上市公司以集中竞价交易方式回购股份的，应当符合证券交易所的规定，交易申报应当符合下列要求：

① 申报价格不得为公司股票当日交易涨幅限制的价格；

② 不得在交易所开盘集合竞价、收盘前半小时内及股票价格无涨跌幅限制的交易日内进行股份回购的委托。

（2）上市公司以集中竞价交易方式回购股份的，在下列期间不得实施：

① 上市公司年度报告、半年度报告、季度报告、业绩预告或业绩快报公告前10个交易日内；

② 自可能对本公司股票交易价格产生重大影响的重大事项发生之日或者在决策过程中，至依法披露之日内；

③ 中国证监会规定的其他情形。

上市公司因为维护公司价值及股东权益所必需回购股份并减少注册资本的，不适用前款规定。

（3）上市公司以集中竞价交易方式回购股份的，应当按照以下规定履行公告义务：

① 上市公司应当在首次回购股份事实发生的次日予以公告；

② 上市公司回购股份占上市公司总股本的比例每增加1%的，应当自该事实发生之日起3日内予以公告；

③ 在回购股份期间，上市公司应当在每个月的前3个交易日内，公告截至上月末的回购进展情况，包括已回购股份总额、购买的最高价和最低价、支付的总金额；

④ 上市公司在回购期间应当在定期报告中公告回购进展情况，包括已回购股份的数量和比例、购买的最高价和最低价、支付的总金额；

⑤ 上市公司在回购股份方案规定的回购实施期限过半时，仍未实施回购的，董事会应当公告未能实施回购的原因和后续回购安排；

⑥ 回购期届满或者回购方案已实施完毕的，上市公司应当停止回购行为，并在2个交易日内公告回购股份情况以及公司股份变动报告，包括已回购股份总额、购买的最高价和最低价以及支付的总金额等内容。

3. 以要约方式回购股份

上市公司以要约方式回购股份的，要约价格不得低于回购股份方案公告日前30个交易日该种股票每日加权平均价的算术平均值。

上市公司以要约方式回购股份的，应当在公告回购报告书的同时，将回购所需资金全额存放于证券登记结算机构指定的银行账户。

上市公司以要约方式回购股份，股东预受要约的股份数量超出预定回购的股份数量的，上市公司应当按照相同比例回购股东预受的股份；股东预受要约的股份数量不足预定回购的股份数量的，上市公司应当全部回购股东预受的股份。

上市公司以要约方式回购境内上市外资股的，还应当符合证券交易所和证券登记结算机构业务规则的有关规定。

4. 发行优先股回购普通股

根据《优先股试点管理办法》，上市公司可以非公开发行优先股作为支付手段，向公司特定股东回购普通股。

上市公司以减少注册资本为目的回购普通股公开发行优先股的，以及以非公开发行优先股为支付手段向公司特定股东回购普通股的，除应当符合优先股发行条件和程序以外，还应符合以下规定：

（1）上市公司回购普通股应当由董事会依法作出决议并提交股东大会批准；

（2）上市公司股东大会就回购普通股作出的决议，应当包括下列事项：回购普通股的价格区间，回购普通股的数量和比例，回购普通股的期限，决议的有效期，对董事会办理本次回购股份事宜的具体授权，其他相关事项。以发行优先股作为支付手段的，应当包括拟用于支付的优先股总金额以及支付比例；回购方案实施完毕之日起一年内公开发行优先股的，应当包括回购的资金总额以及资金来源；

（3）上市公司股东大会就回购普通股作出决议，必须经出席会议的普通股股东（含表决权恢复的优先股股东）所持表决权的2/3以上通过；

（4）上市公司应当在股东大会作出回购普通股决议后的次日公告该决议；

（5）依法通知债权人。

三、上市公司回购股票敏感期规定

（1）根据《上海证券交易所上市公司自律监管指引第7号——回购股份》《深圳证券交易所上市公司自律监管指引第9号——回购股份》以及《北京证券交易所上市公司持续监管指引第4号——股份回购》的规定，上市公司在下列期间不得回购股份：

① 公司年度报告、半年度报告公告前10个交易日内，因特殊原因推迟公告日期的，自原预约公告日前10个交易日起算；

② 公司季度报告、业绩预告、业绩快报公告前10个交易日内；

③ 自可能对本公司股票交易价格产生重大影响的重大事项发生之日或者在决策过程中，至依法披露之日内（北交所为至依法披露后2个交易日内）；

④ 中国证监会和证券交易所规定的其他情形。

上市公司因维护公司价值及股东权益所必需而实施股份回购并减少注册资本的，不适用前款规定。

（2）上市公司因维护公司价值及股东权益所必需而实施股份回购的，可以按照相关规定在发布回购结果暨股份变动公告12个月后采用集中竞价交易方式减持，但以下期间除外：

① 上市公司年度报告、半年度报告、季度报告公告前10个交易日内，因特殊原因推迟定期报告公告日期的，自原预约公告日前10个交易日起算，至公告前一日；

② 上市公司业绩预告或者业绩快报公告前10个交易日内；

③ 自可能对本公司股票交易价格产生较大影响的重大事项发生之日或者决策过程中，至依法披露之日（北交所为至依法披露后2个交易日内）；

④ 中国证监会和证券交易所规定的其他情形。

第六章　现金选择权

现金选择权，是指上市公司拟实施合并、分立、收购、主动退市等重大事项时，该上市公司的股东按事先约定的价格在规定期限内将其所持有的上市公司股份出售给提供现金选择权的相关当事人（或其指定的第三方）的权利。

上市公司实施现金选择权业务的，应当向证券交易所申请其股票及其衍生品种停牌。

本章法规导航

（1）《上海证券交易所上市公司自律监管指南第2号——业务办理（2023年12月修订）》之附件《第九号——现金选择权》；

（2）《科创板上市公司自律监管指南第10号——现金选择权》；

（3）《深圳证券交易所上市公司自律监管指南第1号——业务办理（2023年12月修订）》；

（4）《深圳证券交易所创业板上市公司自律监管指南第1号——业务办理（2023年12月修订）》。

1. 现金选择权适用情形

上市公司出现如下情形的，应当给予其流通股股东现金选择权：

（1）上市公司被其他公司通过换股方式吸收合并的；

（2）上市公司吸收合并其他公司，上市公司给予其股东现金收购请求权的；

（3）上市公司分立成两个或两个以上独立法人的，上市公司给予其股东现金收购请求权的；

（4）上市公司被其他公司要约收购，收购人以股份或其他证券作为支付手段的；

（5）其他需要向股东提供现金选择权的情形。

2. 现金选择权的申报方式

上市公司可以通过以下两种方式向股东提供现金选择权的申报：

（1） 通过证券交易所系统提供现金选择权的申报；

（2）自行组织股东申报（手工申报）。

【上交所】对于目标公司股票市场价格高于现金选择权价格15%、投资者申报将导致重大损失的，由上市公司自行组织股东申报；现金选择权价格高于目标公司股票市场价格或与市场价格相差不大的，为便于投资者申报，上市公司应当选择通过证券交易所交易系统申报。

【深交所】出现以下情形之一的，上市公司或者第三方可以申请通过手工方式向股东提供现金选择权申报服务：

① 标的股票参考股价与现金选择权约定价格溢价比达到或者超过50%的；

② 现金选择权所含权利的Delta值的绝对值低于5%的；

③ 证券交易所认定的其他情形。

3. 实施现金选择权

在实施现金选择权上，沪市主板与科创板的规则趋同，深市主板与创业板的规则趋同。表3-6-1列出了上交所和深交所上市公司实施现金选择权的基本流程。

表3-6-1　上市公司实施现金选择权流程表

时　点	上交所	深交所
审议程序	上交所对此没有明述，可以参考深交所的规定	① 上市公司应在股东大会决议、获得证监会相关实施批复（如适用）后申请办理现金选择权的实施。 ② 因上市公司实施合并、分立等重大事项或者被收购等提供现金选择权的，上市公司或者第三方应当在合并、分立或者被收购等重大事项实施完成前，实施完毕现金选择权业务
提示性公告	上交所对此没有要求	上市公司应当在现金选择权的股权登记日前5个交易日内，连续发布实施现金选择权的提示性公告
披露申报公告/派发公告	上市公司自行组织的，申报时间不得少于1个交易日；通过交易所系统申报的，申报时间不得少于3个交易日。上市公司在申请披露现金选择权申报公告的同时，应当向证券交易所提交申请材料	上市公司应在披露现金选择权派发公告的5个交易日前，向证券交易所提交申请材料。 上市公司应当最迟在披露现金选择权行权公告的同时披露现金选择权派发公告
披露实施公告/行权公告	上市公司应当在现金选择权申报日的至少2个交易日前披露现金选择权实施公告，标的证券涉及融资融券业务的应当至少提前5个交易日	在进入现金选择权申报期前，上市公司应在披露现金选择权行权公告前5个交易日办理现金选择权行权准备事宜，向证券交易所递交申请材料。 上市公司应当在现金选择权申报首日的2个交易日前披露现金选择权行权公告
停牌	申报期间公司股票及其衍生品种停牌	上市公司可以因实施现金选择权业务向证券交易所申请其股票停牌，最早自现金选择权登记日的次一交易日开始起停牌，不设股权登记日的现金选择权可以最早自申报期首日开市起停牌
股权登记日	股权登记日为开始申报日的前一交易日	通过手工方式选择现金选择权的，现金选择权的股权登记日可以申报现金选择权
申报日	申报期间公司股票及其衍生品种停牌	选择通过证券交易所系统服务且不设股权登记日的，在现金选择权申报期间持有该上市公司股份且符合现金选择权方案要求的投资者可以在申报期内申报预收现金选择权
披露提示性公告	上市公司应当在现金选择权申报首日和截止日披露行使现金选择权提示性公告	上市公司应当在现金选择权申报首日和截止日披露手工方式行使现金选择权行权的提示性公告，申报期限超过5个交易日的，上市公司还应当在每周的首个交易日披露提示性公告

（续表）

时　点	上交所	深交所
披露申报结果公告	现金选择权申报完成后，上市公司披露现金选择权申报结果公告	上市公司应当在现金选择权申报期限截止后5个交易日内披露行使现金选择权结果公告
复牌	若现金选择权申报结果不会影响上市公司的上市地位，在本次吸收合并、要约收购或分立事项中存续的上市公司可以申请其股票及其衍生品种于披露现金选择权申报结果公告的当日复牌交易	上市公司应在披露现金选择权行使结果公告后复牌
申报股份的确认及过户	现金选择权提供方应当根据申报结果及时补足行权资金，完成证券交易所确认手续后，可以向中国结算申请办理相关股份的资金清算、过户、保证金解除冻结事宜	上市公司应及时向结算公司申请办理股份过户登记等手续，并及时披露公告
披露清算和交割结果公告	上市公司和中国结算协商确认申报股份过户时间后，披露公司现金选择权清算及交割结果公告，该公告中应明确申报现金选择权股东资金到账日期	上市公司应及时向结算公司申请办理股份过户登记等手续，并及时披露公告
签署股份转让协议	上市公司自行组织股东申报现金选择权的，凡成功申报现金选择权的股东，在申报结束后的下一个交易日自行前往证券交易所签署股东转让协议	上市公司现金选择权采用手工申报方式的，原则上应当在现金选择权申报期限截止后立即向证券交易所提交申请办理股份划拨手续
未申报现金选择权的注销	上交所对此没有明述，可以参考深交所的规定	上市公司应在现金选择权申报期限截止后的10个交易日内向结算公司办理未申报现金选择权的注销事宜

4. 现金选择权相关计算公式

标的股票参考股价取首次披露实施现金选择权提示性公告前一交易日收盘价。

标的股票参考股价与现金选择权约定价格溢价比=（标的股票参考股价－

现金选择权约定价格）/ 现金选择权约定价格×100%。

现金选择权所含权利的价值及其Delta 值的计算办法应当符合 Black－Scholes 定价模型的要求，并遵照如下规定：

（1）无风险收益率按照当前的一年期人民币银行存款基准利率（税前）与一年期人民币银行贷款基准利率（税前）的平均值计算；

（2）标的股票波动率以首次披露实施现金选择权提示性公告前一交易日为起点倒推一年的标的股票历史波动率计算；

（3）证券交易所规定的其他要求。

第四篇

跨境投融资

跨境，包含双向的含义。跨境的投融资，既包括中国企业向海外投融资，也包括海外企业向中国投融资。

投融资的范围很广泛，既包括股权类也包括债券类；既包括短期资金也包括长期资金。

本书的立足点是境内民营企业的证券事务管理，本篇仅介绍以下几种常见的跨境投融资类型：

① 红筹企业境内上市；

② 境内企业境外上市；

③ 存托凭证；

④ 境外直接投资；

⑤ 返程投资。

第一章 红筹企业境内上市

红筹企业，指注册地在境外，主要经营活动在境内的企业。

符合条件的红筹企业可以在境内沪深交易所发行存托凭证，也可以直接上市。本章先讨论红筹企业在沪深交易所发行股票的情形。

本章法规导航

（1）《试点创新企业境内发行股票或存托凭证并上市监管工作实施办法》；

（2）《公开发行证券的公司信息披露编报规则第24号——注册制下创新试点红筹企业财务报告信息特别规定》；

（3）《关于创新试点红筹企业在境内上市相关安排的公告》；

（4）《关于试点创新企业实施员工持股计划和期权激励的指引》；

（5）《关于试点创新企业整体变更前累计未弥补亏损、研发费用资本化和政府补助列报等会计处理事项的指引》；

（6）《国家外汇管理局关于境内居民通过特殊目的公司境外投融资及返程投资外汇管理有关问题的通知》；

（7）各证券交易所制定的《股票上市规则》。

一、红筹架构模式

（一）红筹回归

红筹架构模式是中国境内企业为了实现境外上市而产生的。鉴于境内外证券市场监管体系、法律体系、投资环境的差异，一些中国境内企业选择通过搭建红筹架构，实现间接境外发行上市的目的。

但近年来，随着中国证券市场的成熟，中国经济和投融资环境变好，以及中国企业在海外市场估值普遍偏低，海外政治、经济因素变复杂等多种因素的影响，一部分已经在海外上市的红筹企业通过私有化回归国内证券市场或者在国内证券市场二次上市，也有部分已经搭建了红筹架构的红筹企业转向国内证券市场申请上市。为吸引更多优质企业回归，中国证监会和境内证券交易所不断增加和完善红筹企业国内上市和发行存托凭证的法律法规和支持政策。

红筹架构主要存在两种模式：一种是协议控制架构，另一种是直接持股架构。

（二）协议控制架构

协议控制架构是最常见的红筹架构模式。

协议控制架构，又称可变利益实体（variable interest entity，VIE）模式，是指红筹企业通过协议方式实际控制境内实体运营企业的一种投资结构。

1. 协议控制架构的构成要素

协议控制架构，通常由以下三要素构成：

（1）红筹企业，是指注册地在境外，主要经营活动在境内的企业。红筹企业可以是特殊目的公司（special purpose vehicle， SPV）；

（2）红筹企业在境内设立的外商独资企业（wholly foreign owned enterprise，WFOE或WOFE）；

（3）境内实体运营企业，即可变利益实体。

其中，境内实体运营企业作为纯粹的内资企业，通常持有红筹企业所需的外资受限业务的经营牌照。

2. 协议控制架构的运作

境内实体运营企业与红筹企业或其全资控股的WFOE之间并不存在直接或间接的股权关系或投资关系，但一系列的合同协议，使创始人、红筹企业、WFOE、境内实体运营企业联系在一起，实现了红筹企业对境内营运实体的有效控制，同时完成了境内运营企业报表与红筹企业主体报表的合并，实现了利润的无缝对接。

3. 协议控制架构的合同

协议控制架构的合同可以分为三大类:

（1）贷款合同类。红筹企业与境内实体运营企业签订贷款合同，从而实现将公开募集的资金从红筹企业传送给境内实体运营企业。

（2）服务协议类。WFOE与境内实体运营企业签署独家技术咨询及服务协议，前者向后者提供特定服务，后者向前者支付费用，目的是将境内实体运营企业的收入、利润以“服务费”或“管理费”等名义输送到WFOE，从而纳入红筹企业的合并报表。

向境外上市SPV直接转移收益或者同时转移部分控制权的合同，如独家服务合同、委托管理合同、资产运营合同等，将境内运营实体的收入、利润以“服务费”或“管理费”等名义输送给境外上市SPV。

（3）股权质押协议及表决权委托协议。WFOE与境内实体运营企业的股东签署股权质押协议，后者向前者出质境内实体运营企业的全部股权，作为履行其他框架协议的保证。WFOE与境内实体运营企业的股东签署《表决权委托协议》，后者向前者转让其在境内实体运营企业中的股东表决权。这两种协议都是旨在维持红筹企业对境内实体运营企业的控制权，也是协议控制架构中最核心的部分。

（三）直接持股架构

直接持股架构是指实际控制人在海外设立红筹架构的特殊目的公司，由特殊目的公司直接或间接持有境内实体运营企业100%的股权。

与协议控制架构不同，直接持股架构下的红筹企业是境内实体运营企业法律意义上的股东。

二、红筹企业境内上市方式

按照申请主体的不同，红筹企业境内上市有两种方式：一种是直接以红筹企业为主体申请上市，另一种是拆除红筹架构以境内企业为主体申请上市。

（一）直接以红筹企业为主体申请上市

1. 发行上市条件

红筹企业在国内上市，应当符合《证券法》、中国证监会规定的发行条件。

本书在第一篇第一章的“六、红筹企业国内上市条件”中对红筹企业在沪深交易所各板块的上市条件进行了详细介绍。

2. 发行上市程序及持续披露

红筹企业股票发行上市及持续披露应注意如下事项：

（1）红筹企业的申请须符合国内发行上市审核注册程序的规定，并取得证券交易所出具的同意发行上市审核意见且由中国证监会作出同意注册决定。

（2）根据公司注册地公司法等法律法规和公司章程或者章程性文件的规定，红筹企业无需就本次境内发行上市事宜提交股东大会审议的，其申请上市时可以不提交股东大会决议，但应当提交相关董事会决议。

（3）红筹企业的股权结构、公司治理、运行规范等事项适用境外注册地公司法等法律法规的，其投资者权益保护水平，包括资产收益、参与重大决策、剩余财产分配等权益，总体上应不低于境内法律法规规定的要求，并保障境内存托凭证持有人实际享有的权益与境外基础证券持有人的权益相当。

（4）红筹企业提交的上市申请文件和持续信息披露文件，应当使用中文。上市申请文件和持续信息披露文件应当在中国证监会指定信息披露媒体和证券交易所网站披露。

（5）红筹企业应当在境内设立证券事务机构，并聘任信息披露境内代表，负责办理公司股票上市期间的信息披露和监管联络事宜。

（6）红筹企业具有协议控制架构或者类似特殊安排的，应当在招股说明书、年度报告、临时报告中充分、详细披露相关情况。

（7）红筹企业进行需提交股东大会审议的重大交易、关联交易等事项的，可以按照其已披露的境外注册地公司法等法律法规和公司章程规定的权限和程序执行并及时予以披露，法律法规另有规定的除外。

（8）红筹企业注册地公司法等法律法规或者实践中普遍认同的标准对公司董事会、独立董事职责有不同规定或者安排，导致董事会、独立董事无法按照证券交易所规定履行职责或者发表意见的，红筹企业应当详细说明情况和原因，并聘请律师事务所就上述事项出具法律意见。

（二）拆除红筹架构以境内企业为主体申请上市

1. 发行上市条件

完成拆除红筹架构的企业，就是境内企业，适用境内企业在沪深交易所IPO发行上市规则。

同时，红筹企业拆除红筹架构以境内企业为主体申请上市，如该境内企业直接股东原持有红筹企业股权、持有境内企业股权比例为根据红筹企业持股比例转换而来，且该股东自持有红筹企业股权之日至IPO申报时点满12个月的，原则上不视为新股东。

2. 拆除红筹架构

（1）对于直接持股架构的红筹企业，拆除红筹架构首先是通过重组，将境内实体运营企业的控制权由红筹企业转移到实际控制人或其在境内实体运营企业中，境内实体运营企业的性质也由外商独资企业变更为内资企业或中外合资企业。其次，注销红筹架构的特殊目的公司。

（2）对于协议控制架构的红筹企业，拆除红筹架构需要解除所有WFOE与VIE、VIE股东之间签署的控制协议，包括但不限于贷款合同、服务协议、股权质押协议及表决权委托协议等。

三、其他规定

1. 协议控制架构的信息披露

红筹企业具有协议控制架构或者类似特殊安排的，应当充分、详细披露相关情况，特别是风险、公司治理等信息，以及依法落实保护投资者合法权益规定的各项措施。

红筹企业应当在年度报告中披露协议控制架构或者类似特殊安排在报告期内的实施和变化情况，以及该等安排下保护境内投资者合法权益有关措施的实施情况。

前款规定事项出现重大变化或者调整，可能对公司股票、存托凭证交易价格产生较大影响的，公司及相关信息披露义务人应当及时予以披露。

2. 红筹企业存托凭证的规定

红筹企业在沪深交易所上市存托凭证的，应当在年度报告和半年度报告中披露存托、托管相关安排在报告期内的实施和变化情况以及报告期末前10名境内存托凭证持有人的名单和持有量。发生下列情形之一的，公司应当及时披露：

① 存托人、托管人发生变化；

② 存托的基础财产发生被质押、挪用、司法冻结或者其他权属变化；

③ 对存托协议、托管协议作出重大修改；

④ 存托凭证与基础证券的转换比例发生变动；

⑤ 中国证监会和证券交易所要求披露的其他情形。

红筹企业变更存托凭证与基础证券的转换比例的，应当经证券交易所同意。

发生上款第①项、第②项规定的情形，或者托管协议发生重大修改的，存托人应当及时告知红筹企业，公司应当及时对相关信息进行披露。

第二章　境内企业境外上市

境外上市，是指依据《公司法》设立的公司，在其他国家或地区的证券市场发行股票并上市，也包括在港澳台地区证券市场发行股票并上市的行为。

一、境内企业境外上市概述

本节法规导航

（1）《境内企业境外发行证券和上市管理试行办法》；

（2）《监管规则适用指引——境外发行上市类第1号》；

（3）《监管规则适用指引——境外发行上市类第2号：备案材料内容和格式指引》；

（4）《监管规则适用指引——境外发行上市类第3号：报告内容指引》；

（5）《监管规则适用指引——境外发行上市类第4号：备案沟通指引》；

（6）《监管规则适用指引——境外发行上市类第5号：境外证券公司备案指引》。

（一）发行方式的分类

按照境内企业是否直接成为上市主体，境外发行上市分为：

（1）境内企业直接境外发行上市。境内企业直接境外发行上市，是指在境内登记设立的股份有限公司境外发行上市。H股公司属于此种类型。

（2）境内企业间接境外发行上市。境内企业间接境外发行上市，是指主要经营活动在境内的企业，以在境外注册的企业的名义，基于境内企业的股权、资产、收益或其他类似权益在境外发行上市。在海外上市的红筹企业属于此类。

（二）境外发行上市条件

1. 一般规定

（1）境外发行上市的境内企业应当依照中国法律、行政法规和国家有关规定制定章程，完善内部控制制度，规范公司治理和财务、会计行为。

（2）境内企业应当遵守国家保密法律制度，不得泄露国家秘密和国家机关工作秘密。涉及向境外提供个人信息和重要数据的，应当符合法律、行政法规和国家有关规定。

（3）境内企业应当遵守外商投资、网络安全、数据安全等国家安全法律、行政法规和有关规定。涉及安全审查的，应当在提交发行上市前履行相关安全审查程序。

（4）发行对象应当为境外投资者，但符合规定条件的股权激励或者发行证券购买资产的，或者国家另有规定的除外。

（5）发行证券所募资金的用途和投向，应当符合法律、行政法规和国家有关规定。

（6）发行上市相关资金的汇兑及跨境流动，应当符合国家跨境投融资、外汇管理和跨境人民币管理等规定。

2. 禁止境外发行上市的情形

存在下列情形之一的，不得境外发行上市：

（1）法律、行政法规或者国家有关规定明确禁止上市融资的①；

（2）经国务院有关主管部门依法审查认定，境外发行上市可能危害国家安全的；

（3）境内企业或者其控股股东、实际控制人最近3年内存在贪污、贿赂、侵占财产、挪用财产或者破坏社会主义市场经济秩序的刑事犯罪的②；

（4）境内企业因涉嫌犯罪或者重大违法违规行为正在被依法立案调查，尚未有明确结论意见的③；

（5）控股股东或者受控股股东、实际控制人支配的股东持有的股权存在重大权属纠纷的④。

3. 发行对象

境内企业境外发行上市的发行对象应当为境外投资者，但符合规定的股权激励或者发行证券购买资产的，或者国家另有规定⑤的除外。

直接境外发行上市的境内企业实施股权激励⑥或者发行证券购买资产的，可以向符合中国证监会规定的境内特定对象发行证券。

---

① 主要包括：国家发展改革委、商务部印发的《市场准入负面清单（2022年版）》禁止上市融资的；境内企业属于《国务院关于建立完善守信联合激励和失信联合惩戒制度加快推进社会诚信建设的指导意见》（国发〔2016〕33 号）规定的严重失信主体的；在产业政策、安全生产、行业监管等领域存在法律、行政法规和国家有关规定限制或禁止上市融资的。

② 如刑事犯罪主体为发行人收购而来，且相关刑事犯罪行为发生于发行人收购完成之前，原则上不视为发行人存在相关情形。但发行人主营业务收入和净利润主要来源于相关主体的除外。最近 3 年的起算时点，从刑罚执行完毕之日起计算。

③ 违法违规行为导致严重环境污染、重大人员伤亡、国家经济利益重大损失或其他社会影响恶劣的情况，原则上应当认定为重大违法违规行为。

④ 应当关注控股股东或者受控股股东、实际控制人支配的股东持有的发行人股权是否存在质押、冻结或诉讼仲裁，可能导致重大权属纠纷的情形。

⑤ 境内主体认购境内企业境外发行的证券，符合国家跨境投资相关规定的，例如通过合格境内机构投资者（QDII）、履行境外投资备案（ODI）程序等方式开展的投资，属于“国家另有规定”的情形。

⑥ 直接境外发行上市的境内企业在境外向境内特定对象发行证券用于股权激励的，境内特定对象可以包括境内企业的董事、高级管理人员、核心技术人员或者核心业务人员，以及企业认为应当激励的对企业经营业绩和未来发展有直接影响的其他人员。下列人员不得成为激励对象：最近 12 个月内因重大违法违规行为被中国证监会及其派出机构行政处罚（含市场禁入措施）的；具有《公司法》规定的不得担任公司董事、高级管理人员情形的；法律、行政法规和国家有关规定明确不得参与企业股权激励的。

境内国有企业依照前款规定向境内特定对象发行证券的，应当同时符合国有资产管理的相关规定。

（三）境内企业境外上市的备案

境外发行上市的境内企业，应当向中国证监会备案，报送备案报告、法律意见书等有关材料，真实、准确、完整地说明股东信息等情况。

境内企业境外发行上市的备案材料应当真实、准确、完整，不得有虚假记载、误导性陈述或者重大遗漏。境内企业及其控股股东、实际控制人、董事、监事、高级管理人员应当依法履行信息披露义务，诚实守信、勤勉尽责，保证备案材料真实、准确、完整。

1. 认定为境内企业间接境外发行上市的情形

发行人同时符合下列情形的，认定为境内企业间接境外发行上市：

（1）境内企业最近一个会计年度的营业收入、利润总额、总资产或者净资产，任一指标占发行人同期经审计合并财务报表相关数据的比例超过50%；

（2）经营活动的主要环节在境内开展或者主要场所位于境内，或者负责经营管理的高级管理人员多数为中国公民或者经常居住地位于境内。

境内企业间接境外发行上市的认定，遵循实质重于形式的原则。

2. 备案形式

直接境外发行上市的境内企业，由发行人向中国证监会备案。

间接境外发行上市的境内企业，发行人应当指定一家主要境内运营实体为境内责任人，向中国证监会备案。

3. 备案时间

表4-2-1汇总了境内发行人就境外上市向中国证监会备案的时间安排。

表4-2-1　发行人向中国证监会备案的时间汇总表

情　形	备案时间
境外首次公开发行或者上市的	在境外提交发行上市申请文件后3个工作日内
境外发行上市后，在同一境外市场发行证券的[1]	在发行完成后3个工作日内
境外发行上市后，在其他境外市场发行上市的	在境外提交发行上市申请文件后3个工作日内
境外发行上市后，在其他境外市场二次上市或主要上市的	
通过一次或者多次收购、换股、划转以及其他交易安排实现境内企业资产直接或者间接境外上市[2]的	在境外提交发行上市申请文件后3个工作日内
前款不涉及在境内提交申请文件的	在上市公司首次公告交易具体安排之日起3个工作日内备案
在境外采用秘密或者非公开方式提交发行上市申请文件的	可以在备案时提交说明，申请延后公示备案信息，并在发行上市申请文件在境外公开后的3个工作日内备案
境外发行上市后，发行可转债、可交换债券、优先股的	在发行完成后3个工作日内
境外发行上市后，在授权范围内采用分次发行方式发行证券的	在发行完成后3个工作日内
境外发行上市后，在境外市场转换上市地位、转换上市板块，且不涉及发行股份的	无需备案，应当在相关事项发生并公告之日起3个工作日内提交有关情况的报告
境内企业通过境外特殊目的并购公司实现境外发行上市的	在境外提交发行上市申请文件后3个工作日内备案，并应在境外特殊目的并购公司公告并购交易具体安排后3个工作日内提交备案材料
境外交易所退市后，包括退至场外市场，拟重新境外发行上市的	在境外提交发行上市申请文件后3个工作日内

注：

1. 发行人境外发行上市后在同一境外市场发行证券，不包括发行证券用于实施股权激励、公积金转为增加公司资本、分配股票股利、股份拆细的情形。

2. “通过一次或者多次收购、换股、划转以及其他交易安排实现境内企业资产直接或者间接境外上市”，包括下列情形：① 境外上市公司在相关交易前属于备案范围，相关交易按上市地规定构成反向收购等重组上市情形；② 境外上市公司在相关交易前不属于备案范围，交易后境外上市公司属于备案范围。

4. 未上市股份的处理

境内未上市股份，是指境内企业已发行但未在境内交易场所上市或者挂牌交易的股份。境内未上市股份应当在境内证券登记结算机构集中登记存管。境外上市股份的登记结算安排等适用境外上市地的规定。

境内企业直接境外发行上市的，持有其境内未上市股份的股东申请将其持有的境内未上市股份转换为境外上市股份并到境外交易场所上市流通，应当符合中国证监会有关规定，并委托境内企业向中国证监会备案。

5. 中止备案

存在下列情形之一，导致发行人涉嫌违反《境内企业境外发行证券和上市管理试行办法》规定或者证券公司、证券服务机构无法正常履行职责的，发行人、证券公司、证券服务机构应当及时报告中国证监会，中国证监会中止相应备案程序：

（1）境内企业或者其控股股东、实际控制人涉嫌最近3年内存在贪污、贿赂、侵占财产、挪用财产或者破坏社会主义市场经济秩序的刑事犯罪，被立案调查或者被司法机关侦查，尚未结案；

（2）发行人的境内证券服务机构被中国证监会依法采取限制业务活动，责令停业整顿，指定其他机构托管、接管等措施，尚未解除；

（3）发行人的证券公司和证券服务机构签字人员被中国证监会依法采取证券市场禁入的措施，尚未解除。

前述所列情形消失后，发行人可以向中国证监会提交恢复备案申请，中国证监会按规定恢复备案程序。

发行人主动要求中止境外发行上市备案程序，理由正当的，中国证监会中止备案程序。发行人申请恢复备案的，应当向中国证监会提交恢复备案申请。

6. 终止备案

存在下列情形之一，导致备案程序无法正常进行或者发行人违反《境内企业境外发行证券和上市管理试行办法》规定的，中国证监会终止相应备案程序，并公示相关备案终止信息：

（1）发行人撤回备案申请；

（2）发行人在境外终止发行上市或者境外发行上市申请已经失效；

（3）发行人未在要求的期限内对备案材料作出解释说明或者补充、修改；

（4）备案材料存在虚假记载、误导性陈述或者重大遗漏；

（5）发行人阻碍或者拒绝中国证监会依法对发行人实施检查、调查；

（6）发行人及其关联方以不正当手段严重干扰备案工作；

（7）发行人法人资格终止；

（8）发行人存在《境内企业境外发行证券和上市管理试行办法》第八条规定的情形。

（四）重大事项

1. 须向中国证监会报告具体情况的重大事项

发行人境外发行上市后发生下列重大事项，应当自相关事项发生并公告之日起3个工作日内向中国证监会报告具体情况：

（1）控制权变更；

（2）被境外证券监督管理机构或者有关主管部门采取调查、处罚等措施；

（3）转换上市地位或者上市板块；

（4）主动终止上市或者强制终止上市。

发行人境外发行上市后主要业务经营活动发生重大变化，不再属于备案范围的，应当自相关变化发生之日起3个工作日内，向中国证监会提交专项报告及境内律师事务所出具的法律意见书，说明有关情况。

2. 须向中国证监会报告，并更新备案材料的重大事项

中国证监会办结备案后、发行人境外发行上市前，发生下列重大事项的，发行人应当及时向中国证监会报告，并自相关事项发生之日起3个工作日内更新备案材料：

（1）主营业务或者业务牌照资质的重大变更；

（2）控制权变更或者股权结构的重大变更；

（3）发行上市方案的重大调整。

发行上市方案重大调整，包括变更上市地以及上市方案调整后控制权可能发生变更、调增发行股份比例。调减发行股份比例、变更上市方式、变更上市板块但未变更上市地等情形，无需更新备案材料。

二、境内企业香港上市

境内企业在香港上市也可以分为两种类型：第一种是境内股份有限公司直接在香港联合证券交易所股份有限公司（以下简称香港联交所或联交所）上市，这类公司也称为H股公司；另一种是境内企业通过设立境外特殊目的公司实现间接在香港发行上市。

本节法规导航

（1）《主板上市规则》及《主板上市规则修订》；

（2）《GEM上市规则》（即创业板上市规则）及《GEM上市规则修订》；

（3）《董事会及董事企业管治指引》；

（4）《董事责任指引》；

（5）《香港交易及结算所有限公司　联交所处理交易事宜的常规及程序指引》；

（6）《国务院关于股份有限公司境外募集股份及上市的特别规定》；

（7）《H股公司境内未上市股份申请“全流通”业务指引》；

（8）《H股“全流通”业务实施细则》；

（9）《内地与香港股票市场交易互联互通机制若干规定》。

（一）初步认识香港证券市场

1. 港股市场结构

从市场结构来分，香港联交所分为主板市场和创业板（GEM）市场。

主板市场是为较成熟公司而设的市场，主板上市公司须符合财务和营业记录等要求。主板上市公司主要包括综合企业、银行、地产发展商、互联网公司及医疗服务提供者等。发行人可选择以股份或香港预托证券形式在香港主板上市。

创业板上市门槛低于主板，但上市后监管要求与主板类似，主要服务中小型上市公司。

2. 上市流程

主要经过发行人的准备、审批、推广及上市三个阶段。主要流程如下：

（1）委托保荐人及其他专业顾问。专业顾问一般包括保荐人及包销商、外国及本地律师、会计师等。上市申请人须于提交上市申请前至少2个月委任保荐人，并于委任后5个营业日内书面通知香港联交所。

（2）筹备上市流程。专业顾问对公司进行尽职审查，并协助拟备招股章程。招股章程须载有一切所需资料，能让投资者作出有根据的投资决定。

（3）向香港联交所上市部提交上市申请。发行人和专业顾问向香港联交所上市部提交上市申请（简称“A1”，包括申请版本）。若申请材料大致完备，香港联交所上市部会确认收悉，并在联交所网站登载中英文申请版本。

（4）上市部审阅申请。香港联交所上市部对发行人提交的申请材料进行详细审核，评估公司是否符合上市资格、是否适宜上市、业务是否可持续、公司是否遵守相关规定以及作出充分披露。首轮意见会于接获申请后15个营业日内发出。上市时间并没有一个预设的时间表，主要取决于公司回复的时间及质量。

（5）上市委员会聆讯。香港联交所上市委员会审阅新上市申请，确定申请人是否适合进行首次公开招股。

（6）推广期。香港联交所同意发行人股票在香港联交所上市后，包销商一般会协助公司筹备推广活动，包括投资者教育及新股路演。

（7）在香港联交所上市。成功定价及分配股份予机构投资者和散户后，公司股票可以在香港联交所上市及进行交易。

3. 主要交易规则

（1）交易时间。

香港联交所的常规交易时间主要分为3个时段：

① 开盘竞价时段：交易日上午9:00—上午9:30；

② 持续交易时段：交易日上午9:30—中午12:00，下午1:00—下午4:00；

③ 收盘竞价时段：交易日下午4:00—下午4:08/4:10。

（2）交易模式。

香港联交所采取日内交易模式（T+0模式），即当天买入的股票或期权，可以当天卖出。当天买卖的次数没有限制。

（3）股价涨跌幅限制。

香港联交所交易的证券没有涨跌幅限制。

但香港联交所在某些特定时段，以及对某些特定股票，设置了涨跌幅限制。例如集合竞价时段涨跌幅不能超过15%。

此外，香港联交所对部分大型股票，还设置了市场波动调节机制。该机制适用于恒生指数及恒生国企指数的81只成分股。如果这些大型股票中的某一个在持续交易时段，5分钟内涨跌幅超过10%，那么该股票就触发冷静期，冷静期持续5分钟，期间仍可继续交易，但交易价格被限制在冷静期前的参考价格的±10%以内。

（4）最小交易股数。

港股的最小交易股数是一手。每手股数由发行人确定，每手股数并无统一标准，最少的一手是10股，最多的一手可以超过10万股。

碎股，是指少于一个买卖单位（不足一手）的证券，这类证券无法在联交所的交易系统进行自动对盘，但可以通过交易系统内的特别买卖单位市场进行碎股交易。

（5）清算规则。

香港联交所的交割时间是T+2日。定义卖出股票的时间是T日，在T日之后的2个交易日，券商和清算机构才会进行资金交收和股票交收，卖出股票所得现金在交收之后才可以自由提取。

4. 公司行为

公司行为，指可能对公司股票及其衍生品种价格产生重大变动的上市公司重要事件。根据香港联交所发布的《有关若干类别公司行动的交易安排之指引》，涉及交易安排的公司行动主要包括：供股、公开发售、股份合并或拆细、更改每手买卖单位等。

（1）供股。

供股是指向现有证券持有人发出供股要约，使他们可以按现时持股比例，以指定价格认购供股新股。

供股涉及多个阶段，包括分派未缴款供股股份予登记股东、未缴款供股股份以临时证券形式在联交所买卖、确认购入供股股份、缴足股款的供股新股在交易市场买卖等。

（2）公开发售。

公开发售同样是向现有证券持有人发出认购股份的要约，但是公开发售的股份不一定是根据股东现时持股比例来认购股份，所发售的证券也并非以可买卖的临时证券形式分配。因此，公开发售的预期时间表与供股比较相对简单。

（3）股份合并或拆细。

股份合并或拆细是指发行人根据重组其已发行股本的需要，更改其证券的发行数量或面值的行为。股份合并是减少发行人的已发行股份数量，并按比例合并现有股份成为新合并股份，令合并股份的市价因此按比例提高。股份拆细是增加发行人的已发行股份数量，并按比例拆细现有股份为多份拆细股份，令拆细股份的市价因此按比例降低。

（4）更改每手买卖单位。

每手买卖单位是指买卖一手某只联交所上市证券所涉及的股数。联交所交易系统的自动对盘只限完整一手或其倍数的买卖盘。每手股数并无划一标准。

5. 港股市场主要品种

在香港联交所交易的证券产品，主要包括股本证券（普通股、优先股）、交易所买卖基金（ETF）、衍生权证、牛熊证、房地产投资信托基金、债务证券、预托证券（即存托凭证）和衍生产品。

以下将简要介绍境内投资者相对陌生的证券产品。

（1）衍生权证。

衍生权证，英文为derivative warrant，香港市场人士俗称“窝轮”，是衍生投资工具的一种，有效期通常为6个月至5年不等。衍生权证由与上市公司或相关资产发行人没有关系的独立第三方（通常是投资银行）发行。衍生权证的相关资产，可以是普通股、市场指数、外币或一篮子股份。投资者持有衍生权证时，有权利在约定的日期，以约定的价格买入或卖出相关资产。

（2）牛熊证。

牛熊证与衍生权证同属结构性产品，是一种杠杆投资工具。牛熊证能追踪相关资产的表现而无须支付购入实际资产的全额资金。牛熊证有牛证和熊证之分，通过给予投资者一个权利，使其在到期日以行使价买入或卖出相关资产。买入牛证就是看涨，买入熊证就是看跌。牛熊证也是由第三方（通常是投资银行）发行，有效期为3个月至5年不等，只能以现金结算。在牛熊证有效期内，如果相关资产的价格触及约定的回购价，发行商将收回有关牛熊证，牛熊证将提前到期并即时终止买卖。牛熊证和衍生权证有些类似，两者的区别在于，牛熊证的结构更简单，价格透明度更高。

6. 上市公司信息披露

在香港上市的公司同样受到证券监管机构的监管以及具有向投资者进行公司信息的披露义务。投资者可登录香港联交所信息披露平台“披露易”查询香港上市公司按照监管规定存档及披露的资讯，包括香港上市公司公告、股权披露、新上市公司资料、交易所报告和董事资料等。

香港上市公司公告也分为定期报告和临时报告。定期报告有年报、半年报和季报，临时报告包括强制性临时报告和自愿披露的临时报告。

香港上市公司须在每年3月31日之前披露上一年度的年度业绩公告、4月30日之前披露上一年度的年度报告、8月31日前披露半年度业绩公告、9月30日前披露半年度报告。

在香港上市的公司须每年出具一份ESG报告。ESG报告可以随年度报告同刊发布，也可以在年度报告刊发当日单独披露。ESG报告的披露需经董事会审议通过。

7. 企业管制

企业管制，与公司治理具有同样的含义。

香港上市公司设股东大会、董事会、独立董事，不设监事或监事会。董事会下设专门委员会，协助董事会关于战略、薪酬、提名、会计、ESG等事项的参谋及监督。

香港上市公司设公司秘书，职能相当于董事会秘书。香港公司秘书需要特定资格，也需要经过考试认证。如果拟上市公司内部还不具备相关人员，香港联交所允许公司聘请外部专业的公司秘书作为联席公司秘书，协助公司内部高管进行公司的合规管理和与香港联交所的沟通工作。

（二）“全流通”

“全流通”，是指H股公司的境内未上市股份（包括境外上市前境内股东持有的未上市内资股、境外上市后在境内增发的未上市内资股以及外资股东持有的未上市股份）到香港联交所上市流通。

1. 参与人职责与权利

表4-2-2以深交所的“全流通”规定为例，梳理了“全流通”各参与人的职责及权利的相关规定。

表4-2-2 “全流通”参与人职责及权利汇总表

参与人	职责及权利
境内未上市股份股东（以下简称投资者）	① 委托H股公司提出“全流通”申请。 ② 向境内证券公司发送交易指令进行交易
H股公司	① 获得投资者授权，申请开通“全流通”。 ② 选择一家境内证券公司参与“全流通”相关股份的买卖
境内证券公司	为投资者提供H股“全流通”股份交易委托指令发送、成交回报接收等相关服务，并作为境内结算参与人与中国结算办理相关清算交收事宜。 境内证券公司应与投资者签订委托协议
香港证券公司	将境内证券公司发行的投资者交易指令报送至联交所进行交易

（续表）

参与人	职责及权利
中国结算	相关证券在境内集中存管于中国结算。中国结算作为上述证券的名义持有人，办理H股“全流通”涉及的存管和持有明细维护、跨境清算交收等业务，并为投资者提供名义持有人服务
中国证券登记结算（香港）有限公司（以下简称中国结算香港）	中国结算香港在香港中央结算有限公司开立证券账户，用于记录名义持有的证券，以及与香港证券公司进行证券交收
深圳证券通信有限公司（以下简称深证通）	深交所授权深证通提供境内证券公司与对应香港证券公司之间的H股“全流通”股份交易委托指令和成交回报传递，及相关H股实时行情转发等服务

2. “全流通”流程

表4-2-3以深交所的“全流通”规定为例，梳理了“全流通”的有关流程。

表4-2-3　“全流通”流程一览表

环　节	事　项
投资者委托H股公司	投资者可自主协商确定申请流通的股份数量和比例，并委托H股公司提出“全流通”申请
H股公司提出申请	① 履行必要的内部决策和外部批准程序。 ② 可单独或在申请境外再融资时一并提出“全流通”申请。尚未上市的境内股份有限公司可在申请境外首次公开发行上市时一并提出“全流通”申请。 ③ 获得投资者授权，选择一家境内证券公司参与“全流通”相关股份的买卖
H股公司办理跨境转登记	① 向中国结算申请办理非境外上市股份的部分或全部退出登记。 ② 在香港股份登记机构等机构履行手续，完成相关股份在相关市场的登记。 H股“全流通”股份在完成跨境转登记成为境外上市股份后，不得再转回成为非境外上市股份
交易	投资者使用中国结算为其开立的证券账户参与H股“全流通”业务。 投资者通过境内证券公司提交H股“全流通”股份的交易指令。 境内证券公司选择一家香港证券公司，通过其将投资者的交易指令报送至香港联交所进行交易。 交易达成后，中国结算及中国结算香港办理相关股份和资金的跨境清算交收

（续表）

环 节	事 项
存管	中国结算将投资者持有的证券以中国结算的名义存管在中国结算香港。 香港中央结算有限公司作为最终名义持有人列示与香港联交所上市公司的股东名册。 H股上市公司应当向中国结算提供有效的投资者证券账户信息、托管单元信息和持有数据等，委托中国结算初始记录并维护相关投资者的证券持有明细记录。 投资者不能存入或提取纸面股票，不能办理股份的跨境转托管，中国证监会另有规定的除外
特殊事项处理	投资者因继承、离婚、法人资格丧失、捐赠等情形涉及的非交易过户业务、质押登记业务以及协助执行，参照中国结算相关业务规则办理。 因以上非交易过户或司法扣划业务获得H股“全流通”股票且非该标的原股东的投资者，只能卖出该标的股票，不能买入该标的股票

（三）内地与香港股票市场交易互联互通机制

1. 互联互通机制

内地与香港股票市场交易互联互通机制，是指上交所、深交所分别和香港联交所建立技术连接，使内地和香港投资者可以通过当地证券公司或经纪商买卖规定范围内的对方交易所上市的股票。内地与香港股票市场交易互联互通机制包括沪港股票市场交易互联互通机制（以下简称沪港通）和深港股票市场交易互联互通机制（以下简称深港通）。

沪港通包括沪股通和沪港通下的港股通。深港通包括深股通和深港通下的港股通。沪港通下的港股通和深港通下的港股通统称港股通。

内地与香港股票市场交易互联互通机制遵循两地市场现行的交易结算法律法规。

境外投资者的境内股票投资，应当遵循下列持股比例限制：

（1）单个境外投资者对单个上市公司的持股比例不得超过该上市公司股份总数的10%；

（2）所有境外投资者对单个上市公司A股的持股比例总和，不得超过该上市公司股份总数的30%。

境外投资者依法对上市公司战略投资的，其战略投资的持股不受上述比例限制。

境内有关法律法规和其他有关监管规则对持股比例的最高限额有更严格规定的，从其规定。

2. 互联互通机制问答

（1）港股通股票为A+H股的，A股停牌与H股停牌是否同步？

A+H股上市公司因存在任何未披露的内幕消息（或重大消息），上交所、深交所或香港联交所根据自身规则决定实施盘中停牌的，两地同步实施停牌。除此之外，在其他情况下，两地交易所将根据各自的规则，决定A+H股上市公司于各自市场是否需要实施停牌。

（2）港股通上市公司会在什么情况下停牌？

导致港股通上市公司停牌的原因有很多，通常是公司要公布内幕消息。停牌可以由上市公司提出，也可以由香港联交所指令。

设立停牌机制的目的，是使买卖在全面资讯流通的环境中进行，保障投资者利益，以及避免市场出现虚假、不公及混乱的风险，或在出现此等情况时加以制止。

当出现以下情形时，港股通上市公司可能会被实施停牌：

① 香港联交所在其认为适当的情况及条件下可能会指令上市公司的股票停牌。

② 如上市公司握有避免其证券出现虚假市场所需的资料；或上市公司合理地相信有根据内幕消息条文必须披露的内幕消息；或若出现情况致使上市公司合理相信内幕消息的机密或已泄露或合理认为有关消息相当可能已泄露。

③ 上市公司未能按照香港联交所《上市规则》规定如期发表定期的财务资料。

④ 因为上市公司全部或大部分的资产为现金或短期证券而被视为现金资产公司。

第三章　存托凭证

存托凭证（depository receipt，DR），是指由存托人签发、以境外证券为基础在境内发行、代表境外基础证券权益的证券，每个存托凭证代表一定数量的境外公司发行的基础证券。如中国存托凭证（CDR）、全球存托凭证（GDR）、美国存托凭证（ADR）、中国香港预托证券（HDR）等。许多国家及地区都存在存托凭证的发行与交易。

本章法规导航

（1）《国务院办公厅转发证监会关于开展创新企业境内发行股票或存托凭证试点若干意见的通知》（以下简称《若干意见》）；

（2）《存托凭证发行与交易管理办法（试行）》；

（3）《试点创新企业境内发行股票或存托凭证并上市监管工作实施办法》；

（4）《创新企业境内发行股票或存托凭证上市后持续监管实施办法（试行）》；

（5）《公开发行证券的公司信息披露编报规则第24号——注册制下创新试点红筹企业财务报告信息特别规定》；

（6）《公开发行证券的公司信息披露编报规则第23号——试点红筹企业公开发行存托凭证招股说明书内容与格式指引》；

（7）《公开发行证券的公司信息披露内容与格式准则第40号——试点红筹企业公开发行存托凭证并上市申请文件》；

（8）《关于试点创新企业实施员工持股计划和期权激励的指引》；

(9)《关于试点创新企业整体变更前累计未弥补亏损、研发费用资本化和政府补助列报等会计处理事项的指引》；

(10)《上海证券交易所与境外证券交易所互联互通存托凭证上市交易暂行办法（2023年修订）》。

一、互联互通存托凭证业务

互联互通存托凭证业务，是指符合条件的在境外证券交易所上市的境外基础证券发行人（以下简称境外发行人）在境内公开发行存托凭证（以下简称中国存托凭证）并在中国证券交易所上市，以及符合条件的在中国证券交易所上市的境内上市公司在境外发行存托凭证（以下简称全球存托凭证）并在境外证券交易所上市。

跨境转换，包括将基础股票转换为存托凭证（以下简称生成），以及将存托凭证转换为基础股票（以下简称兑回）。

二、中国存托凭证

中国存托凭证（Chinese depository receipt，CDR），是由存托人签发、以境外证券为基础在中国境内发行、代表境外基础证券权益的证券。

（一）中国存托凭证基础制度安排

在中国境内发行存托凭证，应符合以下基础制度安排。

1. 参与主体

(1) 基础证券发行人。基础证券发行人在境外发行的基础证券由存托人持有，并由存托人在境内签发存托凭证。

（2）存托人。存托人应按照存托协议约定，根据存托凭证持有人意愿行使境外基础证券相应权利，办理存托凭证分红、派息等业务。

（3）存托凭证持有人。存托凭证持有人依法享有存托凭证代表的境外基础证券权益，并按照存托协议约定，通过存托人行使其权利。

2. 存托协议

基础证券发行人、存托人及存托凭证持有人通过存托协议明确存托凭证所代表权益及各方权利义务。投资者持有存托凭证即成为存托协议当事人，视为其同意并遵守存托协议约定。

3. 存托凭证基础财产

存托凭证基础财产包括境外基础证券及其衍生权益。存托人可在境外委托金融机构担任托管人。托管人负责托管存托凭证基础财产，并负责办理与托管相关的其他业务。存托人和托管人应为存托凭证基础财产单独立户，将存托凭证基础财产与其自有财产有效隔离、分别管理、分别记账。

4. 跨境转换

在证券交易所上市交易的中国存托凭证，可以根据相关规定及约定，通过中国跨境转换机构与境外基础股票进行跨境转换。

合格投资者参与中国存托凭证跨境转换的，应当委托中国跨境转换机构办理。

5. 基础证券发行人资格

目前，CDR的发行主体有如下两大类：

（1）纳入创新试点的红筹企业，包括：尚未在境外上市的红筹公司（以下简称“第Ⅰ类CDR主体”）、已在境外上市的红筹公司（以下简称“第Ⅱ类CDR主体”）。试点企业应当是符合国家战略、掌握核心技术、市场认可度高，属于互联网、大数据、云计算、人工智能、软件和集成电路、高端装备制造、生物医药等高新技术产业和战略性新兴产业，且达到相当规模的创新企业。

（2）已在境外上市的非红筹境外公司（以下简称“第III类CDR主体”）。

（二）CDR的发行与上市

1. 发行条件

《深圳证券交易所与境外证券交易所互联互通存托凭证上市交易暂行办法（2023年修订）》规定，公开发行以股票为基础证券的存托凭证的，境外基础证券发行人应当符合下列条件：

（1）《证券法》第十二条第（一）项至第（四）项关于股票公开发行的基本条件；

（2）为依法设立且持续经营3年以上的公司，公司的主要资产不存在重大权属纠纷；

（3）最近3年内实际控制人未发生变更，且控股股东和受控股股东、实际控制人支配的股东持有的境外基础证券发行人股份不存在重大权属纠纷；

（4）境外基础证券发行人及其控股股东、实际控制人最近3年内不存在损害投资者合法权益和社会公共利益的重大违法行为；

（5）会计基础工作规范、内部控制制度健全；

（6）董事、监事和高级管理人员应当信誉良好，符合公司注册地法律规定的任职要求，近期无重大违法失信记录；

（7）中国证监会规定的其他条件。

2. 上市条件

（1）《试点创新企业境内发行股票或存托凭证并上市监管工作实施办法》的规定。

① 尚未境外上市红筹企业发行存托凭证并在境内上市的，应当符合下列标准之一（适用于第Ⅰ类CDR主体）：

A. 最近一年经审计的主营业务收入不低于30亿元人民币，且企业估值不低于200亿元人民币；

B. 拥有自主研发、国际领先、能够引领国内重要领域发展的知识产权或专有技术，具备明显的技术优势的高新技术企业，研发人员占比超过30%，已取得与主营业务相关的发明专利100项以上，或者取得至少一项与主营业务相关的一类新药药品批件，或者拥有经有权主管部门认定具有国际领先和引领作用的核心技术；依靠科技创新与知识产权参与市场竞争，具有相对优势的竞争地位，主要产品市场占有率排名前三，最近3年营业收入复合增长率30%以上，最近一年经审计的主营业务收入不低于10亿元人民币，且最近3年研发投入合计占主营业务收入合计10%以上。

C. 营业收入快速增长，拥有自主研发、国际领先技术、同行业竞争中处于相对优势地位；且预期市值不低于100亿元人民币，或预计市值不低于50亿元人民币、最近一年营业收入不低于5亿元人民币。

② 已境外上市试点红筹企业发行存托凭证并在境内上市的，应当符合下列标准之一（适用于第Ⅱ类CDR主体）：

A. 市值不低于2000亿元人民币；

B. 市值200亿元人民币以上，且拥有自主研发、国际领先技术，科技创新能力较强，同行业竞争中处于相对优势地位。

（2）《上海证券交易所试点创新企业股票或存托凭证上市交易实施办法》《深圳证券交易所试点创新企业股票或存托凭证上市交易实施办法》的规定。

红筹公司申请境内首次公开发行的存托凭证在证券交易所上市，应当符合以下条件（适用于第Ⅰ类CDR主体和第Ⅱ类CDR主体）：

① 本次公开发行的存托凭证不少于1亿份或者上市时本次公开发行的存托凭证市值不低于50亿元人民币；

② 公司最近3年无重大违法行为、财务会计报告无虚假记载；

③ 证券交易所要求的其他条件。

具有投票权差异安排的红筹公司申请境内首次公开发行的存托凭证在证券交易所上市的，还需要符合投票权差异安排的相关规定。

（3）根据《上海证券交易所与境外证券交易所互联互通存托凭证上市交易暂行办法（2023年修订）》《深圳证券交易所与境外证券交易所互联互通存托凭证上市交易暂行办法（2023年修订）》的规定，境外发行人申请中国存托凭证首次在中国证券交易所上市，应当符合下列条件（适用于第Ⅲ类CDR主体）：

① 符合《证券法》《存托凭证发行与交易管理办法（试行）》规定的中国存托凭证公开发行条件，并经中国证监会行政许可公开发行中国存托凭证；

② 发行申请日前120个交易日按基础股票收盘价计算的境外发行人平均市值不低于200亿元人民币（根据发行申请日前一日中国人民银行公布的人民币汇率中间价计算）；

③ 在境外证券交易所上市满3年及中国证监会与境外证券监管机构根据境外基础股票上市地（以下简称境外上市地）市场分层情况约定的其他上市年限条件；

④ 申请上市的中国存托凭证数量不少于5000万份且对应的基础股票市值不少于5亿元人民币（根据基础股票最近收盘价及上市申请日前一日中国人民银行公布的人民币汇率中间价计算）；

⑤ 中国证券交易所要求的其他条件。

3. 初始生成或发行承销

（1）初始生成。

以非新增股票为基础证券上市中国存托凭证的，境外发行人应当披露初始生成公告。初始生成公告刊登后，可以通过现场、电话、互联网等方式向合格投资者进行路演推介。

初始生成期间，存托人应当根据相关规定和约定办理中国存托凭证生成业务，不予办理中国存托凭证兑回业务。

（2）发行承销。

以新增股票为基础证券上市中国存托凭证的，境外发行人应当按照相关规定开展中国存托凭证发行与承销活动。

招股意向书刊登后，可以通过现场、电话、互联网等方式向符合适当性管理要求的投资者进行路演推介。

中国跨境转换机构可以按照相关规定以及招股说明书、存托协议的安排，通过跨境转换生成中国存托凭证，并可以与合格投资者达成通过大宗交易等方式转让中国存托凭证的约定。以新增股票为基础证券发行上市CDR的，应当根据存托协议的约定在上市后开始跨境转换。

初始生成期或发行承销完成后，针对第Ⅲ类CDR主体，中国存托凭证的数量不少于5000万份且对应的基础股票市值不少于5亿元人民币的，境外发行人应当及时向证券交易所提出上市申请。

4. CDR审核注册及上市

（1）审核注册程序。

申请公开发行存托凭证的，境外发行人应依法向证券交易所递交申请材料，经证券交易所审核同意后，报中国证监会注册。

申请存托凭证公开发行并上市的，境外发行人应当聘请符合要求的保荐人及律师事务所、会计师事务所等证券服务机构提供相关服务。公开发行存托凭证的，应当由证券公司承销，但投资者购买以非新增证券为基础证券的存托凭证以及中国证监会规定无需由证券公司承销的其他情形除外。

（2）首次上市。

① 交易所审核。

境外发行人申请CDR在中国的证券交易所上市，境外发行人应当与证券交易所签订上市协议。境外发行人提交相关申请文件，由交易所进行审核。

境外发行人向证券交易所提交的申请文件，应当由其董事、监事、高级管理人员签署。境外发行人应当保证披露文件真实、准确、完整，不存在虚假记载、误导性陈述或者重大遗漏，并应当使用简体中文。

交易所收到申请文件后对文件进行核对，作出是否受理的决定，告知境外发行人及其保荐人，并在交易所网站公示。受理申请文件当日，境外发行人应当在交易所网站预先披露招股说明书、发行保荐书、上市保荐书、审计报告和法律意见书等文件。

② 中国证监会注册。

交易所完成审核后，向中国证监会报送审核意见及境外发行人申请文件。境外发行人应当将招股说明书、发行保荐书、上市保荐书、审计报告、法律意见书、存托协议、托管协议等文件在中国证监会网站和交易所网站同步公开。

另外，境外发行人应当于中国存托凭证上市前2个交易日内，按照证券交易所规定披露上市公告书、公司章程等相关文件。

（3）新增上市。

境外发行人在证券交易所上市后，因增发、配股等行为申请新增中国存托凭证上市的，应当提交上市申请书、中国证监会关于本次发行的行政许可文件、本次拟上市的CDR已由中国结算存管的证明等文件。

境外发行人应当与证券交易所签订上市协议，明确双方的权利、义务和有关事项，并于CDR上市前2个交易日内，按照证券交易所规定披露上市公告书、公司章程等相关文件。

（三）CDR上市交易

依法公开发行的CDR应当在中国境内证券交易所上市交易。

CDR申购、交易遵守投资者适当性管理制度。

中国存托凭证在境内证券交易所上市交易，以人民币为计价货币，计价单位为“每份中国存托凭证价格”，申报价格最小变动单位为0.01元人民币。

通过竞价交易买入中国存托凭证的，申报数量应当为100份或其整数倍，单笔申报最大数量不得超过100万份。卖出数量不足100份的部分，应当一次性申报卖出。

CDR竞价交易实行价格涨跌幅限制，涨跌幅比例为10%。证券交易所全天休市达到或者超过7个自然日的，其后首个交易日的涨跌幅比例为20%。CDR首次公开发行上市后的前5个交易日不实行价格涨跌幅限制。

CDR还可采用大宗交易、做市交易方式。

境外发行人发生权益分派、公积金转增股本、配股等情况的，证券交易所根据境外发行人的申请，参照有关规定，对CDR作除权处理，证券交易所另有规定的除外。

境外发行人发放现金红利的，证券交易所不对CDR作除息处理，证券交易所另有规定的除外。

红筹公司存托凭证在证券交易所上市期间，不得与境外基础证券进行相互转换，中国证监会或者证券交易所另有规定的除外。

境外发行人变更中国存托凭证与基础股票的转换比例的，应当经证券交易所同意。

（四）CDR的持续信息披露

1. 信息披露基本要求

境外发行人和相关信息披露义务人应当及时披露所有对公司股票、存托凭证及其衍生品种交易价格可能产生较大影响的重大事件。

境内境外市场信息同步披露，且信息披露内容应保持一致。披露时应当使用中文，且若发生冲突，以中文文件为准。

2. 定期报告和临时报告

（1）境外基础证券发行人具有投票权差异、协议控制架构或者类似特殊安排的，应当在年度报告中披露该等安排在报告期内的实施和变化情况，以及该等安排下保护境内投资者合法权益有关措施的实施情况。

前款规定事项出现重大变化或者调整，可能对公司股票、存托凭证及其衍生品种交易价格产生较大影响的，公司和相关信息披露义务人应当及时予以披露。

（2）境外发行人应当在年度报告和中期报告中披露存托、托管相关安排在报告期内的实施和变化情况，以及报告期末前10名中国存托凭证持有人的名单和持有数量及持有比例。

发生下列情形之一的，境外发行人应当及时披露：

① 存托人、托管人发生变化；

② 存托的基础财产发生被质押、挪用、司法冻结或者其他权属变化；

③ 对存托协议作出重大修改；

④ 对托管协议作出重大修改；

⑤ 对股东投票权差异、企业协议控制架构或者类似特殊安排作出重大调整；

⑥ 中国证监会规定的其他情形。

发生前款第①项、第②项规定的情形，或者托管协议发生重大修改的，存托人应当及时告知境外发行人，由境外发行人及时披露。

3. 应当披露的重大交易或重大事项

（1）对于尚未在境外上市的红筹公司（即第Ⅰ类CDR主体）。

尚未在境外上市的红筹公司应当及时披露以下事项：

① 公司在上市申请文件中披露的相关事项发生重大变化；

② 公司拟在境外发行股票或者存托凭证的基本情况（如有）；

③ 公司注册地以及境内法律发生变化对其在上市申请文件及定期报告中披露事项产生的重大影响;

④ 公司证券拟在境外市场上市交易的，境外上市地监管制度与证券交易所监管制度存在的差异以及可能给境内投资者权益带来的不利影响;

⑤ 依公司注册地、境外上市地法律、交易所规则规定应当披露的信息;

⑥ 可能对公司境内股票、存托凭证及其衍生品种交易价格产生较大影响的其他信息。

（2）对于已在境外上市的红筹公司或非红筹境外发行人（即第Ⅱ类CDR主体和第Ⅲ类CDR主体）。

① 应披露的重大交易。

境外发行人进行日常经营以外的重大交易事项，达到下列标准之一的，应当及时披露:

A. 交易涉及的资产总额（同时存在账面值和评估值的，以孰高者为准）占境外发行人最近一期经审计总资产的10%以上;

B. 交易的成交金额（包括承担的债务和费用）占境外发行人最近一个会计年度经审计净资产的10%以上;

C. 交易标的（如股权）在最近一个会计年度相关的营业收入占境外发行人最近一个会计年度经审计营业收入的10%以上，且金额超过5000万元人民币。

相关交易虽未达到前款规定的标准，但可能对境外发行人基础股票、中国存托凭证及其衍生品种交易价格产生较大影响的，境外发行人也应当及时披露。

境外发行人与其合并报表范围内的控股子公司发生的或者上述控股子公司之间发生的交易，除中国证监会和证券交易所另有规定外，免于按照前款规定披露。

② 应披露的关联交易。

A. 关联交易披露标准。

境外发行人与关联人发生关联交易，达到下列标准之一的，应当及时披露：

a. 与关联自然人发生的金额在1000万元人民币以上的交易；

b. 与关联法人发生的金额在5000万元人民币以上，且占境外发行人最近一期经审计总资产的0.1%以上的交易；

c. 境外发行人或者证券交易所认为可能引发境外发行人与关联人之间利益倾斜的交易。

境外发行人关联方和关联关系的认定，应当参照境外发行人首次申请境内公开发行中国存托凭证时的披露标准执行。

B. 关联交易披露时点。

a. 发生需要披露的关联交易，其定价符合下列公允情形之一的，可以仅在年度报告和中期报告中汇总披露：根据政府定价或者在政府指导价范围内合理定价的；根据公开市场价格定价的；根据公开招标、公开拍卖等方式定价的。

b. 相关关联交易不符合前款规定的公允情形的，或者可能对境外发行人的资产、负债、权益和经营成果产生重要影响的，境外发行人应当及时披露。

c. 当年度日常关联交易金额预计达到需要披露的关联交易标准的，应当履行信息披露义务；实际执行超过预计金额且超出金额达到需要披露的关联交易标准的，应当及时披露。

d. 境外发行人应当在年度报告和中期报告分类汇总披露日常关联交易的实际履行情况。

③ 应披露的其他重大事项。

境外发行人发生下列重大事件之一，可能对其基础股票、中国存托凭证及其衍生品种交易价格产生较大影响的，境外发行人应当及时披露，并说明事件的起因、目前的状态和可能产生的法律后果：

A. 涉案金额超过境外发行人最近一期经审计总资产绝对值10%以上的重

大诉讼、仲裁事项；

B. 重大财务资助事项；

C. 基础股票、存托凭证回购相关事项；

D. 董事、监事、高级管理人员所持基础股票或者存托凭证发生变动；

E. 《证券法》和中国证监会规定的其他重大事项。

证券交易所认为相关事项可能对境外发行人基础股票、中国存托凭证及其衍生品种交易价格产生较大影响的，可以要求其及时披露相关情况。

4. 大股东权益变动

投资者及其一致行动人直接或者间接持有境外发行人在境内外发行的股份或者存托凭证的，其所拥有的权益应当合并计算。

通过证券交易所的证券交易、协议转让或者类似安排，投资者及其一致行动人持有境外发行人已发行的中国存托凭证，每达到、拟达到或者超过境外发行人已发行的中国存托凭证总数的5%时，应当在该事实发生之日起2日内披露提示性公告。

投资者及其一致行动人持有境外发行人已发行的中国存托凭证，达到境外发行人已发行的中国存托凭证总数的5%后，通过证券交易所的证券交易、协议转让或者类似安排，导致其持有的境外发行人中国存托凭证每达到、拟达到或者超过境外发行人已发行的中国存托凭证总数5%的整数倍时，应当按照前款规定的时限披露提示性公告。

因境外发行人已发行的中国存托凭证总数的增减，导致投资者及其一致行动人所持境外发行人中国存托凭证的比例被动出现达到、拟达到或者超过境外发行人已发行的中国存托凭证总数的5%的情形，投资者及其一致行动人免于履行公告义务。但投资者及其一致行动人其后又主动增减持境外发行人中国存托凭证的，应当按规定履行公告义务。

5. 关于减持等特殊安排

红筹公司发行存托凭证并上市的，实际控制人应当承诺境内上市后3年内不主动放弃实际控制人地位。

尚未盈利且尚未在境外上市红筹公司发行存托凭证并上市的，其控股股东、实际控制人、董事、高级管理人员应当承诺在公司实现盈利前不得减持上市前持有的股票。

（五）CDR停复牌与终止上市

1. 停复牌的情形

境外发行人出现下列情形之一的，应当按证券交易所相关规定申请停牌和复牌，未按规定申请停牌和复牌的，证券交易所可以决定对中国存托凭证及其衍生品种实施停牌和复牌：

（1）未在规定期限内披露定期报告，或者半数以上董事无法保证定期报告真实、准确、完整且在法定期限届满前仍有半数以上董事无法保证的；

（2）财务会计报告因存在重大会计差错或者虚假记载，被中国证监会责令改正但未在规定期限内改正的；

（3）信息披露方面存在重大缺陷，被证券交易所要求改正但未在要求期限内改正的；

（4）因收购人履行要约收购义务，或者收购人以终止境外发行人上市地位为目的而发出全面要约的；

（5）证券交易所规定的其他情形。

2. 主动终止上市的情形

出现下列情形之一的，境外发行人可以向证券交易所申请中国存托凭证主动终止上市：

（1）境外发行人股东大会决议主动撤回其中国存托凭证在证券交易所的交易；

（2）中国证监会和证券交易所认可的其他主动终止上市情形。

境外发行人基础股票申请终止上市的，应当同时向证券交易所申请中国存托凭证主动终止上市。

3. 被强制终止上市的情形

出现下列情形之一的，由证券交易所决定终止境外发行人中国存托凭证在该证券交易所上市：

（1）境外发行人基础股票被境外监管机构或者境外证券交易所强制终止上市；

（2）境外发行人因其中国存托凭证的信息披露方面存在重大缺陷[①]，被证券交易所要求限期改正但境外发行人未在规定期限内改正，此后境外发行人自前述期限届满2个月内仍未改正；

（3）境外发行人公开发行中国存托凭证申请或者披露文件存在虚假记载、误导性陈述或者重大遗漏，被中国证监会依据《证券法》第一百八十一条作出行政处罚决定，或者被人民法院依据《中华人民共和国刑法》第一百六十条作出有罪裁判且生效；

（4）证券交易所根据境外发行人违法行为的事实、性质、情节及社会影响等因素认定的其他严重损害证券市场秩序的情形。

三、全球存托凭证

全球存托凭证的信息披露要求如下：

（1）上市公司在境外证券交易所发行上市全球存托凭证，并申请对应的新增基础股票上市的，应当在全球存托凭证上市日前2个交易日向证券交易所提交申请。

① 信息披露方面存在重大缺陷，具体包括下列情形：证券交易所失去境外发行人有效信息来源；境外发行人拒不披露应当披露的重大信息；境外发行人严重扰乱信息披露秩序，并造成恶劣影响；证券交易所认为境外发行人存在信息披露重大缺陷的其他情形。

全球存托凭证存在兑回限制期安排的，上市公司应当在上市提示性公告中予以披露。

新增基础股票上市后，全球存托凭证按照本办法以及存托协议跨境转换为基础股票的，可以在证券交易所市场进行交易。

（2）上市公司在境外证券交易所发行的全球存托凭证出现下列情形之一的，应当及时进行信息披露：

① 全球存托凭证存续数量所对应的基础股票数量不足中国证监会批复数量的50%；

② 全球存托凭证在境外证券交易所被暂停上市、终止上市；

③ 全球存托凭证兑回限制期届满前5个交易日[①]；

④ 可能对基础股票交易价格产生重大影响的其他情形。

全球存托凭证发行人应在定期报告中披露全球存托凭证存续数量。

---

① 出现该项规定情形的，上市公司应当在兑回限制期届满前至少发布3次提示性公告。

第四章　境外直接投资及返程投资

境外直接投资（overseas direct investment，ODI），指中华人民共和国境内企业直接或通过其控制的境外企业，以投入资产、权益或提供融资、担保等方式，获得境外所有权、控制权、经营管理权及其他相关权益的投资活动。

返程投资指境内居民直接或间接通过特殊目的公司对境内开展的直接投资活动，即通过新设、并购等方式在境内设立外商投资企业或项目，并取得所有权、控制权、经营管理权等权益的行为。

境外直接投资和返程投资，都是境内企业常见的跨境投资方式。

本章法规导航

颁布机构	政策法规
国务院	《中央企业境外投资监督管理办法》
	《国务院办公厅转发国家发展改革委商务部人民银行外交部关于进一步引导和规范境外投资方向指导意见的通知》
国家发改委	《企业境外投资管理办法》
	《关于企业境外投资管理办法配套格式文本（2018年版）的通知》
	《关于发布境外投资敏感行业目录（2018年版）的通知》
商务部	《境外投资管理办法》
	《对外投资备案（核准）报告暂行办法》
	《对外直接投资统计制度》
	《对外投资备案（核准）报告实施规程》

（续表）

颁布机构	政策法规
国家外汇管理局	《境内机构境外直接投资外汇管理规定》
	《国家外汇管理局关于境内银行境外直接投资外汇管理有关问题的通知》
	《国家外汇管理局关于进一步改进和调整资本项目外汇管理政策的通知》
	《国家外汇管理局关于境内居民通过特殊目的公司境外投融资及返程投资外汇管理有关问题的通知》（以下简称“37号文”）
	《国家外汇管理局关于进一步简化和改进直接投资外汇管理政策的通知》
	《国家外汇管理局关于进一步推进外汇管理改革完善真实合规性审核的通知》

一、境外直接投资

（一）ODI监管分工机制

1. 监管分工

境外直接投资（ODI）项目分别由三个部门进行监管。

（1）发改委。

发改委是指中华人民共和国国家发展和改革委员会（以下简称国家发改委），及省级政府发展改革部门。国家发改委和省级政府发展改革部门以下统称发改委。发改委负责监管企业境外投资行业流向，主要审查投资项目是否符合国家法律法规和产业政策、是否符合经济和社会可持续发展要求、投资主体是否具备相应的投资实力等。发改委颁发“境外投资项目备案通知书”。

（2）商务主管部门。

商务主管部门是指中华人民共和国商务部（以下简称国家商务部）及省级商务主管部门。国家商务部和省级商务主管部门以下统称商务主管部门。商务主管部门负责整体审批企业境外投资事项，对境外投资结构、投资经营范围、投资目的地等进行审批和备案。商务主管部门颁发“企业境外投资证书”。

（3）外管局。

外管局指中华人民共和国国家外汇管理局。外管局负责监管外汇登记和资金出入境的相关手续。目前直接投资登记环节已移交给银行。

2. 核准vs备案

（1）发改委的核准与备案。

① 核准。

实行核准管理的范围是投资主体直接或通过其控制的境外企业开展的敏感类项目。核准机关是国家发改委。

敏感类项目包括：涉及敏感国家和地区的项目和涉及敏感行业的项目。

② 备案。

实行备案管理的范围是投资主体直接开展的非敏感类项目，也即涉及投资主体直接投入资产、权益或提供融资、担保的非敏感类项目。

实行备案管理的项目中，投资主体是中央管理企业的，备案机关是国家发展改革委；投资主体是地方企业，且中方投资额为3亿美元及以上的，备案机关是国家发展改革委；投资主体是地方企业，且中方投资额为3亿美元以下的，备案机关是投资主体注册地的省级政府发展改革部门。

（2）商务主管部门的核准与备案。

企业境外投资涉及敏感国家和地区、敏感行业的，实行核准管理。

其他情形的境外投资，实行备案管理。对属于备案情形的境外投资，中央企业报国家商务部备案；地方企业报所在地省级商务主管部门备案。

（二）ODI办理情形和资格

1. 需要进行境外投资核准/备案的情形

① 境内企业境外新设公司；

② 境内企业在境外并购公司。

2. 对外投资的办理资格

不得办理境外投资的情形有以下几种：

① 危害中华人民共和国国家主权、安全和社会公共利益，或违反中华人民共和国法律法规；

② 损害中华人民共和国与有关国家（地区）关系；

③ 违反中华人民共和国缔结或者参加的国际条约、协定；

④ 出口中华人民共和国禁止出口的产品和技术。

（三）ODI办理流程

境内投资企业需分别向发改委及商务主管部门进行备案或核准申报，在通过审批获得发改委“境外投资项目备案通知书”和商务主管部门“企业境外投资证书”后，境内投资企业到银行办理外汇登记，完成后可进行资金出入境业务。

二、返程投资

返程投资吸引投资者的原因是可以实现将海外上市募集的资金回购境内公司的资产或股权，还可以设立外商投资企业。

（一）返程投资的方式

返程投资的方式有很多种，主要有以下几种呈现方式：

① 购买或置换境内企业的资产或股权；

② 在境内设立外商投资企业；

③ 向境内企业增资。

（二）返程投资外汇登记的办理

根据“37号文”，外汇局对境内居民设立特殊目的公司实行登记管理。在“37号文”实施前，境内居民以境内外合法资产或权益已向特殊目的公司出资但未按规定办理境外投资外汇登记的，境内居民应向外汇局出具说明函说明理由。外汇局根据合法性、合理性等原则补办登记，对涉嫌违反外汇管理规定的，依法进行行政处罚。

境内居民以境内外合法资产或权益向特殊目的公司出资前，应向外汇局申请办理境外投资外汇登记手续。境内居民包括境内机构和境内居民个人。

特殊目的公司指境内居民以投融资为目的，以其合法持有的境内企业资产或权益，或者以其合法持有的境外资产或权益，在境外直接设立或间接控制的境外企业。

非上市特殊目的公司以本企业股权或期权等为标的，对其直接或间接控制的境内企业的董事、监事、高级管理人员及其他与公司具有雇佣或劳动关系的员工进行权益激励的，相关境内居民个人在行权前须提交材料到外汇局申请办理特殊目的公司外汇登记手续。

（三）后续事项

已登记境外特殊目的公司发生境内居民个人股东、名称、经营期限等基本信息变更，或发生境内居民个人增资、减资、股权转让或置换、合并或分立等重要事项变更后，应及时到外汇局办理境外投资外汇变更登记手续。

境内居民境外投资外汇变更登记完成后，方可办理后续业务（含利润、红利汇回）。

特殊目的公司完成境外融资后，融资资金如调回境内使用的，应遵守中国外商投资和外债管理等相关规定。

境内居民从特殊目的公司获得的利润、红利调回境内的，应按照经常项目外汇管理规定办理；资本变动外汇收入调回境内的，应按照资本项目外汇管理规定办理。

因转股、破产、解散、清算、经营期满、身份变更等原因造成境内居民不再持有已登记的特殊目的公司权益的，或者不再属于需要办理特殊目的公司登记的，应提交相关真实性证明材料，并及时到外汇局办理变更或注销登记手续。

境内居民可在真实、合理需求的基础上购汇，汇出资金用于特殊目的公司设立、股份回购或退市等。

附 录

（一）法律及司法解释

（1）《中华人民共和国公司法》（2018年修正）

（2）《中华人民共和国证券法》（2019年修订）

（3）《最高人民法院、最高人民检察院关于办理内幕交易、泄露内幕信息刑事案件具体应用法律若干问题的解释》；

（4）《最高人民法院关于审理证券市场虚假陈述侵权民事赔偿案件的若干规定》；

（5）《最高人民法院关于审理证券行政处罚案件证据若干问题的座谈会纪要》；

（6）《关于进一步规范人民法院冻结上市公司质押股票工作的意见》（法发〔2021〕9号）。

（二）国务院行政法规

（1）《国务院关于股份有限公司境外募集股份及上市的特别规定》（国务院令第160号）；

（2）《国务院办公厅转发证监会关于开展创新企业境内发行股票或存托凭证试点若干意见的通知》（国办发〔2018〕21号）；

（3）《中华人民共和国市场主体登记管理条例》（国令第746号）；

（4）《企业民主管理规定》（总工发〔2012〕12号）；

（5）《股票发行与交易管理暂行条例》（国务院令第112号）；

（6）《国务院关于开展优先股试点的指导意见》（国发〔2013〕46号）；

（7）《关于做好公司合并分立登记支持企业兼并重组的意见》（工商企字〔2011〕226号）；

（8）《中央企业境外投资监督管理办法》（国务院〔2017〕35号令）；

（9）《国务院办公厅转发国家发展改革委商务部人民银行外交部关于进一步引导和规范境外投资方向指导意见的通知》（国办发〔2017〕74号）。

（三）中国证监会部门规章

1. 证券发行上市相关

（1）《证券发行与承销管理办法》（证监会令第208号）；

（2）《首次公开发行股票注册管理办法》（证监会令第205号）；

（3）《〈首次公开发行股票注册管理办法〉第十二条、第十三条、第三十一条、第四十四条、第四十五条和〈公开发行证券的公司信息披露内容与格式准则第57号——招股说明书〉第七条有关规定的适用意见——证券期货法律适用意见第17号》（证监会公告〔2023〕14号）；

（4）《上市公司证券发行注册管理办法》（证监会令第206号）；

（5）《〈上市公司证券发行注册管理办法〉第九条、第十条、第十一条、第十三条、第四十条、第五十七条、第六十条有关规定的适用意见——证券期货法律适用意见第18号》（证监会公告〔2023〕15号）；

（6）《关于修改〈科创属性评价指引（试行）〉的决定》（证监会公告〔2022〕48号）；

（7）《北京证券交易所向不特定合格投资者公开发行股票注册管理办法》（证监会令第210号）；

（8）《北京证券交易所上市公司证券发行注册管理办法》（证监会令第

211号）；

(9) 《证券发行上市保荐业务管理办法》（证监会令第207号）；

（10）《欺诈发行上市股票责令回购实施办法（试行）》（证监会令第216号）；

（11）《关于进一步提高首次公开发行股票公司财务信息披露质量有关问题的意见》（证监会公告〔2012〕14号）；

（12）《首次公开发行股票并上市辅导监管规定》（证监会公告〔2021〕23号）；

（13）《关于首次公开发行股票并上市公司招股说明书财务报告审计截止日后主要财务信息及经营状况信息披露指引（2020年修订）》（证监会公告〔2020〕43号）；

（14）《首发企业现场检查规定》（证监会公告〔2021〕4号）；

（15）《关于修改〈首次公开发行股票时公司股东公开发售股份暂行规定〉的决定》（证监会公告〔2014〕11号）；

（16）《监管规则适用指引——法律类第2号：律师事务所从事首次公开发行股票并上市法律业务执业细则》（2022年）；

（17）《监管规则适用指引——关于申请首发上市企业股东信息披露》；

（18）《监管规则适用指引——发行类第2号》；

（19）《监管规则适用指引——发行类第4号》；

（20）《监管规则适用指引——发行类第5号》。

2. 证券登记、交易相关

（1）《证券登记结算管理办法》（证监会令第197号）；

（2）《证券市场禁入规定》（证监会令第185号）；

（3）《证券公司科创板股票做市交易业务试点规定》（证监会公告〔2022〕32号）；

（4）《上市公司股东董监高减持股份的若干规定》（证监会公告

〔2017〕9号）；

（5）《上市公司创业投资基金股东减持股份的特别规定》（证监会公告〔2020〕17号）；

（6）《上市公司董事、监事和高级管理人员所持本公司股份及其变动管理规则（2022年修订）》（证监会公告〔2022〕19号）；

（7）《关于完善特定短线交易监管的若干规定（征求意见稿）》（2023年）；

（8）《上市公司股票停复牌规则》（证监会公告〔2022〕7号）。

3. 信息披露、公司治理及监管相关

（1）《非上市公众公司监督管理办法》（证监会令第212号）；

（2）《上市公司信息披露管理办法》（2021年修订）；

（3）《科创板上市公司持续监管办法（试行）》（证监会令第154号）；

（4）《创业板上市公司持续监管办法（试行）》（证监会令第169号）；

（5）《北京证券交易所上市公司持续监管办法（试行）》（证监会令第189号）；

（6）《上市公司独立董事管理办法》（证监会令第220号）；

（7）《上市公司股权激励管理办法（2018年修订）》（证监会令第148号）；

（8）《上市公司章程指引（2022年修订）》（证监会公告〔2022〕2号）；

（9）《上市公司治理准则》（证监会公告〔2018〕29号）；

（10）《上市公司股东大会规则（2022年修订）》（证监会公告〔2022〕13号）；

（11）《上市公司股东、董监高减持股份的若干规定》（证监会公告〔2017〕9号）；

（12）《公开征集上市公司股东权利管理暂行规定》（证监会公告

〔2021〕44号）；

（13）《关于上市公司建立内幕信息知情人登记管理制度的规定》（证监会公告〔2011〕30号）；

（14）《关于进一步落实上市公司现金分红有关事项的通知》（中国证监会2012年5月4日发布）；

（15）《关于上市公司股权分置改革的指导意见》（证监发〔2005〕80号）；

（16）《上市公司股权分置改革管理办法》（证监发〔2005〕86号）；

（17）《关于上市公司实施员工持股计划试点的指导意见》（中国证券监督管理委员会公告〔2014〕33号）；

（18）《上市公司投资者关系管理工作指引》（证监会公告〔2022〕29号）；

（19）《具备证券市场信息披露条件的媒体名单》（证监会公告〔2020〕61号）；

（20）《关于证券市场信息披露媒体条件的规定》（证监会公告〔2020〕60号）；

（21）《关于证券期货审计业务签字注册会计师定期轮换的规定》（证监会计字〔2003〕13号）；

（22）《企业内部控制基本规范》（2008年5月财政部会同证监会、审计署、银监会、保监会等五部委颁布）；

（23）《上市公司监管指引》系列；

（24）《公开发行证券的公司信息披露内容与格式准则》系列；

（25）《公开发行证券的公司信息披露编报规则》系列；

（26）《公开发行证券的公司信息披露解释性公告》系列。

4. 证券并购重组相关

（1）《上市公司重大资产重组管理办法》（证监会令第214号）；

（2）《〈上市公司重大资产重组管理办法〉第三条有关标的资产存在资金占用问题的适用意见——证券期货法律适用意见第10号》（证监会公告〔2022〕18号）；

（3）《〈上市公司重大资产重组管理办法〉第十四条、第四十四条的适用意见——证券期货法律适用意见第12号》（证监会公告〔2023〕37号）；

（4）《〈上市公司重大资产重组管理办法〉第二十九条、第四十五条的适用意见——证券期货法律适用意见第15号》（证监会公告〔2023〕38号）；

（5）《〈上市公司重大资产重组管理办法〉第十二条上市公司在12个月内连续购买、出售同一或者相关资产的有关比例计算的适用意见——证券期货法律适用意见第11号》（证监会公告〔2011〕5号）；

（6）《关于规范上市公司重大资产重组若干问题的规定（2016年修订）》，出自《关于修改〈关于规范上市公司重大资产重组若干问题的规定〉的决定》（证监会公告〔2016〕17号）；

（7）《科创板上市公司重大资产重组特别规定》（证监会公告〔2019〕19号）；

（8）《关于破产重组上市公司重大资产重组股份发行定价的补充规定》（证监会公告〔2008〕44号）；

（9）《上市公司收购管理办法》，出自《关于修改〈上市公司收购管理办法〉的决定》（证监会第108号令）；

（10）《〈上市公司收购管理办法〉第七十四条有关通过集中竞价交易方式增持上市公司股份的收购完成时点认定的适用意见——证券期货法律适用意见第9号》（证监会公告〔2011〕3号）；

（11）《〈上市公司收购管理办法〉第六十二条、第六十三条及〈上市公司重大资产重组管理办法〉第四十六条有关限制股份转让的适用意见——证券期货法律适用意见第4号》（证监会公告〔2023〕36号）；

（12）《上市公司股份回购规则》（证监会公告〔2022〕4号）；

（13）《上市公司分拆规则（试行）》（证监会公告〔2022〕5号）；

（14）《关于支持上市公司回购股份的意见》（证监会公告〔2018〕35号）。

5.可转债、优先股、存托凭证、红筹企业

（1）《可转换公司债券管理办法》（证监会令第178号）；

（2）《优先股试点管理办法》（证监会令第209号）；

（3）《存托凭证发行与交易管理办法（试行）》（证监会令第215号）；

（4）《关于试点创新企业实施员工持股计划和期权激励的指引》（证监会公告〔2018〕17号）；

（5）《关于试点创新企业整体变更前累计未弥补亏损、研发费用资本化和政府补助列报等会计处理事项的指引》（证监会公告〔2018〕18号）；

（6）《创新企业境内发行股票或存托凭证上市后持续监管实施办法（试行）》（证监会公告〔2018〕19号）；

（7）《试点创新企业境内发行股票或存托凭证并上市监管工作实施办法》（证监会公告〔2023〕12号）；

（8）《公开发行证券的公司信息披露编报规则第24号——注册制下创新试点红筹企业财务报告信息特别规定》（证监会公告〔2020〕25号）；

（9）《关于创新试点红筹企业在境内上市相关安排的公告》（证监会公告〔2020〕26号）。

6.转板相关

（1）《中国证监会关于北京证券交易所上市公司转板的指导意见》（证监会公告〔2022〕25号）；

（2）《中国证监会关于全国中小企业股份转让系统挂牌公司转板上市的指导意见》（证监会公告〔2020〕29号）。

7. 跨境相关

（1）《境内企业境外发行证券和上市管理试行办法》（证监会公告〔2023〕43号）；

（2）《关于加强境内企业境外发行证券和上市相关保密和档案管理工作的规定》（证监会公告〔2023〕44号）；

（3）《内地与香港股票市场交易互联互通机制若干规定》（2022年修正）（证监会令第200号）；

（4）《H股公司境内未上市股份申请“全流通”业务指引》（证监会公告〔2019〕22号）。

（四）上海证券交易所自律规则

1. 发行、注册与承销

（1）《上海证券交易所首次公开发行证券发行与承销业务实施细则》（上证发〔2023〕33号）；

（2）《上海市场首次公开发行股票网上发行实施细则（2023年修订）》（上证发〔2023〕35号）；

（3）《上海市场首次公开发行股票网下发行实施细则（2023年修订）》（上证发〔2023〕36号）；

（4）《上海证券交易所上市公司证券发行与承销业务实施细则》（上证发〔2023〕34号）；

（5）《上海证券交易所股票发行上市审核规则》（上证发〔2023〕28号）；

（6）《关于转发〈上海证券交易所股票公开发行自律委员会支持全面实行股票发行注册制下企业平稳发行行业倡导建议〉的通知》（上证函〔2023〕658号）；

（7）《上海证券交易所发行上市审核业务指南》系列；

（8）《上海证券交易所证券发行与承销规则适用指引》系列；

（9）《上海证券交易所证券发行与承销业务指南》系列。

2. 上市与交易

（1）《上海证券交易所股票上市规则（2023年8月修订）》（上证发〔2023〕127号）；

（2）《上海证券交易所科创板股票上市规则（2023年8月修订）》（上证发〔2023〕128号）；

（3）《上海证券交易所交易规则（2023年修订）》（上证发〔2023〕32号）；

（4）《上海证券交易所主板股票异常交易实时监控细则》（上证发〔2023〕39号）；

（5）《上海证券交易所科创板股票异常交易实时监控细则》（上证发〔2023〕40号）；

（6）《上海证券交易所科创板股票做市交易业务实施细则》（上证发〔2022〕112号）；

（7）《上海证券交易所上市公司股份协议转让业务办理指引（2021年修订）》。

3. 公司治理

（1）《关于B股上市公司设立董事会秘书的暂行规定》（上海市证券管理办公室、上海证券交易所于1996年发布）；

（2）《上海证券交易所上市公司董事会秘书管理办法（试行）》（1996年）；

（3）《关于建立上市公司董事会秘书例会制度并进一步发挥董秘作用的通知》（上海证券交易所、上海市证券管理办公室于1997年3月联合发布）（已失效）；

（4）《上海证券交易所上市公司股东大会网络投票实施细则（2015年修订）》（上交所2015年1月15日）；

（5）《上海证券交易所上市公司股东及董事、监事、高级管理人员减持股份实施细则》（上证发〔2017〕24号）；

（6）《〈上海证券交易所上市公司股东及董事、监事、高级管理人员减持股份实施细则〉问题解答（一）》；

（7）《〈上海证券交易所上市公司股东及董事、监事、高级管理人员减持股份实施细则〉问题解答（二）》；

（8）《上海证券交易所上市公司创业投资基金股东减持股份实施细则（2020年修订）》；

（9）《〈上市公司信息披露监管问答〉（2017年）》；

（10）《上海证券交易所上市公司自律监管指南》系列；

（11）《上海证券交易所上市公司自律监管指引》系列；

（12）《上海证券交易所科创板上市公司自律监管指引》系列；

（13）《上海证券交易所科创板上市公司自律监管指南（2023年8月修订）》系列。

4. 并购重组

（1）《上海证券交易所上市公司重大资产重组审核规则》（上证发〔2023〕30号）；

（2）《上海证券交易所上市公司自律监管指引第6号——重大资产重组（2023年修订）》（上证发〔2023〕49号）。

5. 可转债、优先股、存托凭证

（1）《上海证券交易所上市公司可转换公司债券发行实施细则（2018年修订）》；

（2）《上海证券交易所可转换公司债券交易实施细则》（上证发〔2022〕117号）；

（3）《关于可转换公司债券适当性管理相关事项的通知》（上证发〔2022〕91号）；

（4）《上海证券交易所优先股试点业务实施细则》（上证发〔2023〕38号）；

（5）《上海证券交易所试点创新企业股票或存托凭证上市交易实施办法》（上证发〔2018〕38号）。

6. 港股通、沪港通、互联互通

（1）《上海证券交易所沪港通业务实施办法（2023年修订）》；

（2）《上海证券交易所与境外证券交易所互联互通存托凭证上市交易暂行办法（2023年修订）》（上证发〔2023〕112号）；

（3）《上海证券交易所互联互通存托凭证业务指引》系列。

（五）深圳证券交易所自律规则

1. 发行、注册与承销

（1）《深圳证券交易所首次公开发行证券发行与承销业务实施细则》（深证上〔2023〕100号）；

（2）《深圳市场首次公开发行股票网上发行实施细则（2018年修订）》（深证上〔2018〕279号）；

（3）《深圳市场首次公开发行股票网下发行实施细则（2023年修订）》（深证上〔2023〕110号）；

（4）《创业板首次公开发行证券发行与承销特别规定（2021年修订）》（证监会公告〔2021〕21号）；

（5）《深圳证券交易所上市公司证券发行与承销业务实施细则》（深证

上〔2023〕101号）；

（6）《深圳证券交易所股票发行上市审核规则》（深证上〔2023〕94号）；

（7）《深圳证券交易所股票发行与承销业务指南第2号——首发及转板上市业务办理》（深证上〔2023〕204号）。

2. 上市与交易

（1）《深圳证券交易所股票上市规则（2023年8月修订）》（深证上〔2023〕701号）；

（2）《深圳证券交易所创业板股票上市规则（2023年8月修订）》（深证上〔2023〕702号）；

（3）《深圳证券交易所交易规则（2023年修订）》（深证上〔2023〕98号）；

（4）《深圳证券交易所创业板交易特别规定》（深证上〔2020〕515号）；

（5）《深圳证券交易所主板股票异常交易实时监控细则》（深证上〔2023〕104号）；

（6）《深圳证券交易所创业板股票异常交易实时监控细则（试行）》（2023年修订）；

（7）《深圳证券交易所上市公司股份协议转让业务办理指引（2021年修订）》。

3. 公司治理

（1）《深圳证券交易所上市公司股东大会网络投票实施细则（2020年修订）》（深证上〔2020〕517号）；

（2）《深圳证券交易所上市公司股东及董事、监事、高级管理人员减持股份实施细则》；

（3）《关于就〈深圳证券交易所上市公司股东及董事、监事、高级管理人员减持股份实施细则〉有关事项答投资者问》（2017年5月27日）；

（4）《关于就〈深圳证券交易所上市公司股东及董事、监事、高级管理人员减持股份实施细则〉有关事项答投资者问（二）》（2018年1月12日）；

（5）《关于就〈深圳证券交易所上市公司股东及董事、监事、高级管理人员减持股份实施细则〉有关事项答投资者问（三）》（2023年8月25日）；

（6）《深圳证券交易所上市公司创业投资基金股东减持股份实施细则（2020年修订）》（深证上〔2020〕143号）；

（7）《关于进一步保障创业板规范发行的倡议》（创业板股票发行规范委员会2020年7月发布）；

（8）《深圳证券交易所上市公司自律监管指南》系列；

（9）《深圳证券交易所上市公司自律监管指引》系列。

4. 并购重组

（1）《深圳证券交易所上市公司重大资产重组审核规则》（深证上〔2023〕96号）；

（2）《深圳证券交易所上市公司自律监管指引第8号——重大资产重组（2023年修订）》（深证上〔2023〕114号）。

5. 可转债、优先股、存托凭证

（1）《深圳证券交易所可转换公司债券交易实施细则》（深证上〔2022〕719号）；

（2）《关于完善可转换公司债券投资者适当性管理相关事项的通知》（深证上〔2023〕511号）；

（3）《深圳证券交易所优先股试点业务实施细则（2023年修订）》（深

证上〔2023〕99号）；

（4）《深圳证券交易所试点创新企业股票或存托凭证上市交易实施办法》（深证上〔2018〕284号）。

6. 港股通、沪港通、互联互通

（1）《深圳证券交易所深港通业务实施办法（2023年修订）》（深证上〔2023〕153号）；

（2）《深圳证券交易所与境外证券交易所互联互通存托凭证上市交易暂行办法（2023年修订）》（深证上〔2023〕627号）；

（3）《H股“全流通”业务实施细则》（中国结算、深交所于2019年联合发布）；

（4）《深圳证券交易所互联互通存托凭证业务指引》系列。

（六）北京证券交易所自律规则

1. 发行、注册与承销

（1）《北京证券交易所证券发行与承销管理细则》（北证公告〔2023〕15号）；

（2）《北京证券交易所股票向不特定合格投资者公开发行与承销业务实施细则》（北证公告〔2023〕55号）；

（3）《北京证券交易所上市公司证券发行与承销业务指引》（北证公告〔2023〕20号）；

（4）《北京证券交易所上市公司证券发行上市审核规则》（北证公告〔2023〕11号）；

（5）《北京证券交易所向不特定合格投资者公开发行股票并上市业务办理指南》系列；

（6）《北京证券交易所上市公司证券发行业务办理指南》系列；

（7）《北京证券交易所向不特定合格投资者公开发行股票并上市业务规则适用指引》系列。

2. 上市与交易

（1）《北京证券交易所股票上市规则（试行）》（北证公告〔2023〕49号）；

（2）《北京证券交易所交易规则（试行）》（北证公告〔2021〕15号）；

（3）《北京证券交易所上市公司股份协议转让细则》（北证公告〔2021〕18号）；

（4）《北京证券交易所上市公司股份协议转让业务办理指引（2023年修订）》（北证公告〔2023〕46号）；

（5）《北京证券交易所上市公司股份协议转让业务办理指南（2023年修订）》（北证公告〔2023〕47号）；

（6）《北京证券交易所交易异常情况处理细则》（北证公告〔2021〕21号）；

（7）《北京证券交易所上市公司业务办理指南》系列。

3. 公司治理

（1）《北京证券交易所上市公司持续监管临时公告格式模板》；

（2）《北京证券交易所上市公司持续监管指引》系列。

4. 并购重组

（1）《北京证券交易所上市公司重大资产重组业务指引》（北证公告〔2023〕21号）；

（2）《北京证券交易所上市公司重大资产重组审核规则》（北证公告〔2023〕12号）。

5. 可转债、优先股

（1）《北京证券交易所上市公司向特定对象发行可转换公司债券业务细则》（北证公告〔2023〕18号）；

（2）《北京证券交易所上市公司向特定对象发行可转换公司债券业务办理指南》系列；

（3）《北京证券交易所上市公司向特定对象发行优先股业务细则》（北证公告〔2023〕17号）；

（4）《北京证券交易所上市公司向特定对象发行优先股业务办理指南》系列；

（5）《上市公司公开发行优先股注册（北京证券交易所）》。

6. 转板

（1）《北京证券交易所上市公司向上海证券交易所科创板转板办法（试行）》（上证发〔2022〕34号）；

（2）《深圳证券交易所关于北京证券交易所上市公司向创业板转板办法（试行）》（深证上〔2022〕219号）；

（3）《北京证券交易所上市公司持续监管指引第7号——转板》。

（七）全国股转系统

（1）《全国中小企业股份转让系统挂牌公司治理指引第3号——表决权差异安排》；

（2）《全国中小企业股份转让系统表决权差异安排业务指南》。

（八）中国结算

《中国证券登记结算有限责任公司深圳分公司证券发行人权益分派业务指南（2017年版）》。

（九）其他专题

1. 财务及税务

（1）《企业会计准则》系列；

（2）《国有企业、上市公司选聘会计师事务所管理办法》（财会〔2023〕4号）；

（3）《财政部国家税务总局关于完善股权激励和技术入股有关所得税政策的通知》（财税〔2016〕101号）；

（4）《关于上市公司股息红利差别化个人所得税政策有关问题的通知》（财税〔2015〕101号文）；

（5）《国家税务总局关于股份制企业转增股本和派发红股征免个人所得税的通知》（国税法〔1997〕198号）。

2. 外汇管理

（1）《境内机构境外直接投资外汇管理规定》（汇发〔2009〕30号）；

（2）《国家外汇管理局关于境内银行境外直接投资外汇管理有关问题的通知》（汇发〔2010〕31号）；

（3）《国家外汇管理局关于进一步改进和调整资本项目外汇管理政策的通知》（汇发〔2014〕2号）；

（4）《国家外汇管理局关于境内居民通过特殊目的公司境外投融资及返程投资外汇管理有关问题的通知》（汇发〔2014〕37号）；

（5）《国家外汇管理局关于进一步简化和改进直接投资外汇管理政策的通知》（汇发〔2015〕13号）。

3. 发改委和商务部

（1）《企业境外投资管理办法》（发改委第11号令）；

（2）《企业境外投资管理办法配套格式文本（2018年版）》（发改外资〔2018〕252号）；

（3）《境外投资敏感行业目录（2018年版）》（发改外资〔2018〕251号）；

（4）《境外投资管理办法》（商务部令2014年第3号）；

（5）《对外投资备案（核准）报告暂行办法》（商合发〔2018〕24号）；

（6）《对外直接投资统计制度》（商合函〔2019〕3号）；

（7）《对外投资备案（核准）报告实施规程》（商办合函〔2019〕176号）。

4. 香港规则

（1）《公司条例》；

（2）《主板上市规则》及《主板上市规则修订》；

（3）《创业板上市规则》及《创业板上市规则修订》；

（4）《董事会及董事企业管制指引》；

（5）《董事责任指引》；

（6）《香港交易及结算所有限公司、联交所处理交易事宜的常规及程序指引》。

5. 其他非证券类参考文件

（1）《最高人民检察院、公安部〈关于公安机关管辖的刑事案件立案追诉标准的规定（二）〉》（2022年修订）；

（2）《中华人民共和国公务员法》（2018年修订）；

（3）《中共中央办公厅、国务院办公厅关于党政机关兴办经济实体和党政机关干部从事经营活动问题的通知》（中办发〔1992〕5号）；

（4）《中共中央办公厅、国务院办公厅关于县以上党和国家机关退（离）休干部经商办企业问题的若干规定》（中办发〔1988〕11号）；

（5）《中国人民解放军内务条令（试行）》（军令〔2018〕58号）；

（6）《国有企业领导人员廉洁从业若干规定》（中共中央办公厅、国务院办公厅于2009年7月1日颁布施行）；

（7）《关于规范国有企业职工持股、投资的意见》（国资发改革〔2008〕139号）；

（8）《银行业金融机构从业人员职业操守指引》（银监发〔2011〕6号）；

（9）《中国证监会关于职工持股会及工会能否作为上市公司股东的复函》（法律部〔2000〕24号）；

（10）《中共中央、国务院关于进一步制止党政机关和党政干部经商、办企业的规定》（中发〔1986〕6号）；

（11）《中共中央办公厅、国务院办公厅关于贯彻执行〈中共中央、国务院关于进一步制止党政机关和党政干部经商、办企业的规定〉几个问题的说明》（1986年中共中央、国务院发布的规定）；

（12）《中共中央办公厅、国务院办公厅关于党政机关兴办经济实体和党政机关干部从事经营活动问题的通知》（中办发〔1992〕5号）；

（13）《中央行政事业单位国有资产管理暂行办法》（国管资〔2009〕167号）；

（14）《社会团体登记管理条例》（2016年修订）；

（15）《中央军委印发〈关于军队和武警部队全面停止有偿服务活动的通知〉》（2016年）；

（16）《最高人民法院关于做好为军队和武警部队全面停止有偿服务提供司法保障工作的通知》（2017年）；

（17）《公司登记管理若干问题的规定》（国家工商行政管理局令〔1998〕第83号）；

（18）《中华人民共和国律师法》（2017年修正）；

（19）《对外贸易经济合作部国家工商行政管理局〈关于外商投资企业境内投资的暂行规定〉》（对外贸易经济合作部国家工商行政管理局令〔2000〕6号）；

（20）《中华人民共和国商业银行法》（2015年修正）；

（21）《中华人民共和国劳动合同法》（2012年修正）；

（22）《最高人民法院关于审理劳动争议案件适用法律问题的解释（一）》（法释〔2000〕26号）；

（23）《关于改革调整上市环保核查工作制度的通知》（环发〔2014〕149号）；

（24）《公安机关办理犯罪记录查询工作规定》（2021年）；

（25）《社会保险费征缴暂行条例》（2019年修订）；

（26）《住房公积金管理条例》（2019年修订）；

（27）《信用报告代替企业无违法违规证明改革实施方案》（2021年）；

（28）《中华人民共和国企业破产法》（2007年）。

二、公告模板目录

（一）沪市主板公告模板目录

附表1 沪市主板公告模板目录

《上海证券交易所上市公司自律监管指南第1号——公告格式（2023年12月第二次修订）》
第一号 上市公司购买、出售资产公告（2023年8月修订）
第二号 上市公司对外投资公告
第三号 上市公司证券投资、委托理财、期货和衍生品交易公告（2023年8月修订）
第四号 上市公司为他人提供担保公告（2023年8月修订）
第五号 上市公司提供财务资助公告（2023年8月修订）
第六号 上市公司关联交易公告（2023年8月修订）
第七号 上市公司日常关联交易公告（2023年8月修订）
第八号 上市公司签订战略框架协议公告
第九号 上市公司向特定对象发行股票结果暨股本变动公告（2023年4月修订）
第十号 上市公司股改限售股上市流通公告
第十一号 上市公司非股改限售股上市流通公告（2023年4月修订）
第十二号 上市公司换股实施结果、股份变动暨新增股份上市（合并方）公告（2023年4月修订）
第十三号 上市公司募集资金相关公告（2023年8月修订）
第十四号 上市公司独立董事提名人和候选人声明公告（2023年8月修订）
第十五号 上市公司董事会决议公告（2023年8月修订）
第十六号 上市公司监事会决议公告
第十七号 上市公司召开股东大会通知公告（董事会召集）
第十八号 上市公司股东大会决议公告
第十九号 上市公司股东大会延期公告
第二十号 上市公司取消股东大会公告
第二十一号 上市公司股东大会取消议案公告

（续表）

《上海证券交易所上市公司自律监管指南第1号——公告格式（2023年12月第二次修订）》
第二十二号 上市公司股东大会增加临时提案公告（2023年8月修订）
第二十三号 上市公司公开征集提案权、投票权公告
第二十四号 上市公司监事会或股东自行召集股东大会的公告
第二十五号 上市公司股东大会更正补充公告
第二十六号 上市公司股票交易异常波动公告、严重异常波动公告（2023年4月修订）
第二十七号 上市公司澄清公告
第二十八号 上市公司业绩预告（快报）及更正公告（2023年8月修订）
第二十九号 上市公司重大诉讼（仲裁）公告
第三十号 上市公司变更公司全称、证券简称（实施）公告
第三十一号 上市公司股份质押（冻结、标记、解质、解冻、解除标记）公告（2023年8月修订）
第三十二号 上市公司获得政府补助的公告（2023年8月修订）
第三十三号 会计差错更正、会计政策或会计估计变更公告（2023年8月修订）
第三十四号 上市公司续聘、变更会计师事务所公告（2023年8月修订）
第三十五号 上市公司利润分配、公积金转增股本方案公告（2023年12月修订）
第三十六号 上市公司权益分派实施（结果）公告
第三十七号 上市公司投资者说明会预告公告
第三十八号 上市公司回购股份方案、进展公告（2023年12月修订）
第三十九号 上市公司回购股份实施结果暨股份变动公告
第四十号 上市公司通知债权人公告
第四十一号 上市公司可转换公司债券相关公告
第四十二号 上市公司股权激励相关公告（2023年8月修订）
第四十三号 上市公司现金选择权实施公告
第四十四号 上市公司要约收购申报公告
第四十五号 上市公司股东公开征集股份受让方公告
第四十六号 上市公司关于股东权益变动的提示性公告
第四十七号 上市公司股东及董监高增持股份情况、计划、进展、结果公告
第四十八号 上市公司股东及董监高集中竞价减持股份计划、进展、结果公告
第四十九号 上市公司停牌公告
第五十号 上市公司股票风险警示及终止上市相关事项公告（2023年12月修订）
第五十一号 上市公司破产重整等事项公告
第五十二号 上市公司季度报告

（二）科创板公告模板目录

附表2 科创板公告模板目录

《科创板上市公司自律监管指南第3号——日常信息披露（2023年12月修订）》
第一号 科创板上市公司收购、出售资产公告
第二号 科创板上市公司对外投资公告
第三号 科创板上市公司为他人提供担保公告
第四号 科创板上市公司特别重大合同公告
第五号 科创板上市公司关联交易公告
第六号 科创板上市公司日常关联交易公告
第七号 科创板上市公司签订战略框架协议公告
第八号 科创板上市公司开展新业务公告
第九号 科创板上市公司行业及经营风险的提示公告
第十号 科创板上市公司股票交易异常波动公告/严重异常波动公告
第十一号 科创板上市公司澄清公告
第十二号 科创板上市公司业绩预告公告
第十三号 科创板上市公司业绩预告更正公告
第十四号 科创板上市公司业绩快报公告
第十五号 科创板上市公司业绩快报更正公告
第十六号 科创板上市公司会计差错更正、会计政策或会计估计变更公告
第十七号 科创板上市公司董事会审议高送转公告
第十八号 科创板上市公司股份质押（冻结、解质、解冻）公告
第十九号 科创板上市公司关于股东权益变动的提示公告
第二十号 科创板上市公司股东及董监高增持股份计划/进展/结果公告
第二十一号 科创板上市公司股东及董监高减持股份计划/进展/结果公告
第二十二号 科创板上市公司变更证券简称（实施）公告
第二十三号 科创板上市公司回购股份方案/进展公告（2023年12月修订）
第二十四号 科创板上市公司股份回购实施结果（暨股份变动）公告
第二十五号 科创板上市公司利润分配、公积金转增股本方案公告（2023年12月修订）
第二十六号 科创板上市公司续聘/变更会计师事务所公告
第二十七号 科创板上市公司与私募基金合作投资公告
第二十八号 科创板上市公司季度报告
第二十九号 科创板上市公司从事证券投资及委托理财公告
第三十号 科创板上市公司开展期货和衍生品交易公告

(续表)

《科创板上市公司自律监管指南第4号——股权激励信息披露》（2023年8月修订）
第一号 科创板上市公司股权激励计划草案摘要公告
第二号 科创板上市公司股权激励计划权益授予公告
第三号 科创板上市公司股权激励计划限制性股票授予结果公告
第四号 科创板上市公司股权激励计划限制性股票解除限售暨上市公告
第五号 科创板上市公司股权激励计划限制性股票符合归属条件公告
第六号 科创板上市公司股权激励计划限制性股票归属结果暨股份上市公告
第七号 科创板上市公司股权激励计划股票期权符合行权条件公告
第八号 科创板上市公司股权激励计划股票期权行权结果暨股份上市公告
《科创板上市公司自律监管指南第5号——退市信息披露》（2023年12月修订）
第一号 科创板上市公司股票可能被实施退市风险警示的风险提示公告
第二号 科创板上市公司股票实施退市风险警示公告
第三号 科创板上市公司股票撤销退市风险警示公告
第四号 科创板上市公司股票可能被终止上市的风险提示公告
第五号 科创板上市公司收到股票终止上市决定的公告
第六号 科创板上市公司股票进入退市整理期交易的公告
第七号 科创板上市公司股票于退市整理期交易的风险提示公告
《科创板上市公司自律监管指南第6号——业务操作事项（2023年8月修订）》
1. 科创板上市公司召开股东大会通知
2. 科创板上市公司股东大会决议
3. 科创板上市公司股东大会延期
4. 科创板上市公司股东大会取消议案
5. 科创板上市公司取消股东大会
6. 科创板上市公司股东大会增加临时提案
7. 科创板上市公司监事会或股东自行召集股东大会
8. 科创板上市公司股东大会更正补充
9. 科创板上市公司权益分派实施（2023年4月修订）
10. 科创板上市公司权益分派实施结果暨股份上市
11. 科创板上市公司限售股上市流通
12. 科创板上市公司向特定对象发行股票发行结果暨股本变动
13. 科创板上市公司超额配售选择权实施
14. 科创板上市公司重大事项停牌
15. 科创板上市公司要约收购申报
16. 科创板上市公司现金选择权申报

（续表）

《科创板上市公司自律监管指南第6号——业务操作事项（2023年8月修订）》
17. 科创板上市公司换股实施结果、股份变动暨新增股份上市（合并方）
18. 科创板上市公司可转债开始转股
19. 科创板上市公司可转债转股结果暨股份变动
20. 科创板上市公司可转债预计满足转股价格修正条件
21. 科创板上市公司可转债转股价格调整（修正）
22. 科创板上市公司实施权益分派时停止转股
23. 科创板上市公司可转债回售
24. 科创板上市公司可转债回售结果
25. 科创板上市公司可转债预计满足赎回条件
26. 科创板上市公司可转债提前赎回或不赎回
27. 科创板上市公司可转债赎回（暨摘牌）
28. 科创板上市公司可转债赎回结果暨股份变动
29. 科创板上市公司可转债交易（严重）异常波动或风险提示
30. 科创板上市公司可转债付息
31. 科创板上市公司可转债到期兑付暨摘牌
32. 科创板上市公司可转债停止交易
33. 科创板上市公司可转债评级调整

（三）深市主板公告模板目录

附表3　深市主板公告模板目录

《深圳证券交易所上市公司自律监管指南第2号——公告格式（2023年12月修订）》
股份变动类第1号——上市公司首次公开发行前已发行股份上市流通公告格式
股份变动类第2号——上市公司新增股份变动报告及上市公告书公告格式
股份变动类第3号——上市公司股改限售股份上市流通公告格式
股份变动类第4号——上市公司股东减持股份实施情况公告格式
股份变动类第5号——上市公司大股东及董事、监事、高级管理人员减持股份预披露公告格式
股份变动类第6号——上市公司大股东及董事、监事、高级管理人员增持股份计划及实施情况公告格式
股份变动类第7号——上市公司5%以上股东股增减变动1%的公告格式
公司治理类类第1号——上市公司董事会决议公告格式
公司治理类类第2号——上市公司监事会决议公告格式
公司治理类类第3号——上市公司召开股东大会通知公告格式
公司治理类类第4号——上市公司股东大会决议公告格式
公司治理类类第5号——上市公司股东征集表决权公告格式
公司治理类类第6号——上市公司股东征集提案权公告格式
公司治理类类第7号——上市公司独立董事提名人及候选人声明公告格式
定期报告类第1号——上市公司业绩预告公告格式
定期报告类第2号——上市公司业绩预告修正公告格式
定期报告类第3号——上市公司业绩快报公告格式
定期报告类第4号——上市公司业绩快报修正公告格式
定期报告类第5号——上市公司季度报告公告格式
定期报告类第6号——上市公司分红派息、转增股本实施公告格式
定期报告类第7号——上市公司高比例送转方案公告格式
定期报告类第8号——上市公司会计政策变更公告格式
定期报告类第9号——上市公司拟续聘/变更会计师事务所公告格式
交易类第1号——上市公司购买、出售资产公告格式
交易类第2号——上市公司对外（含委托）投资公告格式
交易类第3号——上市公司证券投资、委托理财公告格式
交易类第4号——上市公司提供财务资助公告格式
交易类第5号——上市公司对外担保公告格式
交易类第6号——上市公司债务重组公告格式

（续表）

《深圳证券交易所上市公司自律监管指南第2号——公告格式（2023年12月修订）》
交易类第7号——上市公司放弃权利公告格式
交易类第8号——上市公司重大合同（框架性协议等）公告格式
交易类第9号——上市公司关联交易公告格式
交易类第10号——上市公司日常关联交易预计公告格式
交易类第11号——上市公司与专业投资机构共同投资及合作公告格式
交易类第12号——上市公司董事会关于重大资产重组实施情况报告书格式
交易类第13号——上市公司期货和衍生品交易（含套期保值业务）公告格式
再融资类第1号——上市公司用募集资金置换先期投入公告格式
再融资类第2号——上市公司募集资金年度存放与使用情况公告格式
再融资类第3号——上市公司变更募集资金用途公告格式
再融资类第4号——上市公司可转债赎回实施公告格式
再融资类第5号——上市公司可转债赎回结果公告格式
再融资类第6号——上市公司可转债交易异常波动/严重异常波动公告格式
破产事项类第1号——上市公司破产申请提示性公告格式
破产事项类第2号——上市公司被法院受理破产申请公告格式
破产事项类第3号——上市公司破产重整计划（和解协议）获准公告格式
破产事项类第4号——上市公司被法院宣告破产暨终止上市风险提示性公告格式
退市类第1号——上市公司股票可能被终止上市的风险提示公告格式
退市类第2号——上市公司收到股票终止上市决定公告格式
退市类第3号——上市公司股票进入退市整理期交易首日的风险提示公告/上市公司股票于退市整理期交易的风险提示公告格式
退市类第4号——上市公司股票终止上市暨摘牌公告格式
其他事项类第1号——上市公司股票交易异常波动/严重异常波动公告格式
其他事项类第2号——上市公司澄清公告格式
其他事项类第3号——上市公司重大诉讼、仲裁公告格式
其他事项类第4号——上市公司（拟）变更公司名称（含证券简称）公告格式
其他事项类第5号——上市公司股权激励计划行权情况公告格式
其他事项类第6号——上市公司获得政府补助公告格式
其他事项类第7号——上市公司回购股份业务相关公告格式
其他事项类第8号——上市公司股东追加承诺公告格式
其他事项类第9号——上市公司股东股份质押（冻结或拍卖等）的公告格式

（四）创业板公告模板目录

附表4　创业板公告模板目录

《深圳证券交易所创业板上市公司自律监管指南第2号——公告格式（2023年12月修订）》
第1号——上市公司购买、出售资产公告格式
第2号——上市公司关联交易公告格式
第3号——上市公司分红派息、转增股本实施公告格式
第4号——上市公司召开股东大会通知公告格式
第5号——上市公司股东大会决议公告格式
第6号——上市公司对外（含委托）投资公告格式
第7号——上市公司提供担保公告格式
第8号——上市公司变更募集资金用途公告格式
第9号——上市公司股票交易异常波动/严重异常波动公告格式
第10号——上市公司澄清公告格式
第11号——上市公司重大诉讼、仲裁公告格式
第12号——上市公司债务重组公告格式
第13号——上市公司拟变更公司名称（含证券简称）的公告格式
第14号——上市公司独立董事提名人及候选人声明公告格式
第15号——上市公司业绩预告及修正公告格式
第16号——上市公司业绩快报及修正公告格式
第17号——上市公司日常经营重大合同（框架性协议）公告格式
第18号——上市公司首次公开发行前已发行股份上市流通公告格式
第19号——上市公司新增股份变动报告及上市公告书格式
第20号——上市公司用募集资金置换先期投入公告格式
第21号——上市公司募集资金年度存放与使用情况的专项报告格式
第22号——上市公司董事会决议公告格式
第23号——上市公司监事会决议公告格式
第24号——上市公司日常关联交易预计公告格式
第25号——上市公司董事会关于重大资产重组实施情况报告书格式
第26号——上市公司破产申请提示性公告格式
第27号——上市公司被法院受理破产申请公告格式
第28号——上市公司破产重整计划（和解协议）获准公告格式
第29号——上市公司被法院宣告破产暨终止上市风险提示性公告格式
第30号——上市公司股东减持股份实施情况公告格式

（续表）

《深圳证券交易所创业板上市公司自律监管指南第2号——公告格式（2023年12月修订）》
第31号——上市公司股东追加承诺公告格式
第32号——上市公司可转债赎回实施公告格式
第33号——上市公司可转债赎回结果公告格式
第34号——上市公司股权激励计划股票期权行权情况公告格式
第35号——上市公司股权激励计划限制性股票符合归属条件公告格式
第36号——上市公司股权激励计划限制性股票归属结果暨股份上市公告格式
第37号——上市公司股东质押（冻结或拍卖等）的公告格式
第38号——上市公司大股东及董事、监事、高级管理人员减持股份预披露公告格式
第39号——上市公司高比例送转方案公告格式
第40号——上市公司获得政府补助公告格式
第41号——上市公司大股东及董事、监事、高级管理人员增持股份计划及实施情况公告格式
第42号——上市公司回购股份业务相关公告格式
第43号——上市公司5%以上股东持股增减变动1%的公告格式
第44号——上市公司拟续聘/变更会计师事务所公告格式
第45号——上市公司与专业投资机构共同投资及合作公告格式
第46号——上市公司放弃权利公告格式
第47号——上市公司季度报告公告格式
第48号——上市公司股东征集表决权公告格式
第49号——上市公司股东征集提案权公告格式
第50号——上市公司证券投资、委托理财公告格式
第51号——上市公司会计政策变更公告格式
第52号——上市公司提供财务资助公告格式
第53号——上市公司股票可能被终止上市的风险提示公告格式
第54号——上市公司收到股票终止上市决定公告格式
第55号——上市公司股票进入退市整理期交易首日的风险提示公告/上市公司股票于退市整理期交易的风险提示公告格式
第56号——上市公司股票终止上市暨摘牌公告格式
第57号——上市公司可转债交易异常波动/严重异常波动公告格式
第58号——上市公司期货和衍生品交易（含套期保值业务）公告格式

（五）北交所公告模板目录

附表5　北交所公告模板目录

《北京证券交易所上市公司持续监管临时公告格式模板》
第1号　上市公司会计政策、会计估计变更公告格式模板
第2号　上市公司前期会计差错更正公告格式模板
第3号　上市公司拟续聘/变更会计师事务所公告格式模板
第4号　上市公司关于公司定期报告预计无法按期披露的提示性公告格式模板
第5号　上市公司业绩预告公告格式模板
第6号　上市公司业绩预告修正公告格式模板
第7号　上市公司业绩快报公告格式模板
第8号　上市公司业绩快报修正公告格式模板
第9号　上市公司董事会决议公告格式模板
第10号　上市公司监事会决议公告格式模板
第11号　上市公司召开股东大会通知公告格式模板
第12号　上市公司股东大会延期公告格式模板
第13号　上市公司股东大会增加临时提案的公告格式模板
第14号　上市公司股东大会决议公告格式模板
第15号　上市公司拟修订《公司章程》公告格式模板
第16号　上市公司治理制度格式模板
第17号　公开征集股东权利公告格式模板
第18号　上市公司董事未亲自出席董事会会议的说明公告格式模板
第19号　上市公司购买、出售资产公告格式模板
第20号　上市公司对外（委托）投资公告格式模板
第21号　上市公司提供担保公告格式模板
第22号　上市公司关联交易公告格式模板
第23号　上市公司关于预计日常性关联交易公告格式模板
第24号　上市公司开展新业务公告格式模板
第25号　上市公司重要在研产品（项目）进展的提示公告格式模板
第26号　上市公司权益分派预案公告格式模板
第27号　上市公司权益分派实施公告格式模板
第28号　上市公司股票解除限售公告格式模板
第29号　上市公司关于股东所持公司股份自愿限售公告格式模板
第30号　上市公司证券简称变更公告格式模板

（续表）

《北京证券交易所上市公司持续监管临时公告格式模板》
第31号 上市公司全称变更公告格式模板
第32号 上市公司股票停牌公告格式模板
第33号 上市公司股票停牌进展公告格式模板
第34号 上市公司股票延期复牌公告格式模板
第35号 上市公司股票停牌事项变更公告格式模板
第36号 上市公司股票复牌公告格式模板
第37号 上市公司主营业务变更公告格式模板
第38号 上市公司董事、监事及高级管理人员变动公告格式模板
第39号 上市公司股权质押、司法冻结、解除质押、解除冻结公告格式模板
第40号 上市公司股票交易异常波动公告格式模板
第41号 上市公司竞价/要约回购股份方案公告格式模板
第42号 上市公司定向回购方案公告格式模板
第43号 上市公司回购进展情况公告格式模板
第44号 上市公司回购股份结果公告格式模板
第45号 上市公司回购股份或库存股注销完成暨股份变动公告格式模板
第46号 上市公司澄清公告格式模板
第47号 上市公司涉及诉讼、仲裁及其进展公告格式模板
第48号 上市公司或关联方收到立案调查、自律监管措施、纪律处分、行政监管措施、行政处罚或被追究刑事责任等相关文书的公告格式模板
第49号 上市公司及其关联方被纳入失信联合惩戒对象的公告格式模板
第50号 关于承诺事项新增情形及其履行进展的公告格式模板
第51号 上市公司股东增持股份计划/进展/结果公告格式模板
第52号 上市公司持股5%以上股东、实际控制人、董监高减持股份计划/进展/结果公告格式模板
第53号 上市公司触发稳定股价措施启动条件的提示性公告格式模板
第54号 上市公司实施稳定股价方案公告格式模板
第55号 上市公司稳定股价措施实施结果公告格式模板
第56号 上市公司投资者说明会预告公告格式模板
第57号 上市公司投资者关系活动记录表公告格式模板
第58号 上市公司第一大股东、控股股东、实际控制人及其一致行动人变更公告格式模板
第59号 上市公司使用闲置募集资金暂时补充流动资金公告格式
第60号 上市公司使用闲置募集资金购买理财产品公告格式
第61号 上市公司变更募集资金用途公告格式

（续表）

《北京证券交易所上市公司持续监管临时公告格式模板》
第62号 上市公司使用（部分）超募资金永久补充流动资金/归还银行借款公告格式
第63号 上市公司募集资金存放与实际使用情况的专项报告
第64号 上市公司关于董事会审议转板相关事宜的提示性公告格式模板
第65号 上市公司关于推进转板事宜的进展公告格式模板
第66号 上市公司关于申请转板及其进展公告格式模板
第67号 上市公司关于公司股票因转板在北京证券交易所终止上市和跨市场转登记至上海证券交易所/深圳证券交易所市场所涉事项公告格式模板
第68号 上市公司委托理财公告格式模板
第69号 上市公司与私募基金合作投资
第70号 上市公司签订重要合同公告格式模板